책 안 읽는 세대를 위한
영어 읽기 지도

책 안 읽는 세대를 위한 영어 읽기 지도

발행일   2021년 3월 22일

지은이   김혜영
펴낸이   손형국
펴낸곳   (주)북랩
편집인   선일영   편집   정두철, 윤성아, 배진용, 김현아, 이예지
디자인   이현수, 한수희, 김민하, 김윤주, 허지혜   제작   박기성, 황동현, 구성우, 권태련
마케팅   김회란, 박진관
출판등록 2004. 12. 1(제2012-000051호)
주소   서울특별시 금천구 가산디지털 1로 168, 우림라이온스밸리 B동 B113~114호, C동 B101호
홈페이지 www.book.co.kr
전화번호 (02)2026-5777   팩스   (02)2026-5747

ISBN   979-11-6539-643-5 03740 (종이책)   979-11-6539-644-2 05740 (전자책)

Teaching English Reading

책 안 읽는 세대를 위한
영어 읽기 지도

· 김혜영 지음 ·

for Generation Who Do Not Read Books

디지털 세대를 위한 새로운 읽기 교육의 시작

북랩 book Lab

머리말

| 책을 읽지 않는 세대, 텍스트를 거부하는 세대에 읽기를 지도하는 여러분들께 |

　인간의 메시지를 전달하는 유일한 방식으로 여겨졌던 텍스트(text)의 시대가 저물고 이른바 다중모드 리터러시(multimodal literacy)의 시대가 도래하였습니다. 이 책을 보고 있는 여러분 역시 책보다는 동영상을, 소설보다는 웹툰을 즐겨 보시는 분이 많으리라 생각됩니다. 한때 인류 최고의 발명품으로 선정되었던 구텐베르크 활자는 21세기에 들어서면서 그 위력이 급격히 약화되고 있는 셈입니다. 지난 600여 년간 인류에게 당연시 여겨졌던 지식의 전달 방식인 활자, 책이 부지불식간에 변형되어서 이미지, 영상, 소리 등으로 대체되는 인류학적 흐름을 목도하는 것이 간혹 놀라울 때가 있습니다. "책을 읽어야지, 하루 종일 텔레비전만 보고 놀면 어쩌려고 그래", "사회에서 영향력 있

내 취미는 독서야..
하루에 3-4시간씩은 읽지. 가장
좋아하는책은 FACEBOOK이고.

는 사람이 되려면 글을 잘 쓰는 게 가장 중요해" 이런 말은 이제 인터넷 검색과 동영상
에 길들여진 세대에게는 옛말이 되어버린 걸까요.

　이러한 변화가 부정적으로 느껴질 때가 있지만 아무튼 세상이 변화했음을 인정해야
하고, 새로운 리터러시의 세상을 개방적으로 받아들이는 것 역시 중요하다고 생각합니
다. 우리는 이러한 시대적 변화의 흐름 가운데 언어를 지도하는 사람들입니다. 특히 읽
기를 지도하는 것은 대부분의 영어교사가 여전히 가장 많은 시간을 들여 강조하는 부
분입니다. 비록 시대는 변하고 있지만 여전히 텍스트는 중요하고, 서점에는 그 어느 때
보다 다양한 책이 넘쳐납니다. 비록 종이와 펜은 사용하지 않지만 그 어느 때보다 많
은 텍스트를 주고 받고 있는 것이 사실입니다. 언어 학습에 있어 읽기는 여전히 가장
중요한 위치를 차지하고 있다고 보는 것이 맞을 것입니다. 그렇다고 전통적인 글 읽기
방식을 예전 그대로 고수해도 되는 것일까요? 우리는 읽기에 대한 근본적인 질문을 다
시 던질 때가 되었습니다.

- 왜 영어 읽기를 잘해야 하는 것인가?(영어 읽기 목적)
- 학생들은 앞으로 어떠한 경우에 영어 읽기를 하게 될까?(영어 읽기의 쓰임)
- 영어 읽기는 정확하게 이해하며 읽는 것이 중요한가?(정확성)
- 어떤 글을 읽혀야 할까?(교재, 장르)
- 학생들은 어떤 글을 읽을 때 흥미를 느낄까?(내용)
- 그럼 현재 나의 읽기 지도법은 적절한 것인가?(교수법)

이 책은 지금까지 일반적이었던 서구 이론을 전달하는 방식의 전공서에서 탈피하여 21세기 지능정보사회와 우리나라의 환경에 맞는 읽기 지도법을 탐색하고 요즘 세대가 원하고 또 그들에게 진정으로 필요한 영어 읽기 지도는 무엇인가 고민해보는 것을 목적으로 집필되었습니다. 또 하나의 중요한 목적은 한 세기에 가까운 세월을 거치면서 축적된 연구들을 바탕으로 만들어진 읽기 이론들이 단지 임용 시험을 위한 지식이 아니라 실제 읽기를 배우고 지도하는 데 얼마나 중요한 것인지, 이러한 이론을 우리의 영어 수업 설계와 교수법에 과연 어떻게 적용시킬 수 있는지를 알려드리는 데에 있습니다. 이를 위해 읽기 지도론에서 다루어야 할 모든 내용을 체계적으로 제시하되, 읽기 이론은 가급적 이해하기 쉽고 간단히, 그리고 교실 현장에 적용할 수 있는 수업 활용 예시를 최대한 많이 제공하려고 노력하였습니다.

사범대와 교육대학원에서 읽기 지도법을 십수 년간 강의하면서 학생들에게 이론과 실제를 연결하도록 하는 것이 매우 어렵다는 점을 절실히 느꼈기 때문에, 언젠가는 이에 도움이 될 만한 한국 영어 읽기 교육 지도서를 꼭 집필해야겠다고 결심하였습니다. 지금 이를 실천할 때가 되었지만, 품었던 기대만큼의 좋은 책을 쓰기에 많은 부족함을 느낍니다. 부디 이 책을 읽는 분들이 '아, 이론과 현실은 다른 것이 아니구나! 수업은 이론에 기반할 때 가장 효과적으로 지도할 수 있는 것이구나 라고 느끼실 수 있다면 정말 기쁘겠습니다.

특히 예비 교사뿐만 아니라 현직 영어 선생님들께도 이 책을 꼭 읽어 보시기를 권합니다. 읽기가 다른 영역보다 특히 가르치기 어렵다는 말을 선생님들로부터 종종 듣습니다. 입시 위주의 교육 때문에 어쩔 수 없이 원치 않는 수업을 해야 하는 딜레마에 빠져 있다면, 새로운 수업을 하고 싶거나 매 순간 읽기 수업에서 벌어지는 문제들을 해결하기 어렵다면, 동료 교사의 조언과 더불어 이론서나 지도서를 다시 새롭게 읽어 보는 데서 그 해답을 찾으실 수 있다고 믿습니다.

책이 나오기까지 많은 격려와 조언을 아끼지 않으신 이진화 교수님, 안경자 교수님, 저의 원고를 꼼꼼히 읽어 주시고 정성스런 피드백을 주신 김소영 박사님께 진심으로 감사를 드립니다.

2021년 이른 봄
흑석동 연구실에서 저자

CONTENTS

CHAPTER **06**
담화 속 읽기 기술
텍스트 공략 기술 II(Text Attack Skills II)

Chapter 01

영어 읽기란?
영어 읽기 교육에 대한 통념들(myths)

No tears in the writer, no tears in the reader. No surprise in the writer, no surprise in the reader.

- Robert Frost

　위의 인용구에서 알 수 있듯이 글을 읽는다는 것은 글쓴이의 마음을 전달받는 방법 중 하나이다. 글쓴이가 슬픔을 주면 독자는 슬픔을 받고, 글쓴이가 분노를 보이면 독자 또한 분노를 함께 느끼게 된다. 이렇게 글을 읽는다는 것은 **글쓴이의 마음과 읽는 이의 마음이 소통되는 상호작용의 과정**이다. 얼굴을 서로 맞대지 않고, 심지어 알지도 못하는 사람의 마음을 그토록 구체적으로 정확하게 파악하는 것이 어떻게 가능할까? 바로 사전에 서로 약속해 놓은 글(text)이라는 기호가 이 신비를 가능케 한 것이다. 서로를 이해하기 위해 오래전 문자를 만들었고, 우리는 이를 일찍이 배워서 평생 소통의 도구로 크게 어려움 없이 사용하고 있다. 한가지 문제는 다른 언어를 사용하는 사람과의 상호작용에 있어서는 이러한 문자 소통 과정을 다시 학습해야 하는 데에 있다. 우리에게 영어 읽기란 바로 이러한 과정인 것이다. 다른 언어를 사용한 저자의 마음을 어떻게 이해할 수 있을까? 지금부터 영어 읽기에 대한 가장 근본적인 궁금증을 탐색해보자.

Writer   Reader

1. 영어 읽기의 의미와 목적

영어 읽기를 하려면 무엇을 학습하여야 할까? 흔히 영어로 쓴 책을 읽으려면, 먼저 알파벳을 배우고, 단어와 문법을 많이 학습하면 해결될 것으로 생각한다. 그러나 이는 완전한 착각이다. 이러한 착각은 우리가 한글로 읽기를 하는 과정에서 동원되는 지식과 기술이 이보다 훨씬 많다는 것을 미처 의식하지 못한 탓일 것이다.

영어로 된 책을 이해하려면, 먼저 **소리 내어 읽을 수 있어야 한다**(음성·음운 지식, **phonetic, phonological knowledge**). 영어 텍스트는 영어권 국가의 사람들이 주고받는 언어를 기호화한 것이다. 우리는 사용하지 않는 제2언어이므로, 모국어 학습의 경우와는 거꾸로 텍스트를 보면서 읽는 발음을 배워야 한다. 텍스트는 해석할 수 있지만 소리 내어 읽을 줄 모르는 학습자들이 제법 많이 있다. 이 경우에는 궁극적으로 읽기를 잘하게 되기 어렵다. 단어를 발음할 수 없으면 기억이 어려워지고, 이해력도 부족하게 되기 때문이다.

또한 **읽는 내용과 글 형태에 대한 배경지식이 필요하다**(스키마, **schema**). 단어의 뜻과 문장의 구조를 파악하였더라도 글쓴이가 무엇을 말하고자 하는지 전혀 이해하지 못하는 경우는 충분히 발생할 수 있다. 여러 가지 이유가 있겠으나, 그 언어를 사용하는 사람들의 문화와 맥락을 알지 못할 때 이런 문제가 흔히 발생한다. 일반적으로 가장 짧은 글로 함축적인 메시지를 전달하는 광고나 4컷 만화 등을 이해하고자 할 때 이러한 스키마가 가장 많이 요구된다.

언어나 문화 지식 외에도 영어로 된 글을 잘 읽으려면 장기간 익혀야 하는 여러 가지 **읽기 기술(reading skills)이 필요**하다. 이러한 읽기 기술의 예로는 주제 파악, 글 구조 이해, 의미 추론, 저자의 의도 파악 등과 같이 대입 수학능력시험의 영어 영역에서 주로 측정하고자 하는 기술뿐만 아니라 속독, 비판적 평가, 감상 능력 등 보다 상위의 기술까지 다양하다.

왜 읽기를 하는가: 영어 읽기의 목적

우리가 글을 읽을 때는 목적이 있다. 한마디로 글을 읽는 뚜렷한 이유가 존재한다. 그러면 우리는 어떠한 목적으로 글을 읽을까? 이번 주 내가 읽었던 글에 대한 기억을 떠올려보자. 곰곰이 생각해보면, 전통적인 개념의 독서 이외에도 많은 글을 읽었을 것이다. [표 1]에 자신의 읽기 활동을 적어보고 읽기의 목적이 무엇이었는지 생각해보기로 하자.

[표 1] 이번 주 내가 읽었던 글: 한국어와 영어 비교

한국어	영어
• SNS 대화 • 전공 서적 • 인터넷 뉴스 • 개봉영화 정보 • 웹툰 • _____ • _____ • _____	• 간판, 메뉴판 • 제품 정보 • 영어학습 참고서 • 전공서 • _____ • _____ • _____

물론 개인차가 있겠으나 몇 가지의 비슷한 패턴이 예상 가능하다. 첫째, 우리말 읽기 활동이 훨씬 많고 다양했을 것으로 추측할 수 있다. 둘째, 우리말 활동은 이른바 사회적·실제적(authentic) 목적의 글 읽기가 많고, 영어 읽기 활동은 주로 학습 목적의 글 읽기가 대부분이었을 것이다. 마지막으로, 두 언어의 읽기 활동 모두 문학 작품이나 깊이 있는 학문 서적보다는 실용문이나 대화문을 주로 읽었을 것이라는 점이다. 여기서 우리는 읽기의 목적과 내용이 변화하고 있다는 사실과 현실의 영어 읽기 활동은 과거 영어 공부를 열심히 하면서 자신이 꿈꾸었던 미래와는 다르다는 것을 깨닫게 된다.

통상적으로 읽기의 목적은 크게 세 가지로 분류할 수 있다. 첫째, **정보 수집**이다. 뉴스 기사를 읽거나 블로그에서 맛집 후기를 읽고, 인터넷 자료를 검색하고, 쇼핑 가격 정보를 비교하는 것은 모두 정보 수집을 목적으로 하는 읽기 활동이다. 우리 일상에서 일어나는 읽기 활동 중 제일 큰 부분을 차지한다고 볼 수 있다. 둘째, **지식 습득**이다. 이 역시도 정보 수집이라고 할 수 있겠으나 학문적인 차원에서 깊이 있는 전공 공부를 하거나 자료를 수집하고 논문을 읽는 등의 보다 심화된 지식을 쌓는 읽기 활동을 말한다. 셋째, **재미와 즐거움**이다. 한가한 시간을 즐기기 위해서 웹툰이나 소설을 읽거나, 자막을 읽으며 해외 동영상을 보는 것은 단순한 즐거움을 위해서이다. 이렇게 명백한 목적이 있을 때 우리는 읽기를 하게 된다. 아무 목적도 없이 글을 읽는 것은 상상하기 어렵다. 이것이 읽기의 본질이기 때문이다.

그런데 [표 1] 오른쪽 칸 영어 읽기 활동을 보았을 때, 상기 세 가지 읽기 목적으로 분류되지 않는 것이 있다. 바로 '영어 학습용 읽기'이다. 우리는 매우 오랜 기간 동안 영어 읽기를 단지 영어공부로서만 해왔다. 한마디로 읽기의 본질에서 벗어나는 읽기 목적이다. 영어 학습을 목적으로 하는 읽기는 **'읽기를 위한 연습(reading practice)'**이지, 진정한 읽기로 볼 수 없다는 학자들의 견해가 존재한다. 외국어로 된 글을 읽는다는 것은 여러 가지 점에서 모국어 읽기 활동과는 차이가 있다. 많은 제2언어 학습학자들은 이러한 읽기 연습을 **정독(intensive reading)**으로 부른다. 이와 관련해서는 9장 "다독"에서 본격적으로 다루기로 한다.

종합해보면, 우리는 영어로 된 글을 잘 읽기 위해 많은 시간을 읽기 연습에 투자하였지만, 학교 영어교육을 모두 마친 후에도 여전히 진정한 읽기 목적에 부합하는 영어 글 읽기를 하지 못하고 있다는 사실을 알 수 있다. 우리는 언제까지 목적 없는 읽기 연습만 해야 할까?

영어 독서　　　　　　　　　영어 읽기연습

2. 읽기 과정(Reading Process)

얼핏 보기에 글을 읽는 과정은 글쓴이가 독자에게 전달하고자 하는 메시지를 일방적으로 받는 수동적인 과정으로 여겨지지만, 실제로는 매우 **적극적이고, 상호적인 과정**이다. 예를 들어 베스트셀러 작가는 항상 독자를 염두에 두며, 독자가 좋아하고 이해하기 쉬운 글을 쓰려고 노력할 것이다. 독자의 심리를 잘 파악할수록 더욱 성공적인 메시지 전달이 가능하다. 마찬가지로 책을 즐기는 독자라면 아무 생각 없이 글을 읽지 않는다. 작가가 어떠한 암시를 하고 있는 것인지, 어떤 상황을 풍자하려고 하는 것인지, 앞으로 주인공은 어떻게 될 것인지 등 자신의 추리 능력, 과거의 경험, 문맥상 단서 등을 활용하면서 많은 생각과 상상을 하면서 글을 읽는다. 이와 같은 읽기 과정의 상호작용성에 대해서는 많은 학자의 연구가 있었는데 이를 정리해보면 세 가지로 요약 가능하다. 첫째, **작가와 독자의 상호작용**이다(Grabe, 2009; Nystrand & Himley, 1984). 작가가 글을 쓸 때 항상 염두에 두는 것은 독자이다. '이렇게 쓰면 더 흥미를 느낄까?', '내 생각에 동의할까?' 등 계속 독자에 대해 생각하고, 고민하면서 내용을 구성하며 어휘를 고르게 된다. 독자 역시 글을 읽으면서 작가에 대해 의문을 던지기도 하고, 맞장구를 치기도 한다. 둘째, **스키마와 텍스트의 상호작용**이다(Rumelhart, 1977; Stanovich, 1980). 독자는 글을 읽으면서 자기도 모르는 사이에 자기의 과거 경험과 지식을 떠올리며 텍스트의 내용을 이해하려고 노력한다. 읽는 글에 대한 나의 배경지식(스키마)이 잘 형성되어 있어야 하고, 텍스트와 연결이 잘되어야 성공적으로 글을 이해할 수 있다. 마지막으로, **상향식 과정과 하향식 과정의 상호작용**이다(Nuttall, 1996). 글을 능숙하게 읽는 독자는 읽기 목적에 따라 읽기 방식을 달리한다. 심지어 하나의 텍스트 안에서도 수시로 두 가지 읽기 과정을 바꾸어 가면서 상호 보완적으로 활용하여 읽기 목적에 도달한다.

지금까지의 읽기 과정에 대한 설명으로 알 수 있는 것은 우리 영어 학습자도 글 읽기를 잘하려면 이러한 세 가지 상호작용이 자연스럽게 일어날 수 있는 기술을 터득해야 한다는 사실이다. 그럼 세 번째 상호작용 과정이었던 상향식과 하향식 읽기 과정에 대해 좀 더 자세히 살펴보자.

상향식 과정(Bottom-up Processing)과 하향식 과정(Top-down Processing)

상향식 과정은 하위 수준에서 상위 수준으로 올라가는 방식으로 텍스트를 이해하는 방법이다. 즉 가장 기초인 글자에서, 단어, 문장의 순으로 작은 언어 단위부터 자세하게 읽어 나가면서 전체 의미를 쌓아 나가는 과정이다. 상향식 읽기는 1차적으로 단어의 뜻과 문장 구조 그대로 정확히 해석하는 것을 목표로 한다. Nuttall(1996)은 상향식 과정으로 글을 읽는 독자를 돋보기를 사용하여 숲(텍스트 전체)의 풀과 꽃(어휘, 문장)을 자세히 관찰하는 식물학자의 모습에 비유하였다. 읽기를 식물학자의 탐구 방식에 비유한 상향식 읽기는 우리의 전통적인 독해지도방식과 유사하다고 할 수 있다. 문장 속 단어 하나하나의 뜻과 쓰임, 유사어와 반대어를 학습하고, 문장의 구조를 파악하면서 한 줄, 한 줄 정확히 해석해 나가는 방향은 상향식 읽기 과정이다. 이러한 상향식 과정은 일반적으로 어떠한 읽기 상황에 적용될까? 우선 세세한 정보가 모두 중요한 학술 서적(예를 들어 법전, 수험서) 읽기나 작가의 언어 표현, 글의 세부 이야기를 충실히 따라가야 하는 시, 소설과 같은 문학작품 감상을 생각할 수 있다. 또한 내용의 난이도로 인해 이해가 어려운 텍스트를 최대한 파악하기 위해 꼼꼼히 재차 읽는 경우도 이에 해당한다. 즉 중요도를 가릴 것 없이 모든 내용을 빠짐없이 정확히 알아야 하는 경우에 상향식 읽기 과정을 쓰게 되는 것이다.

이와는 반대로 **하향식 과정**은 상위 수준에서 하위 수준으로 내려가면서 전체 글을 이해하는 방식이다. 따라서 첫 문장부터 한 줄, 한 줄 읽어 가기보다, 전체적으로 핵심 사항을 먼저 파악한 후 목적에 따라 중요하다고 생각하는 부분부터 먼저 읽어 가는 방식이다. 하향식 읽기 방식은 내용 중심 목적형의 글 읽기이다. 지금까지의 읽기 경험에 의해 쌓인 스키마와 읽기 기술을 적극적으로 사용하면서 읽기 목적을 달성하는 방식이다. Nuttall(1996)은 이러한 읽기를 하늘에서 숲을 내려다보는 독수리에 비유하였다. 독수리의 관점에서 보는 숲은 땅에서 보는 것과 달리, 다른 인근 지형에 어우러져 있는 전체 자연의 모습이다. 우리가 모국어로 글을 읽는 대부분의 경우는 이러한 하향식 읽기 과정에 해당한다. 예를 들어 인터넷에서 궁금한 내용을 검색해서 읽어보거나, 뉴스 헤드라인을 보고 기사 내용을 확인할 때, 혹은 분량이 많은 자료를 읽어 보고서를 작성해야 할 때 이러한 글 읽기를 하고 있다는 것을 느낄 것이다.

모국어 읽기 능력이 우수한 사람이 글을 읽는 방식을 보면 두 가지의 읽기 과정이 동시에 관찰된다. 하나의 텍스트를 읽는 동안에도 무의식적으로 자연스럽게 상향식과 하향식을 번갈아 가면서 읽기 과정의 상호작용이 이루어진다는 것이다. 그럼 무엇이 읽기 과정 유형의 교체를 결정하게 하는 것인가? 바로 읽는 내용과 목적이다. 글의 장르나 난이도, 그리고 읽기의 목적에 따라, 독자는 이러한 읽기 과정을 의식적·무의식적으로 선별하는 것이다. 여기서 다시 깨닫게 되는 것은 이러한 상호작용이 활발한 읽기를 하려면, **읽기 목적과 내용에 대하여 항상 생각**하면서 글을 읽어야 한다는 사실이다. 목적을 생각하지 않고 영어를 읽으면, 적극적인 상호작용이 일어날 리 없고, 첫 문장부터 마지막 문장까지 똑같은 중요도를 부여하는 상향식 글 읽기 과정을 지속하게 되기 쉽다.

3. 영어 읽기는 왜 힘들까?

"영어책을 읽는 것은 제 삶의 커다란 즐거움이죠", "영어 읽기는 쉽고 재미있어요"라고 말하는 한국인을 별로 본 적이 없다. 왜 우리나라 학습자에게 영어 읽기는 그토록 힘들고 고통스러운 과정인가? 짧은 지문을 놓고도 해석이 안 되어 몇 시간씩 끙끙거리고, 암기해도 계속 잊어버리는 영어 단어를 머리에 새기느라 많은 노력과 시간을 투자한 경험은 우리 모두에게 있을 것이다. 이렇게 지난한 과정 끝에 영어 독해가 가능하게 되었으나, 이렇게 얻게 된 영어 독해 실력은 심심할 때 영어 추리 소설을 읽으며 무료함을 달랠 정도가 되지 못한다는 사실은 안타까운 일이다. 영어 독서의 취미는 고사하고, 고등학교 졸업과 동시에 영어로 쓰여진 글 읽기를 아예 거부하는 경우가 허다하다. 영어로 쓰여진 글을 잘 읽으려고 그 많은 노력을 기울였지만, 영어 시험에서 벗어남과 동시에 읽고자 하는 동기가 완전히 사라져 버리는 것은 우리나라 영어교육에 있어 최대의 비극이 아닐 수 없다.

앞으로 이 책을 읽으며 왜 영어 읽기가 어려운지, 우리에게 부족한 지식과 기술은 무엇인지, 우리의 교육과 독해 학습에는 어떠한 개선이 필요한지 생각할 기회가 있을 것이다. 이를 위해 우리나라 영어 읽기 교육에서 오랫동안 많은 사람들이 정설로 믿고 있지만, 사실상 이론적인 근거가 부족한 통념(myths)들을 먼저 지적해보고자 한다. 이러한 믿음은 영어 읽기를 어렵게 하는 주요 원인을 제공하기도 한다. 이러한 생각이 왜 잘못된 것인지에 대해 앞으로 배우게 될 단원의 이론 지식을 토대로 그 이유를 잘 생각해보고, 이 책을 다 읽은 후에는 자신의 말로 근거를 세워 비판적으로 설명할 수 있기를 기대한다.

우리나라 읽기 교육의 오래된 통념들

먼저 다음의 체크리스트를 각자 읽어보고 자신의 생각과 일치하는지 점검하여 보자.

 영어 읽기 교육 체크리스트

당신은 영어 독해에 대한 어떠한 믿음을 가지고 있습니까? 다음 주장이 여러분의 생각과 일치하면 T, 일치하지 않으면 F에 표시하세요.

- 영어 읽기 학습은 마치 쓴 약과도 같다. 고통스럽고 힘들지만 열매는 달다. ☐T ☐F
- 자기 실력보다 어려운 지문을 읽어야 독해 실력이 향상된다. ☐T ☐F
- 영어 단어의 뜻을 많이 암기해 두면 독해를 잘할 수 있다. ☐T ☐F
- 독해를 잘 못하는 것은 주로 단어 실력이 없어서다. ☐T ☐F
- 문장 구조를 잘 분석하지 못하면 독해를 잘할 수 없다. ☐T ☐F
- 문장을 정확히 해석할 능력을 갖추게 되면 읽는 속도도 빨라지게 된다. ☐T ☐F
- 혼자 읽는 것보다 교사의 설명을 들으면서 독해를 하는 것이 효과적이다. ☐T ☐F
- 교과서 텍스트양이 더 많아지면 교사, 학생 모두에게 과도한 부담을 주게 된다. ☐T ☐F
- 영어 독해 실력을 향상시키는 좋은 방법은 본문을 모조리 외우는 것이다. ☐T ☐F

위의 내용들은 오랫동안 한국인 학습자들을 지배해온 영어 읽기에 대한 고정 관념으로 볼 수 있다. 지금부터 각각의 통념과 이로 인해 비롯된 구체적인 현상을 소개해 보기로 한다.

✧ 영어 읽기학습과정은 마치 쓴 약과도 같다. 고통스럽고 힘들지만 열매는 달다.

어려운 지문을 너끈히 읽게 되는 것은 정말 태산같이 아득하고 불가능하게만 느껴지는 순간은 누구에게나 있다. 얼마나 힘들게 공부에 매달려야 가능할까 하는 생각에 한숨이 나온다. 이때 부모님이나 선생님께서 이러한 격려의 말씀을 해주신다. "남의 나라 말을 잘하게 되는 것이 어디 쉽겠냐? 죽기로 노력하고 공부해야 겨우 가능한 거지. 힘들어도 참고 열심히 단어 외우고 문법 공부하고…" 나도 부지런히 노력하면 언젠가는 원어민처럼 뉴스 기사도 읽게 되겠지, 이러한 믿음을 가지고 오늘도 어려운 영어 문장을 해석하고, 두꺼운 단어장과 씨름을 한다.

✧ 내 실력보다 어려운 지문을 읽어야 독해 실력이 향상된다.

쉽게 해석이 되는 글을 읽으면 실력 향상에 도움이 안 된다. 다 아는 단어와 단순한 문장으로 쓰여진 영어 텍스트는 굳이 학습할 필요를 못 느끼기 때문이다. 쉬워서 읽기 편하다고 느낄 수는 있지만 독해 연습에 도움이 된다고 생각하지 않는다. 따라서 해석하는 데 시간이 많이 걸리더라도 조금 도전적인 학습서를 고르고, 어려운 지문을 읽고 문제를 풀 때 학습 만족감을 느낀다. 따라서 아동용 이야기책, 쉬운 독해집 등을 읽는 것은 시간 낭비이고, 그러한 책을 읽게 되면 내 수준이 낮아지는 것 같아 창피하게 느껴진다.

✧ 영어 단어의 뜻을 많이 암기해 두면 독해를 잘할 수 있다. / 독해를 잘 못하는 것은 주로 단어 실력이 없어서다.

영어 읽기를 하다 보면 '진정한 독해의 승자는 영어 단어를 많이 아는 자'라는 말을 항상 절감하게 된다. 독해 실력은 어휘 실력과 다를 바 없다고 생각한다. 이러한 확고한 믿음 때문에 매일 영어 단어집으로 많은 단어를 별도로 공부하고, 시험도 본다. 독해 지문을 읽다가 모르는 단어에서 막히면 이러한 생각은 더욱 강해진다. "아, 내가 독해를 못하는 것은 단어 실력이 모자라서구나"라는 결론을 내린다. 이를 극복하기 위해서 독해를 하다가 모르는 단어가 나오면 열심히 사전을 찾아 적어 둔다. 어려운 단어가 너무 많이 나오는 지문은 아예 포기하고 싶어진다.

✧ 문장 구조를 잘 분석하지 못하면 독해를 잘할 수 없다.

단어 실력만큼이나 꼭 필요하고 중요하다고 여겨지는 것은 문법 실력이다. 문법 중에서도 특히 문장의 주어 동사 목적어(SVO) 구조를 식별할 수 있어야 비로소 정확한 이해가 가능하다. 이를 위해 문장의 5형식 등 문장 구조를 분석하는 연습을 꾸준히 해왔다. 그러나 영어 문장은 매우 복잡해서 동사를 찾아내는 것 조차도 쉽지 않은 경우가 많다. 그러한 까닭에 수업시간에 구문 분석 강의만으로 부족해서 학원을 다니고 인강도 듣는다. 이렇게 문법 지식이 갖춰져야 독해력이 보장된다. 영어 선생님들도 이렇게 해서 결국 독해를 잘하게 되지 않았는가.

✧ 문장을 정확히 해석할 능력을 갖추게 되면 비로소 읽는 속도도 빨라지게 된다.

구문 분석 능력이 좋으면 문장을 해석하는 데 어려움이 없어지게 된다. 이렇게 복잡한 문장 구조에 익숙하게 되면 막힘 없이 단숨에 읽어 내려갈 수 있어서, 읽기 속도가 붙게 되는 것이다. 이러한 믿음이 있기에 시간이 걸리더라도 구문 분석에 많은 시간을 들여야 하며, 정확한 해석이 이루어지면 결국 장문의 글도 빨리 읽는 능력이 생기게 된다.

✧ 혼자 읽는 것보다 교사의 설명을 들으면서 독해를 하는 것이 효과적이다.

지문 독해는 구문에 대한 강의를 들으면서 학습하는 것이 효율적이다. 학교 수업시간은 제한되어 있고, 학생들의 읽기 능력은 제각각이어서 읽기 지문을 혼자 해석하게 두는 것은 시간 낭비인 경우가 많기 때문이다. 이러한 이유로 문법 번역식 교수법은 수능 중심의 영어수업에서 폭넓게 활용될 수밖에 없다. 훌륭한 문법 강의를 듣는 것이 효과적인 실력 향상의 지름길이다.

✧ 교과서 텍스트양이 더 많아지면 교사·학생 모두에게 과도한 부담을 주게 된다.

현재 교과서 본문의 길이도 적지 않아서 수업 진도를 나가기에 급급하다. 가르치기도 힘들겠지만 공부하는 학생은 지나친 학습부담을 느끼게 될 것이다. 읽어야 하는 양이 많으면 그만큼 더 많은 단어를 외워야 하고, 암기할 사항이 많아지니 시험은 더욱 어려워질 것이다. 사교육없이 혼자의 힘으로 학습하기는 더욱 힘들어진다는 뜻이다.

이렇게 되면 영어 읽기는 더 어렵게 느껴지고, 결국 읽기 학습 동기가 저하되는 원인이 될 것이다. 지문의 길이와 읽기 난이도는 밀접하게 관련된다고 생각한다.

✧ 영어 독해 실력을 향상시키는 데 좋은 방법은 본문을 모조리 외우는 것이다.

다소 비효율적이라고 생각은 하지만, 역시 암기만큼 확실하게 도움을 주는 것은 없다. 그만큼 정확한 구문에 대한 이해가 높아지고, 단어, 구문 등 표현에 익숙해진다. 문장을 암기하는 가운데 문법 사항 등 텍스트를 좀 더 세밀하게 들여다보게 되기 때문에, 작문 학습에도 도움이 된다. 이러한 까닭에 내신 시험에서도 지문을 완전히 암기하고 있는지를 점검하는 문제가 자주 출제되는 것이다.

하지만 일반적인 정설로 여겨져 왔던 이러한 믿음과 이 믿음을 토대로 널리 사용되는 교수·학습법은 사실상 이론적인 근거가 부족한 것이 많다. 그리고 영어 읽기에 대한 이러한 뿌리 깊은 고정관념은 재미있고, 효과적인 읽기 교육을 방해하는 주요 원인이 되고 있다. 이 책을 보면서 이러한 믿음들이 왜 근거가 없는지, 혹은 어떠한 점에서 비판을 받을 수밖에 없는지를 지속적으로 고찰해보기를 바란다. 마지막 단원에서 이러한 생각은 어떻게 수정되어야 할지, 우리의 읽기 교육은 어떠한 방향으로 나아가야 할지 함께 논의해보기로 하자.

Chapter 02

영어 읽기를 잘한다는 것은?
영어 읽기 능숙도 / 우리나라 영어 읽기 교육
과정

It's not enough to know what all the words mean. A good reader starts to see what an entire book is trying to say. And then a good reader will have something to say in return.

-Paul Acampora

영어를 잘 읽는다는 것은 정확히 어떠한 수준을 말하는 것일까? 비행기를 타고 가는 무료한 시간에 혹은 카페에서 차를 마시며 영어 소설을 편하게 읽는 정도가 아닐까? 우리는 글을 잘 읽는다는 것에 대해 '원어민 수준'이라는 막연한 기준을 가지고 있다. 그러나 우리말과 마찬가지로 영어 모국어 사용자의 영어 읽기 수준 또한 천차만별일 것이다. 여러분이 영어 읽기를 잘하고 싶다는 꿈을 갖고 있다면, 잘한다는 것은 정확히 어떠한 수준을 말하는지, 어떠한 능력을 갖춰야 하는 것인지 그 목표와 실체를 잘 알고 있어야 한다.

잘 읽을 수 있는 능력을 흔히 읽기 능숙도(reading proficiency)로 표현하는데, 다년간의 읽기 경험을 통하여 쌓인 다양한 읽기 지식(knowledge)과 기술(skills)의 결합으로 그 습득 순서에 따라 계층화시켜 설명할 수 있다. 즉, 읽기 능숙도에 포함되는 읽기 기술은 기초적인 하위 기술에서부터 매우 복잡한 상위기술까지 단계적으로 형성된다. 예를 들어 어린아이에게 "우리 아이는 영어를 잘 읽어요"라고 한다면 단어의 철자를 보고 소리를 식별하여 읽을 수 있는 하위의 해독 기술인 파닉스 기술을 말하는 것이고, 영문학자에게 "그는 놀라운 통찰력으로 이 작품을 꿰뚫어보고 있다"라고 한다면 가장 상위의 기술인 비판적 읽기 기술(critical reading skills)을 일컫는 것이다.

글을 잘 읽는 다는 것

파닉스 기술   비판적 읽기 기술

　모국어(L1)의 경우에는 이러한 읽기 기술 발달의 순차성은 대개 지켜지겠지만, 제2언어(L2)의 경우에는 동시에 진행되거나, 뒤바뀔 수 있다. 어린아이가 철자나 문장에 대한 이해 없이, 글의 주제를 먼저 파악한다는 것은 있을 수 없지만, 성인 영어 학습자의 경우에는 모국어의 읽기 능력이 전이되므로 외국어의 문장 구조에 대한 이해가 부족한 상태에서도 전체 내용을 파악하거나, 전체 구성에 있어 주제어가 위치하는 곳을 예측하는 등의 상위 기술을 이미 지니고 있을 수 있다. 많은 연구결과에 따르면, 학습자의 외국어 읽기 능력이 일정 수준에 도달하면 이미 모국어 읽기를 통해 자연스럽게 터득한 L1 읽기 기술과 지식이 외국어 읽기에서도 활용될 수 있다(Grabe, 2009). 국어를 잘하는 학생이 영어도 잘하는 경우를 자주 보게 되는데, 이는 이러한 주장에 설득력을 부여하는 예가 된다. 그럼 지금부터 읽기 능숙도 과정을 단계별로 살펴보면서 읽기를 잘한다는 것은 무엇을 의미하는 것인지 자세히 알아보기로 한다.

1. 읽기 능숙도 발달 과정

읽기 능력의 발달은 어떠한 과정을 거치는가? 읽기 능숙도(reading proficiency) 발달 과정을 단순 도식화하면 [그림 1]과 같이 피라미드 모양으로 정리할 수 있다. 그러나 읽기 능력 발달 과정은 고정된 순서를 따르는 것은 아니기에, 여러 단계가 동시에 발달하거나, 순서가 뒤바뀔 수도 있다는 점을 감안하기 바란다. 읽기 발달 과정은 맨 아래 하위 수준인 해독 기술(decoding skill)부터 맨 꼭대기 상위 수준인 비판적 읽기 기술까지 계층적인 발달 양상을 보인다. 즉 피라미드 단계가 완성이 되면 우수한 읽기 능숙도를 지닌 사람, 글을 잘 읽는 사람이라고 말할 수 있다.

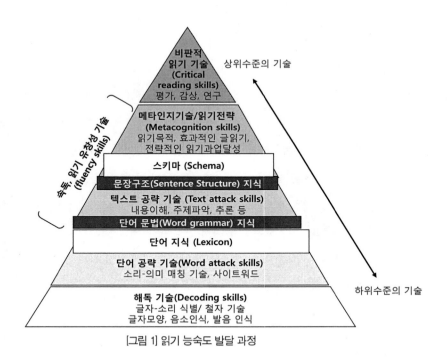

[그림 1] 읽기 능숙도 발달 과정

한편, 위 피라미드에는 읽기 능숙도 발달 과정에서 요구되는 기술과 지식을 구분하여 나타냈는데, 위 읽기 기술은 사다리꼴, 혹은 삼각형의 공간에, 읽기 지식은 직사각형의 공간에 제시하였다. 지금부터 가장 먼저 익히는 하위 단계부터 차례로 소개한다.

✧ 글자 해독 기술(decoding skills)

가장 기초적인 하위 기술인 해독 기술은 소리와 글자를 매칭(sound-letter matching)하는 능력으로 보다 세부적으로 보면, 구두 언어의 소리를 인식하는 능력인 음소 인식 능력(phonemic awareness), 각각의 철자의 소리를 인식하는 음운인식 능력(phonological recognition), 단어의 철자를 인식하는 능력(spelling skill) 등이 이에 포함된다. 3장에서 자세히 다루게 된다.

✧ 단어 공략 기술(word attack skills)

단어의 소리와 뜻을 연결(sound-meaning)하는 기술이다. 단어의 발음을 듣고 혹은 단어의 철자를 보고 무슨 뜻인지 식별하는 것이다. 여기에는 매우 자주 사용되는 짧은 단어들의 뜻을 한눈에 알아보는 사이트 워드(sight words) 능력 등을 포함한다. 4장에서 자세히 다루기로 한다.

✧ 단어 문법(word grammar) 지식

단어의 어근(root), 접두사(prefix), 접미사(suffix) 등이 가지는 의미, 기능, 용법 등과 같은 어휘 지식을 말한다. 글을 잘 이해하기 위해서는 이러한 단어 문법 지식이 필수적이다.

✧ 텍스트 공략 기술(text attack skills)

단어의 조합으로 구성된 문장, 더 나아가 문장으로 구성된 단락 및 전체 글을 효과적으로 잘 이해하는 기술들로 간단한 문장 해석 기술부터 주제 파악, 추론, 작가의 어조 파악 등 복잡한 상위 기술까지 다양한 읽기 기술이 포함된다. 5장과 6장에서 다룬다.

✧ 문장 구조(sentence structure) 지식

우리나라 학교 문법에서 주로 다루는 구문 분석이 여기에 해당하는데 단어의 어순, 품사 등 한 문장을 이루는 구조를 분석하고 파악할 수 있는 문법 지식이다.

✧ 스키마(schema) 지식

글 속의 문화적 배경지식에 해당하는 내용 스키마와 영어 글의 논리구조에 해당하는 형태 스키마에 대한 지식이다. 이는 영어권 국가에 대한 문화 지식 등을 관련 도서, 정보 등을 많이 접하고, 영어로 쓰여진 글을 많이 읽으면 생성되는 지식이다. 10장에서 다룬다.

✧ 메타인지 기술(meta-cognitive skills)

텍스트 공략 기술이 인지적인 이해능력을 말한다면, 메타인지 기술은 인지 위의 인지(cognition above cognition), 즉, 내 인지 기술에 대해 생각할 수 있는 기술이다. 글을 읽을 때 단지 문장의 의미 파악이 아니라, 어떻게 하면 주어진 상황에서 읽기를 잘 수행할 수 있을지, 자신의 읽기 목적에 맞게 글을 읽으려면 어떻게 해야 할 지 등을 의식적으로 생각하면서 읽는 기술이다. 읽기 전략(reading strategies)은 바로 이러한 메타인지 기술의 주요한 예이다. 7장에서 다룬다.

✧ 비판적 읽기 기술(critical reading skills)

이것은 최상위 읽기 능력으로 이를 기술이라고 표현하는 것은 부적절할 수 있다. 글을 잘 읽을 수 있는 사람은 사실상 글의 내용을 잘 이해하는 것 뿐만 아니라, 글을 읽는 동안 작문 수준, 내용의 중요도 및 진위, 글의 논리 등을 평가하기도 한다. 또한 텍스트에 문학적인 가치를 두고 그 내용이나 표현을 감상하기도 한다.

한편 이외에도 다음과 같이 특정 단계에 국한되지 않고 지속적인 습득이 요구되는 기술과 지식도 있다.

✧ 속독 기술(reading speed skill)

흔히 읽기 유창성(reading fluency) 능력으로 분류되는데 텍스트를 잘 이해하면서 빨리 읽을 수 있는 능력이다. 속독 기술은 꾸준한 연습을 통해 장기간 쌓아가야 한다. 단순히 읽기연습이나 독해 시험의 상황에서만 필요한 것이 아니라, 정보처리를 위한 일상적인 글 읽기에서도 필수적으로 요구되는 기술이다. 8장에서 자세히 다룰 것이다.

✧ 단어 지식(lexicon)

읽기에 있어서 단어 지식의 중요성은 누구나 인지하고 있을 것이다. 글을 잘 읽으려면 많은 단어 지식이 뒷받침되어야 할 것이다. 관련하여 Nation(2001; 2004)은 영국 국립 코퍼스(British National Corpus) 최빈출 3,000개 단어군(word family)의 단어를 알면 학술 서적에 사용되는 86%의 단어를 커버할 수 있다고 하였다. 따라서 단어 지식은 지속적으로 쌓아야 하는 지식으로 일정 기간의 수련으로 획득 가능한 다른 읽기 기술 및 지식과는 성격이 다르다고 볼 수 있다. 3장에서 단어 공략 기술과 더불어 좀 더 구체적으로 설명할 것이다.

지금까지 읽기와 관련된 기술과 지식을 분석적으로 구분하여 간략히 소개하였다. 그러나 실제로 각각의 기술과 지식은 분리된 것이 아니며 서로 연관되어 있다.

2. 읽기 지도의 원리(Nation, 2009)

이 장에서는 영어 읽기에 능숙해지려면 무엇을 배우고 어떠한 연습을 해야 하는지 생각해보기로 하였다. 이제 무엇을 배우고 익혀야 할지는 분명해졌는데, 바로 앞서 소개한 여섯 가지 기술과 네 가지 지식이다. 그러면 어떻게 이러한 기술과 지식을 효과적으로 지도할 수 있을까? Nation(2009)은 학자들의 연구를 토대로 '읽기 지도의 원리(Principles for Teaching Reading)'를 제시하고 읽기 교육 커리큘럼 설계에 가이드로 삼을 것을 제안한 바 있다. 이것을 특별히 주목하는 이유는 우리의 읽기 지도 방식에 대해 다시 한번 생각해보게 하기 때문이다.

Nation에 따르면 교실 수업에서 읽기 지도에는 네 가지 영역이 있고, 각 영역은 한 수업에서 약 4분의 1(25%) 정도의 비중을 차지하는 것이 좋다고 보았다. 각각을 살펴보면 다음과 같다.

의미 초점 입력(Meaning-focused Input)

읽기 지도의 첫째 원리는 학생들에게 의미 초점 입력 기회를 제공해야 한다는 것이다. 읽기를 하는 것은 머리 속에 언어 입력(language input)을 제공하는 행위인데 의미 초점 입력 활동 시에는 내용에만 중심을 두고 읽기를 하도록 지도하여야 한다. 읽기 본질에 가장 가까운 활동으로 새로운 정보를 위한 읽기, 재미나 호기심을 위한 읽기, 비평이나 글을 쓰기 위한 읽기 활동이 여기에 해당한다. 주의할 것은 교재의 읽기 지문을 읽으면서 내용 이해도를 점검하는 것은 의미 초점 입력 활동에 해당하지 않는다는 점이다. 이때에는 읽기에 따른 목적이 내용 이해가 아니라 이해력 향상에 있다고 볼 수 있기 때문이다.

따라서 이러한 읽기 지도 원칙에 부합하는 글감은 읽고 싶은 흥미가 생기는 내용이거나, 학생에게 관심이 있을 만한 새로운 정보를 담고 있어야 한다. 또한 텍스트는 읽는 사람의 수준에서 다소 쉽다고 느껴지는 것이어야 한다. 의미 초점 입력 활동에 적합한 글의 수준에 대해 Nation(2009)은 모르는 단어로 인해 읽기가 방해되지 않는 쉬운 글로, 약 98%의 단어는 이미 알고 있으며 나머지 2%는 문맥상으로 유추해서 읽을 수 있는 수준이어야 한다고 주장하였다.

하지만 제2언어 학습자가 사회적 목적의 실제적인 글 읽기(authentic reading)를 하면서 그 내용의 단어를 대부분 알고 있을 가능성은 매우 낮을 것이다. 따라서 제2언어 학습자에게는 사전에 의존하지 않고 전체 내용을 파악할 수 있는 수준의 글이 이에 해당한다고 보아야 할 것이다. 이러한 텍스트의 예는 흥미 있으면서도 쉽게 쓰여진 스토리 북이나 외국어 학습자용으로 저술된 도서(즉, graded readers) 혹은 아동 및 청소년 대상의 영자신문, 아동용 인터넷 자료, 애니메이션 영화 대본 등이 있다. 의미 초점 입력 활동의 대표적인 예는 다독(extensive reading) 활동, 관심 주제에 대한 배경지식(schema)를 쌓기 위한 온라인 자료 탐구 등을 들 수 있다.

한편 의미 초점 입력을 위한 지도 시 주의할 점은 읽기 전후 활동으로 이해도 점검, 단어 및 문법 테스트 등을 병행하는 것을 피해야 한다는 것이다. 이러한 점검 활동이 병행되면 학습자는 내용을 즐기기보다는 형태에 집중할 것이며 궁극적으로 읽기 유창성을 기르는 데도 방해가 될 것이다. 그보다는 읽은 내용에 대한 토의나 감상 및 비평을 위한 글쓰기 등이 더 적합하다.

의미 초점 출력(Meaning-focused Output)

두 번째 원리는 학생들이 의미 초점 출력을 할 수 있도록 읽기를 지도해야 한다는 것이다. 간단히 말해서 의미 초점 출력이란 읽은 내용에 대해 추후 토론이나 글을 쓸 목적으로 읽기를 지도하는 것이다. 읽기는 통상적으로 수용적인 기술(receptive skill)로 분류되므로, 읽기 지도를 논하면서 출력에 해당하는 말하기와 쓰기를 말하는 것은 다소 의외라고 할 수 있다. Nation(2009)은 내용 중심 읽기는 다른 언어 영역과 결합되는 것이 일반적이므로, 듣기, 말하기, 쓰기 등과 연결하는 지도가 필요하다고 보았다.

우리가 읽기 수업시간에 지문을 읽고 나서 이에 대해 찬반 토론을 하거나, 읽은 내용에 대해 자신의 말로 요약을 하게 된다면 이것은 의미 초점 출력 활동이라고 볼 수 있다. 이때 의미 초점 출력 활동을 보다 효과적으로 운영하려면, 학생 개개인이 스스로 혼자 텍스트를 읽어볼 수 있도록 수업을 계획하고 사전에 읽기 후 활동으로 내용에 대한 토론이나 작문 활동이 진행될 것임을 안내하는 것이 원리에 입각한 목적형 읽기가 될 것이다.

의미 초점 출력 활동의 예시로는 Nation(2009)가 제시한 "Ask and answer"가 대표적이다 교사가 지문에 대한 질문을 먼저 던지고 학생들이 답을 찾기 위해 글을 읽는 방법이다. 교실 수업에서 적용하기 쉽다. 보다 응용된 형태로 토론, 디베이트, 조사발표, 스토리의 결말 바꾸기(혹은 상상하기), 독후감 쓰기, 글 요약하여 소개하기, SNS나 이메일 텍스트에 답하기, 블로그에 댓글 남기기, 조사 리포트 작성하기 등이 있다.

의미 초점 출력 활동 역시 내용 중심 활동으로서 학습자의 언어 수준과 인지 수준 양쪽에 모두 부합하도록 활동을 설계하는 것은 쉽지 않다. 너무 쉬운 활동은 흥미가 없을 수 있고, 너무 어려운 활동은 언어 능력의 제약으로 부담스러울 수 있다. 따라서 학습자가 내용에만 집중할 수 있도록 난이도 조율이 필요하며, 단어 리스트나 작문 예시를 제공하는 등의 형태적인 비계(scaffolding)가 필요하다.

형태 초점 학습(Language-focused Learning)

형태 초점 학습은 읽기에 필요한 형태, 즉 언어 기술 및 지식을 익힐 수 있도록 지도하는 것이다. 읽기에 필요한 언어 기술과 지식이란 어휘, 문장구조, 문법, 각종 읽기 기술을 포함하는데 이는 대부분 우리나라 중·고등학교 영어 수업에서 주로 사용되는 정독(intensive reading) 접근법을 통해 중점적으로 다루어지는 요소이다. 뿐만 아니라 읽기 전략(reading strategies)이나 메타인지 읽기 기술(meta-cognitive reading skills) 훈련도 형태 초점 학습에 해당하는데, 활동 지도의 예로는 문맥 추론이나 대의 파악, 예측하기 등의 전략 뿐만 아니라, 전체적으로 한 번 훑어보기, 읽기 목적을 세우기, 배경지식 활성화하기, 사후 활동인 텍스트 비평, 읽은 텍스트 복습 등이 있다(Nation, 2009). 한 단계 더 나아가서 시, 내러티브, 소설 등의 문학 작품, 실용문, 신문기사, 연구 논문 등 다양한 글감을 통해 텍스트 장르에 따른 구성, 논리 구조 등에 익숙해지도록 지도하는 것 또한 형태 초점 학습의 영역으로 보았다. 우리나라 수학능력시험 영어 읽기 영역은 바로 형태 초점 학습 성취 정도를 다각적으로 검토하는 것을 목적으로 한다고 볼 수 있다.

유창성 발달(Fluency Development)

읽기 지도의 마지막 원리는 유창성 발달에 관한 것이다. 유창성은 주어진 시간 내에 많은 양의 글을 신속히 읽을 수 있는 능력을 말한다. 즉 속도와 양의 개념을 포함하고 있어 효율적인 읽기라고 할 수 있다. Nation(2009)은 읽기 학습자에게는 어려운 텍스트의 구문을 분석하고 새로운 어휘를 배우기 위한 읽기 연습 뿐만 아니라, 쉽고 익숙한 텍스트를 부담 없이 빨리 읽어 내려가는 속독 연습(speed reading practice) 또한 필요하다고 하였다.

속독 연습을 위해서는 혼자서 묵독(silent reading) 하기, 소리 내어 읽기, 반복적으로 읽기, 짝과 번갈아 가며 읽기 등의 활동이 있고, 필요한 내용 위주로 훑어 읽기(skimming & scanning)등의 훈련을 시킬 수 있다. 시간을 정해 놓고, 같은 시간 내에 얼마나 많은 양의 텍스트를 읽었는지 정기적으로 점검하는 연습도 가능하다. 자세한 활동 예시는 8장을 참조하기 바란다.

동시에 읽기 유창성을 신장하려면 읽기의 양이 많아야 한다. 따라서 읽기 속도를 향상시키는 활동에 집중하기보다, 즐거움과 호기심이 드는 책을 스스로 선택하여 지속적으로 읽기에 대한 노출 기회를 확대하는 것이 읽기 유창성 발달에 필수라고 할 수 있다. 이러한 이유로 다독은 유창성 발달을 위한 대표적인 활동이다.

우리나라 읽기 교육에서는 Nation(2009)이 말하는 유창성은 거의 다루어지지 않고 있지만(신충성, 2015) 수능 영어를 포함한 학교 시험의 상황에서는 속독 능력이 요구되므로, 학습자들은 어려움을 겪고 있다. 속독 능력은 단기 집중 훈련을 통해서 얻어지는 능력이 아니다. 이에 현장에서는 유창성 발달을 위한 지도에 더 많은 시간을 할애할 필요가 있다. 또한 속독의 목적은 주어진 시간에 많은 정보를 입력하고자 하는 것임을 명심하고, 속도감 있게 책을 읽어 내려가는 환경을 마련해주어야 한다.

3. 우리나라 영어 교육과정의 읽기 가이드

우리나라 영어교육과정의 읽기 영역의 내용 체계와 성취기준을 살펴보면 학교 영어 교육에서 읽기능숙도를 어떻게 규정하고 이에 대한 발달을 계획하였는지 큰 그림을 볼 수 있다. 2장에서 배운 읽기 능숙도 피라미드와 읽기 지도 원리를 생각하며 이를 검토해보자.

내용 체계

우리나라 2015 영어 교육과정에 따른 읽기 교육과정 내용 체계와 성취 기준을 다음 [표 2]에 제시하였다. 표의 세로축에 제시된 읽기 교육과정의 핵심 개념은 앞서 소개하였던 [그림 1]의 피라미드를 거꾸로 놓은 것과 유사한 순서로 정리되어 있다는 사실을 알 수 있다. 맨 위의 핵심 개념에는 가장 하위 단계인 '소리'와 '철자'가 있고, 맨 아래 행에 '함축적 의미'가 있다. 가로축은 교육과정의 대상에 따라 내용 요소를 제시하고 있는데, 학년이 올라감에 따라 그 범위가 점차 확대되고 있음을 볼 수 있다.. [표 2]의 볼드체는 해당 학년에서 새롭게 제시되는 내용요소들이다.

[표 2] 2015 영어 읽기 교육과정 내용 체계 표(초 3~고등)

핵심 개념	내용 요소				기능
	3~4학년	5~6학년	중등	고등	
철자	•알파벳 대소문자 •낱말의 소리, 철자	•알파벳 대소문자 •낱말의 소리, 철자 •**강세, 리듬, 억양**			식별하기 적용하기
어휘 및 문장	•낱말, 어구, 문장	•낱말, 어구, 문장	•어구, 문장		파악하기
세부 정보		•그림, 도표 •일상생활 관련 주제	•그림, 도표, 사진 •**대상, 주제**	•그림, 도표, 사진 •대상, 주제	파악하기
중심 내용		•줄거리, 목적	•줄거리, **주제, 요지**	•줄거리, 주제, 요지	파악하기 추론하기
맥락			•**일이나 사건의 순서, 전후 관계** •**일이나 사건의 원인, 결과** •**필자의 의도, 목적** •**필자의 심정, 태도**	•일이나 사건의 순서, 전후 관계 •일이나 사건의 원인, 결과 •필자의 의도, 목적 •필자의 심정, 태도	파악하기 추론하기
함축적 의미			•**문맥 속 낱말, 어구, 문장의 의미**	•문맥 속 낱말, 어구, 문장의 의미 •**글의 숨겨진 의미**	추론하기

성취 기준

　[표 3]에 제시한 성취 기준은 앞서 제시한 영어 교육과정 내용 체계에서 내용 요소를 어느 정도 성취해야 하는지의 기준을 목표 기술형으로(~할 수 있다) 적은 것이다. 우리 나라 성취 기준은 구체적인 세부 기술을 지양하고, 정도를 나타내는 양적 척도를 지정 하지 않았는데, 이는 상위의 국가 교육과정이 지역적인 자율성이나 특수성을 고려하지 않고, 지나치게 획일적이며, 구체적인 목표를 설정하는 데 따른 부작용이나, 성과 혹은 행동주의적인 기술로 인한 비 교육적인 문제점 등이 발생하는 것을 피하기 위함이다. 그러나 수업 목표를 세우고, 성취 기준의 달성 여부를 판단하는 데에 어려움이 있다는

약점이 있다. 교육과정의 성취 기준은 교과서를 집필하고, 지도하는 교육자에게 있어 일종의 골격과 같은 기본 지침이므로, 실제 읽기 수업 지도에 임할 때에는 이를 항상 염두에 두고 대상 학년에 따른 성취기준을 앞서 제시한 내용 체계와 대조하고 검토할 필요가 있다. 보다 자세한 해설과 교수학습 방법 및 유의사항을 참고하기 바란다.[1]

[표 3] 2015 영어 읽기 교육과정 내용 체계 표(초 3~고등)

초 3~4	[4영03-01] 알파벳 대소문자를 식별하여 읽을 수 있다. [4영03-02] 소리와 철자의 관계를 이해하여 낱말을 읽을 수 있다. [4영03-03] 쉽고 간단한 낱말이나 어구, 문장을 따라 읽을 수 있다. [4영03-04] 쉽고 간단한 낱말이나 어구를 읽고 의미를 이해할 수 있다. [4영03-05] 쉽고 간단한 문장을 읽고 의미를 이해할 수 있다.
초 5~6	[6영03-01] 쉽고 간단한 문장을 강세, 리듬, 억양에 맞게 소리 내어 읽을 수 있다. [6영03-02] 그림이나 도표에 대한 쉽고 짧은 글을 읽고 세부 정보를 파악할 수 있다. [6영03-03] 일상생활 속의 친숙한 주제에 관한 쉽고 짧은 글을 읽고 세부 정보를 파악할 수 있다. [6영03-04] 쉽고 짧은 글을 읽고 줄거리나 목적 등 중심 내용을 파악할 수 있다
중 1~3	[9영03-01] 문장을 의미 단위로 끊어 읽으면서 의미를 파악할 수 있다. [9영03-02] 일상생활이나 친숙한 일반적 대상이나 주제에 관한 글을 읽고 세부 정보를 파악할 수 있다. [9영03-03] 일상생활이나 친숙한 일반적 주제의 그림, 사진, 또는 도표에 관한 글을 읽고 세부 정보를 파악할 수 있다. [9영03-04] 일상생활이나 친숙한 일반적 주제의 글을 읽고 줄거리, 주제, 요지를 파악할 수 있다. [9영03-05] 일상생활이나 친숙한 일반적 주제의 글을 읽고 필자의 심정이나 태도를 추론할 수 있다. [9영03-06] 일상생활이나 친숙한 일반적 주제의 글을 읽고 필자의 의도나 목적을 추론할 수 있다. [9영03-07] 일상생활이나 친숙한 일반적 주제의 글을 읽고 일이나 사건의 순서, 전후 관계를 추론할 수 있다. [9영03-08] 일상생활이나 친숙한 일반적 주제의 글을 읽고 일이나 사건의 원인과 결과를 추론할 수 있다. [9영03-09] 일상생활이나 친숙한 일반적 주제의 글을 읽고 문맥을 통해 낱말, 어구 또는 문장의 함축적 의미를 추론할 수 있다.

---

1) 한국교육과정 평가원 홈페이지에서 원문을 볼 수 있다. http://www.kice.re.kr/

고등 영어 Ⅰ	[12영Ⅰ03-01] 일반적 주제에 관한 글을 읽고 세부 정보를 파악할 수 있다. [12영Ⅰ03-02] 일반적 주제에 관한 글을 읽고 주제 및 요지를 파악할 수 있다. [12영Ⅰ03-03] 일반적 주제에 관한 글을 읽고 내용의 논리적 관계를 파악할 수 있다. [12영Ⅰ03-04] 일반적 주제에 관한 글을 읽고 필자의 의도나 글의 목적을 파악할 수 있다. [12영Ⅰ03-05] 일반적 주제에 관한 글을 읽고 필자의 심정이나 태도를 추론할 수 있다.
고등 영어 Ⅱ	[12영Ⅱ03-01] 다양한 주제에 관한 글을 읽고 세부 정보를 파악할 수 있다. [12영Ⅱ03-02] 다양한 주제에 관한 글을 읽고 주제 및 요지를 파악 할 수 있다. [12영Ⅱ03-03] 다양한 주제에 관한 글을 읽고 내용의 논리적 관계를 파악할 수 있다. [12영Ⅱ03-04] 다양한 주제에 관한 글을 읽고 필자의 의도나 글의 목적을 파악할 수 있다. [12영Ⅱ03-05] 다양한 주제에 관한 글을 읽고 필자의 심정이나 태도를 추론할 수 있다. [12영Ⅱ03-06] 다양한 주제에 관한 글을 읽고 함축적 의미를 추론할 수 있다.

우리나라 영어 읽기 교육과정의 문제점 고찰

앞서 학습한 읽기 능숙도 과정과 읽기 지도 원리에 입각하여, 우리나라 읽기 교육과정의 문제점을 논의해보고자 다음 세 가지 질문을 제시한다. 이 밖에도 교육과정을 검토하면서 자유롭게 의문점이나 개선점을 나누어보기를 바란다.

- 읽기 교육과정의 전반적인 특성 및 개선이 필요한 요소는 무엇인가?
- 읽기 교육과정에서 추가되어야 할 읽기 학습 요소(읽기 기술과 지식)는 무엇인가?
- 초 3~고 2에 걸친 읽기 학습 과정을 통해 도달하기 어려워 보이는 성취 기준은 무엇인가?

읽기 교육과정을 도식화하여 펼쳐 놓고 전반적인 특성을 살펴보면, 첫째, 성취기준을 분절적이고, 비순환적인 것처럼 생각하기 쉽다. 교과서 집필진이나 일선 교육자들이 자칫 오해 하기 쉬운 측면이 있다. 예를 들어 초등 3~4학년군에서 제시되는 '소리와 철자의 관계를 이해하여 낱말을 읽을 수 있다'거나 '쉽고 간단한 낱말이나 어구, 문장을 따라 읽을 수 있다', '쉽고 간단한 낱말이나 어구, 문장의 의미를 이해할 수 있다'의 성취기준이 포함하는 내용 요소는 5~6학년군 교육과정에서는 더 이상 제시되지 않으므로, 마치 3~4학년군 교육과정에서 학습이 종료되는 것 같은 오해를 줄 수 있다. 실제로 교과서에서도 관련된 활동은 해당 학년급에만 집중되어 있다. 이러한 양상은 초등 5~6학년군, 중등, 고등학교군에서도 마찬가지로 나타난다. 그러나 사실상 위의 성취 기준은 초기 문해력에 해당하는 것으로 장기간 다양한 텍스트가 투입되어야 형성되는 요소이다. 그러므로 초등 3~4학년 시기 안에 완성될 것으로 기대하기 어렵다. 실제로 고등학교 영어 학습자도 소리와 철자 관계에 대해 이해가 부족하여 잘 읽지 못하거나, 문장 따라 읽기에 어려움을 겪는 예가 많다. 따라서 이러한 성취 기준은 누적적이고 순환적으로 적용되어야 한다. 중등 영어 교과서나 수업은 파닉스 및 큰 소리로 읽기 활동 등을 다루는 것에 대해 적절하지 않다고 생각하는 경우가 많은데 이는 교육과정에 대한 오해에서 비롯된 것이라고 할 수 있겠다.

둘째, 우리나라 교육과정은 '~할 수 있다'와 같은 수행 중심의 성취기준으로 읽기 지식에 대한 기준은 제시되어 있지 않다. 예를 들어 어휘(철자, 단어 뜻, 단어 문법)나 문장 구조, 배경지식 등과 같은 지식을 쌓는 것에 대한 지침이 없어, 지도나 평가에 있어 교사의 주관적인 판단에 의존하기 쉽다. 따라서 기관이나 교사 개인의 믿음에 따라 이 부분을 등한시하거나 자칫 기준 이상을 과도하게 요구하게 될 가능성이 높다. 교육과정에는 어휘 리스트와 문화 지도에 대한 가이드가 별도로 제시되어 있기는 하나, 성취 기준을 통해서도 어떠한 어휘를 어떠한 시기에 어떠한 지식에 대해 어느 수준까지 지도해야 되는지, 또는 문장 구조적인 지식을 어느 정도까지 알려주는 것이 적정한지, 어떠한 배경지식을 활성화하거나 축적하는 것이 읽기에 체계적인 도움이 될 것인지 등 일정 수준의 지침을 제시할 필요가 있다.

셋째, 우리 교육과정에는 유창성 기술과 메타인지 기술이 포함되어 있지 않다. 사실상 유창성 기술은 [그림 1]에서 보듯 특정 단계로 제한하기 어려운 기술이다. 따라서 성취 기준이 구체적으로 제시되지 않는 경우 읽기 속도나 읽기 양과 관련된 표현을 넣어 기술하는 것은 적절하지 않다(아마도 유창성 기술에 대해 논하지 못한 이유일 것이다). 그러나 성취 기준에 조건과 맥락이 없는 읽기 수행능력을 제시함으로 인하여 얼마나 신속하게 많이 읽어야 하는가에 대한 지침이 부재하며 이로 인해 교과서나 교육현장에서 유창성 기술을 다루고 있지 않다는 점은 반드시 개선이 필요하다(신충성, 2015). 또한 현재 모든 읽기 성취 기준은 인지적인 수준의 읽기 기술에 국한되고 있다. 그러나 고급 수준의 읽기 능숙도에 도달하기 위해서는 메타인지 기술 역시 인지 기술과 함께 다루어져야 할 영역이다. 실제 수능 영어 영역의 지문은 매우 적극적인 읽기 전략을 요구하는 문제를 다루고 있다. 이에 메타인지 기술 없이 지문을 잘 이해하고 문제를 해결하는 것은 불가능하다. 따라서 고등학교 수준의 메타인지 읽기 기술에 대한 정의와 성취 기준에 대한 논의가 필요하며, 결과적으로 교육과정 성취 기준에 포함되어 실질적으로 교과서와 교육에 반영되어야 한다.

넷째, 우리나라 교육과정에 주어진 영어교육의 시간이나 읽기 지문 분량을 고려했을 때 현재의 읽기 성취 기준은 지나치게 높다고 볼 수 있다. 2015년 개정교육과정에 의하면 우리나라 초등학교 4년간 영어수업 시수는 총 340시간(3학년 68시간, 4학년 68시간, 5학년 102시간, 6학년 102시간)이다. 동일 나이대의 원어민 아동이 읽기에 노출되는 시간을 하루 최소 3-4시간 이상이라고 볼 때 이는 약 3개월여 정도의 시간에 불과하다. 실제 텍스트의 투입량을 비교한다면 그 차이는 훨씬 더 클 것이다. 따라서 현재의 교육 시수와 읽기양만으로는 중·고등학교 교육과정을 마쳤다고 대학교 수준의 텍스트 읽기가 가능할 것으로 기대해서는 안될 것이다. 그렇다면, 해결방안은 교육 시수를 늘이고, 읽기양을 대폭 늘리거나, 성취기준을 하향 조정해야 한다는 결론에 도달한다. 아니면 이 두 가지를 결합적으로 조정하는 방식을 재고해보아야 할 것이다. 학교 교육만으로 도달하기 힘든 성취기준을 설정하는 것은 영어 읽기 교육을 개인 학습자의 몫으로 방치하여 과도한 사교육을 부추기고 영어학습 탈동기의 원인이 될 수 있다.

읽기를 위한 첫 단계
글자 해독 기술
(Decoding Skills)

Learning to read is like learning to run. The more you practice, the faster you become. So practice one a day, and then head out and… Play, play, play.

-Sophie Carter

읽기를 하려면 우선 말로 읽을 수 있어야 한다. 즉 글자를 보고 식별을 하고, 글자로 구성된 단어를 보고 발음을 할 수 있어야 하는 것이다. 이러한 능력을 글자 해독 기술이라고 부른다. 예술가 Sophie Carter는 읽기를 달리기에 비유하면서 연습의 중요성을 강조하였다. 단어를 신속하게 한눈에 읽어내려면 글자 해독 기술의 충분한 연습이 필요하다. 우리나라 영어수업에서도 글자 해독 기술 연습의 중요성에 지금보다 더 많은 관심을 두고 처음으로 영어를 배우기 시작하는 학습자들이 글 읽기에 자신감을 가질 수 있도록 지도하여야 한다.

1. 모국어와 외국어 글 읽기의 관계

문해력(literacy)의 성장과정은 모국어(L1) 읽기 능력과 외국어(L2) 읽기 능력 간에 차이가 있다. 또한 성인 학습자와 아동 학습자 간에도 읽기 능력의 성장과정은 다르게 나타난다. 이러한 이유는 이미 모국어로 획득한 초기 문해력의 전이(transfer)가 있는지 여부에 달려있는 경우가 많다. 모국어와 외국어에 있어 읽기의 차이점을 보다 자세히 살펴보면 다음과 같다.

모국어 학습자의 경우는 글 읽기를 시작할 때 이미 구두 언어의 지식을 획득한 상태인 경우가 대부분이다. 즉, 말을 이미 할 줄 알고 들은 소리에 대한 의미를 알고 있으므로, 읽기에 필요한 주요 지식을 이미 가지고 있다고 볼 수 있다. 즉 어휘, 문장, 문법, 배경지식 등의 언어 지식을 이미 보유한 상태에서 읽기를 시작하게 된다. 즉 자신의 연령과 인지 수준에 맞는 텍스트를 읽을 줄 알게 되면 자동적으로 의미를 파악할 수 있다. 이러한 이유로 해서 모국어 학습자에게는 사전 읽기 활동을 강조하거나, 문법적으로 단순화시킨 텍스트를 읽게 할 필요가 없다. 모국어 학습자가 학교에서 읽기를 처음 배울 때 자주 하는 활동은 '함께 하는 읽기(shared reading)'이다([그림 2] 참조). 교사가 그림과 큰 글씨로 되어 있는 스토리 북(big book)을 학생들 쪽으로 펴서 보여주고, 글을 읽어주면서, 학생들을 중간에 참여시키는 방식이다. 다분히 내용 중심의 글 읽기로, 그 과정에서 학습자들은 교사가 읽어주는 소리를 들으면서 글자와 단어 철자의 친숙도와 관심을 높여가는 것이다. 외국어 학습자인 경우에도 아직 모국어 언어 지식이 없고, 구두 언어와 동시에 문자 언어를 배우는 유·아동인 경우 이러한 방식을 사용하는 것이 적합하다.

반면에 외국어 학습자인 경우는 모국어 읽기가 이미 가능한 상태에서 외국어를 배우게 되는 경우가 대부분이어서 이미 모국어의 읽기 경험을 보유하고 있다. 따라서 이 경험으로 얻게 된 인지적인 독서 능력이나 주제 파악 등 상위의 읽기 기술이 외국어 읽기를 하는데 자연스럽게 전이될 수 있다. 또한 이외에도 두개의 언어를 자연스럽게 비교하게 되면서 음소 인식(phonemic awareness), 메타인지적 인식(meta-cognitive awareness), 읽기 전략(reading strategies) 등[2]을 스스로 활용하기도 한다. 한편 외국어학습자의 읽기 활동에 보다 필요한 것은 도리어 하위 기술에 해당하는 언어 학습 활동이다. 즉, 철자를 보면서 발음을 읽을 수 있는 원리를 충분히 익혔다고 해도, 그 의미를 자동적으로 알 수 있는 것은 아니므로, 사전 검색 활동, 단어, 문법 지식의 학습, 단계적 하위 텍스트 공략 기술 등 언어적 학습 노력과 읽기 전 활동이 중요하다.

[그림 2] 함께 하는 읽기(Shared Reading)

---

2)   메타인지적 인식과 읽기 전략은 7장에서 자세히 다루고 있으므로 참조하기 바란다.

2. 초기 문해력(Early Literacy)

초기 문해력이란 모국어 학습자를 기준으로 한 표현으로 읽기의 기초 단계 과정에서 얻게 되는 기본 능력 및 기술을 말한다. 아동이 "I can read!"라고 외쳤다면, 다음과 같은 과정을 거쳐 획득한 능력이 된다고 볼 수 있다.

- 인쇄물에 대한 관심(Print motivation)
- 글자에 대한 인식(Print awareness)
- **알파벳 철자(Orthography/letter knowledge)**
- 음소 인식(Phonemic awareness)
- **음운 인식(Phonological awareness)**
- 사이트 워드(Sight words)
- **단어 지식(Vocabulary knowledge)**

[그림 3] 초기 문해력의 범위

그러면 외국어 학습자 특히 모국어 읽기를 이미 습득한 단계의 학습자에 있어 이미 학습되었다고 볼 수 있는 공통적인 초기 문해력은 무엇일까? 일반적으로 인쇄물에 대한 관심, 글자에 대한 인식, 그리고 음소 인식이 여기에 해당한다. 반면 L1과는 달라서 새롭게 배워야 하는 지식은 [그림 3]에서 볼드체로 표시된 알파벳과 철자(spelling) 지식, 음운 인식, 단어 지식 등이다. 이 장에서 다룰 글자 해독 기술은 철자를 식별하고 발음할 수 있는 음운 인식 단계까지를 포함하기로 한다. 한마디로 영어 학습자에게 있어서 글자 해독 기술이란 대개 영어 알파벳을 읽고, 글자 조합으로 된 단어를 발음하는 능력이다.

글자 해독 기술은 읽기의 가장 기초적인 기술이다. 그러나 우리나라 교육과정에서 비중이 매우 적고, 실제 교과서에서도 이에 대한 체계적인 학습 내용이 부족한 것이 현실이다(김소영, 2021). 그러나 충분한 연습을 통해 기초를 잘 쌓아야만 능숙한 읽기 수준에 도달할 수 있게 되므로, 다양한 활동을 통해 반복 연습을 하여 글자를 잘 읽을 수 있는 기초 능력을 길러주는 것이 반드시 필요하다.

알파벳과 철자 지식(Orthography / Letter Knowledge)

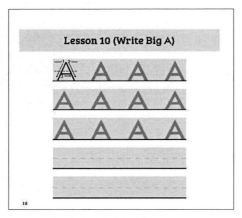

[그림 4] 전통적인 팬맨십 워크북

영어 알파벳 글자와 단어의 철자 지식을 일컬어 맞춤법 혹은 정자 지식(Orthography)이라고 한다. 외국어 학습자들은 대체로 모국어에 대한 학습경험을 바탕으로 영어를 익히게 되기 때문에 기본적인 글자 개념을 가지고 있다. 예를 들어 글씨는 왼쪽에서부터 오른쪽으로 쓰며, 자음과 모음이 있고, 글자가 모여서 소리를 이루며 단어를 이루는 글자 조합인 철자가 있다는 점 등을 이미 이해하고 있다. 한국인 영어학습자의 대부분은 초등학교 3학년 첫 영어수업이 시작되기 전 이미 알파벳을 접한 경험이 있고 이미 알파벳을 식별하고 쓸 수 있는 경우가 많아서 전통적인 손 필기 연습(penmanship)을 등한시하는 경우가 많다. 그러나 대소문자를 구별하는 등 알파벳을 정확히 구별하는 것은 초등 고학년이 되어도 어려워 하는 경우가 많으므로(김소영 2021), 성취 기준에 잘 도달할 수 있도록 따라 쓰기 등 손 필기 활동을 통한 연습이 필요하다.

글자의 조합으로 단어의 발음을 만들어내는 것이 철자이며, 이는 쓰기와 관련된다는 점에서 읽기와는 다른 생산적인 기술(productive skill)이다. Nation(2009)은 철자 연습을 생산적 파닉스(productive phonics)라고 부르기도 하였다. 단어의 철자를 보고 단어의 소리나 의미를 식별해내는 능력뿐만 아니라 단어를 듣거나 보고 난 다음 철자를 떠올리거나 쓸 수 있는 능력은 읽기에 도움이 된다. 알파벳을 익히고 난 다음 철자를 큰 소리로 읽거나, 받아 적을 수 있는 능력은 많은 연습을 필요로 하며, 외국어를 배우기 시작한 학습자의 첫 번째 난관이라고 할 수 있다. 특히 영어는 한글과 달리 철자가 알파벳을 일렬로 나열하는 병렬식이어서 암기 학습에 더욱 어려움이 있다. 예를 들어 '아름다운'을 뜻하는 초등학교 권장 어휘인 "beautiful"의 철자는 아홉 글자 (C+V+V+V+C+V+C+V+C)의 나열이고, 그중 모음 세 개가 연속으로 이어지는 등 암기하기가 매우 어렵다. 반면 한글은 단 세 글자로 자음-모음-받침이 좌우-상하로 체계적으로 배치되어 있어 식별과 외워 쓰기가 용이하다.

Beautiful
뷰 티 플

[그림 5] 영어와 우리말 철자 비교 "Beautiful vs. 뷰티플"

철자를 익히는 방법은 글을 많이 읽음으로써 자연적으로 철자에 노출되고 익숙해지는 우연적 학습(incidental learning)이 있고, 별도의 시간과 노력을 들여 철자를 암기하는 의도적 학습(deliberate learning)이 있다. 외국어 학습자의 경우 우연적 학습으로만 철자를 완벽하게 익히는 것은 거의 불가능하다. 그만큼 많은 양의 텍스트에 노출되기 어렵고, 읽기 능력을 갖추기 전 단어의 소리를 사전에 알고 있지 못하기 때문이다. 따라서 우연적인 학습에 의도적인 학습이 병행되어야 효과적이다. 길고 복잡한 영어 단어의 철자를 익히기 위해서는 철자규칙이나 글자 조합 시스템을 알아두는 것이 좋은 데, 이렇게 체재를 배워 단어의 철자를 학습하는 것을 체재 학습(system learning)이라고 하고(예를 들어 friend, friendly, friendship) 짧고 분절이 되지 않는 단어를 통째로 외우는 것을 항목 학습(item learning)이라고 한다(예를 들어 dog, after, Moon).

우리나라 영어수업에서 철자를 학습하는 방식은 대체로 철자를 뜻과 함께 알려준 후 단어 시험(받아쓰기)을 보는 것이 일반적이다. 그러나 학생들이 단어를 효과적으로 학습할 수 있는 방법이나 전략을 지도하지 않고, 결과로만 평가만 하는 방식은 바람직하지 않다. 보다 쉽게 단어를 암기할 수 있도록 학습법을 지도하거나, 실제 수업시간에 외울 수 있는 다양한 활동을 적용해야 한다. Nation(2009)이 제시하는 단어 암기 전략은 다음과 같다. 암기할 단어를 잘 분류해서 단어 종류별로 외우는 방식을 달리할 수 있다. 첫 번째, 단어 철자를 본 후 눈을 감고 떠올려보는 것이다. 특별한 이미지가 떠오르는 단어나 철자가 짧은 단어가 여기에 해당할 것이다. 두 번째, 비슷한 철자의 다른 단어를 떠올려본다(예를 들어, guy, buy 나 fun, sun, gun). 철자가 어렵거나 낯설어서 앞선 두 가지 방식을 적용할 수 없다면, 세 번째, 단어 철자를 부분별로 쪼개서 분석해 본다(re+turn, re+view). 이런 방식으로 각 부분의 의미가 합쳐져서 쉽게 외울 수 있다. 이렇게 해도 잘 안 외워지는 단어는 마지막으로 별도로 목록을 만들어 단어를 가리고 뜻으로 단어의 철자를 떠올려보는 방법(cover and retrieve)을 전략적으로 활용해보도록 한다.

이외에도 Nation(2009)이 소개한 수업용 철자능력향상 활동에는 교과서 단어 베껴 쓰기, 단어 철자를 본 다음 시간차를 두고 외워서 쓰기(delayed copying), 더 나아가서 간단한 문장을 읽은 후 바로 외워서 써 보기, 읽어주는 것을 듣고 받아쓰기 등이 있다. 철자에 서투른 학습자들이 초기 문해력을 기르기 위해 필요한 활동이므로 별도의 시간을 들여 학습법을 지도하여야 한다.

음소 인식(Phonemic Awareness)

음소(Phonemes)는 뜻을 구별해주는 가장 작은 단위의 소리이다. 즉 음소 하나의 차이에 뜻이 달라지게 된다. 음소를 인식한다는 것은 **들은 단어**(spoken word)의 소리를 음소 단위로 분리할 수 있다는 의미이다. 예를 들어 'dad'를 듣고 /d æ d/로 소리가 나누어진다는 사실을 인식하는 것이고, 또한 milk와 silk는 첫소리가 또는 첫소리에 해당하는 음소가 다르다는 것을 아는 것이다. 아동에게 /s/ 소리를 들으면 박수를 치게 하고 단어를 천천히 발음할 때 mouse, bus는 끝소리에서 switch는 첫소리에서 박수를 친다면 음소를 인식할 능력이 있다는 것이다. 음소 인식은 모국어 학습자가 구두 언어에 익숙해지는 시기에 읽기의 첫 과정으로 자연스럽게 지도할 수 있다([그림6] 참조). 한편 모국어에 대한 초기 문해력 발달이 완료된 학습자는 모국어에서 습득한 음소 인식 능력의 전이로 인하여 별도의 학습이 필요하지 않다.

Phonemic Awareness	
Isolating sounds	**Deleting Sounds**
• What is the 1st sounds in hat? • What is the last sounds in hat? • What is the middle sound in cat?	Hat: What word do we get when we take away the /h/?
Blending Sounds	**Segmenting Sounds**
• Blending onset and rime h-at=cat • Blending individual phonemes: /h/ /a/ /t/= hat	• Segmenting onset and rime: Hat= h-at • Segmenting individual phonemes hat=/h/ /a/ /t/
Substituting Sounds	**Adding Phonemes**
Hat: What word do you get when we change the /h/ to /c/?	• Hat: What word do we get when we add /s/ to hat(harder)? • At: What word do we get when we add a /h/ to at(easier)

[그림 6] 영어 모국어 학습자의 음소 인식 활동 예시

음운 인식(Phonological Awareness)

음소 인식 다음 단계로 필요한 읽기 해독 기술은 음운 인식이다. 음운 인식이란 개별 소리를 구별하는 것으로, 단어의 음절(syllable)을 구분하고 발음할 수 있는 능력이다. 음소 인식은 단지 소리를 듣고 분리하는 능력이지만, 음운인식은 **문자로 쓰여진 단어(written words)**를 보면서 그 글자 조합을 발음하여 읽을 수 있는 능력이다. 음운 인식은 외국어 학습자는 물론이고, 모국어 학습 아동들의 경우에도 문자 조합을 보고 단어를 발음하는 것을 어렵게 느끼는 경우가 많아서 적극적인 지도가 필요하다.

글자와 소리의 체계적인 관계를 흔히 '파닉스(phonics)'라고 하며, 음운 조합 체계의 규칙을 학습시켜서 단어를 읽게 하는 지도법을 **파닉스 접근법(Phonics Approach)**이라고 한다. 주로 기본 규칙인 음소 패턴을 연습시키는 경우가 많은데 예를 들어 '___ at'라는 음소가 /æt/로 발음되는 것을 반복적으로 연습시키기 위해 'cat', 'pat', 'bat', 'mat' 등의 단어를 제시하고, 'fat'을 혼자 읽어보게 하는 활동이 그것이다. 파닉스 체재를 이해하고 규칙을 익히게 되면 새로운 단어를 스스로 읽을 수 있게 되고 소리를 듣고 철자를 받아 적을 수 있게 되기 때문에 효과적인 교수법으로 인정받고 있다. 우리나라에서도 취학 전 영어교육기관에서 아동에게 파닉스를 가르치는 경우가 상당히 많다.

그러나 파닉스 지도법은 아동의 개별 인지발달 단계에 따라 적용할 수 있는 시기가 매우 다르다는 점을 간과해서는 안 된다. 상당수의 취학 전 아동에게 있어서 파닉스 규칙은 이해하기 어려울 수 있고, 반복적인 규칙 설명이나 패턴 학습은 지루함을 느끼게 하여 영어 읽기의 동기를 저하시킬 수 있다. 뿐만 아니라 영어 단어는 예외가 많아 파닉스 규칙을 이해하는 것만으로는 완벽하게 읽을 수 없고, 단어를 발음할 수 있을 뿐 글 내용을 이해하는 것과는 무관하다는 점 등도 파닉스 접근법을 수업에 적용할 때 고려해야 하는 사항이다.

현재 사설 영어프로그램에서는 취학 전 아동에게 파닉스 지도법을 통한 글 읽기를 강조하고 있다. 반면, 학교 교육과정에서는 초등학교 3~4학년군 교육과정에서 '소리와 철자 관계의 이해'라는 성취기준을 통해 음운 인식에 대한 교수-학습을 제공하도록 설계되어 있으나 이에 대한 체계적인 학습 활동을 반영한 교과서는 찾아보기 힘든 실정이다. 만 9~10세 아동학습자의 경우에는 파닉스 학습을 하기에 인지발달이 충분히 이루어진 상태이므로 음운 인식 체계를 익히기에 파닉스 접근법은 매우 효과적이다. 따라서 일선 교육현장에서 단어를 지도할 때 철자와 소리의 관계에 주목할 수 있는 추가적인 파닉스 활동을 보다 적극적으로 활용하는 것이 바람직할 것이다. 인터넷에는 파닉스 관련 다양한 워크시트나 활동 교안, 무료 온라인 학습 프로그램이 많으므로 이를 보충 교재로 활용할 수 있다.

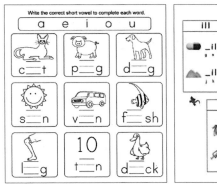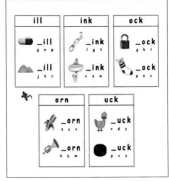

[그림 7] 파닉스 연습용 워크시트 예시

[그림 8] 다양한 파닉스 활동의 예시
제품으로 판매되는 파닉스 게임 교재(좌) / BBC 방송국이 제공하는 파닉스 온라인 게임(우)

단어의 철자를 보고 해독을 가능케 하는 방법은 파닉스 접근법 외에도 다양하다. 우선 파닉스 접근법과 대비하여 자주 소개되는 **총체적 언어 접근법**(Whole Language **Approach**) 있다. 총체적 언어 접근법은 단어를 하나의 의미 단위로 보고 소리와 함께 식별하는 방법이다. 즉 문자의 음운적인 규칙을 생각하지 않고, 단어를 하나의 의미를 대표하는 이미지 단위로 인식하는 것이다. 의미는 배제하고, 발음과 철자의 관계만 가르치는 파닉스 접근법과는 달리 총체적 언어 접근법은 발음과 뜻을 분리하여 학습하지 않고, 내용 중심 읽기 가운데 자연스럽게 철자 식별을 지도하는 것이 기본이다. 따라서 읽기 학습 과정이 지루하지 않고, 흥미 있으며, 자연스럽게 진행될 수 있다는 점에서 유·아동기에 더욱 적합하다. 그러나 철자의 체계를 정확히 익히기에는 부족하여 학습 속도가 더딜 수 있고, 긴 단어나 추상적인 개념의 단어 등을 학습하는 데는 어려움이 예상되는 등의 약점이 있다.

총체적 언어 접근법의 가장 보편적인 지도의 예는 동화책 읽기이다. 그림과 글씨가 있는 큰 그림책이나 스토리가 있는 동영상 화면의 자막을 통해 책을 읽어주면서 반복적으로 같은 단어를 소리와 함께 접하게 하여 철자에 친숙하게 하는 스토리텔링 읽기 지도법이다. 문맥과 스토리가 있는 읽기 활동은 총체적 언어 접근법의 좋은 예이다.

[그림 9] 총체적 언어 교수법 예시
큰 그림책 읽기(좌) / 동영상 스토리텔링(우)[3]

총체적 언어접근법의 또 다른 예로서 각운(rhyme)과 반복 운율(rhythm)을 이용한 읽기 지도법이 있다. 전통적으로 "Mary Had a little Lamb"이나 "Old McDonald had a farm"과 같은 Nursery Rhyme이 이러한 예가 될 수 있다. 이들은 두운, 각운 등이 맞는 단어를 반복적으로 제시하면서 소리와 철자의 관계를 익히는 것이다. 전통 동시인 Humpty Dumpty를 보자.

[그림 10] 각운과 반복적인 철자를 보여주는 전통 동시 Humpty Dumpty

---

3)   Clap Clap Kids의 Three little Pigs. https://youtu.be/W-WLnxbvMyw

Humpty Dumpty에는 위에서 보는 것처럼 각운인 /umpty/ /all/ /en/과 두운 /h/, /d/ 등이 반복적으로 쓰여 시를 낭송하면 운율이 있어 재미있고 쉽다. 반복적으로 낭송하면 소리와 철자의 관계에 익숙해질 수 있다.

시의 운율(poetic meter)은 각운과 두운의 반복 패턴뿐만 아니라 규칙적인 음절의 강약에서 완성된다. 예를 들어 가장 흔한 두 개의 약 음절(weak syllable) 다음에 하나의 강 음절 패턴을 예로 보면 "And to**day** the Great **Yer**tle, that **Mar**velous **he** Is **King** of the **Mud**. That is **all** he can **see**." 볼드체에 강세를 넣어서 읽고 나머지 음절을 빨리 읽으면 운율이 생성된다. 이렇게 라임과 단어 반복 운율을 통한 읽기(rhythmic reading)를 목적으로 고안된 대표적인 책으로 1950년대부터 현재까지 사랑받고 있는 Dr. Seuss 시리즈가 있는데, 모국어 읽기 학습자들에게 운율을 살린 글 읽기 연습을 지도하기 위해 자주 사용된다. 우리도 이를 활용한 짝 활동이 도움이 되는데, 예를 들어 Dr. Seuss 시리즈의 대표작인 Green Ham and Egg의 한 부분을 운율을 살려 읽는 역할극(role-play) 활동을 해볼 수 있다. Sam-I-am과 student의 대화에서 인물의 특성과 현재 심정을 파악한 후 실감나는 목소리 연극을 하면서 읽기 반복을 하면 영어 단어의 기본 음운에 익숙해질 것이다.

Green Eggs and Ham

- **Sam-I-am:** Say! In the **dark**? Here in the **dark**! Would you, could you, in the **dark**?
- **Student:** I would **not,** could **not,** in the **dark**.
- **Sam-I-am:** Would **you,** could **you,** in the rain?
- **Student:** I would **not,** could **not,** in the rain. **Not** in the dark. **Not** on a train. **Not** in a car. **Not** in a tree. I do **not like** them, Sam, you see. **Not** in a house. **Not** in a box. **Not** with a mouse. **Not** with a fox. I will **not** eat them here or there. I do **not** like them anywhere!
- **Sam-I-am:** You do **not like** green eggs and ham?
- **Student:** I do **not like** them, Sam-I-am.
- **Sam-I-am:** Could **you,** would **you,** with a goat?
- **Student:** I would **not,** could not, with a goat!
- **Sam-I-am:** Would **you,** could **you,** on a boat?

[그림 11] Dr. Seuss 시리즈 "Green Eggs and Ham"

총체적 언어 접근법의 또 하나의 예는 이미지를 활용한 단어 학습이다. 흔히 사용되는 것 중 하나는 낱말 카드로 카드 앞면에는 뜻에 해당하는 이미지를, 뒷면에는 단어의 철자를 적은 플래시 카드를 사용하여 아동에게 뜻과 철자를 추측하게 하는 활동이 있다. 그 외에도 이미지를 이용하여 단어의 철자를 익히게 하는 다양한 방법이 최근 멀티리터러시(multi-literacy, 이미지로 텍스트를 대체하여 이해함) 세대에 맞추어 다양하게 소개되고 있다. 가장 일찍이 소개된 교재로는 그림 사전(picture dictionary)을 꼽을 수 있는데, 만화나 간단하고 인상적인 일러스트로 단어를 소개하는 것으로, 최근에는 서책 형태보다 모바일 애플리케이션 등으로 제작되어 대중적인 인기를 끌고 있다.

[그림 12] 이미지 활용한 단어의 의미·철자 관계 익히기
(좌부터 플래시 카드, 그림 사전, 유아용 단어 학습 앱)

그림 사전보다 좀 더 구체적인 교수 방식으로 새롭게 소개된 것은 단어 철자의 모양과 의미로 연상되는 이미지를 결합시키는 지도법으로 "3단계 통문자 카드(박주연, 김혜영, 2010)"가 있는데, 연구결과 만 4~5세 유·아동기 학습자의 인지 발달 수준에 적합한 것으로 나타났다. 또한 최근 많은 국내 영어수업에서 활용되고 있는 "타이포셔너리(Typotionary, typography와 dictionary의 합성어)(송형호, 2015)"[4] 활동을 통한 철자 인식법

---

4)   교육의 기초 공공재 타이포셔너리 https://cafe.naver.com/typotionary/437

도 단어 읽기 학습에 효과적이라는 것이 다수의 현장 사례로 입증된 바 있다.

[그림 13] 3단계 통문자 카드 예시(박주연, 김혜영, 2010, p. 303)

[그림 14] 타이포셔너리[5]

　　마지막으로 게임기반 학습으로 철자를 익히는 활동이 있다. 전통적인 철자 익히기 게임인 워드 서치, 크로스워드 퍼즐, 스크램블, 매칭 등 단어의 철자를 익히도록 하는 다양한 게임에 팀별 대항, 별점제, 보상 등의 게임 요소(gamification)를 섞어서 활용하는 방식이다. 최근에는 학습자 혹은 교사 스스로 쉽게 단어 게임을 만들 수 있는 다양한 온라인 도구들이 소개되고 있어, 널리 활용되고 있다.

5)　　　　YouTube채널 「송형호」 https://www.youtube.com/user/etkorea

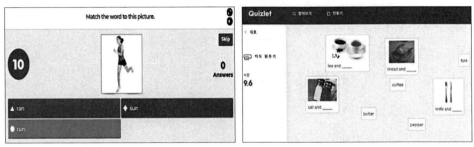

[그림 15] Kahoot!으로 제작한 온라인 파닉스 게임(좌)[6]과 Quizlet으로 제작한 단어매칭 게임(우)[7]

지금까지 살펴본 것처럼 철자를 읽게 하여 단어를 해독하는 음운 인식 활동은 저마다 특성과 장단점이 있다. 따라서 한 가지 지도법을 사용하기보다 상호 보완할 수 있는 다양한 방법을 시도할 필요가 있다.

---

6) https://play.kahoot.it/
7) https://quizlet.com/186797488/match

Chapter 03. 읽기를 위한 첫 단계

Chapter 04

읽기와 단어의 관계
어휘와 단어 공략 기술
(Vocabulary and Word Attack Skills)

Any word you have to hunt for in a thesaurus is the wrong word. There are no exceptions to this rule.

-Stephen King

　다양한 SF 과학 스릴러 소설로 유명한 스티븐 킹이 글쓰기에 대한 조언으로 남긴 위의 명언에는 단어마다 지니는 고유한 의미와 느낌이 있다는 전제가 내포되어 있다. 초기 문해력의 마지막 단계에서 갖춰야 할 능력은 바로 기본 어휘 지식과 단어 공략 기술이다. 기본 어휘란 가장 빈번하게 사용되는 어휘를 일컬으며, 이들 어휘들을 스스로 익히고 확장시키는 기술을 단어 공략 기술이라고 부른다. 본 장에서는 어휘와 읽기의 관계에 대해 설명하고 어휘 지식과 단어 공략 기술에 구체적인 예를 제시하기로 한다.

1. 어휘와 읽기의 관계

읽기를 잘하려면 우선 단어 실력이 좋아야 한다는 생각이 있는데, 이는 실제로 많은 연구에서 증명된 사실이다. 일찍이 Starnovich(1986, 2000)는 어휘와 읽기의 상호 인과 관계(reciprocal causal relation)을 주장한 바 있는데, 즉 어휘를 늘리면 읽기 이해능력이 향상되고, 반대로 읽는 양을 늘리면 어휘 또한 신장된다는 것이다. 이러한 주장은 2000년 이후 관련된 많은 연구가 발표되면서 어휘 지식과 읽기 능력 간의 밀접한 관계가 있음을 확인한 바 있다. 여기에서 생각해보아야 할 중요한 두 가지 이슈가 있다. 하나는 그 어휘의 양과 지식의 내용에 대한 것이고, 다른 하나는 어휘 학습 방법에 대한 것이다.

어휘량

첫 번째 이슈인 어휘량에 대해 먼저 논의해보자. 읽기를 잘하려면 과연 얼마나 많은 단어를 알고 있어야 할까? 이에 대하여 다음의 영어 단어와 관련된 통계 결과가 답을 찾게 도와줄 것이다.

- 사전에 등재된 영어단어의 총 수: 약 170,000개
- 일반적으로 사용되는 영어단어의 총 수: 110,000개(Grabe, 2009)
- 아카데믹 교육용 코퍼스(corpus)[8]에서 도출된 영어단어의 수: 50,000~100,000(Nagy & Anderson, 1984)
- 특수어를 제외한 총 단어군(word family)[9]: 54,000(Goulden, Nation & Read, 1990)
- 영어 모국어 사용자가 초, 중, 고 교육과정에서 노출되는 단어군 수: 88,000개
- **고교 졸업한 성인 영어 모국어 사용자의 평균 단어 수: 40,000개**
- **고교 졸업한 성인 영어 모국어 사용자의 평균 단어군 수: 20,000(Nation, 2001)**

위의 통계에서 보는 것처럼 미국 고등학교 졸업자가 일반적으로 통용되는 영어 단어 총 개수의 약 3분의 1 정도인 40,000단어(20,000단어군)를 알고 있다면, 아카데믹한 영어 도서를 읽기 위해서 외국인이 어느 정도의 단어 지식을 보유해야 하는지에 대한 대략적인 파악이 가능하다. 지금까지 모국어 사용자를 기준으로 한 통계 결과를 통하여 학습해야 할 단어 수에 대해 파악해보았다. 지금부터는 가장 많이 사용되는 어휘, 즉 최빈출 어휘(most frequently used words)에 대한 [표 4]의 또 다른 통계 결과를 통해서 외국어 학습자에게 요구되는 어휘 지식의 양을 가늠해보기로 한다.

**[표 4] 최빈출 어휘(most frequently used words)와
텍스트 커버리지의 관계(Grabe, 2009, p. 270 재구성)**

The	6~7% of total word coverage
Top 10위까지	22% of coverage
Top 50위까지	37% of coverage
Top 100위까지	44% of coverage
Top 1,000단어군	71% of coverage

---

8) 언어분석용으로 수집해 놓은 방대한 양의 텍스트로, 말뭉치라고 부르기도 한다.

9) 단어의 기본 형식과 활용된 형식 및 접미사와 접두사 등의 파생된 형식의 단어 집합. 예를 들어 reveals, revealed, revelation, revealing, revealingly 등은 모두 하나의 단어군이다.

Top 2,000단어군	76% of coverage
BNC 3,000단어군	86% of coverage
Top 4,000단어군	95% of coverage (Nation, 2006)
Top 9,000단어군	98% of coverage
약 40,000단어	Above 99% of coverage

위의 표에서 고무적인 부분은 최빈출 어휘 100개를 알면 학술 서적의 절반에 가까운 44%의 텍스트가 커버되고 1,000개를 학습하면 텍스트의 71%에 해당하는 단어를 이해할 수 있다는 점이다. 반면 실망스러운 부분은 책에 나오는 단어를 전부(98~99%) 알고 있으려면 약 40,000개 이상의 단어를 알고 있어야 한다는 사실이다. 또한 모국어 사용자를 기준으로 볼 때 책의 전체 대의를 이해하기에는 BNC(British National Corpus, 영국국립코퍼스) 빈도 리스트의 3,000단어군(10,000단어) 수준으로 가능하다고 보았다. [표 4]의 이러한 내용은 외국인 학습자의 경우 3,000단어군(10,000단어)를 L2 학습용 읽기 수준에서 적정하다고 보는 Nation(2001) 주장과도 유사하다.

한편 다른 시각에서 학자들의 일반적인 견해는 전체 텍스트의 95%에 해당하는 단어를 알고 있으면 유창한 글 읽기가 가능하다는 것이다. 예를 들어 한 줄에 10단어, 한 페이지에 30줄, 즉 총 300단어가 있는 영어책인 경우 모르는 단어가 15개(95%) 이내라면, 이는 유창한 글 읽기를 하기에 충분한 수준이라고 말할 수 있다. [표 4]의 내용에 대입해 본다면 95%를 이해하기 위해 알고 있어야 할 단어 수는 4,000단어군(약 13,000~14,000개) 정도라는 의미가 된다. 따라서 첫 번째 질문인 어휘량에 대한 답변으로는 3,000~ 4,000단어군 사이(10,000~14,000개 단어)에 도달해야 한다는 잠정 결론을 내릴 수 있다. 우리나라 2015년도 개정교육과정의 기본 영어 어휘 지침에는 최빈출 어휘와 외래어, 굴절 파생 등의 변형어를 포함하여 총 3,200개를 추천하고 있다(정채관, 권혁승, 2017). 이는 앞서 영어 서적을 유창하게 읽기 위해 필요한 어휘량과는 상당한 차이가 있다는 점을 알 수 있다.

어휘 지식(Vocabulary Knowledge)

읽기를 잘하기 위해서 알아두어야 할 어휘 지식은 무엇인가? 우리는 흔히 어휘를 학습할 때 주목하는 것은 단어의 뜻과 철자이다. 단어 시험 역시 단어 철자를 보고 뜻을 말할 수 있는지를 확인하는 것이 일반적이다. Nation(2001)은 원어민의 머리 속에 있는 단어 지식을 체계적으로 분류하면 크게 '형태(form)', '의미(meaning)' '사용(use)'의 세 가지 영역이 있고, 이를 보다 구체화하여 생산적 지식(productive knowledge)과 수용적 지식(receptive knowledge)로 나누어보면 [표 5]와 같다고 하였다. 어휘 지식을 가장 체계적이고 구체적으로 분류한 것인데 질문으로 된 설명을 참고하여 어휘 지식 분류법을 이해해보자.

[표 5] Nation이 제시한 어휘 지식(Nation 2001)

형태	구두(spoken)	R	이 단어는 어떻게 들리는가? What does the word sound like?
		P	이 단어는 어떻게 발음되는가? How is the word pronounced?
	문자(written)	R	이 단어는 어떻게 생겼는가? What does the word look like?
		P	이 단어의 철자는 어떻게 쓰는가? How is the word written and spelled?
	단어 부분 (Word parts)	R	이 단어에서 어떠한 부분이 식별 가능한가? What parts are recognizable in this word?
		P	의미를 표현하기 위해서 어느 단어 부분이 필요한가? What word parts are needed to express meaning?
의미	형태와 의미	R	이 단어 형태가 어떠한 의미를 나타내는가? What meaning does this word form signal?
		P	이 의미를 표현하기 위해서 사용되는 단어의 형태는 무엇인가? What word form can be used to express this meaning?
	개념과 지칭 (referents)	R	이 단어의 개념에는 어떠한 내용이 포함된 것인가? What is included in the concept?
		P	그 개념이 지칭할 수 있는 것은 어떠한 것들인가? What items can the concept refer to?
	연관관계 (association)	R	이 단어를 보면 어떤 다른 단어가 떠오르는가? What other words does this word make us think of?
		P	이 단어 대신 어떤 다른 단어를 사용할 수 있는가? What other words could we use instead of this one?
사용	문법기능	R	어떠한 문장 패턴에서 이 단어가 나타나는가? In what patterns does this word occur?
		P	어떠한 문장 패턴에서 이 단어를 사용해야 하는가? In what patterns must we use this word?
	연어 (collocations)	R	어떠한 단어 혹은 단어유형들이 이 단어와 함께 나타나는가? What words or types of words occur with this one?
		P	어떠한 단어 혹은 단어유형들을 이 단어와 함께 사용해야 하는가? What words or types of words must we use with this one?
	사용 조건 (constraints on use)	R	어디서 언제 얼마나 자주 이 단어를 보게 되는가? Where , when, how often would we meet this word?
		P	어디서 언제 얼마나 자주 이 단어를 사용할 수 있는가? Where, when, how often would we use this word?

*R은 수용적 지식, P는 생산적 지식

한편, [표 5]를 통해 제시하였던 어휘 지식의 요소를 우리나라 학교 영어수업에서 주로 다루고 있다고 판단되는 빈도에 따라 세 가지 수준으로 분석하고 이를 칸의 색깔로 구분하였다. 칸의 색이 어두울수록 수업시간 등에서 자주 다루어지는 것으로 판단되는 어휘 지식을 의미한다. 단, 특별히 연구 조사된 것은 아니므로 독자들이 판단해주기 바란다. Nation(2001)이 제시한 어휘 지식에 근거하여 우리의 학교 어휘 학습을 분석해보면, 첫째, 형태와 의미 지식에 주로 초점을 맞추어 학습하는 경향이 있다. 형태의미 지식의 경우에도 특히 진한 색 칸의 내용은 대부분 수용적인 지식에 집중되어 있다는 사실을 알 수 있다. 둘째, 구두 형태(spoken form)의 어휘 지식을 상대적으로 등한시하고 있다는 점이다. 단어가 어떻게 들리는지, 단어를 어떻게 읽는지에 대해 강조하지 않는 경우가 많다고 판단된다. 특히 학년이 올라가면서 더욱더 이러한 경향성이 두드러지는 점을 경계할 필요가 있다. 셋째, 사용(use), 즉 용법에 대해 크게 관심을 두지 않는 경우가 많다. 읽기는 수용적인 지식이지만 함께 쓰이는 언어나 사용 조건에 대한 지식이 있어야 보다 유창한 글 읽기가 가능할 것이다.

어휘량과 어휘 지식은 읽기 이해도에 매우 밀접한 관련이 있지만, 수업 내의 명시적인 어휘 지도와 별도의 단어 학습만으로 유창한 글 읽기에 충분한 어휘량과 어휘 지식을 갖추기 어렵다(Grabe, 2009, Nation, 2001). 또한 현재의 우리나라 교육과정을 통하여 학습되는 어휘만으로는 부족하다는 사실도 알 수 있었다. 그러면 성공적인 읽기에 도달하기 위해서 어휘를 어떻게 학습하고 지도해야 하는가?

어휘 학습법

지금까지 살펴본 것처럼 어휘와 읽기의 관계에 있어 외국어 학습자의 딜레마는 역시 읽기를 잘하기 위해 필요한 어휘의 양을 수업에서 감당하지 못할 뿐 아니라, 개인적인 단어학습으로도 극복하기 쉽지 않다는 사실이다. 더욱이 철자와 뜻 위주의 단어학습장을 암기하는 것으로는 원어민과 같은 어휘 지식을 갖기에 역부족이다. 그럼 어떻게 이러한 문제를 극복할 수 있을까? 이러한 질문에 대하여 여러 학자들은 연구 결과를 토대로 다음과 같은 답변을 준다.

첫째, 다독을 통한 어휘 학습이다. 쉬운 책을 많이 읽으면 내용 안에서 반복적으로 나오는 단어는 자연스럽게 습득이 된다. 또한 문맥상에서 배우게 되면 다각도의 어휘 지식을 얻게 되는 효과도 있다(9장의 다독 참조). 둘째, 영어수업에서 어휘 지도를 강화한다. 교과서 지문에 나오는 어휘 학습뿐만 아니라, 개별 학습을 통해 어휘를 효과적으로 학습하는 다양한 학습 전략을 지도한다. 마지막으로, 단어 공략 기술을 지도한다. 영어 텍스트를 읽을 때 나오는 단어를 어떠한 방식으로 이해하고 학습할 지에 대한 기술을 알고 있으면 단어 지식이 다소 부족할지라도 글을 좀 더 쉽게 읽어 나갈 수 있다.

그럼 지금부터 단어 공략 기술에 대해 좀 더 상세히 살펴보기로 한다.

2. 단어 공략 기술(Word Attack Skills)

글을 읽을 때 어떻게 하면 단어를 빨리 이해하고 지나갈 지를 판단하는 전략이 필요한데 이를 단어 공략 기술(Word attack skills)이라고 부른다. 특히 텍스트를 읽을 때 이해를 방해하는 것은 모르는 단어의 등장이다. 모르는 단어를 얼마나 신속하게 해결하는 가는 책 읽기의 유창성과 직결된다. 현대 사회에서 글 읽기의 주목적은 수많은 정보 중에서 나에게 필요한 내용을 선택적으로 읽고 신속하게 처리하는 것이라는 점을 생각해볼 때 단어 공략 기술을 지도하는 것은 초기 문해력 교육에서부터 시작되어야 한다. 영어 원서 읽기, 각종 웹 기반 영어 자료 처리는 물론이거니와 수능 시험의 영어 영역, 토플 등의 공인 영어시험 등은 고도의 단어 공략 기술을 요구한다.

가장 기본적인 단어 공략 기술은 **중요하지 않은 단어를 무시하는 것**이다. Hosen-feld(1977; 1984)가 글 잘 읽는 사람(successful reader)과 글 읽기 어려워하는 사람(poor readers)을 관찰 비교한 결과, 전자는 중요한 단어에 주목하고, 중요하지 않은 단어는 무시하며 지나가는데, 후자는 중요하지 않은 단어에도 동일하게 시간을 지체하는 경향이 있음을 밝혔다. 이것은 당연한 결과 같지만, 우리나라 영어 학습자에게 시사하는 바가 크다. 우리의 영어수업은 문법 번역 방식으로 거의 모든 새로운 단어에 동일한 비중을 두어 어휘를 지도하고 학습한다. 따라서 중요하지 않은 단어를 무시해본 경험이 별로 없을 것이다. 이러한 습관은 추후에 영어 원서 등 장문의 영어 글을 주어진 시간에 읽어야 할 때 큰 문제를 일으키게 된다. 필자도 대학 시절에 영어 전공서를 읽으며 새로운 단어를 사전으로 일일이 찾아보고, 주석을 다느라 읽어야 할 분량의 절반도 끝마치지 못한 경험이 있다. 이러한 습관을 버리고, 빨리 중요한 내용만 읽는 법을 배우는 데는 오랜 시간이 걸렸다. 쉬운 텍스트를 선택하여 읽어 내려가면서 간혹 나오는 모르는 단어를 무시하고 중요한 내용에 집중하는 것은 단어 공략 기술에서 가장 기초적이고 필수적인 연습임을 명심하도록 하자.

사이트 워드(Sight Words)

초기 문해력에서 단어 공략 기술로 분류될 수 있는 능력은 사이트 워드가 있다. 사이트 워드란 말 그대로 '한눈에 들어오는 단어'라는 뜻으로 '일견어휘'라고 부르기도 한다. 짧고 이미 익숙해서 음운 체계를 따져가며 발음을 할 것도 없이 단어를 보는 순간 발음과 뜻이 자동적으로 떠오르는 것이다. 학습자가 사이트 워드를 많이 보유하고 있을수록 읽기의 속도는 빨라지게 되므로, 읽기 유창성에 있어 매우 중요하다. 초기 문해력 시기에 우선 학습해야 하는 사이트 워드는 주로 최빈출 어휘(most frequently used words)이며 대개는 짧은 단어들이며, 대명사, 전치사 등 뚜렷한 의미가 없는 기능어(function words)로부터 시작된다. 추천할 만한 사이트 워드 리스트는 다양하지만 주로 소개되는 것은 제시한 학자의 이름을 딴 Dolch Word List(1936)와 Fry's Word List(1950s)이다. Dolch Word List는 아동용 도서에서 가장 빈번하게 사용되는 총 315개의 단어(명사 95개, 명사 외 220개)로 구성되었고, 유치원에서 초등학교 3학년까지 총 5단계로 제시된다. 이보다 나중에 개발된 Fry's Word List는 미국 초등 3~9학년의 교과서에서 추출한 최대 빈출 어휘 총 1,000개로, 100단위로 제시한다.

Fry's Third 100 Words

201. high	221. light	241. life	261. sea	281. watch
202. every	222. thought	242. always	262. began	282. far
203. near	223. head	243. those	263. grow	283. Indians
204. add	224. under	244. both	264. took	284. really
205. food	225. story	245. paper	265. river	285. almost
206. between	226. saw	246. together	266. four	286. let
207. own	227. left	247. got	267. carry	287. above
208. below	228. don't	248. group	268. state	288. girl
209. country	229. few	249. often	269. once	289. sometimes
210. plants	230. while	250. run	270. book	290. mountains
211. last	231. along	251. important	271. hear	291. cut
212. school	232. might	252. until	272. stop	292. young
213. father	233. close	253. children	273. without	293. talk
214. keep	234. something	254. side	274. second	294. soon
215. trees	235. seemed	255. feet	275. later	295. list
216. never	236. next	256. car	276. miss	296. song
217. started	237. hard	257. miles	277. idea	297. being
218. city	238. open	258. night	278. enough	298. leave
219. earth	239. example	259. walked	279. eat	299. family
220. eyes	240. beginning	260. white	280. face	300. it's

[그림 16] Fry's Word List의 3단계 100단어

★ Sight Word BINGO ★

one	has	was	who	the
get	for	all	my	be
in	are	☆	she	can
and	too	at	said	we
but	it	is	not	no

[그림 17] 사이트 워드 빙고 게임

　　영어 모국어 사용자가 사이트 워드를 학습하는 방법은 단계별로 리스트를 만들어 벽에 붙여두고 익히거나 각종 단어 게임을 활용하는 것이다. 예를 들어 [그림 17]의 사이트 워드 빙고 게임은 9~25칸의 표를 그리고 각 칸마다 사이트 워드를 각자 적도록 한 뒤 돌아가면서 적은 단어를 하나씩 불러주고 나머지 사람들은 해당하는 단어에 동그라미를 치게 하는 방법이다.

　　EFL 학습자의 경우는 단어, 문법 학습 등의 언어학습을 별도로 하기 때문에 이들

사이트 워드를 대개는 대명사 혹은 전치사와 같은 문법 요소로서 최초로 접하게 되므로, 자연스럽게 학습하게 되는 경향이 있다. 그러므로 미국 사이트 워드 목록의 최초 100~200개를 별도로 암기하는 것은 모국어 학습자처럼 중요하지는 않을 것으로 판단된다. 그러나 우리나라에서는 초등학교 권장 어휘 총 800개(미국 초등 3학년 수준)를 선정하여, 알파벳순으로 목록을 제시하고 있으므로(2015년 개정교육과정 참조), 초등 권장 어휘를 학년별로 단계를 나누어 사이트 워드가 되도록 확실히 익힌 후 다음 단계로 넘어가도록 꾸준한 반복학습을 하는 것이 필요하다.

읽기 능력이 향상되면서, 개별 학습자에게 저장된 사이트 워드 목록은 점점 확장되며, 이후에는 하나의 단어에서 단어 뭉치(word chunk, 예를 들어 in the morning)로 발전하게 된다. 초등학교 학습자를 대상으로 사이트 워드를 명시적으로 지도함으로써 읽기 학습에 효과가 있었다는 연구가 다수 보고되어 있으며, 특히 읽기 속도와 읽기 자신감에도 유의미한 영향을 미친다는 결과도 발표된 바 있다(최수민, 2019).

구조적 단서(Structural clues)

Nuttall(1996)에 따르면 새로운 단어가 나왔을 때 의미를 추측하게 하는 구조적인 단서에는 두 가지가 있다. 첫째는 단어의 **문장 내 위치**이다. 이른바 품사의 유추가 가능하다. 품사에 대한 이해가 부족하더라도 추측을 해볼 수 있다. 예를 들어, 'A lomus walks' 하면 lomus는 문장 구조상 주어에 해당한다고 추측할 수 있다. 즉 걷는 주체가 되는 어떠한 것이다. 또한 'Have some gruvy cookies.'라고 할 때 gruvy는 문장 내의 위치상 쿠키를 설명하는 수식어(형용사)로 파악 가능하다. 물론 lomus나 gruvy는 원래 없는 단어로 구조적인 단서를 활용하는 연습을 위하여 만든 가짜이지만, 실제 수업시간에 새로운 단어가 나왔을 때 교사가 사전에 뜻을 알려주지 말고, 아래와 같이 학습자에게 문장 내의 위치를 단서로 먼저 의미를 유추하도록 하는 것은 단어 공략 기술을 터득하는 데 효과적일 것이다.

 활동 예시 ① 문장 위치에 따른 구조적 단서를 찾기

교사는 읽기 사전 혹은 중간 활동으로 아래와 같은 내용을 구두로 물어보거나, 혹은 칠판(슬라이드)로 단어의 형태를 식별하는 연습을 시킨다.

> **A _lomus_ walks.**
>
> 다음 중 lomus 대신 쓸 수 있는 단어는?
>
> **1) Fast   2) fun   3) runs   4) dog**

둘째, **단어 형태 구조상(morphology)의 단서**이다. 우선 단어의 어근인 접두사(prefix) 접미사(suffix) 등의 공통적인 의미에 대한 지식, 예를 들어 singer, teacher 등의 er이 사람을 가리키는 것이라는 사실을 알게 되면, swimmer, talker, interviewer와 같이 흔히 사용되지 않는 말들도 쉽게 그 의미를 추측할 수 있다. 또한 unhappy, unkind 의 un이라는 접두사가 not 혹은 반대라는 뜻을 알고 있다면 unnecessary, unrealistic, unfair 등의 단어도 쉽게 이해 가능하다. 좀 더 체계적인 방식으로 접두사, 접미사의 쓰임과 단어 확장을 지도하기 위해서는 먼저 예시를 하나 보여준 후 학생 스스로 유추하거나 변환해볼 수 있는 기회를 주는 것이 좋다. 이는 아래와 같이 좀 더 체계적인 방법으로 명시적인 활동을 통하여 학습할 수 있다.

활동 예시 ② 단어 형태 구조상의 단서 찾기

수업시간에 파생 단어를 알려주기보다는 아래와 같은 방법으로 질문을 하여 학생들에게 형태 구조에 대해 생각해볼 기회를 제공하는 것이 좋다.

교육하다 Educate에 '(at)ion'을 붙이면 education 교육 'able' 를 붙이면 educable '교육할 수 있는' 이 된다. 그러면 다음의 발표하다 present 의 옆 두 단어의 뜻은?

Present　　　　　　**presentation**　　　　　　**presentable**

아래의 단어들도 같은 방법으로 빈칸을 채우고 그 뜻을 이야기 해보세요.

_____　　**invention**　　　　　　_____

Observe　　　_____　　　_____

_____　　_____　　**calculable**

Nuttall, 1996, p. 71 일부 발췌

문맥을 통한 추론(Inference from context)

　생각해보면 우리말로 된 글을 읽을 때 우리는 모든 단어를 알고 읽는 것이 아니다. 소설책이나 신문기사 등 우리가 무심코 읽고 있는 글들에는 낯선 단어이거나 본 적은 있으나 뜻을 정확히 모르는 단어가 섞여 있다. 이때 우리는 국어사전을 찾아보는 일이 거의 없다. 아주 자연스럽게 그냥 넘겨버리거나 문맥상으로 그 의미를 추측하며 그냥 지나친다. 외국어 읽기에서 역시 이러한 기술이 필요하다. 이러한 기술은 이미 성인 모국어 읽기 학습자인 경우에는 이미 충분한 양의 어휘력을 가지고 있으므로, 필요하지 않을 수 있으나, 외국어 학습자의 경우, 특히 초기 읽기 학습자의 경우에는 반드시 훈련을 통하여 획득하여야 하는 기술이다(Nuttall, 1996). 다음 두 문장에 각각 나오는 'velory'와 'pondum'의 문맥상 뜻을 추론해보자.

- All the people in town love the velory girl. She is always pleasant and talks like singing.
- The poor boy couldn't tell his mother about his pondum. She must be very upset if she knew it.

사실 위의 두 단어는 모두 실제로는 존재하지 않는 넌센스 워드(nonsense word)이다. 이러한 단어는 문맥 추론 연습 활동에 종종 쓰인다. 다시 말해, 실제 단어를 지우고 넌센스 워드로 대체한 후 그 뜻을 추론해보도록 하는 방법이다. 이러한 문맥 추론 활동 시 교사는 다음과 같은 상호작용 방식으로 학생들의 추론을 도울 수 있다.

교사: 자, 첫 줄의 두 문장은 무엇에 대한 이야기지?

학생: girl이요. velory girl이요.

교사: velory girl은 어떻다고 얘기하고 있지?

학생: pleasant 하고… 노래하듯이 말한다고요.

교사: 좋아. 그럼 velory란 무슨 뜻일까?

학생: 음… 밝은?

학생: 쾌활한? 즐거운?

교사: Good guess! 맞는 것 같지? 누구 다른 뜻은 생각한 사람은 없니?

학생: 예쁜? 매력적인?

교사: 오호, 그럴 가능성도 있네. 그럼 다음 문장을 더 읽어보자.

바로 단어의 뜻을 알려주는 것보다. 훨씬 시간이 걸릴 수 있지만, 학생들의 단어 공략 기술을 길러, 읽기 유창성을 향상시키는 매우 필요한 활동이다.

활동 예시 ③ 넌센스 워드로 단어 추론하기

다음은 초등 6학년 교과서(천재교육 2015)의 12과 읽기 지문(p. 190)이다. 밑줄 친 단어는 넌센스 워드로 이를 이용하여 학생들에게 단어를 추측하게 하는 활동을 지도해본다.

We should recycle cans, bottles, and papers.
I don't throw them away. I put cans, bottles, and paper in the recycle <u>vog</u>.
It's nice, isn't it?
Do you want clean air? Then we should plant many <u>sies</u>.
There are many <u>sies</u> around my house.
I plant <u>sies</u> every spring with my dad.

문장 속 읽기 기술
텍스트 공략 기술 I
(Text Attack Skills I)

위의 인용구는 어린이 동화와 많은 베스트셀러 소설을 쓴 프랑스 작가 다니엘 페냑의 "독자 권리 장전"이다. 특히 열 가지 권리 중에 글을 읽기 위해 필요한 기술들을 다수 포함되어 있다는 점이 흥미롭다. 우리는 읽기 이해력을 높이기 위해 초등학교부터 고등학교까지 많은 읽기 기술을 배운다. 이들의 대부분은 바로 텍스트 공략 기술에 해당한다. 지금부터 두 장에 걸쳐 다양한 **텍스트 공략 기술(text attack skills)**에 대해 소개하기로 한다.

텍스트 공략 기술(Text Attack Skills)이란?

텍스트 공략 기술은 문장 단위의 구조를 이해하는 하위 기술부터 담화 단위의 감상이나 비판과 같은 상위 능력까지 다양하다. 학자마다 텍스트 공략을 구분하는 체계가 다르고, 지칭하는 명칭도 다르지만 본 연구에서는 Nuttall(1996)의 분류를 따라 소개하기로 한다.

[표 6] 텍스트 공략 기술(Nuttall, 1996)

1	문장 단위	문장구조이해	하위(bottom)
2		응집 장치(cohesive device)의 식별 및 이해	
3		담화 표지(discourse marker)의 이해	
4	담화 단위	기능적 가치(Functional value)의 식별	
5		텍스트 구조 식별	
6		전제(presupposition) 식별	
7		함의(implication) 식별과 추론(inference)	
8		예측(prediction)	상위(top)

1. 텍스트 공략 기술 ❶: 문장 구조 이해

단어가 어렵지 않아도, 문장의 구조가 복잡하면 읽기에 방해가 된다. 한 문장 안에 두 개 이상의 절이 포함된 복문(complex sentence)이 바로 가장 큰 어려움을 주는 요소이며, 주로 접속사로 결합되어 있다. 통상적으로 초기 읽기 학습자에게는 단문의 문장구조를 지도한다. 아래와 같이 문장의 어순이나 문장에서의 역할(주어 술어 목적어 등)을 설명하면서 단어 하나하나를 해석하도록 지도하는 방법이다. 영어의 어순은 SVO로 우리나라의 SOV와 다르므로 순차적으로 의미를 이해하기에 어려워 독해 속도를 늦추게 되는 원인이 된다. 따라서 영어 어순에 익숙해 지도록 왼쪽에서 오른쪽으로 순차적으로 의미를 이해하면서 문장구조를 익히도록 하는 것이 독해 유창성에 도움이 될 것이다.

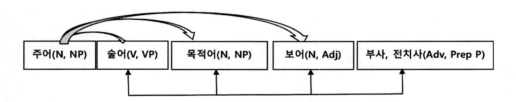

I sing. 주어 + 술어(나는 노래한다)
I sing hip hop. 주어 + 술어 + 목적어 (나는 부른다 힙합을)
I am a hip hop rapper. 주어 + 술어 + 보어 (나는 힙합래퍼이다)
Hip hop music makes me dance. 주어 + 술어 + 목적어 + 목적 보어 (힙합 음악은 만든다 나를 춤추게)

복문의 경우는 아래와 같이 종속절 문장이 문장의 여러 위치에 들어갈 수 있으므로 읽기가 힘들어진다.

1. What I need is a long holiday. (주어절)
2. I didn't realize(that) she was a hip hop rapper. (목적어절)
3. I can assure you that Bob is an old hip hop rapper. (보어절)
4. She sings as if she were a professional hip hop rapper. (부사절)

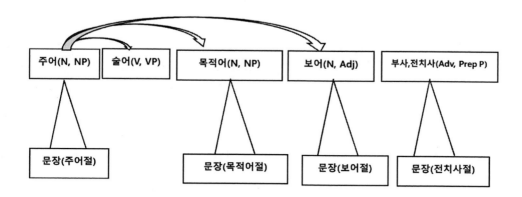

복문에 있는 종속절을 분리하여 두 개의 단문으로 이해하면서 해석하는 연습은 문장구조에 대해 어렵게 생각하는 학습자에게 도움이 될 수 있다.

1. What I need is a long holiday. (주어절)
   내가 필요한 것이 있다. / 그것은 긴 휴가이다.

2. I didn't realize(that) she was a hip hop rapper. (목적어절)
   나는 깨닫지 못했다 그것을 / 그 여자는 힙합 가수였다.

3. I can assure you that Bob is the number one hip hop rapper. (보어절)
   난 확인 시켜줄 수 있어 너에게 / 밥은 넘버원 힙합 래퍼라는 걸

4. She sings as if she were a professional hip hop rapper. (부사절)
   그 여자는 노래한다. / 마치 그 여자는 프로 힙합 래퍼인 것처럼

문장 구조를 이해시키는 텍스트 공략 기술은 우리 영어교육에서는 비중 있게 지도하고 있는 영역이며, 이에 대해 교사와 학생 모두 이러한 읽기 기술에 익숙하다고 볼 수 있다.

2. 텍스트 공략 기술 ❷: 응집 장치(Cohesive Device)의 식별 및 이해

읽기에 있어서 중요한 과정 중의 하나가 앞서 언급한 내용을 계속 연결해 가며 이해하는 것이다. 특히 영어 글에는 방금 전 이미 언급한 것은 기억하고 있다는 전제하에 다시 반복을 하지 않고, 군더더기 말을 피하기 위한 **응집 장치(cohesive device, 대명사 지칭 혹은 생략)**가 자주 사용된다. 응집 장치라는 말은 앞뒤 내용을 잘 연결하여 글을 응집(cohesion)시키는 방식을 의미한다. 그러나 이러한 응집 장치에 익숙하지 않은 외국어 학습자의 입장에서는 글에서 사용된 대명사나 생략 때문에 도리어 이해에 어려움을 겪을 수 있다. 따라서 "나는 반복하지 않아. 내 말을 열심히 들었으면 알 거야"라는 글쓴이의 전제(presupposition)를 명심하고, 응집 장치에 주목하면서 글을 읽는 연습이 필요하다. 이러한 읽기 기술 연습을 하게 되면 응집 장치에 민감하게 반응하고, 자동적으로 앞뒤 관계를 살피면서 글을 이해하게 될 것이다.

대체형(Pro-forms)

대체형은 대명사를 비롯하여 앞서 언급하였거나 독자와 이미 상호 공유하는 내용을 지칭 혹은 대체하는 단어를 말하는데 이들 예를 정리해보면 다음과 같다.

1. 대명사(Pronoun): it, them, she, he, our, this, that, these those, one, other
   ex) I found one home. He took it right away.
2. 대동사(pro-verb): do

ex) I will go to the party if you do.

3. 대형용사(Pro-adjective): **such, so, thus**

    ex) I don't think so. Amy isn't such a girl.

4. 대부사(Pro-adverb): **here, there, then, similarly, too, that way**

    ex) He exercised regularly. I did too.

5. 대문장(Pro-sentence)

    ex) That is also true. I haven't thought that though.

이러한 기술을 습득하게 되면 문장에서 대체형이 나왔을 때 자동적으로 이를 인지하고, 주의를 기울여 앞뒤 문맥을 통해 지칭하는 내용을 파악하게 된다. 따라서 첫째, 교사는 학습자에게 대체형에 대한 자각 능력을 키워주는 것이 필요하다. 이를 위하여 수업에서 가장 쉽게 할 수 있는 훈련 방법은 교과서의 지문에 나오는 대체형에 대해 주목하게 하고, 학생에게 그 의미를 질문하는 것이다. 학생들은 의식적으로 주의를 기울이게 될 것이며 앞뒤 문장의 관계를 통해 의미를 파악하고자 할 것이다. 교사가 지칭하는 바를 무조건 설명해주는 것은 훈련에 도움이 되지 않는다. 보다 더 집중적인 훈련 방법은 대체형이 많은 지문을 골라서 학습자 스스로 대체형을 식별하게 하고 해당 대체형이 문장 내에서 지칭하는 내용을 스스로 파악해보는 활동을 제공하는 것이 좋을 것이다.

활동 예시 ④ 대체형 식별하기

다음의 지문에 나오는 pro-form에 모두 동그라미를 치고 이것이 지칭하는 것이 무엇인지 말해 보세요.

Michael:	Are you coming to the movie with us?
Jessi:	I'd like to, but I don't have the time to do that. I've got an assignment.
Michael:	You could do that tomorrow.
Jessi:	No, I can't do it then because I need to go shopping with May.
Michael:	You often do on Saturdays. Where are you going?
Jessi:	DCD Mall. I haven't been there for a while.
Michael:	Oh, are you going there? Could you pick up my watch from the Orient repair shop?
Jessi:	I could do, but I'm not paying for it.
Michael:	I'm not asking you to. I've done that already.
Jessi:	OK. I'll do it for you.

학생이 다 마친 후에는 교사와 함께 지칭하는 내용을 확인한다.

두 번째로, 반복이 있는 문장을 주고 학습자 스스로 어느 부분에 어떠한 대체형을 넣으면 좋을지 판단하여 문장을 수정하는 연습을 시키는 것도 좋다.

 활동 예시 ⑤ 대체형 사용하여 문장 응집하기

다음의 표 왼쪽에 있는 문장에서 반복되는 부분에 대체형을 넣어 수정해보세요.

Original	Improvement
Michael came to the party with his brother, and Jessi came to the party with her brother.	Michael came to the party with his brother, and Jessi did with her brother. (예시)
I like to get up early in the morning because if I get up early in the morning I can get more work done.	
A: If you press Delete and hold Shift at the same time, the file will be permanently deleted B: Oh, I didn't know that if I pressed Delete and held Shift at the same time, the file will be permanently deleted.	

생략(Ellipsis)

응집 장치 중 하나로 자주 사용되는 것은 생략이다. 동일한 표현을 반복하기보다 아예 생략해버리는 경우가 많다. 텍스트를 읽으면서 생략된 부분을 식별하고 전후 관계로 무엇이 생략되었는지 알 수 있어야 읽기 이해 과정이 순조롭게 진행될 것이다.

- The days are hot and the nights cool.(= the nights are cool)
- They came although they were asked not to.(=not to come)
- I looked everywhere for apples but I couldn't find any.(=any apples)

  (Nuttall, 1996, p.110)

생략 혹은 생략 표현 역시 대체형과 같이 문장을 읽을 때 학습자 스스로 생략된 부분에 대하여 인지하고 생략된 정보가 무엇인지 바로 파악할 수 있어야 읽기를 잘할 수 있다. 따라서 생략형에 대한 민감도를 높일 수 있도록 지도해야 한다. 지도방법은 대체형의 경우와 유사하다. 교사가 생략된 내용을 미리 알려주지 말고, 학습자 스스로 발견하도록 질문을 하거나 연습을 시키는 것이다. 예를 들어 아래와 같이 생략된 부분을 표시하고 생략된 내용을 채워보도록 한다.

 활동 예시 ⑥ 생략된 내용 채워 보기

다음의 문장에 있는 ✓ 표시 위치에 생략된 내용을 영어로 적어보세요.

> - Cathy brought some chocolates and Jessy ✓ some carnation.
>   brought _____
> - His sons went into business. None of them succeeded ✓.
>   business_____
> - Have you been swimming? Yes, I have ✓.
>   been swimming _____

단어 응집(Lexical Cohesion)

동의어, 반의어 등을 사용하여 반복을 피하는 방식의 응집 장치도 있다. Halliday와 Hasan(1976)은 반복을 피하고, 문장의 응집을 위해서 단어 교체는 다양하게 이루어질 수 있다고 하였다. 예를 들어, 다음 문장을 살펴보자.

- Daniel purchased the automobile last month. The car was… (동의어)
- Alice stayed home for 10 days. The poor girl was ill and didn't eat much. (일반 단어)
- Various explanations of these phenomena can be offered. (포괄어)

학습자에게 중요한 것은 문장의 응집을 위한 장치로서 다양한 방식의 단어 교체가 가능하다는 사실을 알고 문장을 읽을 때 교체된 단어를 보고 이전에 언급한 내용과의 관련성을 파악할 수 있는 연습이다. 단어 응집 활동은 영어 텍스트의 응집 장치에 대한 이해도와 주의집중을 향상시킬 뿐만 아니라 영작문 연습에도 도움이 되므로, 다음과 같은 활동을 활용하여 읽기 지도를 하도록 한다. 이러한 활동은 자칫 주어진 시간이 부족한 수업에서 비효율적이라고 생각할 수 있다. 그러나 이러한 연습을 했던 경험은 학습자가 읽기를 할 때 응집의 개념으로 단어를 볼 수 있도록 도와줄 것이다.

활동 예시 ⑦ 지문에 나오는 단어의 동의어, 반의어, 연어 적어 보기

지문에 나오는 핵심 단어에 대한 동의어 반의어, 연어 등의 단어를 사전이나 인터넷 등을 사용하여 찾아보게 한다. 아래 그림과 같이 그래픽 오거나이저(graphic organizer)를 활용하여 짝 활동, 모둠 활동을 할 수 있다.

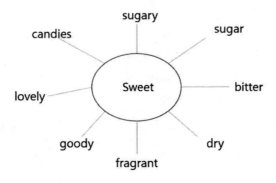

활동 예시 ⑧ 비주얼 사전으로 동의어, 반의어, 연어 등 찾아보기

참고 비주얼 사전 http://www.visualsynonyms.com/, https://visuwords.com/을 사용하여 지문에 나오는 주요 단어의 동의어, 반의어, 연어 및 관련 단어들을 다음과 같이 살펴보세요.

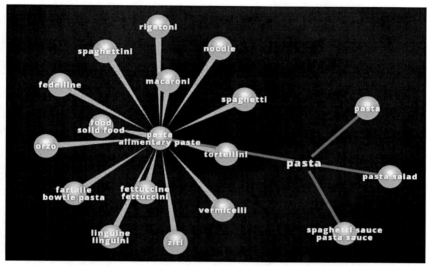

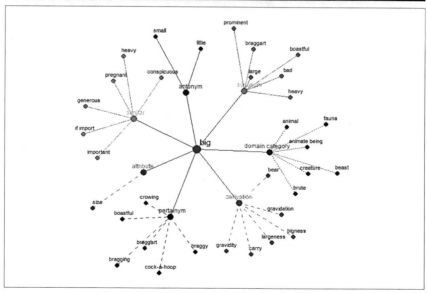

3. 텍스트 공략 기술 ❸: 담화 표지(Discourse Markers)의 식별 및 이해

영어 글에는 담화 표지가 자주 사용되므로, 이를 잘 활용하면 글을 이해하는 데에 크게 도움이 된다. 한마디로 담화 표지는 길을 찾아가는 데 있어 표지판(signposting)의 역할을 하는 단어(구)이다. 표지판을 잘 보면서 길을 가면 실패 없이 길을 쉽게 찾을 수 있듯이 글을 읽을 때에도 담화 표지를 이용하여 앞으로 나올 내용을 파악하는 것은 매우 중요한 읽기 기술이다. 담화 표지는 문장과 문장 사이를 연결할 뿐만 아니라 단락과 단락의 관계를 설명하므로 앞서 설명한 두 가지 기술보다는 상위 개념의 기술이라고 볼 수 있다.

Nuttall(1996)은 독자의 관점에서 담화 표지를 세 가지 종류로 구분할 수 있다고 보았다. 첫째, 논리 전개 순서를 알려주는 표지, 둘째, 전체 담화의 구조화 방식을 알려주는 표지, 셋째, 사실에 대한 작가의 견해를 피력하는 표지가 그것이다. 각각을 좀 더 자세히 살펴보면 다음과 같다.

담화 표지의 종류

① 논리 전개 순서: then, first, at once, next, the following way
  ex) The guest arrived. Then the sports took place.

② 담화 구조화: in conclusion, that is to say, for example, in short
  • 진행: first of all, next, at this point, in conclusion
  • 다른 말 표현: that is to say, or rather, to put it another way
  • 구체화: namely, that is to say, particularly
  • 지칭: in this respect, in that connection, as we said, apart from this
  • 재개: to resume, to return to the previous point, getting back to the argument
  • 예시: to illustrate this, thus, for example, e.g.
  • 요약: to sum up, in short, to recapitulate
  • 주목: let us consider, we must now turn to, I shall begin by.

③ 작가의 견해: moreover, incidentally, similarly, however, as a matter of fact, in any case, therefore, in order to, if, certainly, more importantly
  • 추가: moreover, furthermore, similarly, likewise
  • 반대: yet, though, however, nevertheless, in contrary, on the other hand
  • 인과: therefore, hence, thus, consequently, as a result, to this end, otherwise
  • 판단: certainly, obviously, surprisingly, more importantly, strictly speaking, generally, put simply

활동 예시 ⑨ 담화 표지 식별하기

아래 지문에서 담화 표지를 모두 찾아 동그라미 하세요. 첫 번째 단락을 읽은 후 이후 각 단락별 담화 표지로 볼 때 각 단락마다 무슨 내용이 전개될지 추측하여 간단히 적어보세요.

본문	단락 내용
"A dog is man's best friend." That common saying may contain some truth, but dogs are not the only animal friend whose companionship people enjoy. For many people, a cat is their best friend. Despite what dog lovers may believe, <u>cats make excellent housepets as they are good companions, they are civilized members of the household, and they are easy to care for.</u> ***In the first place,*** *people enjoy the companionship of cats.* Many cats are affectionate. They will snuggle up and ask to be petted, or scratched under the chin. Who can resist a purring cat? If they're not feeling affectionate, cats are generally quite playful. They love to chase balls and feathers, or just about anything dangling from a string. They especially enjoy playing when their owners are participating in the game. **<u>Contrary to popular opinion</u>**, cats can be trained. Using rewards and punishments, just like with a dog, a cat can be trained to avoid unwanted behavior or perform tricks. Cats will even fetch! ***In the second place,*** *cats are civilized members of the household.* **<u>Unlike dogs</u>**, cats do not bark or make other loud noises. Most cats don't even meow very often. They generally lead a quiet existence. Cats also don't often have "accidents." Mother cats train their kittens to use the litter box, and most cats will use it without fail from that time on. Even stray cats usually understand the concept when shown the box and will use it regularly. Cats do have claws, and owners must make provision for this. A tall scratching post in a favorite cat area of the house will often keep the cat content to leave the furniture alone. **<u>As a last resort, of course</u>**, cats can be declawed.	*Cats are also friends of human family* 고양이가 친구인 첫 번째 이유

본문	단락 내용
Lastly, one of the most attractive features of cats as housepets is their ease of care. Cats do not have to be walked. They get plenty of exercise in the house as they play, and they do their business in the litter box. Cleaning a litter box is a quick, painless procedure. Cats also take care of their own grooming. Bathing a cat is almost never necessary because under ordinary circumstances cats clean themselves. Cats are more particular about personal cleanliness than people are. **In addition,** cats can be left home alone for a few hours without fear. **Unlike some pets,** most cats will not destroy the furnishings when left alone. They are content to go about their usual activities until their owners return. Cats are low maintenance, civilized companions. People who have small living quarters or less time for pet care should appreciate these characteristics of cats. **However,** many people who have plenty of space and time still opt to have a cat because they love the cat personality. **In many ways,** cats are the ideal housepet. 출처: http://lklivingston.tripod.com/essay/sample.html	*Cats are also friends of human family* 고양이가 친구인 첫 번째 이유

활동 예시 ⑩ 담화 표지를 사용하여 문장 잇기

다음 글을 읽고 빈 칸에 들어갈 담화 표지를 추측하여 적어보세요.

Benefits of Regular Exercises

Everywhere people hear advice for improving health. Much of this advice is commercially motivated by those eager to sell diet products. _____ only some of it, especially that advocating a regular exercise program, merits serious attention. Such a program provides numerous benefits. *Regular exercise releases tension, improves muscle tone, and increases stamina.*

_____ one of exercise's most immediate benefits is the release of tension. Tension builds in the body because of an over-accumulation of adrenaline produced by stress, anxiety, or fear. Doctors agree that exercising for thirty minutes releases tension. Planned physical exercise, therefore, can reduce, or at least control, stress.

Improved muscle tone is a second benefit of regular exercise. _____ not as immediately apparent as a better disposition, improvement does come. About a month after starting a regular exercise program, increased strength can be observed not only in one's muscles but also in one's posture. Continued exercise will continue to increase strength.

_____ lowered stress and increased physical strength, exercise produces stamina. A stronger, less stressed body is more capable of withstanding normal fatigue than a tense, weak one. A student who exercises regularly is in better shape, literally and figuratively, for pushing through during the busiest time of the semester. Improved endurance is one of the most important benefits of a regular exercise program.

Easy solutions to the goals of fitness saturate the media. _____ acquiring the benefits of fitness is not easy. _____, the rewards are fully worth the effort of an established exercise program. _____ Regular physical activity can make a person feel more relaxed, stronger, and have greater stamina for unusual as well as routine activities. Regular exercise helps!

출처: Bette Latta(http://faculty.southwest.tn.edu/jfriedlander/sample_5-paragarph_theme.htm)

활동 예시 ⑪ 데이터 추론 학습(Data-Driven Learning) "실제자료에서 담화 표지 찾기"

데이터 추론학습이란? 교사에게 직접 설명과 규칙을 듣고 배우는 학습하는 방법이 아니라, 스스로 여러 가지 텍스트를 찾아 비교 분석하는 발견 학습이다. 인터넷 검색엔진 "Google" 의 검색창이나 다운받은 text file에서 워드 프로그램의 찾기 기능을 사용하는 방식 등으로, 실제적 목적으로 사용된 언어 텍스트를 바탕으로 자연스런 예시를 찾아 배울 수 있다.

구글 검색창에서 "Otherwise"를 검색하여 '뉴스 카테고리'의 검색결과 중 otherwise 가 사용된 문장(혹은 단락) 3개를 복사하여 워크시트에 붙이고, 각 문장의 뜻을 비롯하여 Otherwise의 의미와 기능에 대해 적어보세요(예시 ① 참고).

Otherwise

예시 ①: If you feed your baby, do not eat these things, otherwise gas can irritate both of them

(출처: pledge times: https://pledgetimes.com/if-you-feed-your-baby-do-not-eat-these-things-otherwise-gas-can-irritate-both-of-them/)

해석: 갓난아이에게 수유하려면 이런 것들은 먹지 마세요. 안 그러면 가스가 산모와 아이 모두를 괴롭힐 거에요.

Otherwise의 의미와 역할, 문장의 위치:

'그러지 않으면', 즉 먹지 말라는 것을 먹으면, 앞의 if절의 반대의 뜻 if not 반복 피함, 문장의 맨 앞에 쓰임.

예시 ②:

_____

해석:

_____

Otherwise의 의미와 역할

_____

예시 ③:

_____

해석:

_____

Otherwise의 의미와 역할

_____

Chapter 05. 문장 속 읽기 기술

Chapter 06

담화 속 읽기 기술
텍스트 공략 기술 II
(Text Attack Skills II)

There is nothing in discourse that is not to be found in a sentence.

-Roland Barthes

    프랑스의 비평가이자 철학가인 롤랑 바르트의 명언에서 우리는 글을 이해하는데 있어서 문장과 담화의 관계가 밀접함을 알 수 있다. 문장이 모여서 더 큰 단위의 의미 맥락을 생성하는데 이를 담화(discourse)라고 부른다. 지금부터 담화 수준의 단위에서 글을 이해하는 데 필요한 네 가지 텍스트 공략 기술을 소개하기로 한다.

1. 텍스트 공략 기술 ❹ : 담화 속 문장 기능(Functional Value)의 식별 및 이해

문장 단위를 넘어서는 글의 맥락을 담화라 하는데, 독자는 글을 좀 더 넓은 영역인 담화(단락 혹은 전체 지문) 상에서 이해하는 능력이 필요하다. 지금까지의 읽기 기술은 해당 문장을 잘 이해하기 위한 문장 단위의 텍스트 분석 기술이었다면, 지금부터는 보다 상위의 확장된 시야를 가지고 텍스트를 공략할 수 있는 기술을 소개한다.

좀 더 글을 상위 수준에서 이해하려면 담화 속 문장 기능(functional value)에 대해서 생각하면서 글을 읽는 기술이 필요하다. 매우 쉬운 예를 하나 들어 보자.

There are two types of tests for COVID-19.

이런 문장을 읽으면 우리는 자연스럽게 이 다음에는 테스트의 두 가지 유형에 대해 소개를 시작할 것이라는 예측을 갖게 된다. 이 문장의 기능은 **분류(classifying)**라고 볼 수 있다. 그럼 다음 문장을 읽고 전후에 무슨 내용이 나왔을 지 추측해보자.

Cyberbullies are also victims.

아마도 "also"로 미루어 볼 때, 다른 피해자(victim), 예를 들어 학교에서의 따돌림으로 피해 입은 학생 등에 대한 내용이 있었을 것으로 추측해볼 수 있다. 혹은 사이버 폭력이 널리 퍼져 있음을 소개했을 수도 있다. 이러한 경우에 이 문장은 **강화(reinforcing)**의 기능이 있다. 즉 지금까지 내용에 덧붙여 주장을 강화하는 내용의 단락이 시작되는 것이다. 다음 지문의 문장은 어떠한 담화상의 기능을 포함하는지 생각해보자.

---

① Thomas Edison failed ten thousand times until, like a bolt of lightning, the solution to the challenge of the incandescent light bulb hit him, and because of this, he transformed the world. ② Rosa Parks had no idea that choosing to resist her conditioning would spark a revolution that would transform history for all men and women, regardless of race. ③ When Mother Teresa chose to leave her position educating the privileged classes of India in order to care for the poor and forgotten, she had no idea of the global impact that this decision would have on the world. ④ <u>So, too, will you receive your aha moments of brilliance, unexpectedly and through no effort of your own.</u>

(출처: EBS 수능특강, 2020, p.54)

위의 지문은 총 네 개의 문장으로 되어있다. 각 ①, ②, ③, ④의 문장이 지니는 기능에 대해 한번 생각해보자. ①번 문장은 Thomas Edison의 대한 내용이고, ②번 문장은 Rosa Park, ③번 문장은 Mother Teresa에 대한 문장으로 세 개의 문장은 내용상 유사성이 있다. 마지막 ④번 문장은 So로 시작하는 것으로 보아 결론이 되는 **주장(asserting)**으로 파악된다. 앞선 세 개의 문장은 마지막의 주장을 뒷받침하기 위한 **예시**

(exemplifying) 기능을 하고 있는 것이다. 위의 지문에서 담화상의 문장 기능은 다음과 같이 구조화된다.

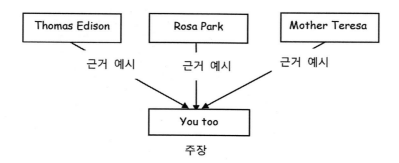

위의 지문은 여러 예시를 통해 일반론을 이끌어 내는 논리 구조로 흔히 귀납적 구조 (inductive structure)라고 부른다..

좀 더 복잡하고 긴 지문을 더 활용해서 문장의 기능에 대해 살펴보도록 하자.

① Unfortunately, there are some social scientists who refuse to admit the limitations of their field of study. ② They push hard to make social science imitate physical science. ③ This is usually done by the use of all sorts of numbers, tables, charts, and graphs in order to give the impression of a profound quantification of the subject matter. ④ Now, as a matter of fact, some things can be quantified and some things cannot. ⑤ We cannot really quantify prejudice or love, for instance. When all is said and done, such attempted quantification is in vain. ⑥ What is often forgotten, even in the physical sciences, is that science is not primarily a matter of quantification. ⑦ The use of mathematical techniques is not an end in itself but only a means to an end, namely, the discovery of what's true about the material world.

(출처: EBS 수능특강, 2020, p. 61)

①번 문장 unfortunately라는 표현을 쓰면서 문장 내용에 대한 현재 상황이나 일반 통념에 대한 **문제 제기(problem-stating)**의 기능을 하고 있다. 즉 일부 사회과학자들의

행태를 잘못된 것으로 지적하고 있다. ②번, ③번 문장은 이에 대한 **설명(explaining)**의 기능으로 구체적으로 그 문제점이 무엇인지를 말한다. ④번 문장은 "Now, as a matter of fact"으로 시작하면서 이러한 **반론 제기(denying)**를 위한 주장의 기능을 한다. ⑤번과 ⑥번 문장은 ④번 문장을 통해 제기한 주장에 대한 **강화(reinforcing)**이다. 즉 세상에는(과학에서조차) 계량할 수 없는 부분이 있다는 것이다. ⑦번 문장은 주장으로 본문에서 가장 중요하게 생각하는 핵심 **결론(concluding)**이다. 세상의 진리를 밝히려는 것이 궁극적인 목적이고 수학적 테크닉은 오로지 목적의 달성 수단이라는 주장이다.

이러한 전체 지문의 담화 구조를 도식화해보자.

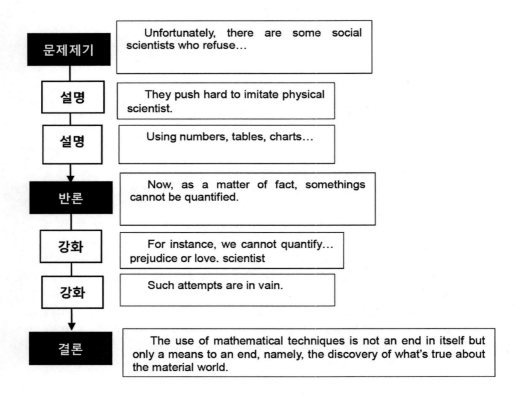

이와 같이 문장 기능을 도식화하면 담화 전체의 구조가 드러나게 된다. 이러한 구조는 짜임새 있는 논리적 글쓰기에 자주 사용되는 **통념→반론의 구조**이다(글의 구조 파악

과 이해 기술은 '2. 텍스트 공략 기술 5: 전체 텍스트 구조 식별'에서 보다 자세히 설명하기로 한다). 이처럼 글을 읽을 때 전체 담화상에서의 문장의 기능을 파악하면서 해석한다면, 글쓴이의 의도와 주장을 보다 깊이 있게 이해할 수 있다.

 활동 예시 ⑫ 교과서 텍스트 읽기 중 문장 기능 질문하기

글 읽기를 지도할 때 문장 구문 분석과 단어 그대로의 정확한 의미를 해석하는 데 주력하는 경우가 있다. 그러나 가끔씩 전체 글 혹은 담화상에서 문장의 기능을 생각해보도록 다음과 같은 질문을 하는 것은 매우 중요하다.

- 이 문장의 기능은 뭘까?
- 자, 첫 문장에서 문제점을 제기했는데 그럼 다음에는 무슨 내용이 나올까?
- 작가가 지금 이 문장을 쓴 이유는 뭐지? 주장을 뒷받침할 증거를 대는 걸까? 반대를 하기 위한 것일까?
- 이 단락에 있는 문장들이 각각 어떠한 기능을 하고 있는지 한번 생각해서 발표해보자.

이를 통하여 학습자는 능동적인 독자(reader)가 되어 글을 읽으려는 노력을 할 것이다. 이러한 연습 없이는 담화상의 문장 기능을 파악하는 기술 습득은 어렵다.

활동 예시 ⑬ 지문 속 문장 기능을 도식화하기

앞서 연습했던 것처럼 문장 기능을 파악한 후 단락 전체를 도식화해보는 연습을 한다. 처음에는 교사가 먼저 단락을 도식화한 다이어그램 워크시트를 나누어 주고, 문장과 기능을 넣어 완성해보도록 할 수 있다.

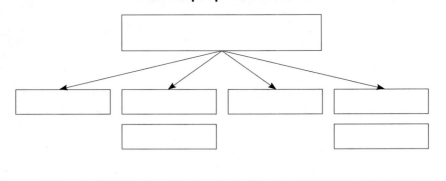

Reasons people fail at diets.

2. 텍스트 공략 기술 ❺: 전체 텍스트 구조 식별

지금까지의 담화가 한 단락 내의 문장 관계에 관한 것이었다면, 지금부터는 여러 개의 단락으로 구성된 장문의 글로 담화의 영역이 확장된다. 전체 텍스트의 구조를 식별하는 것은 담화상의 각 문장별 기능을 식별하는 기술과 크게 다르지 않다. 읽기 학습자는 한 단락 내에서 문장 간 관계를 파악하는 데에서 전체 글 안에서 단락 간 관계를 파악하는 것으로 그 시야를 넓혀야 한다. 전체 텍스트 구조를 파악하는 기술은 교과서나 수학 능력 시험 유형 문항 등을 통해서 익히 소개되고 있으며 연습되고 있어 우리에게 익숙하다고 볼 수 있다. 예를 들어 수능 문항 중 "흐름에 무관한 문장 찾기(18번 문항)", "문단 내 글의 순서 파악하기(19, 20번 문항)", "문단 속에 문장 넣기(21, 22번 문항)"는 가장 전형적인 텍스트 구조 식별 활동에 해당한다.

그러나 수능 시험에서 다루어지는 영어 지문은 비록 어렵기는 해도, 대부분 단문(10문장 이내)이고, 장문도 4단락(평균 24문장 정도) 정도에 불과하다. 외국어 학습자가 미래에 노출될 영어 텍스트(학술서, 각종 인터넷 자료, 업무 관련 정보, 미디어 기사, 블로그 등)의 길이와 비교해보면, 매우 짧은 길이라고 볼 수 있다. 무한대의 정보가 쏟아지는 21세기 지식정보 사회에서의 정보처리능력은 텍스트 공략 기술과 밀접하게 맞물려 있다. 텍스트의 구조를 잘 파악하여 전체의 흐름을 이해하고 자신에게 중요한 정보를 선별하는 능력은 매우 중요한 읽기 기술이 되었다.

따라서 전체 텍스트 구조를 파악하는 기술을 연습하려면 교과서와 같은 영어 학습용 짧은 읽기 지문만을 다루어서는 충분하지 않다. 다양한 장르의 텍스트들(주로 웹 자료)을 활용하여 전체 글 구조에 대한 파악 능력을 기르는 것이 중요하다. 보다 자세한 것은 10장 스키마에서 다루기로 한다.

수사적 구조(Rhetorical Structure)

여기서 논의되는 텍스트 구조란 글쓴이의 의도가 반영된 논리 구조, 즉 수사적 구조이다. 비정형 텍스트를 제외한 대부분의 잘 쓰여진 글들(예를 들어 학술서, 평론, 에세이, 기사, 문학작품, 정보성 문서 등)은 일정 패턴의 수사적 구조를 따르고 있어, 이에 따라 텍스트를 분석해보는 것이 가능하다. 작가들은 글의 목적을 효과적으로 전달하기 위하여 대부분 수사적 구조를 사전에 계획하고 글을 쓰기 때문에 글의 목적이나 의도를 파악하는 데 있어, 이러한 구조는 가장 기본적인 골격이 된다. 보다 구체적으로, 영어 학습자가 수사적 구조를 식별하는 능력이 중요한 이유는 첫째, 주제 파악 등 글의 이해도가 높아지고, 둘째, 글의 내용을 예측하면서 글을 읽을 수 있어서 속도가 빨라지며, 셋째, 필요한 부분을 선별해낼 수 있기 때문이다.

[그림 18] 작문의 수사적 구조 유형[10]

위의 그림에서 보는 것처럼, 수사적 구조는 크게 아홉 가지 유형으로 나누어볼 수 있다.

---

10)   https://courses.lumenlearning.com/engcomp1-wmopen/chapter/text-rhetorical-modes/

(1) 이야기(narration): 문학작품에서 주로 사용되어 왔지만, 요즘은 다른 장르의 글에서도 글에 대한 흥미와 강한 인상을 주기 위해서 널리 사용되는 방식이다. 기승전결의 구성을 가지고 있지만 주로 인물과 배경 소개, 시간 순의 이야기 전개가 일반적이다. 다른 글과 달리 뚜렷한 주제문은 존재하지 않으며 작가가 제시하는 순서대로 읽어 가면서 등장인물과 스토리를 파악한다.

(2) 묘사(description): 마치 사진을 보는 것처럼 사건, 사람, 사물 등에 대해서 구체적이고 생생하게 기술하는 것이 특징이다. 내용에 따라 상→하 혹은 좌→우의 시각적인 이동, 시간적 흐름, 전체→세부와 같은 하향식(top-down) 기술 등의 구조를 가진다. 독자는 기술의 방식이나 순서를 파악하여 이미지를 그리면서 읽는다.

(3) 예시(example): 어떠한 아이디어나 문제점, 주장 등을 소개하면서 그것의 이해를 돕기 위하여 구체적으로 설명하는 글이다. 이때 한 개 이상의 세부적인 예를 병렬식으로 제시한다. 주장 후 예시를 제시하면 연역적인 구조(deductive structure)이며, 반대로 몇 가지 예시를 먼저 소개한 후 마지막에 이로서 추론되는 주장을 소개하는 것은 귀납적 구조(inductive structure)이다. 소개된 예시가 무엇을 위한 것인지, 연역적인지 귀납적인지의 구조를 파악하며 읽는다.

(4) 정의(definition): 어떠한 개념, 단어, 속담 등에 대하여 설명하는 것으로, 통상적으로 넓고 피상적인 사전적 개념으로 시작한 후 내용을 점차 깊이 있고 상세히 설명한다. 때에 따라 개념이나 단어를 활용한 예시 등이 추가되기도 한다. 처음에 제시되는 개념 소개에 주제가 담겨있는 경우가 많으므로 독자는 계속적으로 추가되는 정보나 키워드를 처음과 서로 연결시키면서 읽는다.

(5) 과정 분석(process analysis): 주로 how to와 같은 방법 소개나 단계 절차를 설명하는 기술적인 글이 많지만, 때로는 추상적인 논리를 단계적으로 표현하기도 한다. 서론

과 결론 사이에 First, second와 같은 담화 표지를 사용하여 병렬 구조로 제시되는 경우가 많다. 핵심적인 주제는 서론에 밝히거나 결론에서 정리하므로 이에 주목하면서 읽는다.

(6) 분류(classification): 논문, 평론 등 학술문(academic writing)에서 자주 쓰이는 방법으로 복잡한 개념을 체계화하기 위해서 소분류를 하는 경우가 많다. 주로 창의적인 작가의 관점에서 분류가 되므로 이러한 체계는 이해에 크게 도움이 된다. First, second, third와 같은 수적인 담화 표지가 자주 사용되고, 단락 첫 문장에 단락의 주제가 나오는 경우가 많다.

(7) 비교와 대조(comparison/contrast): 두 개 이상의 사안(사물)에 대하여 유사점 혹은 차이점을 밝히기 위해서 사용된다. 비교와 대조는 매우 다양하게 사용될 수 있는데 먼저, 중립적인 두 개의 대상을 교차적으로 상호 비교하여 유사점을 도출해내는 유추(analogy) 방식이 있다. 또한 자신의 주장이나 주목하는 내용이 더 우수함을 보이기 위해서, 지지하는 유사 주장을 소개하여 강화하거나, 반대하는 주장을 비교 대조하여 입증하는 방식도 있다. 이렇게 방향성이 있는 경우, 논리의 순서를 '비교 대상(반대 의견)→but, 주목 대상(자신의 주장)'으로 하거나, 혹은 '자신의 주장→similarly, 비교 대상(유사 의견)'으로 제시하는 경우가 통상적이다.

(8) 원인/결과(cause/effect): 현상의 이유를 설명하거나 어떠한 문제점이 야기할(한) 결과에 대한 주장을 위한 구조이다. 어떠한 현상을 인과관계로 설명할 수 있으려면 매우 객관적인 강력한 근거와 주장이 필요하다. 구조는 일반적으로 'why?(현상에 대한 질문, 의문 제기)→because(이유 설명, 답변)'의 순서이거나, '문제 제기→therefore, 뒤따르는 결과 소개(실험 결과, 밝혀진 사실)'의 형태가 되는 것이 일반적이다.

(9) 문제/해결방안(problem/solution): 인과와 비슷한 논리구조이나 문제점에 대한 해결방안의 제시라는 점에서 차이가 있다. 해결방안에는 실질적이고 구체적인 설명이 뒤따라야 하며 대개는 병렬 구조로 이루어진다. 비교적 명확한 한 가지 순서를 따르게 되는데 'how?(현상의 문제점에 대한 제기, 질문)→findings 혹은 solutions(해결 방안, 실험을 통한 효과성 검증, 제안 등)' 등의 논리적 흐름이 대부분이므로 감안하여 읽는다.

이러한 수사적 구조는 짜임새 있는 글에서 흔히 발견되는 유형이어서, 이러한 텍스트 구조에 익숙해지면 글에 대한 이해력이 향상되고 글을 읽는 속도가 빨라진다. 앞서 설명한 것처럼, 기술을 익히려면 우선, 구조가 갖추어진 장문의 글을 많이 접해야 하는 것이 기본이다. 그리고 위의 아홉 가지 유형에 대한 이해를 바탕으로 담화 단위로 글을 분석하는 연습이 필요하다. 다음의 활동 예시는 글을 분석하는 데 효과적이다.

활동 예시 ⑭ 본문의 수사 구조를 도식화하기

다음과 같이 교과서 본문 전체의 수사적 구조에 적합한 다이어그램을 주고 내용을 채워보도록
한다.

Topic: _____

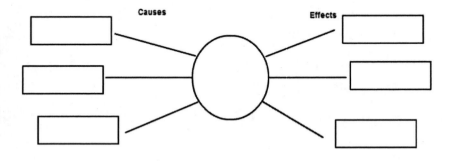

Topic: _____

Compare and Contrast

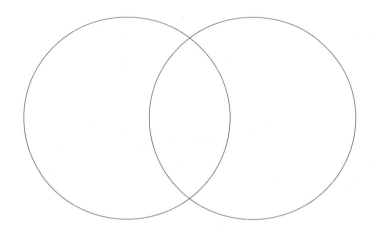

활동 예시 ⑮ 수능 유형 지문의 수사적 구조 식별하기

조별로 수능 유형 지문 2~3개를 나누어 갖는다. 지문의 내용은 조별로 중복되어도 상관없다. 각 조는 [그림 18]에 소개된 아홉 가지 텍스트 구조를 이용하여 지문의 구조가 어느 유형에 가까운지(혹은 해당하는지) 분석하여, 그 결과를 발표하도록 한다. 이후 교사와 함께 텍스트 구조별로 해당 구조에 해당하는 지문을 확인한다. 이때, 동일한 지문을 조에 따라 서로 다른 구조로 분석한 경우에 특히 유의하며 검토하도록 한다.

3. 텍스트 공략 기술 ❻: 유추(Inferencing)

전제(Presupposition)

이제는 한 차원 높은 상위의 기술로, 글쓴이가 독자에게 원하는 바를 이해하는 능력에 대해 살펴보자. 글을 쓸 때 저자의 마음 속에는 의식적이든, 무의식적이든지 자신의 글을 읽게 될 잠재적 독자에 대해 기대하는 것이 있다. 그것을 전제라고 한다. 그럼 작가의 전제에는 어떠한 것이 있을까 먼저 생각해보기로 하자.

어떠한 글에 전제가 가장 많이 담기게 될까? SNS 대화와 같이, 읽을 사람이 누구인지 이미 정확히 아는 경우가 하나의 예가 될 수 있다. 다음과 같은 대화를 보면 글쓴이는 읽는 이와 정확히 **배경지식 혹은 언어 및 문화 코드** 등의 전제를 공유하고 있다고 할 수 있겠다.

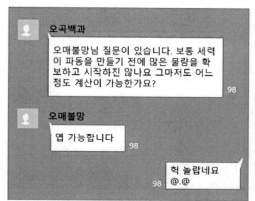
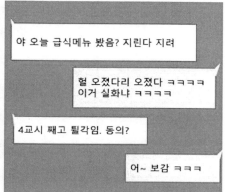

[그림 19] 전제의 예시
배경 지식 공유(좌) 언어·문화 코드 공유(우)

또 다른 예로 요리 블로그를 보면, 요리를 좋아하는 사람들이라면 이미 알고 있을 내용은 생략하고 레시피를 적기 때문에 요리 초보자가 읽으면 블로거의 전제를 공유하지 못하는 경우가 많다. 학술논문이나 전공 서적의 경우에는 배경지식에 대한 전  제가 없는 사람이 읽게 된다면, 아예 이해할 수 없는 글이 된다. 그러나 우리가 읽는 상당수의 글은 불특정 다수를 대상으로 하는 경우가 많으므로, 저자가 독자에게 기대하는 것이 무엇인지 생각해보는 것이 가능하다. 이렇게 작가의 전제를 파악하는 것은

Chapter 06. 담화 속 읽기 기술

글을 이해하는 데 크게 도움이 될 수 있다.

　지금까지 예를 든 것처럼, 글쓴이의 전제는 객관적인 배경지식이나 문화 코드 내용 이해력과 같은 것일 수도 있지만, 글쓴이의 **심정, 감정, 어조, 태도** 등 자신의 현재 상태에 대한 것일 수도 있다. 또한 직접적으로 말할 수 없는 저자의 메시지, 예를 들어 정치적 종교적 견해, 철학적 사유, 비판, 선동 등을 내포할 수도 있다. 이러한 전제가 가장 많은 글은 전통적인 우화를 비롯하여, 시, 소설, 영화와 같은 문학작품들이다. 노벨문학상을 수상한 William Golding의 소설 『파리 대왕(The Lord of the Flies, 1963)』을 예로 들어보자. 이 소설은 예상치 못한 사고로 무인도에 갇힌 소년들의 모험과 이들 집단의 변화 및 성장 과정을 생생하게 보여주는 흥미진진한 이야기다. 그러나 실제로 이 소설을 통하여 작가가 의도하였던 메시지는 문명에 감추어진 인간 근원적인 악의 실체와 야만적인 본능이 우리 사회의 정치나 전쟁 등에서 어떻게 나타날 수 있는지를 보여주고자 하는 것이다. 등장인물의 말과 등장하는 소품 하나하나는 모두 상징성을 지니고 있다. 예를 들어 주인공 Ralph가 사용하는 소라(conch)는 민주주의, Piggy의 안경은 나약한 지성, 그리고 그들을 구출하러 온 해군들은 문명사회를 상징한다.

　이처럼 글쓴이는 독자에 대한 전제를 가지고 있음을 명심해야 한다. 이에 글을 읽을 때는 저자가 우리에게 기대하는 전제가 무엇인지, 함의의 메시지는 없는지 파악하고자 노력할 필요가 있다. 그렇다면 어떠한 노력을 해야 할까? 추리소설을 읽을 때를 생각해보자. 우리는 추리소설 작가의 전제를 알고 있다. 첫째, 사건이 발생할 것이고, 둘째, 인물 중 하나는 범인일 것이며, 마지막으로, 그 범인이 쉽게 드러나지는 않겠지만, 내용에 범인을 추리할 수 있는 단서가 있을 것이라는 점이다. 우리는 글을 읽을 때 이러한 전제를 계속 생각하며 숨어있는 단서를 찾기 위해 행간을 읽으려고 노력한다. 또한 질문을 던진다 '혹시 세탁소 주인이 범인 아닐까?' '왜 그는 거기에 있었을까?'

문맥 추론(Guessing from the Context)

추리소설을 읽는 것과 마찬가지의 방식으로 글을 읽는 것이 바로 추론 기술이다. 글을 읽을 때에는 저자의 입장에서 마음속에 질문을 계속 던져가면서 글을 읽어야 한다. 그러나 읽기에 서투른 학습자는 문장 구문이나 단어에 몰두한 나머지, 정작 내용에 대한 생각을 깊게 하지 않게 된다. 따라서 추론 기술을 향상시키기 위해서는 의식적으로 마음에 의문을 품고 글을 읽도록 훈련을 하는 것이 필요하다. 이를 위하여 교사는 추론에 도움이 될 만한 질문을 학습자가 글을 읽기 전에 미리 제시할 필요가 있다. 그러면 학습자의 적극적인 추론 활동을 위해 다음 글에 대해 교사가 제시할 수 있는 적합한 질문은 무엇일까? 지문을 먼저 읽어보자.

Tammy woke up early and ran down the stairs with a big smile on her face. She had been waiting all night for Friday to come. She ran into the living room. Under the tree there was a big square box wrapped in red paper and tied with a gold ribbon. Tammy beamed and quickly tore off the paper to reveal a box. It was a huge beautiful doll. She hugged and kissed her and shouted, "Mom! Look at this. I got a doll! This is exactly what I have wished for!"

이 지문은 중등 교과서 수준에 적합한 난이도와 추론을 포함하고 있는 글로 저자는 독자가 아래와 같은 질문에 답할 수 있는 유추 능력을 가지고 있다고 기대하는 것으로 보인다.

- What do you think Tammy was waiting for?
- How did Tammy feel when she woke up?
- What is this box for?
- Who gave this present to her?
- Guess the date of this Friday.

교사의 이러한 질문에는 적극적인 문맥 파악, 단서 찾기 등이 포함되어 있으며, 이에 따라 인물의 심정, 상황 배경, 발생한 사건 등을 유추할 수 있다. Tammy가 기다리는 것은 단지 금요일이 아니라 크리스마스, 12월 25일이며, big smile로 뛰어 내려가는 것은 기뻐서 흥분한 것이다. 박스는 Tammy를 위한 선물이고, red paper, gold ribbon, under the tree는 크리스마스 선물이라는 단서이며, 마지막으로 Tammy가 엄마에게 큰 소리로 자랑하는 것으로 유추해볼 때, 이 선물은 가족이 아닌, 산타클로스 할아버지가 준(적어도 Tammy는 그렇게 믿고 있다는) 것이다. 위 수준의 영어 지문을 해석할 수 있는 우리나라 학습자라면, 교사의 상기 질문에 답하는 것은 그리 어렵지 않을 것이다. 그러나 유추가 항상 명확하고 쉬운 것만은 아니다. 때로는 한 가지 이상의 해석이 가능하거나, 맥락 및 배경지식을 더 많이 필요로 할 수 있다. 다음의 블로그 리뷰를 읽어보자.

a) These are shaped like French fries with narrow ripples. They have a good crunch. The shrimp taste isn't great, but it's not that bad either. If you're a big shrimp fan, once you get used to the taste, you might like these.

출처: https://www.taquitos.net/

b) I feel so conflicted about this mascara...not because it's bad but because I actually really love the effect it gives my lashes, even though I typically want my mascaras to give me something completely different look.

출처: https://www.makeupalley.com/

a)는 한국 새우 과자를 맛본 외국인이 남긴 스낵 리뷰이고 b)는 마스카라 사용 후기이다. 후기를 읽는 목적은 앞선 구매자의 평가를 확인하고 구매 결정에 참고하기 위한 것이다. 후기를 쓰는 사람은 제품에 대한 매우 강한 감정을 갖고 있지 않으면 대개 조심스럽게 자신의 의견을 적게 된다. 그러한 점을 고려할 때 a)와 b)의 후기에서 추론할 수 있는 글쓴이의 마음은 어떠한가? 추천인가, 비추천인가? 전체 맥락과 특정 장르의

스타일에 대한 이해를 통해 좀 더 정확한 추론이 가능할 것이다. 이렇게 글쓴이의 태도를 파악하는 것을 어조(tone)라고 하며, 글쓴이의 어조를 추론하는 것은 중요한 읽기 기술 중 하나이다.

글쓴이의 어조를 추론할 수 있도록 도와주는 단어나 표현에도 주목할 수 있다. 예를 들어, 다음 세 개의 문장[11]에서 작가의 태도는 실제의 내용과는 전혀 달리 반어적(ironic)이고 냉소적(sarcastic)인 느낌을 표현하고 있다. 다음에 제시되는 첫 번째 문장은 구두 언어의 느낌을 살려 강조하였고, 두 번째와 세 번째 문장은 해학적으로 자기 자신의 어리석음을 표현하기 위하여 반어법을 사용하고 있다.

- Oh yes, you've been sooooo helpful. Thanks sooooo much for all your heeeelp.
- I made the <u>genius choice</u> of selling my car right before I decided to move.
- <u>Truly</u>, you have a <u>dizzying</u> intellect. (Wesley, The Princess Bride)

저자의 어조를 표현하는 데 자주 사용되는 단어에 익숙해지는 것도 유추하기 기술을 훈련하는 좋은 방법이다. [표 기은 저자의 어조를 표현하기 위해서 자주 사용되는 단어들을 정리한 것이다.

---

11)　　　https://literaryterms.net/sarcasm/

[표 7] 글쓴이의 어조(tone)을 묘사하는 형용사 리스트

Positive tone	Neutral tone	Negative tone
amiable, admiring, affectionate, amused, appreciative, cheerful, comforting, comic, compassionate, complimentary, confident, contented, earnest, docile, elated, empathetic, encouraging, excited, friendly, funny gleeful, gushing, happy, hopeful, humorous, interested, light, lively, modest, nostalgic, optimistic, passionate, playful, pleasant, proud, reassuring, respectful, romantic, sentimental, silly, sympathetic, tender, whimsical, zealous	abstract, admonitory, alluring, apathetic, assertive, ambiguous, ambivalent, candid, casual, commanding, composed, confident, contemplative, conversational, detached, direct, disbelieving, dubious, emotionless, impersonal, indifferent, introspective, neutral, pensive, questioning, reflective, scholarly, serious, solemn, straightforward, speculative, uncertain, unconcerned.	absurd, angry, annoyed, arrogant, biting, bitter, blunt, cold, conceited, condemning, condescending, confused, cynical, depressed, derogatory, desperate, disappointed, dislike, disrespectful, doubtful, enraged, fearful, forceful, frustrated, furious, gloomy, grave, harsh, haughty, hostile, impatient, melancholy, mocking, mournful, offended, ominous, outraged, pessimistic, sarcastic, scornful, selfish, skeptical, somber, stern, suspicious, uneasy, worried.

다음의 활동을 통해 지문을 그냥 읽는 것과 추론하기 기술을 사용해서 읽는 것의 차이를 비교해보고 추론 기술을 향상시키기 위한 교사의 역할에 대해 생각해보자.

활동 예시 ⑯ 추론 없이 읽기 vs. 추론하며 읽기 비교

1. 1단계: 다음의 지문을 읽고 무슨 내용인지 설명해보세요.

Paul was standing at the front gate of his apartment building. He groped in his pocket shivering with the cold. It was dark and chilly outside. Paul sighed and tried to call someone. A while later his neighbor, Bill came out and smiled at Paul. "Did it again, huh?" said Bill. Paul said, "Well, yep. Thank you." Bill laughed and said, "Let's get in. It's so cold here." Paul said, "Don't tell Janet I did it again. She will be very upset." Bill asked Paul curiously, "No, problem. But <u>did you leave it home or lose it?</u>" Paul deeply sighed and said, "I had just fallen asleep in the subway… a little drunk. Some bastard took my wallet again!"

2. 2단계: 다음의 두 가지 질문에 대한 답을 생각하면서 위의 글을 다시 읽어보세요.

- "did it again"이라는 말은 무슨 의미일까요?
- Paul이 Bill에게 부탁한 것은 무엇인가요?
- 밑줄 친 문장의 it은 무엇인가요?

활동 예시 ⑰ 추론을 위한 질문 만들기

다음은 O'Henry 단편을 각색한 교과서의 지문입니다. 글 내용에 대한 추론을 돕는 질문을 세 개 이상 작성하여 짝과 비교해보세요.

Witches' loaves

Martha was a single woman who had a little bakery. She began to take an interest in a man who dropped by her shop two or three times a week. His clothes were worn, but he looked neat. He always bought two loaves of stale bread. Once Martha saw red and brown paint on his fingers, and she guessed that he was a poor artist. She wanted to make sure if he truly was an artist. She set a large painting against the wall. Two days later, the customer came in, "Two loaves of stale bread, please," and he added, 'You have a fine painting, Madame, but the balance is not in good drawing.", "Thanks, I do admire art and paintings," said Martha. She was sure that he was a talented, but not well-known artist. She wanted to help him but she was afraid that her help might embarrassed him. One day, the man came in as usual, and she secretly put lots of fresh butter in each of the stale loaves. After he had left, she smiled to herself imagining how happy he would be with the bread. Sometimes later, The man ran into the shop and shouted at Martha. "You have completely ruined my work!" he said angrily. "I lost big prize money just because of that butter, you stupid!"

YBM 박준언 외(2009)에서 각색함

사전 질문 예시

• What do you think of the German man's occupation? Tell us the clues.

• Why do you think the man was so angry?

• For what purpose do you think the stale bread was used?

• Why do you think the woman secretly put butter into his bread?

4. 텍스트 공략 기술 ❼: 예측(Prediction)

마지막으로 소개하는 텍스트 공략 기술은 예측이다. 예측은 앞서 소개한 많은 기술들이 모두 결합된 읽기 능력이라고 볼 수 있다. 잘 읽는 사람의 읽기 과정은 매우 적극적이고 능동적이라는 것은 이미 설명한 바 있다. 읽으면서 끊임없이 예측을 하고 있기 때문이다. 예측은 스토리의 결말을 상상하는 것만이 아니다. 글 읽기의 시작 전에는 책 제목, 저자, 책의 커버, 삽화, 전체 길이 등으로 글의 내용과 목적을 예측하게 된다. 글을 읽기 시작하면 첫 문장부터 그 다음 문장, 그리고 첫 단락의 구조적인 역할, 전체 주제와의 관계, 앞으로 나타날 저자의 어조나 주장에 대해 자연스럽게 예측하기 시작한다. 더 나아가서 저자가 제시하는 순서나 내용을 초월하여, 다음 내용을 미리 생각하고 조정하고 판단하기도 한다. 이러한 예측은 자주 빗나가게 되는데 그때마다 "어, 예상 밖이네" 혹은 "이거 재미있는데? 참신한 반전이 있네", "뭐야. 논리력이 왜 이렇게 빈약하지?", "아니네. 내가 뭘 놓친 거지?"와 같이 생각의 조정이 이루어질 것이다. 궁극적으로 이는 글에 대한 이해력을 높이게 될 것이다. 따라서 읽기 학습자가 읽기에 대해 예측하는 기술이 있으면 내용을 보다 효과적으로 빠르게 이해 가능하고, 단어나 배경지식 등 다소 모르는 부분이 있더라도, 추측하면서 감을 잡기 쉽다.

그러면 글을 잘 읽는 사람은 무엇으로 예측을 하는가? 마음먹는다고 해서 무조건 예측이 잘되는 것은 아니다. 기본적인 지식과 기술이 뒷받침이 되어야 예측이 가능하다. 좀 더 구체적으로 살펴보자면, 첫째, 기초지식으로서 언어 지식(어휘, 문장 구조)과 읽기 기술(단어 공략 기술, 텍스트 공략 기술)이 갖추어져야 한다. 둘째, 배경지식 형성이 필요하다. 정도의 문제가 있겠지만 내용과 형식에 대한 배경지식이 전혀 없는 상태에서 예측을 하기는 어렵다(자세한 내용은 10장 스키마 참고). 셋째로, 담화 수준의 텍스트 공략 기술이다. 앞에서 소개했던 다양한 텍스트 공략 기술이 갖춰지면 예측을 도울 것이다.

마지막으로 가장 중요한 것은 메타인지 기술이다. 한마디로 생각하면서 읽는 능력이다. 훈련이 되지 않은 학습자는 언어 지식에 의존하여 문자 그대로 해석에 치중하고 그 정도의 내용 파악에 만족한다. 그러나 예측은 보다 상위의 시각에서 "생각을 하면서" 글을 읽을 때 가능하다(자세한 내용은 7장 메타인지 기술 참조). 글을 읽으면서 보다 큰 그림을 생각하기 위한 가장 좋은 방법은 나 스스로에게 계속 질문을 던지는 것이다. 예측을 위해서 필요한 질문들에 대해서 생각해보자.

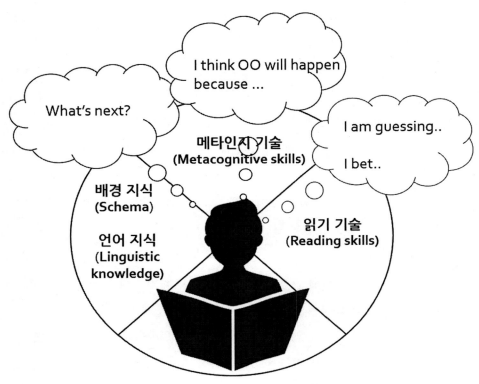

[그림 20] 예측을 위해 필요한 읽기 지식과 기술

예측을 위한 질문의 예

읽기 전

- 저자는 누구인가? 왜 이 글을 썼을까?
- 이 제목으로 무슨 내용의 글을 썼을까?
- 책 표지의 그림이나 설명에서 무엇을 말하는 것일까?
- 소제목으로 볼 때 섹션의 구성은 어떠하며 무슨 내용일까?

읽기 중

- 다음 문장에서 무슨 말을 하려고 하는 것인가?
- 이 단락에서 무슨 주장을 하고 있는 것인가?
- 내 생각엔 그 다음엔 이런 내용이 나올 것 같다.
- 결국 주인공이 ~할 것 같다.
- 지금 이런 일이 벌어지는 것을 보면 이 다음에는 이런 사건이 발생할 것 같다.
- 이 부분을 잘 읽으면 나는 ○○ 정보를 얻을 수 있을 것 같다.

읽기 후

- 내가 예측한 것은 맞은 것인가? (예측 확인)
- 나의 예측은 왜 틀린 것인가? (예측 평가)
- 이 글의 반박글이 나올 것이다.
- 이러한 결말에 독자들은 화를 낼 것이다.
- 이 글은 베스트셀러가 될 것 같다.

지금까지 살펴본 것처럼 예측은 많은 지식과 기술을 결합하고 적용하는 상위 수준의 기술이다. 많은 읽기 경험에 의해 예측 능력이 저절로 길러지는 부분도 있겠지만, 예측을 잘 할 수 있도록 읽기 지도를 할 필요가 있다. 예측은 스스로 혼자 글을 읽는 기회가 충분히 제공되어야 습득 가능한 것이다. 교사와 함께 읽으면서 한 줄씩 해석하는 문법 번역식 읽기 지도 수업으로는, 스스로 질문을 던지고 자신이 알고 있는 읽기 지식과 기술을 결합하고 적용하는 능동적인 읽기 경험을 할 수 없다. 그러면 어떻게 교사는 수업시간에 예측하는 읽기 기술을 체계적으로 지도할 수 있을까?

SQ3R 지도법

SQ3R은 **Survey**(훑어보기), **Question**(질문하기), **Read**(읽기), **Recall**(떠올리기), **Review**(복습하기)의 약자로 읽기의 5단계 지도법이다. 우리들이 가장 자주 접하는 대부분의 글 특히 교과서, 학술서, 논술문과 같이 논리와 지식을 학습하기 위한 글 읽기에 효과적인 방법이다. 특히 외국어 학습자에게는 교과서의 내용과 외국어를 동시에 학습하기에 좋은 방법이다. SQ3R의 앞 두 단계는 바로 예측을 위한 글 읽기 훈련과 거의 동일하다. SQ3R은 예측하는 능력을 길러주는 가장 효과적인 방법으로 학습자 스스로 글 읽기를 지도하고자 하는 교사의 역할에 대한 이해를 제공한다.

(1) 1단계: 훑어 읽기(Survey, 혹은 Skim)

책 전체, 단원의 지문 짧은 기사문 등 어떠한 글이 되었든 첫 문장 읽기로 바로 들어가지 말고 일단 전체를 훑어 사전정보를 토대로 큰 그림을 그리고 감을 잡는 단계이다. 훑어 읽는 방법은 다음과 같다.

- 책 제목 읽기
- 책 소개나 초록 읽기
- 소제목이나 중간 제목 검토하기
- 그림, 차트, 이탤릭체 등 시각 보조 활용하기

(2) 2단계: 질문하기(Question)

책을 읽기 전 혹은 읽기 시작하면서 스스로에게 질문을 던진다. 각 섹션의 소제목 등에 Why, Where, What 등의 질문으로 전체의 내용에 대한 궁금증을 품거나, 섹션 혹은 단락의 역할 및 목적에 대한 본질적인 질문을 생각한다. 질문을 잊어버리지 않도록 텍스트 가장자리 여백에 간단히 메모해 둔다. 답을 찾기 위한 여정으로 책 읽기에 들어가기 위한 사전 작업이라고 할 수 있다.

(3) 3단계: 읽기(Read)

준비가 되었으면 본격적인 읽기로 들어간다. 읽기는 반드시 순서대로 읽을 필요는 없다. 때로는 점프를 하기도 하고 이미 읽은 섹션으로 돌아갈 수도 있다. 읽으면서 중간중간 이미 준비한 질문의 답을 찾아 메모한다.

- 한 번에 한 섹션 혹은 한 단락씩 읽기
- 추가적인 질문 던지기
- 세부사항에 지나치게 주목하지 말고 전체 대의 파악하기

(4) 4단계: 떠올리기(Recall)

한 섹션 혹은 한 단락 읽기를 마치고 잘 이해했는지, 그 섹션의 소제목을 토대로 적어둔 질문에 대한 답이 가능한지 확인한다. 중요하게 기억할 사항이 있다면 떠올려서 마음속으로 외워본다

- 한 섹션이나 단락이 끝난 후에 시행한다
- 적어둔 답을 가리고 기억할 수 있는지 떠올려본다
- 답을 떠올릴 수 없다면 다시 읽는다.

(5) 복습하기(Review)

복습하기는 내용을 정확히 이해했는지 점검하고, 중요한 것을 암기하기 위한 단계이다. 복습은 주로 다시 읽기 등을 통한 내용 기억 강화가 목적인데, 반복 읽기를 하게 되

면 기억을 장기화할 수 있는 장점이 있다. 특히 외국어 텍스트의 경우에는 단어나 표현, 문법 사항과 같은 내용을 복습하는 것이 좋다.

 활동 예시 ⑱ SQ3R 지도법을 적용하여 수업 교안 작성하기

교과서 지문이나 보충 읽기 자료 하나를 선택하여 SQ3R 지도법을 적용한 수업 교안을 작성해본다. 지문의 섹션을 어떻게 나눌 것인지, 어떠한 질문을 던질 것인지, 시간은 어떻게 배분할 것인지 결정한다(수업시간 50분 기준).

Title:

단계(시간)	지문 범위	활동, 질문 내용
Survey		
Question		
Read		
Recall		
Review		

활동 예시 ⑲ SQ3R 지도법을 적용하여 수업 교안 작성하기

교과서 지문이나 보충 교재의 지문을 선정하여 각자 묵독(silent reading) 활동을 한다. 첫째,
읽기 전과 읽기 중에 던질 질문 체크리스트를 활용하여 예측을 하고, 둘째, 글을 읽으면서
떠오르는 질문을 적는다.

단계	질문 체크리스트	나의 질문
읽기 전	• 텍스트의 제목은 무엇인가? 무슨 내용을 예상할 수 있는가? • 텍스트의 저자는 누구인가? 글을 쓴 목적은 무엇일까? • 텍스트의 분량은 어느 정도인가? (단락 및 섹션의 분류) • 그림이나 차트 등이 말하는 것은 무엇일까? • 소제목은 무엇이며 어떤 내용을 예상할 수 있는가?	• • • •
읽기 중	• 다음 문장에는 무슨 내용이 나올 것인가? • 다음 단락에는 무슨 내용이 나올 것인가? • 저자가 결국 말하고 싶은 것은 무엇인가? • 인물에게 무슨 일이 발생할 것인가? • 다음에는 무슨 사건이 발생할 것인가?	• • • •
읽기 후	• 내가 예측한 것은 맞았는가? • 내가 예측한 것이 틀린 이유는 무엇인가?	• • • •

Chapter 07

전략적인 읽기
읽기 전략과 메타인지 기술(Reading Strategies and Meta-cognitive Reading Skills)

> Successful readers are strategic readers.
>
> *-Charles J. Alderson*

　우리는 읽기 외에도 여러 상황에서 전략이라는 표현을 사용한다. 전략이라는 말에는 적극적이고, 계획적이며, 목표지향적인 행위라는 개념 요소를 담고 있다. 읽기 전략도 역시 마찬가지로, 성공적인 글 읽기라는 목표를 위하여 필요한 적극적인 사전 계획이라고 할 수 있다. 그러면 전략은 어떤 상황에서 필요한가? 바로 부족한 조건을 극복해야 하는 상황일 때이다. 예를 들어 프로 축구팀이 아마추어 지역팀과 경기를 할 때와 시즌 결승전 경기를 치를 때를 비교해보자. 어느 경우에 전략을 더 많이 세우게 될까? 당연히 시즌 결승전일 것이다. 마찬가지로 고등학생이 초등학교 교과서를 읽을 때와 수능 지문을 읽을 때, 어느 경우에 더 많은 읽기 전략을 필요로 할지는 자명하다. 따라서 읽기 전략은 도전적인 글 읽기를 보다 더 성공적으로 하기 위한 방안인 것이다. 도전적인 글 읽기란 단순히 글 내용의 난이도가 높은 것뿐만이 아니라, 부족한 시간에 많은 양을 읽어야 하거나 익숙하지 않은 주제의 글을 읽어야 하는 경우 또한 포함한다.

　그러면 왜 그렇게 목표까지 세워가며 전략적으로 글 읽기를 해야 하는가? 입시 영어 시험을 끝 마치고도 계속 힘든 영어 읽기를 해야 할까? 물론이다. 재미로 읽는 글이든 업무나 학업으로 읽는 글이든 우리가 처리해야 하는 영어 정보는 점점 더 늘어난다. 좋은 글과 중요한 정보는 점점 더 많아지므로 필요한 것을 신속하게 습득하기 위한 전략이 필요하다. 따라서 전략적인 글 읽기는 읽기를 힘들게 하는 것이 아니라, 궁극적으로 훨씬 더 수월하고 효과적으로 읽기 위한 수단인 것이다. 그러면 지금부터 읽기 전략에 대해 자세하게 배워 보기로 한다.

1. 읽기 전략

읽기 기술? 읽기 전략?

읽기 관련 책이나 글을 읽다 보면 읽기 기술과 읽기 전략이 같은 것이 아닌가 하는 혼동이 올 수 있다. 그도 그럴 것이 주제 파악하기, 추론하기, 구조 식별하기, 훑어 읽기 등 읽는 방식이 똑같기 때문이다. 읽기 기술과 읽기 전략은 서로 비교 대칭이 되는 관계는 아니지만, 정확하게 구별 가능하다. 이 둘은 읽기 행위로 구별되는 것이 아니라, "의도성"으로 구별 가능하다. 다음 표에 두 개념의 차이를 요약해보았다.

[표 8] 읽기 기술과 읽기 전략의 비교

읽기 기술(reading skills)	읽기 전략(reading strategies)
읽기 경험이 쌓이면서 축적된 기술	지식과 훈련을 통하여 획득된 역량
무의식적으로 축적되어 내재됨.	목표에 도달하기 위한 의도적 행위
인지적 기술(cognitive skills)	메타인지적 기술(meta-cognitive skills)
획득된 기술은 자동적으로 사용됨.	의식적으로 계획적으로만 사용됨.
의미 이해를 위한 다양한 기술이 존재함.	과업수행을 위한 다양한 전략이 존재함.

지금까지 여러 장에 걸쳐 학습한 것처럼 읽기 기술은 기초적인 것부터 복잡한 것까지 다양하다. 장기간의 영어 읽기를 하면서 자연스럽게 형성되기도 하고 교사의 지도에 의해 더욱 효과적으로 획득되기도 한다. 이렇게 축적된 읽기 기술은 일단 획득하게 되면 글을 읽을 때 무의식적이고 자동적으로 적용되는 인지능력이다. 읽기 기술이 정말 우수하다면([그림 1]의 읽기 능숙도 피라미드의 요소를 모두 갖췄다면) 글을 읽는 데 아무

문제가 없어 다른 고민을 할 이유가 없다.

하지만 그런 경우는 많지 않다. 외국어 학습자인 우리는 영어 읽기를 잘하기에는 턱없이 부족한 독서량과 제한된 배경지식을 지니고 있다. 그러나 세상에는 주어진 시간에 비해 읽어야 할 텍스트가 너무나 많다. 그렇다고 앞으로 영어로 쓰여진 텍스트 읽기를 거부할 것인가? 그럴 수는 없을 것이다. 이러한 딜레마에 있기 때문에 전략이 꼭 필요하다. 읽기 전략을 적극적으로 사용하면 읽기 기술 부족으로 오는 어려움을 한결 덜 수 있다. 읽기 전략은 읽기 목표에 도달하기 위해서 전략적으로 글을 읽는 의도적인 행위를 말한다. 아직 완전히 획득되지 않아 자동적으로 적용되지 않는 읽기 기술을 의도적으로 쓰려는 노력을 하는 것이다.

한마디로 말해서 읽기 기술이 자동적으로 적용되기 전, 아직 충분한 기술은 쌓이지 않았지만, 그러한 기술이 효과적이라는 사실을 알고 이를 적극적으로 활용하려는 의도적인 노력이 전략인 것이다. 분명한 사실은 전략을 계속 훈련하여 사용하다 보면 나도 모르는 사이에 그러한 기술을 습득한 상태에 도달해 있을 것이라는 점이다.

읽기 기술   읽기 전략

모국어 문해력을 위한 읽기 전략 THIEVES

읽기 수업에서 소개되는 읽기 전략은 매우 다양하다. 그중 미국 초등학교 모국어(L1) 문해력 지도에 사용되는 THIEVES 원칙이 있는데, 기억하기 쉽고, 또한 외국어(L2) 글 읽기에도 도움이 되는 기본 읽기 전략이므로 간단히 소개한다.

THIEVES
- **T** title
- **H** headings
- **I** introduction
- **E** every first sentence in each section
- **V** visuals and vocabulary
- **E** end-of-article or end-of-chapter questions
- **S** summarize thinking

먼저 T는 Title로 글의 제목이다. 글의 제목을 무심히 지나치는 경우가 많은데, 제목은 때로 많은 정보를 내포하기도 한다. 따라서 본격적인 글 읽기에 앞서 제목을 보고 전체 내용에 대해 잠시 생각해보자.

H는 headings로 소제목이라고 생각하면 적당하다. 전체 책 제목뿐만 아니라 소단원이나 섹션을 분리하는 데 있어 기준이 되는 소제목을 확인하자.

I는 introduction으로 초록이나 첫 단락 등과 같은 글의 소개 부분을 말한다. 이에 주목하여 전체 글의 요지를 파악해본다.

E는 every first sentence in each section으로 논리적으로 잘 쓰여진 글은 매 단락 첫 문장이 주제문인 경우가 많으므로 이에 주목한다.

V는 visual aid, vocabulary로 책 속의 그림이나 도표, 키워드 어휘 등에 주목한다.

E는 end of article, end of chapter questions로 글의 마지막에 위치한 결론, 토론 질문 등에는 이해를 도울 단서가 있으니 먼저 살펴본다.

S는 Summarize thinking으로 지문을 읽으면서 알게 된 핵심 내용과 그에 대한 견해를 머리 속에 정리해본다.

단계별 외국어 읽기 전략

외국어 학습에 있어서의 읽기 전략은 대개 읽기 전, 중, 후로 나누어 설명하는 것이 일반적이다. 앞서 2장에서 언급하였듯이, L1 읽기와 L2 읽기 지도의 차이점은 L2의 경우 읽기 전 활동이 강조되고, 이러한 사전 읽기 전략은 상당한 도움이 된다는 것이다. 그러면 지금부터 단계별 전략의 목적과 예시를 살펴보기로 한다.

(1) 읽기 전 전략

읽기 전 전략 지도의 목적은 **텍스트에 대한 몰입도를 증가**시키기 위함이다. 독자를 읽는 글에 몰입하도록 유도할 수 있는 전략은 다양하지만, 대표적인 몇 가지를 소개하면 다음과 같다

✧ 읽기 목적 설정하기(Setting a purpose)

글을 읽는 목적을 설정한다. 실제적인 읽기 상황에서 목적 없이 글을 읽는 일은 거의 없다. 학습할 때도 목적을 가지고 글 읽기를 하여야 텍스트에 대한 몰입도가 높아진다. 무작정 교과서를 펴고 읽기 지문 첫 줄부터 읽어간다면 몰입하여 글을 읽기는 힘들다.

✧ 내용 예측하기(Making predictions)

이 글이 무엇에 대한 내용인지, 저자는 누구인지, 무슨 목적으로 쓴 글인지 등등 예측을 해본다. 제목, 소제목, 삽화 등을 예측 활동에 활용한다.

✧ 내용 이해와 관련된 질문 떠올리기(Making questions)

예측하기와 유사하다. 읽으려는 글과 관련하여 사전에 궁금함이 있어야 그 글에서 답변을 찾기 위해 집중하게 된다. 내용 이해와 관련된 질문을 독자 스스로 생각해보도록 한다.

✧ 배경지식 쌓기(Building background knowledge)

글의 내용과 관련된, 글 문맥에 담긴 문화, 주제 관련 지식, 텍스트 장르에 대한 배경 지식을 쌓게 되면 읽기에 도움이 된다. 수업 시간에 일반적으로 활용하는 동영상 자료나 보충자료 등은 글과 관련된 내용 및 어휘 등에 대해 사전에 배경 지식을 쌓을 수 있는 효과적인 전략이 된다. 그러나, 실제 개별 읽기 상황에서는 사용하기 어려운 전략이다.

✧ 배경지식 끌어내기(Retrieving background knowledge)

이미 경험적으로 가지고 있는 자신의 머리 속 배경지식을 최대한 끌어내어 지문의 내용과 연결시키는 전략이다. 낯선 소재의 글을 읽을 때 자신의 스키마를 최대한 활용하여 이해도를 높이기 위한 것으로 실제적인 상황에서 매우 유용하다.

✧ 어휘 복습하기(Previewing vocabulary)

새로운 어휘의 뜻을 사전에 예습 하면 읽기가 한결 수월해지고 실제로 배운 단어를 문맥에서 접하게 되면 학습 효과가 크다. 그러나 현실적으로 실제 읽기 상황에서는 어휘를 사전에 따로 공부하는 전략은 적용되기 어렵다. 따라서 이러한 방식에 지나치게 의존하면, 실제 읽기 상황에서 모르는 단어를 해결하는데 어려움을 겪을 수 있다.

✧ 스키밍(Skimming)

대의 파악을 위해 내용 전체를 먼저 훑어 읽는 것을 말한다. 전체적인 구조와 주제를 중심으로 글을 가볍게 스케치하는 것은 추후에 주의 깊게 읽을 때 이해에 도움이 된다.

✧ 스캐닝(Scanning)

특정 정보를 찾기 위해 눈으로 스캔을 하는 것이다. 대의 파악을 위한 읽기가 아니다. 예를 들어 연도를 확인해야 하는 상황이라면 텍스트의 의미에는 초점을 두지 않고 해당 숫자가 나타날 때까지 지문을 전체적으로 훑어 내려가면 된다.

(2) 읽기 중 전략

읽는 도중에는 **이해를 도모**하고, 자신이 이미 체득하였거나 발전시키고자 하는 **읽기 기술을 강화**하는 목적으로 전략을 사용한다.

✧ 텍스트 공략 기술 적용하기(Applying text attack skills)

효과적인 내용 이해를 위해 텍스트 구조 식별하기, 담화 표지 찾기, 어휘 지식 활용하기, 사전 찾기 등의 텍스트 공략 기술을 활용한다.

✧ 주제 파악하기(Finding a main idea)

전체 지문의 대의를 파악하기 위하여 글 구성과 각 단락의 첫 문장 등을 먼저 확인하면서 저자가 말하고자 하는 주제가 무엇이며, 주제가 어디에 위치하는지 파악하기 위한 하향식(top-down) 글 읽기 방식이다.

✧ 문맥으로 유추하기(Guessing unknown words from the context)

이해하기 어려운 어휘나 표현, 잘 모르는 내용에서 시간을 낭비하지 않도록 한다. 그냥 무시하거나, 전후 관계 등으로 추측하면서 읽기 속도가 느려지지 않게 한다.

✧ 작가의 의도와 어조 추론하기(Guessing/ Inferencing)

저자는 반드시 의도를 가지고 글을 쓴다는 사실을 명심하여 행간에 숨겨진 저자의 의도, 어조 등을 추측하면서 글을 읽는다. 단서나 상징성을 놓치지 않도록 각별히 주의한다.

✧ 묵독하기(Reading silently)

조용히 집중하며 혼자 글을 읽는다. 글을 읽는 목적을 달성하기 위해서, 혹은 사전 질문에 답변하기 위한 목적으로 묵독을 하면 집중력을 강화할 수 있다. 집중 시간을 조금씩 늘려가면서 빠른 속도로 글을 읽는 것이 좋으며, 이때 1분 혹은 2~3분 단위로 끊어서 읽거나 문장의 일정 길이를 지정해 놓고 읽는 것이 효과적이다.

◇ 사전 질문에 답변 찾기 / 예측 내용 확인하기(Searching for answers to your pre-reading questions / confirmation of your predictions)

읽기 전에 품었던 질문이나 예상했던 내용에 대한 확인을 한다. 질문에 대한 답변을 적어보거나, 예측했던 내용이 맞았는지 등을 확인하는 과정에서 글의 이해도를 높일 수 있다.

◇ 다시 읽기(Rereading)

잘 이해가 가지 않았거나 중요한 부분에 대해서는 돌아가서 다시 확인하는 것이다. 이해 점검을 위해 자신의 판단 하에 다시 읽을 곳을 정하는 능력은 훈련이 필요하다.

(3) 읽기 후 전략

읽기 전과 읽기 중에만 전략을 사용하는 것으로 생각하기 쉽지만, 읽기 후 단계에서도 역시 전략이 필요하다. 읽기 후에 전략을 사용하는 목적은 주로 **내용 이해**를 높이고, 배운 내용에 대해 떠올리는 **기억 소환**(recall)을 돕기 위한 것이다.

◇ 평가하기(Evaluating)

읽은 내용에 대한 평가이다. 재미있었는지, 좋은 글인지, 잘 쓴 글인지 등 텍스트 자체에 대한 감상, 평가도 가능하고, 얼마나 잘 읽었는 지에 대한 자신의 읽기 능력에 대한 평가일 수도 있다.

◇ 내용에 대한 아이디어 맵 그리기(Creating a map of ideas in the text)

전체 내용의 수사 구조(rhetoric structure)나, 스토리 맵 등에 대한 시각적인 지도를 그려볼 수 있다. 6장에서 배운 다이어그램과 같은 그래픽 오거나이저(graphic organizer) 등을 활용하여 글 전체 논조를 파악할 수 있다(부록 참조).

✧ 어휘 및 사용된 표현 정리하기(Discussing vocabulary and use of language)

내용뿐만 아니라 사용된 어휘와 표현을 되짚어보며 주요한 키워드 및 새로운 표현의 뜻을 검토한다.

✧ 예측한 내용으로 돌아가기(Returning to initial predictions)

처음에 예측한 내용이 맞는지 확인하고, 예측이 빗나갔다면 그 이유는 무엇인지 검토한다.

✧ 사전 질문에 답하기(Answering your pre-reading questions)

읽기 중 전략으로도 소개한 바 있다. 읽기를 마친 후, 읽기 전 던졌던 질문에 답을 할 수 있는지 검토하고, 노트해 본다. 특히 교과서나 전공 서적 등 주요 지식을 담은 읽기인 경우에는 사전 질문에 답을 하는 과정은 학습을 공고하게 해준다. KWL 차트(10장 스키마 참조)와 같은 워크시트로 활동하는 것도 좋다.

우리 영어교과서를 보면 읽기 사전, 사후 전략 훈련 활동을 포함하는 것이 추세이다. 내용도 다양해졌으며 흥미로워졌다. 그러나 여기에서 교사가 주의할 점은 활동의 다양성과 흥미에만 관심을 두지 말고, 실제 학생들의 읽기 학습 성취에 얼마나 도움이 되는 활동인가에 대하여 교사 스스로 평가해볼 필요가 있다는 것이다. 교과서 읽기 활동을 보면 때로는 관련 주제에 대한 활동은 맞지만 실제 읽기 이해를 직접적으로 돕는지 여부에는 의문이 드는 경우가 있기 때문이다. 게다가 학습자의 이해도를 향상시키고, 읽기 몰입을 유도하기 위한 활동 후에는 당연히 학습자 스스로 본문을 읽을 차례임을 명심하도록 하자.

2. 메타인지 기술(Meta-cognitive Skills): "Know About What You Don't Know"

지금부터 설명할 최상위 읽기 기술은 메타인지 기술(혹은 **초인지 기술**)이다. 메타(meta)라는 접두어는 '넘어서'라는 뜻으로, 지금까지 배운 읽기 기술이 모두 '인지 기술(cognitive skills)'인데 반하여, 메타인지 기술은 인지 기술을 초월한 상위의 관점에서 인지 기술에 대하여 생각하는 능력이다. 인지 기술에 대해서는 앞서 경험과 훈련으로 체득되어 무의식적이고 자동적으로 작동되는 기술이라고 하였다. 반면, 초인지 기술은 자신이 가진 인지 기술을 의식적으로 자각하고 (때로는 저절로) 이를 스스로 조절해가면서 사용하도록 하는 기술이다(Flavell, 1979; Flavell 외, 2002; Hudson, 2007). 간단히 말하면, 인지 기술은 학습자가 과업(즉 읽기 과업)을 수행하도록 돕는 것인 반면, 메타인지 기술은 학습자가 자신이 하고 있는 과업 수행의 속성이 무엇인지를 이해하고, 스스로 조절하는(control) 것이다. 최근 교육에 있어서 메타인지 기술은 성공적인 학습에 꼭 필요한 기술로 주목 받고 있다.

메타인지 읽기 기술

메타인지 기술을 읽기에 적용해서 이해하는 것은 쉽지 않으므로 예를 들어 보다 자세히 설명해보기로 한다. 메타인지 기술은 다음 그림처럼 숙련된 요리사가 음식재료(읽기 텍스트)를 어떻게 맛있게 요리할까 고민하는 것과 같다. 메타인지 기술은 바로 요리사의 총체적 요리 능력이고, 씻고, 썰고, 다듬고, 볶고 하는 조리 기술은 인지 기술(즉 읽기 기술)이라고 할 수 있다. 요리사는 이미 식재료에 대한 이해가 좋고, 숙련된 조리 기술이 있으며, 다양한 레시피(읽기 목적 혹은 읽은 후의 결과물)를 알고 있다. 요리사에게 필요한 것은 이제 오늘 저녁식사에 맞추어 가장 좋은 방법을 선택하여 맛있는 결과물을 만들어내기 위한 계획과 의사결정 과정뿐이다. 바로 이것이 읽기에 있어서의 메타인지 기술이다.

[그림 21] 읽기에서의 메타인지 기술의 개념

지금까지 설명을 토대로 보면 메타인지 기술은 읽기 전략(strategies)과 동일한 것으로 들린다. 읽기 전략은 모두 메타인지 기술에 속하지만, 읽기 학습 영역에서의 메타인지 기술은 이보다 더 넓은 영역에 해당한다. 앞서 소개한 읽기 전략은 대부분 인지 전략(cognitive strategies)으로, 읽기의 이해력을 높이기 위한 인지 기술들(즉, 텍스트 공략 기술 등)을 적용하는 형태였다. 하지만 그보다 더 상위의 읽기 과정을 조절하는 전략인 메타인지 전략(meta-cognitive strategies)이 또한 존재한다. 여러 학자들이 제시한 메타인지 전략을 알기 쉽게 정리해보면 다음과 같다.

[표 9] 메타인지 읽기 전략(meta-cognitive reading strategies)

종류	세부 기술	질문 예시
계획하기 (Planning)	• 최상의 학습 조건에 대한 이해 • 완료해야 하는 읽기 과업에 대한 분석 • 목표 설정과 달성 계획을 위한 질문 • 시간 혹은 집중력의 안배	• 지금 이 시간에 여기서 이 글을 읽는 것은 집중이 잘될까? • 나는 주어진 시간 내에 이 과제를 마칠 수 있을까? • 이 텍스트는 무엇에 대한 것인가? • 여기에 대해 내가 이미 알고 있는 것은 무엇인가? • 이것을 빨리 읽어도 되는가? 천천히 봐야 하는가?
이해점검하기 (Monitoring comprehension)	• 중요한 것과 덜 중요한 정보 분리 • 주제에 대한 주요사항 가장자리에 메모 • 어떠한 읽기 기술을 적용할지 결정 • 주목할 것과 내용 이해 부분을 잘 따라가고 있는지 점검	• 이 부분은 무시하고 넘어가도 괜찮을까? • 어떠한 읽기 전략을 사용할까? • 이 단락의 주제는 무엇인가? • 내가 이해한 것이 맞나? • 중요한 내용 중 놓친 것은 없나?
이해수정하기 (Repairing miscomprehension)	• 잘못 이해한 부분을 파악하기 위해 재점검 시작 • 잘못 이해한 이유 파악 • 정확한 이해 지속 유지	• 어디서 주요 정보를 놓친 것일까? • 내가 잘못 이해한 것이 맞나? • 어느 부분을 다시 읽어야 확인 할 수 있을까? • 왜 잘못 이해하게 되었을까? • 이제는 잘못된 것이 없는 것이 맞나?
보완하기(Revising)	• 활동 등을 전략적으로 수정하거나 중단	• 무슨 활동(전략)을 교체할까? • 어떻게 나의 읽기 방식을 수정 보완할까?
요약하기 (Summarizing)	• 이해한 내용을 정리 • 전체 글의 수사 구조 도식화	• 전체적으로 정리하면 몰랐던 것이 나타날까? • 어떠한 그래픽 오거나이저가 적절할까?
평가하기(Evaluating)	• 목표에 도달했는지 평가 • 사전 질문에 답변이 가능한지 평가	• 목표한 대로 잘 읽었는가? • 질문에 모두 답변이 가능한가? • 답변은 틀린 것이 없는가?

읽기에 있어서 우수한 메타인지 기술(메타인지 전략을 포함한)을 습득하려면 성공적인 읽기를 위한 보다 확장적인 지식 또한 필요한데 이를 메타인지 지식(meta-cognitive-knowledge)이라고 부른다(Hartman, 2001). 그러면 메타인지 지식이란 무엇인지, 또한 L2 읽기에 있어서 습득해야 할 메타인지 지식이란 무엇인지 알아보자. Flavell 외(2002)

는 메타인지 지식이란 인지 과정을 이해하고 조절해서 잘 사용할 수 있게 돕는 지식이라고 하였고, 다음의 세 가지로 소개하였다.

✧ 사람에 대한 지식(Knowledge of persons)

읽기 학습자로서의 자신에 대한 지식이다. 자신의 목표, 배경지식, 흥미, 획득한 읽기 기술 정도 등 자신의 읽기 실력과 특성을 성찰하고 분석적으로 이해하는 것이다.

ex) 나는 수능 지문에서 우주, 천체, 지구과학 등에 대한 지문이 유독 어렵고, 낯선 과학 용어가 나올 때 추론 능력이 떨어진다. 과학 쪽에 흥미가 없지만 그래도 그 분야의 스키마를 좀 더 키워야 독해가 향상될 것 같다.

✧ 읽기 과업에 대한 지식(Knowledge of tasks)

직면한 읽기 과업의 성격을 이해하는 지식이다. 텍스트의 난이도, 내용 정보의 특성, 읽기 목표에 따라 요구되는 과업 부담 정도 등에 대해 아는 것을 말한다. ex) Brown 책은 내용도 어렵지만 영어 문장부터 이해하기 너무 어렵다. 이 단원 다 읽고 수업 토론을 준비해가려면 적어도 오늘 3시간 이상은 시간을 내야 되겠다.

✧ 읽기 전략에 대한 지식(Knowledge of strategies)

책을 읽을 때 필요한 전략에는 어떠한 것들이 있는지 또한 어떠한 상황에서 그러한 전략이 필요한지 등에 대한 지식을 말한다. 또한 자신이 무의식적으로 잘 사용할 수 있는 읽기 기술과 그렇지 못한 기술을 의식적으로 알고 있는 것이다.

예를 들면 "시험 앞 번호를 풀 때는 빨리 훑어 읽고 답을 고르고, 장문이 나오면 꼼꼼히 읽으면서 사실 정보에 대해 묻는 질문에 대비해야지. 주제는 항상 첫 단락에 나오니 놓치지 말자"와 같은 것이다.

학습자가 메타인지 지식을 쌓으려면 교사는 어떻게 도와주어야 할까?

첫째, 학습자가 스스로 자신의 읽기 능력에 대해 분석적으로 파악할 수 있도록 지원

해주어야 한다. 그러기 위해서는 스스로 읽을 수 있는 기회를 충분히 주어야 한다. 학습자가 다양한 주제와 장르의 글을 접해 보면, 자신에게 익숙한 글과 그렇지 못한 글이 무엇인지를 깨닫게 된다. 또한 그 과정에서 자신의 읽기 기술이 어느 정도인지 등을 파악할 수 있다. 우리는 입시를 앞두고 시험 대비 영어 실전 연습을 할 때조차 교사가 지문을 함께 번역해주는 경우가 많다. 함께 번역을 하는 시간보다 학습자 스스로 자신의 위치와 읽기 과업의 속성을 스스로 파악하고 이에 대처하는 전략을 세우도록 지도하는 것이 필요하다.

둘째, 개별 학습자에게 필요한 읽기 기술은 무엇인지, 현재의 능력으로 보다 더 효과적으로 글을 읽기 위해 필요한 전략은 어떠한 것이 있는지 소개한다. 언제 어떠한 전략들을 활용 가능한지 반복적으로 알려주면서 적용할 기회를 주는 것이 좋다. 교사가 아래와 같은 체크리스트를 활용하여 학습자에게 연습을 시키는 것도 좋을 것이다.

강지연과 김혜영의 연구(2017)에서 보면 고등학교 영어 상위학습자가 수능 영어지문을 읽을 때, 하위학습자에 비해 현저히 더 많은 전략을 사용하는 것으로 나타났다. 또한 상위학습자는 하향식 전략을 상향식 전략보다 두 배 더 많이 사용하는 반면, 하위학습자는 주로 구문 분석 등의 상향식 전략을 자주 사용하는 것으로 분석되었다. 이는 전략의 지도가 우리나라 고등학교 영어 학습자의 읽기 이해에 얼마나 중요한 영향을 미치고 있는가를 보여주는 것으로, 영어교사들의 읽기 전략 지도는 필수적이라 할 수 있다.

읽기 전략 자가 진단표 ✏️

글을 읽을 때 자신이 활용하는 읽기 전략을 체크해보세요. 당신은 전략적인 리더(strategic reader)입니까?

(0~3개: 미흡 / 4~7개: 양호 / 8~12개: 우수 / 13개 이상: 탁월)

읽기 전 전략

나는 읽기에 몰입하기 위해 다음과 같은 전략을 사용한다.

☐ 읽기 목적 설정하기
☐ 읽기 내용을 예측하기
☐ 내용 관련 질문 생각하기
☐ 배경지식 떠올리기
☐ 어휘 검토하기
☐ 스키밍
☐ 스캐닝
☐ 기타 _____

총 _____개

읽기 중 전략

나는 내용 이해와 읽기 기술 강화를 위해 다음과 같은 전략을 사용한다.

☐ 주제 파악하기
☐ 문맥으로 단어 뜻 유추하기
☐ 작가의 의도와 어조 추론하기
☐ 소리 내어 읽기
☐ 사전 질문에 답변 찾기
☐ 예측 내용 확인하기
☐ 이해 안 가는 부분 찾아서 다시 읽기
☐ 중요하지 않은 내용 넘어가기
☐ 기타 _____

총 _____개

읽기 후 전략

나는 이해도를 높이고 배운 내용을 잘 기억하기 위해 다음과 같은 전략을 사용한다.

☐ 평가하기
☐ 내용에 대한 아이디어 맵 그리기
☐ 어휘 및 사용된 주요 표현 정리하기
☐ 예측한 내용으로 돌아가기
☐ 사전 질문에 답하기
☐ 기타 _____

총 _____개

등급은 주관적이며, 절대적인 의미를 부여할 필요는 없다. 다만 자신이 어디에 위치하는지, 무엇이 부족한지 확인하는 가이드로 사용하기 바란다. 또한 자신이 전·중·후 중 어느 단계에서 주로 전략을 사용하고 있는지, 전략 사용을 보강해야 할 단계는 없는지 스스로 성찰해보아도 좋을 것이다.

 활동 예시 ⑳ 전략 지도를 위한 사전 읽기 활동 준비하기

1. 다음 중학교 영어 교과서 지문의 일부를 보고, 지문에 적합한 5~10분 정도의 사전 활동을 구상하고 사전 활동에 도입할 교사의 질문을(영어로) 작성해본다.

Great Inventions of the World

Look around you. Your home and classroom are full of familiar things like computers and CD players, televisions and telephones, ball point pens and paperclips. Nowadays, we take all these things for granted. But only a hundred years ago, we didn't have any of these.

We can do a lot of things with these inventions. Many are used in the home and some are used in the workplace. But they all have one thing in common: it is difficult to imagine life without them.

What makes people invent things? Sometime it is an adventurous spirit that makes people invent things. People had little idea how useful airplanes would be. They just wanted to fly through the air like birds.

Sometimes people invent things to find an answer for a problem. Do you know it was Napoleon who invented canned food? His need to feed his army during a war led him to invent canned food.

Sometimes inventions take place by accident. We use the microwave oven to have food cooked. The inventor of the microwave oven had little interest in cooking. He was working for a radar company when he discovered that microwaves could be used to produce heat.

But most often, people invent things because they think things do not work well enough. Many of the inventions were replacements for earlier, less convenient inventions. People used a stick before someone invented the plow. The paperclip replaced the pin as a way of holding papers together.

> Electric lights replaced oil and gas lamps. The sailing ship was replaced by the steamship.
>
> All of these inventions were great steps forward. From time to time the step was made by one inventor. But more often, an invention is the product of a number of minds that work together to make life easier for us all.
>
> 출처: Middle School English 3(두산동아, 장영희 외, 2003) 5과

수업 전 교사의 질문 및 활동

Q1.

Q2.

2. 활동 평가: 다음의 체크리스트에 따라 자신이 설계한 사전 읽기 활동을 검토하고, 수정할 내용은 없는지 생각해본다.

☐ 나는 이 글의 제목으로 본문의 내용을 예측해보았다.
☐ 나는 이 글의 주제와 핵심 내용을 파악하고 있다.
☐ 나는 이 글의 구조를 알고 있다.
☐ 나는 이 글이 학생들에게 흥미를 줄 수 있을지 여부를 알고 있다.
☐ 나는 이 글이 학생들의 읽기 수준에 적합한지 여부를 알고 있다.
☐ 나의 사전 활동은 읽기 지문에 몰입하게 할 것이다.
☐ 나의 사전 활동은 읽기 지문의 이해를 직접적으로 도울 것이다.
☐ 이 사전 활동 후 학생들은 개별적으로 읽기 과업을 수행하는 데 몰입할 것이다.

🍎 활동 예시 ㉑ 수능 영어 문항별 전략지도 교안 설계하기

수학능력시험 영어 지문을 이용하여 문항별로 요구되는 읽기 전략에 대하여 토의해보고, 20분 이내의 전략 지도 수업 교안을 설계해본다.

_____

_____

_____

_____

_____

_____

🍎 활동 예시 ㉒ 메타인지 기술 활성화를 위한 교안 설계하기

수능영어지문을 활용하여 메타인지 기술을 향상시킬 수 있는 수업을 위한 교사 질문들을 구상해본다([표 9]를 참고). 또한 이를 바탕으로 20분 이내의 메타인지 기술 지도 수업 교안을 설계해본다.

_____

_____

_____

_____

_____

_____

부록

그래픽 오거나이저(예시)

글의 수사적 구조에 맞는 그래픽 오거나이저 형태를 골라 내용에 맞게 수정한 후 학생용 워크시트를 만들어본다.

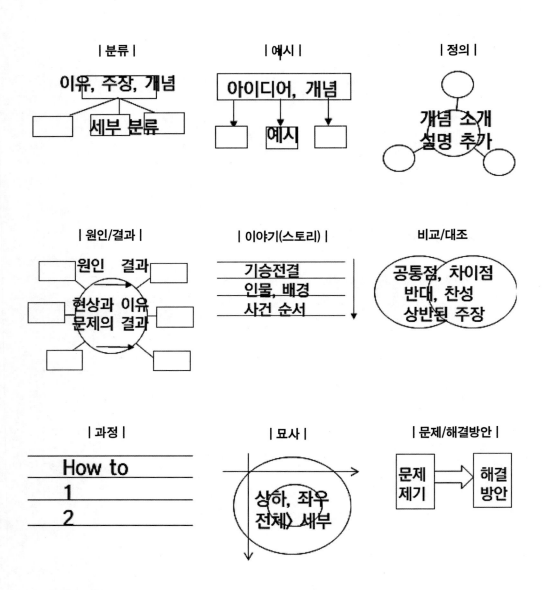

Chapter 08

빨리 읽기
읽기 유창성과 속독
(Reading Fluency and Speed Reading)

Students who do not develop reading fluency, regardless of how bright they are, are likely to remain poor readers throughout their lives.

-National Reading Panel, 2000

위의 인용문을 보면 유창성을 기르지 못한 학생은 평생 책 읽기를 어려워한다고 하였다. 다소 위협적으로 들리기는 해도, 이 말은 상당히 신빙성이 있는 말이다. 우리나라에서 고등학교 졸업까지 영어교육을 받고 입시에서 비교적 좋은 영어 성적을 받은 학습자들조차 읽기 유창성이 부족한 경우가 많다. 이러한 경우엔 이해도는 좋지만, 속도가 매우 느려 영어로 된 자료나 짧은 단행본을 읽는 것조차 부담스러워 하고, 주어진 시간에 전공 원서 독해 과제를 마치는 데 심각한 어려움을 겪기도 한다. 문장을 완벽히 이해하면, 속도는 자연스럽게 뒤따라올 것으로 여겨졌지만, 사실 유창성 역시 장기간의 훈련이 필요한 별도의 기술이기 때문이다. 그러면 지금부터 읽기 유창성에 대해 소개하기로 한다.

읽기 정확성 vs. 읽기 유창성

읽기 유창성은 속도와 양에 모두 관련된 것으로 주어진 시간 내에 빨리 많이 읽을 수 있는 능력을 말한다. 유창성과 상반된 개념은 정확성이다. 정확성은 속도와 양에 상관없이 완벽한 이해도를 추구하는 것이다. 우리나라 외국어 교육은 정확성에 초점이 맞추어져 있다. 그러한 맥락에서 수업시간에는 문법 번역식 교수법이 적용되어 왔으며, 이해도를 측정하는 연습 문제나 빈칸 채우기 등 정확한 문법과 표현 익히기에 주력해

왔다. 이러한 정확성 중심 교육의 배경에는 정확성을 우선 기르면 유창성은 자동적으로 뒤따르게 된다는 믿음이 있었기 때문인데, 역으로 이는 정확성이 부족한 상태에서 빨리 읽으려는 것은 인정하지 않았음을 반증하는 것으로 볼 수 있다.

반면 현대에 와서 서구의 교육은 유창성을 더욱 중시하고 있다. 이에는 효율성의 문제가 개입되어 있다. 성공적인 읽기란 주어진 시간에 가급적 많은 양의 정보를 습득하는 것이며, 이를 위해서는 속도가 중요하다는 것이다. 속도감 있게 글을 읽으려면 중요하지 않은 것은 지나가고 목적에 맞게 필요한 내용을 선별적으로 읽는 것이 바람직하다고 본다. 이해도는 100% 완벽을 추구하기 보다 필요한 정도만 알면 충분하다고 판단한다.

21세기는 읽기 유창성의 시대

그럼 가장 이상적인 것은 유창성과 정확성을 동시에 추구하며, 양자를 공평하게 지도하는 것일까? 이 시점에서 변화된 사회에 대해 좀 더 생각해볼 필요가 있다. 정확성을 추구하던 고전문학의 시대로 거슬러 올라가지 않더라도 읽는 글의 종류, 목적과 방법에는 큰 변화가 있어왔다. 책이 귀하고 인문학 서적이 텍스트의 대부분을 차지하던 시절에는 글 한 줄 한 줄에 담긴 의미가 가치 있고, 반복하여 되새기고, 암기해두어야 할 가르침을 담고 있었다. 혹은 표현 하나에도 많은 메시지와 상징성을 담고 있는 문학 작품 역시, 정확성을 기해서 읽어야만 작가가 기대하는 감상이 가능하였던 것도 사실이다. 평론이나 철학서가 지니는 글의 무게와 가치는 더 말할 것도 없다. 그러나 21세기 현대사회의 텍스트는 그 양이 무한대로 증가하였다. 단행본보다는 디지털 자료를 주로 접하며, 이 가운데 인문학 서적이 차지하는 비중은 현저하게 줄었다. 우리가 주로 대하는 약 90%의 글은 이른바 정보를 제공하는 실용문이며, 비형식적인(informal) 성격의 글도 많다. 한마디로 필요에 따라 빨리 읽고 소비하는 텍스트의 홍수 시대라고 할 수 있다. 즉 우리는 정확성보다 유창성을 더 필요로 하는 시대를 살고 있는 것이다.

1. 읽기 유창성과 읽기 속도의 관계

읽기 유창성이란?

읽기 유창성에 대한 개념은 조금씩 달라지고 있으나 한마디로 일정 수준 이상의 이해도를 가지고 속도감 있고 편안하게 글을 읽을 수 있는 능력이라고 정의할 수 있다. 1970년대 이전에는 유창성이란 큰 소리로 읽는 능력을 의미하였다. 주어진 글을 정확한 발음과 빠른 속도로 읽을 수 있는 것을 흔히 '유창한' 영어실력으로 평가했다. 1960대 후반으로 오면서 유창성에 있어 '이해'의 중요성을 인지하게 되었다. LaBerge와 Samuel(1974)은 읽기 과정을 단어를 해독하는 인지 과정과 의미를 이해하는 두 과정으로 구분하여 설명하였는데, 해독이 자동화(automaticity)된 만큼 글의 의미를 더 편하고 빨리 이해할 수 있다고 설명하였다. 또한 해독의 자동화를 이루는 방법으로 2-3년간 자기 능력에 맞는 책으로 큰 소리로 읽기 연습을 할 것을 제안하였다. 자동화란 운동선수나 음악가를 훈련시키는 것과 같은 기초 기술 훈련으로, 많은 시간과 노력 끝에 자동화가 이루어지면 힘을 들이지 않아도 무의식적으로 쉽고 빠르게 일을 처리할 수 있게 되는 상태를 말하는 것이다. 과거에는 문자 해독 기술의 자동화가 바로 유창성 향상의 핵심으로 여겨졌으나, 이후 많은 학자들의 실험 연구 끝에 **해독 능력과 이해 능력을 결합한 읽기 속도를 모두 유창성으로 간주**하게 되었다. 또한 이를 향상시키고자 다양한 방법론이 제안되었다.

유창성을 측정하는 방법 중 가장 일반적인 것은 분당 단어 수(Words Per Minute: WPM)이다. 이를 이해도 평가와 병행하는 경우가 많다. 최근에는 다양한 읽기 프로그램12)이 이 두 가지를 동시에 측정할 수 있도록 도와준다. 읽기 유창성에서의 이해도는 목적에 따라 다르겠지만, 약 60-70% 정도를 적정선으로 본다. 이에 60% 이하면 이해도가 낮은 것이지만 90%의 이해도라면 이해도는 좀 더 낮더라도 보다 속도를 높일 수 있도록 노력하는 것이 필요하다고 본다(Nation, 2009).

Grabe(2009)에 따르면 이해도, 속도, 자동화와 더불어 유창성에 있어 중요한 요소는 **운율적 프레이징과 표현**(prosodic phrasing and contour)이라고 하였다. 읽기에 있어 낭독이나 묵독 모두 끊어 읽어야 할 단위가 있다. 내용이나 사고의 단위로 문법적인 단위와도 관련이 있다. 유창한 글 읽기는 바로 이러한 끊어 읽기 또한 적절하게 할 수 있음을 의미한다. 끊어 읽기의 단위는 시선의 고정(eye fixation)이나 점프와 관련이 있다. 낭독을 할 때 운율적인 표현인 강조, 억양을 자연스럽게 처리하고, 의미 단위에서 잠시 휴지(pausing)를 두어 끊어 읽기를 하면 자신의 내용 이해는 물론 청중의 이해를 도울 수 있다.

지금까지의 살펴본 바에 의하면, 읽기 유창성의 개념은 초기 행동주의적인 방식에서 인지적 개념으로 발전되어 왔음을 알 수 있다. 한편 사회인지적인 관점에서도 유창성에 대한 언급이 있었는데, 읽기 목적에 따라 다양한 읽기 전략을 구사하는 능력 역시 읽기 유창성에 포함된다고 하였다. 즉 무슨 내용의 글을 어떠한 목적으로 읽는지에 따라 읽기 속도와 방법을 조절하면서 목적에 부합하는 글 읽기를 하는 것 또한 유창성에서 중요한 부분이라는 것이다. 이에 따르면, 앞서 7장 읽기 전략에서 배운 것처럼 구체적인 정보를 얻어내기 위해 빠른 스캐닝을 하면서 원하는 정보를 찾거나 주제를 파악하기 위해 단락의 첫 줄과 마지막 결론에 주목하는 등의 전략적인 글 읽기는 읽기 속도를 줄여주는 좋은 방법임을 알 수 있다.

---

12)　　AceReader사의 http://www.freereadingtest.com/ NWEA의 MAP reading fluency https://www.nwea.org/map-reading-fluency/

읽기 속도

읽기 속도와 유창성을 위한 읽기 속도의 기준에 대해 좀 더 자세히 살펴보자. 오래 전 우리나라에서 한창 인기가 있었던 속독 훈련은 책을 빨리 보기 위한 안구 움직임 훈련을 매우 강조하였던 것을 기억한다. 필자도 중학교 방과후 속독 반에서 안구 훈련을 열심히 하였고, 눈동자를 좌우로 매우 빨리 움직이게 되었다. 그러나 막상 책을 읽을 때는 눈동자 이동 속도가 글 이해로는 잘 적용되지 않아서 인기가 차츰 사라진 것 같다. 최근에는 눈동자의 움직임을 추적할 수 있는 도구인 아이 트랙커(eye tracker)가 개발되어 유창한 글 읽기에 있어 시선의 움직임 패턴이 어떠한지 명확하게 알게 되었다.

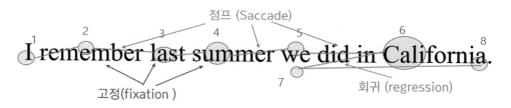

[그림 22] 아이 트랙커로 보는 읽기 과정의 물리적 특성

[그림 22]의 예시 문장을 통해 우리가 글을 읽을 때의 눈의 움직임을 설명하였다. 하늘색 동그라미는 시선이 머무는 시간을 표현하는 것으로 '**고정(fixation)**'이라고 부른다. 원의 크기와 머무는 시간은 비례한다. 각 번호 사이의 선은 '**점프(saccade)**'라고 부른다. 머무는 시간 없이 그냥 지나가는 경우로 때로는 몇 개의 단어(예를 들어 did, in)를 고정 없이 지나친다는 사실을 알 수 있다. 마지막으로 6~7번 구간에서는 좌에서 우로 이동하던 눈동자의 시선이 다시 앞쪽으로 이동하여 we까지 되돌아 갔다가 다시 8번으로 가는 것을 볼 수 있다. 이것은 '**회귀(regression)**' 현상인데, 점프가 너무 커서 약간 앞쪽으로 돌아가거나 이해를 위해 내용을 재검토할 때 주로 발생한다. [그림 22]과 같은 시선 이동은 매우 자연스런 읽기 과정에서 발생하는 것이다. Rayner(1998)에 따르

면 읽기 실력이 능숙한 원어민의 경우 분당 250~300단어를 읽고, 그 과정에서 100단어당 약 90회의 고정이 발생한다고 하였다. 이를 계산하면 한 번에 약 1.2단어를 점프하는 셈이 된다. 또한 이는 100번 시선 고정에 15번의 회귀가 발생하는 것이라 하였다.

Nation(2009)은 제2언어 학습자의 경우, 권장 읽기 속도는 소리 내어 읽을 시에는 분당 150단어 정도, 묵독(silent reading)일 시에는 분당 250단어 정도라고 보았다. 또한 훑어 읽는 경우(skimming reading)에는 약 500단어 정도가 적당하다고 하였다. 읽기가 느릴수록 고정 시간은 길어지고 고정 횟수는 잦아진다. 점프는 짧고 회귀 횟수는 늘어난다는 것이 일반적인 관찰결과이다. 외국어 학습자의 경우에는 300WPM 이하인 경우가 대부분이고, Chung과 Nation(2006)을 비롯한 국내외 많은 연구결과에 따르면 일정 기간의 유창성 훈련 후에 대다수의 학습자는 읽기 속도(WPM)가 증가하였으나 개인차가 많다는 것이 드러났다.

이러한 읽기 속도의 수준이 어느 정도의 수준을 의미하는지 이해하려면 자신의 읽기 속도를 먼저 측정할 필요가 있다. 여기에서 간단한 읽기 속도 진단지를 하나 소개한다. 두 단계로 되어 있는데, 3~4분 정도 시간을 내서 자신과 학생들의 읽기 속도를 한번 진단해보자.

읽기 속도 자가 진단지

Step ❶

약 2분에 걸쳐 여러분의 읽기 속도를 측정하게 됩니다. 다음 지문을 읽어 가다가 1분이 되면, 현재 읽고 있는 위치에 / 표시를 하세요. 이어서 계속 읽어가다가 다시 1분이 되었을 때 해당 위치에 / 표시를 하세요.

What does it mean to be innovative in business? In order for a business to survive in today's world, it is important that we regularly review what we are doing and how we are doing it. By considering new ideas and new ways of doing things, and trying to innovate, /we can improve on our products/services, increase sales, reduce costs and make our processes more effective and efficient. Innovation is key to increasing profits. There are several ways a company can be innovative with their products and services. Today we will look at four of them	50
1. Using the latest technology to/ improve your product/service	100
When we think of innovation, we often think of new technologies. While they might be impressive, we should not use new technologies just because they are available. It is important to consider how the technology can improve our product/service and make a difference to our customer. /Companies that produce cars, toiletries, household appliances, etc. often have a large R&D department to work on making their products better.	150
2. Responding to customer demands by changing what is on offer	
By listening to customer feedback, we can get their opinions on how we are doing and find out /about what it is that they want. We also need to be aware of changes in customer demands and keep up with the times. When fast-food restaurant McDonald's realized that the market wanted healthier choices, they introduced fruit and salads, while removing the 'super-size' option from their menus.	200
3. Offering a new/ product/service to reach new customers	
Your business might be doing well, but there is no growth or development and there is a risk	250

that your competitors might take away some of your customers. Innovation sometimes means developing a new product that targets a different market. Although video games were often played/ by boys, in 2006, video games giant Nintendo introduced the game console Nintendo Wii, successfully targeting girls and older customers with games like Cooking Mama and Brain Training. | 300

4. Changing the way you provide a service

By looking at the changes to the customer's lifestyle and needs, we sometimes realise/ that there might be better ways to serve them. Customers who do not have a lot of time might prefer to have their food or their shopping delivered to their homes, or they might like to do their banking online rather than in an actual bank. | 350

Not all innovation will/ bring success to our businesses, but it can give us the opportunity to grow and learn more about what we do and what our customers might want. | 400

출처: British council "Leaning English" https://learnenglish.britishcouncil.org/skills/reading/intermediate-b1/innovation-in-business

Step ❷

2분 읽기 활동이 끝나면 바로 다음 문제를 읽고 True인지 False인지 골라보세요. 시간이 남았다고 앞으로 되돌아가서 지문을 읽거나, 시간이 부족하다고 추가 시간을 사용하지 마세요.

1. We innovate because we want to increase the amount of money our businesses make. (True / False)
2. Being innovative is all about using the newest technologies in your business. (True / False)
3. Customers often don't know what they want. (True / False)
4. McDonald's have not changed their menu since they started. (True / False)
5. If you always target the same customers, you might lose them to your competitors. (True / False)
6. Nintendo understood that only boys will play computer games. (True/ False)

정답 6개 100% / 5개 83% / 4개 67% / 3개 50% / 2개 33% / 1개 17%

정답은 166페이지에

[표 10]은 원어민 기준의 읽기 속도 기준표로 하나의 가이드로 소개한다. 앞서 소개한 L2 학습자의 유창성 기준을 고려하면서 자신의 읽기 능력을 판단해볼 수 있다. 만일 자신의 읽기 속도와 이해력 수준이 다른 경우, 예를 들어 이해력은 85%인데 읽는속도는 1분에 170단어 정도가 나왔다고 가정해보면 너무 정확히 읽으려고 시간을 들이는읽기 습관을 버리고, 좀 더 빠르게 읽는 데에 주력하여야 한다는 제안을 할 수 있다.

[표 10] 읽기 속도 기준표

화면 읽기	종이 읽기	이해도(100%기준)	수준 표기
100WPM	110WPM	50%	Insufficient
200WPM	240WPM	60%	Average reader
300WPM	400WPM	80%	Good reader
700WPM	1000WPM	85%	Excellent reader

읽기 속도의 중요성

그러면 읽기 속도를 향상시키는 것은 왜 중요한가? 이미 언급하였듯 효율성의 시각에서 빠르게 읽는 것이 늦게 읽는 것보다 시간 절약도 되고 더 많이 책을 읽을 수 있으니 당연히 좋은 것이라고 할 수 있다. 그러나 그 밖에도 읽기 속도가 빨라지면 얻게 되는 이익이 많다는 것을 알게 된다면 유창성의 향상의 중요성은 더욱 확고해진다.

첫째, 읽기 흥미가 증가한다. 예컨대 읽기가 100WPM 정도로 매우 느린 학습자는읽기에 흥미를 느끼기가 어렵다. 글자 해독에 많은 에너지를 소비하고 있기 때문에 내용을 즐길 겨를이 없기 때문이다. 이처럼 읽기 속도가 매우 느린 경우에는 정상적인독서 활동이 불가능하고 결과적으로 읽기의 즐거움을 맛보기 어렵다. 역으로 읽기 속도가 향상이 될수록 정보나 흥미를 위한 영어 읽기에 대한 부담이 줄어들기 때문에, 영어로 읽는 것 자체가 즐거워진다. 이는 더 많은 영어 읽기 연습을 가능하게 하고 결과적으로 읽기 능숙도 향상으로 이어진다.

둘째, 집중력을 유지하고 내용상의 핵심에 주목하기 쉽다. 시간이 흐를수록 점점 더 집중력이 흐트러지고, 내용에 대한 전체적인 그림이 그려지지 않기 때문에 내용에 대한 몰입이 어려워질뿐더러 논리를 따라가거나, 핵심내용 파악에 어려움이 생길 수 있다. 이는 단기 기억과 관련이 있다. 읽기가 느려지면 앞서 읽은 부분에 대한 정보가 단기 기억장치에 머물다가 사라져 버리기 때문에 내용을 잘 따라가는 것이 어려워질 수 있다. 즉, 얻게 되는 정보량이 제한적이거나 읽은 후 기억을 소환하는 데에도 어려움이 생길 수 있어 내용 이해도 또한 동시에 떨어지게 되는 것이다. 엄밀하게 읽기 유창성과 읽기 정확성이 별개의 두 영역이 아님을 알 수 있다.

셋째, 당면한 읽기 과업을 성취하는 데 도움이 된다. 우리나라 학습자가 당면한 읽기 과업은 고등학교 시기까지는 학교 교과서 지문 이해와 수능시험에서의 읽기 지문을 주어진 시간 내에 해결해야 하는 것이다. 대학교에서는 원어 학술서, 영어로 쓰여진 웹 자료, 문학서 등을 읽는 과업이 요구된다. 읽기 속도가 향상되면 주어진 시간 내에 해결할 수 있는 읽기 과업의 양이 증가할 것이다. 따라서 학업이나 정보수집, 취미 활동을 하는 데 있어서 보다 성공적인 읽기를 할 수 있다.

(1. T 2. F 3. F 4. F 5. T 6. F)

2. 유창성 향상을 위한 지도법

유창성을 향상시키기 위한 방법은 크게 두 가지가 있다. 다독과 속독 훈련이 그것이다. 다독 훈련은 많은 텍스트 투입을 통해 이해력과 정보처리 능력을 향상시키고, 언어·내용 지식을 확장시키는 방법이다. 속독 훈련은 주어진 시간 내에 빨리 읽는 연습을 시행함으로써 속독에 필요한 기술을 향상시키는 것이다. 이 두 가지 방법 모두 우리나라 영어 교육 과정에서는 잘 다루어지지 않고 있는 부분이므로, 앞으로 좀더 관심을 두고 현장에 반영할 필요가 있다.

다독

다독은 읽기 유창성에 있어서 매우 중요하다. 다양한 텍스트를 많이 접해보지 않고서 글을 빨리 읽을 수 있게 된다는 것은 불가능한 일이다. 지금까지 자신은 학교에서 수많은 영어 지문을 읽어왔지만, 여전히 책을 빨리 읽는 것은 힘들다고 푸념하는 사람이 있을지 모른다. 그러나 이러한 생각은 착각에 불과할 수 있다. 우리나라 영어교육은 교과서 중심의 정독에 초점을 맞추고 있기 때문에 고등학교를 마칠 때까지 생각보다 많은 양의 텍스트를 접하지 못하는 것이 현실이다. 읽기에 많은 시간을 투자한 것은 사실이지만 어려운 텍스트를 한 줄 한 줄 분석하고 잘 이해했는지를 점검하기 위한 문제풀이에 시간을 보냈기 때문에 사실 읽기양은 그리 많지 않다. 십 년간의 정규 영어 교육과정을 통틀어 접하는 지문을 합해보면, 기껏해야 청소년용 소설책 몇 권 분량의 텍스트를 반복해서 읽는 데 그쳤을 뿐이다. 이 정도의 읽기양으로 원어민 수준의 글 읽기 실력을 갖출 수 있다고 생각해서는 곤란하다. 따라서 유창성을 향상시키기 위해서는 좀 더 쉽고 편한 텍스트를 많이 읽는 것이 중요하다. 또한 교과서와 읽기 연습용 지문에서 벗어나, 문학작품이나 실제적인 읽기 자료 등과 같은 다양한 장르의 글 읽기를 많이 경험할 수 있도록 하는 것이 무엇보다 필요하다. 다독에 대한 본격적인 소개는 9장에서 다루기로 하며, 이번 장에서는 유창성 지도의 일환으로 다독에 필요한 속독 훈련을 소개하기로 한다.

속독 훈련

유창성을 지도할 수 있는 훈련 방식은 다양하고 체계적이다. 별도의 속독 훈련은 학습자의 개별읽기 속도 향상에 실질적인 도움이 된다는 것은 다수의 연구결과에서 증명된 바 있다(유민정, 2014). 여기에서는 우리 학교수업에 적용 가능한 활동을 중심으로 소개한다.

(1) 묵독(Silent reading)을 통한 유창성 지도

먼저 소개할 내용은 묵독이다. 묵독이란 말 그대로 소리를 내지 않고 조용히 눈으로 읽는 것을 말한다. 묵독의 반대는 낭독(reading aloud)인데 소리 내어 읽는 방식이다. 이 두 가지는 다른 의미로 유창성에 있어 매우 중요하다. 묵독은 낭독보다 더 빨리 읽을 수 있으며 훈련 방법도 다르다. 그리고 일반적으로 우리가 실제 독서를 하게 될 때 주로 사용하는 방법이라는 점에서 의미가 크다.

(1) - ① 주의 깊은 묵독(Careful silent reading)

주의 깊은 읽기(careful reading)란 텍스트에서 제공하는 모든 내용의 뜻을 충실하게 파악하는 읽기 방법이다. 널리 사용되는 표현은 아니지만 듣기에서의 경청(傾聽)과 유사한 개념이므로 경독(傾讀)이라고 부를 수도 있겠다. 일반적으로 아카데믹 읽기를 측정하는 시험(즉 TOEFL, IELTS, 수능 영어 시험 등) 상황에서 주로 다루는 읽기능력이다. 실제 연구결과, 이들 시험에서는 경독 능력을 측정하는 문항이 70% 이상이라는 연구 결과들이 다수 보고되었다(Katalayi & Sivasubramaniam, 2013). 주어진 시간 내에 내용을 충실히 파악하면서 읽는 능력이 바로 유창성의 시각에서 바라본 주의 깊은 읽기 능력으로, 이는 정확성을 주목표로 하여 시간의 개념을 배제하는 정독과는 다르다.

**주의 깊은 읽기
(careful reading)**

**정독
(intensive reading)**

주의 깊은 묵독으로 이해력을 늘리면서 읽기 속도 향상에 힘을 쏟는 것이 유창성 발달을 위한 가장 일반적인 지도 방식이라 할 수 있다. 주의 깊은 묵독의 예시는 다음과 같다.

A. 반복 묵독(Silent repeated reading)

학생 개인 혼자 읽기 지문을 조용히 읽는다. 이때 교사는 시작과 함께 시간을 재고,

매 1분이 경과하였을 때마다 "1분 경과!"라고 알려주어 학생들이 자신이 읽고 있던 위치를 텍스트에 표시하도록 한다. 교사는 학생들마다 지문 읽기가 완료된 시점의 시간을 확인할 수 있도록 돕는다.

모든 학생이 읽기를 마쳤으면 두 번째 읽기를 시작한다. 동일한 방법으로 매 1분 경과 시마다 체크를 하게 한다. 다시 읽을 때는 좀 더 속도를 내어 읽도록 격려한다. 교사나 지문 내용에 따라 2회 이상 반복 읽기를 할 수 있으며, 반복 읽기를 완료한 후에는 1분마다 지문을 읽어가는 속도가 어느 정도로 빨라졌는지 각자 확인하도록 한다.

B. 쉬운 다독(Easy extensive reading)

자신의 읽기 수준보다 낮은 스토리 북을 빨리 많이 읽는 방법이다. 목적은 의미 초점 투입(meaning-focused input, 2장 참조)에 있는데 책을 펴서 해당 페이지에 모르는 단어가 다섯 개 이하(five finger method)여야 다독에 적합한 책이라고 볼 수 있다. 또한 모르는 단어가 나올 경우에는 멈추지 말고, 무시하거나, 문맥상 뜻을 유추하면서 읽기 속도를 낸다. 너무 쉬우면 도움이 안 될 것이라고 생각하지만 실상은 읽기 속도를 향상시켜서 유창성 발달에 효과적이다. 자세한 소개는 9장 다독을 참조한다.

C. 이슈 로그(Issue logs)

우리 영어수업시간에 적용할 수 있는 적합한 활동으로 학생들 각자가 좋아하는 주제를 정하고 이와 관련된 짧은 영자신문 기사, 해외 웹 자료, 참고 도서 등을 찾아서 읽고 개인별로 매주 간단한 요약보고서를 작성하게 하는 것이다. 자신이 좋아하고 관심 있는 주제를 통하여 읽기에 동기를 부여할 수 있을 뿐만 아니라 특정 주제에 대한 글을 많이 읽게 됨으로써 관련 내용에 대한 배경지식을 늘릴 수 있으며 그 주제에서 자주 등장하는 표현과 어휘에 익숙해짐으로써 읽기 속도를 향상시켜가는 방법이다 (Watson, 2004, Nation 2009 재인용). 학생 별 세부 특기사항이나 수행평가 프로젝트 중심 활동 등 영어수업 활동으로 활용하기에 적절하다.

활동 예시 ㉓ 이슈 로그(Issue log)로 다독 활동하기

1. 다음은 수능 영어의 주제 분류표에 따른 주제영역입니다. 이 중 하나 혹은 두 개를 선택하고 자신의 주제를 구체화하여 영어 제목을 적어보세요.

> 조별로 같은 주제 영역을 선택하게 하고, 구체적인 주제만 개별적으로 다르게 선택하도록 하는 것도 후속 조별 활동을 하기에 적합하다

인물	철학	환경	물리	스포츠	음악	교육	언어	심리	의학
일화	종교	자원	화학	여행	미술	학교	문학	정치	건강
기담	역사	재활용	생명	교통	영화	진로	문화	경제	영양
풍습	지리	건축	지구	무용	사진	기술	미디어	법	식품

- 나의(우리 조의) 주제영역: *인물, 건축*
- 나의 주제: *Antonio Gaudi, his life and works(가우디의 일생과 그의 작품세계)*

2. 관련된 영문 읽기 자료를 선택하여 읽은 후 다음의 보고서를 작성하세요.

Week # _____ Title:
Source(출처):
Number of Total Words: Key Vocabulary:
Brief summary & comment

> 4주 이상의 보고서가 쌓이면 조별 나눔 시간을 통하여 조원들이 쌓은 배경지식과 관련 어휘를 정리하여 공유하도록 하고, 이를 제출하게 한다. 조별로 정리된 내용에 대한 전체 발표의 시간을 가지거나, 정리 내용을 주제별로 책으로 묶으면 배경지식을 체계적으로 높이는 보충 읽기 자료집을 만들 수 있다.

(1) - ② 신속한 묵독(Expeditious silent reading)

신속한 읽기(expeditious reading)는 빠르게 대의 파악만 하면서 읽는 속독(速讀)이다. 다시 말해서 중요한 부분, 필요한 부분을 빠르게 파악하고 나머지는 무시하고 지나가는 읽기 방식이다. 이에는 7장 읽기 전략을 통해 이미 소개하였던 두 가지 읽기 기술이 사용되는데 바로 스키밍(skimming)과 스캐닝(scanning)이다.

A. 스키밍 묵독(Silent skimming)

스키밍은 대개 자연스럽게 묵독을 하면서 이루어지는 하향식 읽기이다. 우리 영어수업에서는 거의 연습하지 않는 유창성 지도 방식이지만, 실제 일상생활이나 미래의 직장 업무 혹은 학술 활동에서 영어 텍스트를 접하게 되면 가장 많이 사용하게 될 읽기 방식이다. Nation(2009)은 스키밍을 위한 텍스트의 길이는 최소 2,000단어 이상이어야 하며, 분당 300~400단어 이상을 읽는 속도가 바람직하다고 하였다. 따라서 언어 지식이 우수한 읽기 학습자라도 한 줄씩 주의 깊게 읽는 상향식 읽기 방식으로서는 이러한 속도를 내기는 어렵다. 스키밍 묵독을 위해 자신의 학생들에게 적합한 난이도의 읽기 지문을 선택하였다면 다음과 같은 질문을 사전에 제시할 수 있다. "What is the main idea of this text?", "What was the text about?"

이러한 스키밍 묵독을 위한 이해 질문은 수능 영어시험 첫 다섯 문항에서 주로 다루어지는 질문 유형이다. 따라서 스키밍 묵독은 수능 영어 시험과 직결되어 있는 읽기 방식이기도 하다. 다만 Nation(2009)이 제안한 지문의 길이에 비해 수능 영어 시험의 지문 길이는 단지 200단어 내외에 불과하므로 수능 영어 기출 지문을 활용하여 유창성 발달을 위한 스키밍 묵독 연습을 하는 것은 적합하지 않다고 볼 수 있다. 좀 더 많은 정보량을 포함한 긴 글을 빠르게 훑어 읽으면서 대의만을 파악해보는 훈련이 필요하다.

B. 스캐닝(Scanning)

스캐닝은 특정한 정보를 찾아낼 목적으로 내용을 샅샅이 훑어 나가는 상향식(bottom-up) 읽기 방식이다. 스캔 과정에서 대의 파악이나 각 문장의 뜻은 특별히 염두에 두지 않으며, 숫자, 이름 등과 같은 구체적이고 단편적인 정보를 찾기 위해 신속히 훑어 읽는다. 스캐닝 훈련을 하려면 구체적인 정보가 있는 글을 읽되, 사전에 어떠한 정보를 파악하고자 하는지 읽기 목적을 분명히 하고 시작해야 한다. 따라서 교사는 사전 질문을 제시해야 하는데, "Who was the 35th president of the United States of America? When was a hula-hoop invented? Which comes first? 등과 같이 구체적인 내용을 묻는 질문이 필요하다. 수능시험에도 이처럼 구체적인 내용 파악을 묻는 문항이 2~3개 포함되어 있다. 그러나 역시 지문이 짧고 추가적인 질문이 함께 있어 엄밀히 스캐닝 전략만을 요구하는 과업이라 보기 어렵다.

활동 예시 ㉔ 보물찾기(Treasure Hunt) 활동을 통한 신속한 묵독 연습 1

1. 다음은 수능 영어의 주제 분류표에 따른 주제영역이다. 이 중 하나 혹은 두 개를 선택하고 자신의 주제를 구체화하여 영어 제목을 적어보게 한다.

보물찾기(treasure hunt)는 교과서 외 보충 자료로 배경지식을 쌓고, 읽기 전략을 연습하며, 더 나아가 유창성 향상을 목적으로 하는 읽기 활동이다. 방법은 교과서 읽기 본문과 관련된 흥미로운 웹 자료를 선정하여 사이트 링크를 주고, 호기심을 유발할 만한 질문을 던져서 학생들에게 답을 구하게 한다. 최근에는 스마트폰 혹은 태블릿 PC를 이용하여 교실 내에서 개별 혹은 협동 읽기활동으로 시행 가능하다. 읽기 전 스키밍, 스캐닝 연습을 할 수 있는 질문은 5개 이내로 제시한다. 답을 모두 찾은 사람(혹은 조)은 손을 들도록 하여 경쟁의 요소를 가미하면 집중도와 흥미도를 높일 수 있다.

Treasure Hunt: Cat Breeds

- 대상: 중1~3

- 목표: 세계의 애완용 고양이에 대한 배경지식을 쌓는다.
  스캐닝, 스키밍으로 읽기 유창성을 향상시킨다

- 웹사이트 주소: https://www.purina.com/cats/cat-breeds

- 질문

1. 몇 가지 종류의 고양이가 소개되어 있나요?

2. 고양이의 분류기준은 총 4가지입니다. 자세히 읽어보고 4가지 카테고리는 무엇인지 어떻게 분류되는지 설명해보세요.

3. 할머니께서 고양이 입양을 희망하시는데 알레르기가 있어서 가급적 털이 짧고 잘 안 빠지는 아이를 원하십니다. 너무 활달하거나 기운이 없이 잠만 자는 냥이도 할머니 친구로서 적합하지 않은 것 같습니다. 가장 잘 맞을 종류의 고양이를 추천하고 이유도 설명해 주세요.

4. 조별로 가장 마음에 드는 고양이 하나를 선택하여 소개하여 주세요.

활동 예시 ㉕ 보물찾기(Treasure Hunt) 활동을 통한 신속한 묵독 연습 2

Treasure Hunt: Potato chips

- 대상: 중 2~고 1
- 목표: 목표 음식문화의 일부인 포테이토칩에 대한 배경지식을 쌓는다
     스캐닝, 스키밍으로 읽기 유창성을 향상시킨다
- 웹사이트 주소; https://www.taquitos.net/

- 질문

  1. 이 사이트는 무엇을 위한 것인가요? 그렇게 생각하는 이유는? (스캐닝)

  2. 여기에 나온 포테이토칩 리뷰는 몇 개인가요? (스캐닝)

  3. Good's Home Potato chips의 맛은 어떠할 것으로 예상되나요? 리뷰어의 생각을 바탕
     으로 설명해보세요. (스키밍)

  4. Kettle cooked potatoes는 전통 튀김 방식으로 제조하는 감자칩입니다. Kettle
     cooked 방식의 제품 이름 세 가지를 소개하고, 이들의 맛, 모양, 식감을 나타내는 단어를
     적어보세요. (스캐닝)

     Name 1)

          2)

          3)

     Expressions: ex. crunchy

  5. 이 감자 칩들을 먹어 보고 싶나요? (Yes / No) 이유는?

C. 지속적인 묵독(Sustained Silent Reading, SSR)

SSR은 다독에서 흔히 사용하는 교수법으로 많은 연구를 통해 효과성이 검증되어 왔다(Krashen 2007). 재미와 독서습관을 위한 활동으로 평가나 과제 등에 대한 의무감이나 아무런 방해 없이 혼자 10~30분간 묵독하는 활동이다. 특정한 시간을 정해놓고(예를 들어 수업시간, 창체, 자율, 자유 학기, 아침 자습 혹은 방과후 등 활용) 학교도서관이나 학급 문고에 비치된 영어책을 학생 스스로 선택하여 읽는 방법이다. 각자 한 권씩 준비하여 바꿔가며 읽어도 좋다. 다만 학생 수준과 내용의 흥미도(추천 인기작 혹은 수상작 등)를 고려하여 책이 준비되어야 한다.(자세한 내용은 9장 다독 참조)

(2) 낭독(reading aloud)을 통한 유창성 지도

1980년대 전후 청화식 교수법(Audiolingual Method)이 유행하던 시절에는 영어교사가 학생들에게 돌아가며 낭독을 시키고, 시청각 기자재를 통해 듣고 따라 읽는 교육을 하는 것이 보편적이었다. 그러나 낭독만으로는 말하기, 읽기 기능이 향상될 수 없다는 사실이 알려지고 의사소통 중심 교수법이 주목 받게 되자 수업시간에 더 이상 낭독을 강조하지 않게 되었다. 하지만 낭독은 반드시 필요한 유창성 교육의 일부이다. Rasinsky, Blachowicz 와 Lems(2012)의 『Fluency instruction: Research-based best practice』라는 저서에 보면 읽기 유창성에 있어 낭독 지도의 중요성과 그 체계적인 방식이 소개되고 있으며, 소리 내어 읽는 것이 말없이 읽는 것보다 유창성 발달에 더욱 효과적이라는 연구결과를 소개하고 있다.

그러면 낭독은 왜 중요하고 어떠한 점에서 중요한가? 낭독의 중요성은 강조해도 나쁠 것이 없다. 첫째, 낭독은 유창성의 기초 단계를 발달시킨다. 유창성 발달은 글자 해독능력을 기르는 것과 사이트 워드를 확장시키는 것에서 시작된다. 초기 학습 시기에서부터 영어 텍스트(어휘, 문장)를 큰 소리로(따라) 읽는 연습을 하게 되면, 이러한 해독 능력이 자동적으로 길러진다는 것은 많은 연구결과를 통해 밝혀진 바 있다. 즉 별도의 파닉스 훈련을 강조하지 않아도 낭독만으로 해독능력을 발전시킬 수 있게 되므로, 낭독은 가장 기초적인 읽기 훈련이 된다. 자주 사용되는 사이트 워드를 확장시키기 위해서도 해당 어휘의 리스트를 큰 소리로 읽는 연습을 하는 것이 효과적이다.

둘째, 운율(rhythm)과 청킹(chunking)을 배울 수 있다. 영어 읽기에서 매우 중요한 두 가지 요소로서 운율과 청킹은 끊어 읽기의 기본이다. 영어는 운율 기반 언어인데 반해 한국어는 운율이 없으므로, 박자감을 가지고 글을 읽는 것은 훈련 없이는 어려운 일이다. 일정한 박자 내에 단어를 발음하기 위해서 문장은 물론 한 단어 내에도 장음과 단음, 강조와 축약을 지켜야 하고, 이러한 운율 유지를 위해 적절한 끊어 읽기도 필요하다. 말하기 활동의 일환으로 리듬 연습을 별도로 할 수 있으면 좋지만, 그렇지 못한 경우에는 원어민이 낭독하는 다양한 이야기 책을 잘 듣고 따라 읽기 연습을 하면 자연스럽게 영어의 운율을 익힐 수 있게 된다. 청킹은 한 번에 읽고 끊어주는 덩어리로 소리 기반의 운율과 다른 의미적, 문법적 단위이다. 주로 한 단위의 구나 절이 되는데, 이는 읽기 과정에서 점프(saccade)와도 관련이 있다. 즉 한눈에 혹은 한 번에 머리에 이해할 수 있는 정도의 의미 단위가 청킹의 단위이다. 종합하여 의미 단위로 원어민처럼 자연스럽게 청킹을 하며 큰 소리로 낭독하는 연습은 읽기 유창성에 중요하다.

셋째, 이해도 향상을 위한 연습으로 효과적이다. 글을 읽을 때 정확성, 표현, 속도에 주력하여 지속적으로 글을 읽으려면 내용에 집중해야 한다. 간혹 똑같은 크기와 속도로 단조롭게 글을 읽어 내려가는 경우를 볼 수 있는데, 이는 내용을 생각하지 않고 발음에만 치중하는 경우이다. 그러나 낭독은 내용 중심으로 적절한 휴지를 두고, 중요한 부분을 강조하거나, 자연스러운 억양에 유의하면서 듣는 사람에게 전달하려는 노력을 포함한다. 따라서 낭독을 하게 되면 자연스럽게 글의 내용에 집중하게 되어 낭독과 동시에 문장을 이해하게 된다.

넷째, 말하기에도 도움이 된다. 한국인 영어학습자로서 글을 읽으면서도 발음을 잘 하지 못하던 단어나 문장을 말하기 상황에서 거침없이 사용할 수 있을 것이라는 것은 상상하기 어렵다. 즉 낭독 훈련은 곧 발음 훈련이고, 이는 말하기의 기본 연습이기도

하다. 반복적으로 정확한 강세와 억양의 소리를 낼 수 있도록 많이 듣고 흉내 내어 따라 읽는 훈련을 하면, 영어 유창성에 효과적이다. 역으로 설명하면 낭독을 전혀 해보지 않은 학습자는 영어 말하기를 정확하고 유창하게 잘 할 수는 없을 것이다.

마지막으로 낭독은 영어에 흥미와 자신감을 준다. 소리를 내어 영어로 말하는 것은 기본적으로 즐거운 일이다. 부끄러움, 불안감과 또래 압력(peer pressure), 혹은 영어실력에 대한 자신감 부족 등의 정의적 여과(affective filter)로 가려져 있지만, 부담 없는 외국어 말하기는 실력과 상관없이 흥미를 줄 수 있다. 흉내 내어 따라 읽기, 반복적으로 낭독하기 등의 방법으로 쉬운 단어나 문장을 낭독하게 하면 학습자는 영어로 말을 하는 데 있어 부담감이 상대적으로 적을 것이며, 조금만 익숙해지면 누구나 흥미를 느낄 것이다. 짝 앞에서 낭독을 시키고 긍정적인 피드백을 지속적으로 받게 되면 영어에 대한 자신감이 상승할 수 있다. 이러한 자신감은 말하기와 읽기에 대한 자신감으로 발전할 것이다.

이처럼 낭독 연습을 하는 것은 말하기와 읽기의 유창성 발달을 위한 중간 단계에서 중요한 역할을 한다(Rasinsky, Blachowicz &, Lems, 2012). 그러면 지금부터 낭독지도 방법을 소개하기로 한다.

(2) - ① 낭독 연습 4단계

외국어 학습자인 우리가 낭독 연습을 할 때는 따라 읽을 수 있는 모델이 필요하다. 교사가 직접 읽어주거나, 원어민의 낭독 파일을 사용하여 먼저 들려주는 것이 좋다. 첫 단계는 글을 손으로 짚으면서 읽는 소리에 주목하게 한다. 1) 원어민의 청킹을 문장에 표시하여(/로 표시) 끊어 읽는 지점을 익히고, 2) 강세, 강조점, 억양 등을 표시(′ ＼／로 표시) 하면서 자신이 낭독할 때를 대비하여 주의 깊게 듣고 다른 사람에게 방해가 안되는 선에서 혼자 조용히 발음해본다.

두 번째 단계는 들으면서 따라 읽도록 시킨다. 교사가 한 문장씩 끊어서 들려주면서 뒤이어 전체 학생이 함께 큰 소리로 따라 읽도록 한다. 소리를 안내는 학생은 없는지, 또는 너무 작은 소리로 읽고 있는 학생은 없는지 확인하고, 좀 더 큰 소리로 읽도록 독려한다. 또한 교사는 어려운 발음이나 주의해야 할 점을 특별히 강조하거나 추가로 연습을 시켜주는 등 적극적인 개입을 할 필요가 있다.

세 번째 단계는 원어민의 발화를 들음과 동시에 에코처럼 바로 뒤따라 읽도록 지도한다. 이러한 읽기 방식을 쉐도잉(shadowing)이라 하는데 말하기 유창성에 효과적이라는 다수의 연구가 있다. 쉐도잉을 하려면 앞선 두 단계 연습이 잘 되어 있어야 가능하다. 원어민의 읽는 속도가 빨라서 따라가기 어렵다면 무리하지 말고 속도를 조절하거나, 학생들의 반응을 보아서 적절하게 반복적으로 연습하면 좋다.

마지막 단계는 모델 없이 혼자서 읽도록 한다. 이미 반복 연습을 통하여 모델의 읽기가 기억에 남아 있으므로, 가급적 흉내 내어 읽도록 독려한다. 전체 학생에게 동시에 큰 소리로 읽도록 하거나 한 학생은 읽고, 다른 학생은 귀 기울여 듣도록 한 후 역할을 바꾸어 보는 짝 활동을 도입할 수 있다.

매번 네 단계를 모두 밟을 수는 없으나, 자투리 시간을 활용하여 꾸준한 낭독 연습의 기회를 제공하는 것은 유창성 발달에 많은 도움이 될 것이다. 또한 교과서, 내러티브와 대화가 있는 이야기 책(오디오 포함), 시 혹은 드라마 대본, 노래가사 등을 병행하여 텍스트로 제공하는 것은 다양성과 흥미도 면에서 좋다. 수행평가에 반영하거나 열심히 잘 낭독하는 학생들에게 칭찬과 적절한 보상을 하여 낭독의 중요성을 일깨우는 것도 필요하다.

(2) - ② 낭독의 평가

낭독 수행 능력 수준을 주기적으로 진단하고 향상도를 평가해볼 필요가 있다. 이는 유창성 평가와 매우 유사하다. 평가자로서 교사는 점수로 평가를 하여 학습자에게 낭독에 대한 스트레스나 압박을 주는 것이 아니라, 개별 학생의 유창성이 실질적으로 향상되도록 하는 데에 있다. 따라서 보다 중요한 것은 낭독을 즐겁게 지속할 수 있도록 동기부여를 하는 것이다. 이에 낭독에 대한 적절한 평가방식은 수행 과정에서의 칭찬과, 적절한 조언을 담아 개별 피드백을 제공하는 것이다. 낭독의 평가요소는 다음과 같다.

A. 표현력

낭독에 있어서 내용을 잘 이해하고 글을 읽는 것은 중요하다. 표현력은 대화내용, 화자, 상황 등에 맞도록 감정을 실어 전달하는 것이다. 감정을 싣는다는 것은 주관적으로 들리거나 과장된 읽기로 자칫 오해될 수 있으나, 드라마와 같은 장르를 제외하면, 내용을 잘 전달하려는 노력이라고 볼 수 있다. 내용 전달력은 내용 이해를 바탕으로 중요한 부분이나 자칫 알아듣기 어려운 단어를 또박또박 강조하여 읽거나 자연스러운 억양을 구사하는 등의 방법을 통하여 듣는 이가 텍스트를 보지 않고도 내용을 이해하기 쉽도록 낭독할 때 높아진다.

B. 정확성

단어의 음절의 발음, 강세, 억양 등을 정확하게 알고 발음하는 것을 말한다. 발음에는 비교적 정확한 원칙이 정해져 있으므로 평가하기에 어렵지 않은 영역이다. 간혹 교사 중에는 정확성을 지나치게 강조하여 축약이나 단어의 연음 등에 의한 발음을 허용하지 않는 경우가 있다. 그러나 교사는 모든 소리에 주목할 것이 아니라 **내용 전달에 문제가 발생할 오류**(예를 들어 coffee와 copy와 같은 최소쌍(minimal pair)에서 발음 차이로 의미가 달라지는 음소에 대한 식별 오류)를 지적해야 한다(3장 참조).

C. 속도

유창한 읽기는 속도가 중요하지만, 무조건 빨리 읽는 것이 좋은 것은 아니다. 청자가 이해하기 좋은 수준의 빠른 속도가 바람직하다. 절대값이 있을 수 없으므로 교사가 외국인 학습자인 화자와 청자의 수준을 감안하여 적정한 유창성 속도를 지정하는 것이 좋다.

D. 청킹과 운율

끊어 읽어야 하는 위치가 적절한지의 여부에 대한 평가이다. 내용상 청킹을 해서는 안 되는 부분에서 끊어 읽지는 않는지, 너무 자주 끊거나 아예 청킹 없이 읽지는 않는 지를 평가한다. 운율 또한 늘이는 부분과 축약해야 하는 음절에서 이를 지키고 있는 지, 운율을 해치는 부분에서 끊지는 않는지 등을 평가할 수 있다.

E. 기타(소리 크기, 자신감 등)

기타 낭독에서 필요한 부분을 추가적으로 평가할 수 있다. 예를 들어 읽을 때 발성을 실어 충분히 큰 소리로 자신감을 가지고 읽는지를 평가할 수 있다.

이상의 유창성 평가요소를 감안하여 영어 수업의 수행평가 등의 상황에서 유창성 진단 도구로 사용할 수 있는 평가 루브릭(20점 만점)을 제시하면 다음과 같다.

[표 11] 낭독 수행평가 표(안)

	1	2	3	4
표현력 (전달 내용의 이해도)	내용 전달이 잘 안 되고 전반적으로(개수 지정) 이해가 어려움.	내용 전달력이 다소 부족하여 이해가 안 되는 문장이 자주(개수 지정) 있음.	내용 전달력이 대체로 우수하나 이해가 잘 안 되는 문장이 일부(개수 지정) 있음.	내용 전달력이 매우 우수하고 내용을 잘 이해할 수 있도록 낭독함.
정확성 (음소, 강세)	낭독 시 부정확한 발음이 다수(개수 지정) 있음.	낭독 시 부정확한 발음이 종종(개수 지정) 있음.	대체로 정확한 발음으로 낭독하였으나 틀린 부분(개수 지정)이 있음.	정확한 발음으로 낭독함
속도	100WPM 이하 (혹은 별도 지정)	100~129WPM (혹은 별도 지정)	130~149WPM (혹은 별도 지정)	150WPM 이상 (혹은 별도 지정)

청킹	낭독 시 끊어 읽기가 부자연스러운 곳이 다수(개수 지정) 있음	낭독 시 끊어 읽기가 부자연스러운 곳이 종종(개수 지정) 있음	끊어 읽기는 대체로 정확하나 부자연스러운 경우(개수 지정)가 있음.	끊어 읽기가 정확하고 자연스러움.
기타 (목소리 크기, 자신감)	소리가 작아 알아듣기 어렵고 자신감이 없음.	소리가 때로 작고 자신감이 부족함.	소리가 큰 편이나 자신감이 부족함.	소리가 크고 자신감이 있음.

*지도하는 학생의 수준을 고려하여 교사가 발음 오류 등의 양적인 평가 개수를 지정하여 사용한다.
*속도는 단지 참고 예시이며 지도하는 학생의 수준에 맞게 별도로 지정하여 사용한다.

(2) - ③ 낭독 수업 활동

A. 반복하여 읽기(repeated reading)

반복하여 읽기 연습은 낭독에 있어 기본이며, 유창성 발달에 도움이 된다(Samuels, 1979; Rasinski, 1990; Rasinski 외 2012). 낭독에 적합한 텍스트는 우선 학습자에게 다소 읽기 어려운 텍스트(예를 들어 교과서)이며, 50~300개 단어 길이의 지문이 적당하다(Nation, 2009). 텍스트를 선택하였으면 앞서 설명한 방식대로 큰 소리로 읽기 시작한다. 처음에는 당연히 더듬거리거나, 일부 단어에서 막힐 수도 있는데 몇 차례 반복해서 읽다 보면, 거침없이 매끄럽게 읽을 수 있게 될 것이다. 총 3~5회 정도를 반복하는 것이 이상적이다(Nation, 2009). 또한 시간 측정을 통해 시간을 단축해 가는 연습을 하는 것도 유창성 발달에 효과적이다.

B. 짝 지어 읽기(paired reading)

혼자서 반복하는 것보다는 짝지어 읽는 것이 더 효과적이다. 혼자서 읽는 것보다 지루함을 피할 수 있고, 청중에게 전달하고자 하는 목적으로 글을 읽으면 내용에 좀 더 주목할 수 있기 때문이다. 가장 일반적인 짝지어 읽기법은 한 명씩 지문을 낭독하고, 다른 한 명은 그 내용을 듣는 것이다. 역할을 바꾸어 가면서 읽는데, 이때 지문은 동일한 것을 사용하거나 각자의 지문을 별도로 준비할 수도 있다. 낭독하는 것을 들을 때는 지문을 보지 않은 상태로 내용을 이해하려는 목적으로 경청하도록 지도한다., 낭독할 때는 상대방에게 내용 전달을 하는 것이 중요하므로, 무조건 빨리 읽는 데에 치중하지 않도록 안내한다. 또 하나의 방식은 같은 지문을 가지고 한 문장씩 번갈아 가면서 읽는 법이다. 수업시간 교과서 낭독 진행에 용이하며 또한 드라마 대본 등 역할이 분리되어 있는 글에 효과적이다. 4장에서 소개했던 "Green Eggs and Ham" 낭독 방식이 이러한 예가 될 수 있다.

한편, 짝지어 읽을 때 좀더 도전적인 방식으로는 **읽고 눈을 들기**(read-and-look-up) 방식을 사용할 수도 있다. 한 문장을 먼저 보고, 텍스트에서 눈을 떼어 상대방을 쳐다보면서 낭송을 하는 것이다. 처음 보는 문장을 한 줄씩 외워서 말하는 것은 생각보다 쉽지 않다. 하지만 반복해서 몇 차례 낭독한 문장을 한 줄씩 낭송하는 것은 시도해볼 만하다. 보지 않고 외워서 읽는 연습에 익숙해지면 교과서 본문을 암송하는 것이 용이해질 것이다. 이는 더 나아가서 유창성 발달뿐만 아니라 정확성에도 도움이 되는 기법이다.

C. 4/3/2(Nation 2009)

번갈아 가며 짝지어 읽기를 응용한 활동으로 수업시간에 즐겁게 할 수 있는 낭독 방법이다. 전체 반 학생을 두 명씩 짝을 지은 후 한 명은 낭독자, 다른 한 명은 청취자 역할을 한다. 교사가 시간관리를 하는데, 처음에는 낭독 완료까지 4분을 준다. "시작!"을 외치면 모든 낭독자들은 자신의 짝(청취자)에게 텍스트 낭독을 시작한다. 교사가 "그만!"이라고 외치면, 완료를 못했어도 읽기를 중단한다. 그 다음에는 3분을 주고 똑같이 반복한다. 그 다음에는 2분을 주고 같은 미션을 완성하도록 한다. 즉 낭독자는 회를 반복할 때마다 1분씩 읽는 속도를 줄여가야 한다. 그 다음에는 역할을 바꾸어서 청취자였던 짝이 낭독자의 역할을 맡고 같은 방식으로 활동을 진행한다. 동일 지문을 총 6회 반복하게 되므로, 집중도 높은 읽기와 듣기 연습을 동시에 할 수 있다는 점에서 효과적이다. 주의할 점은 교사가 지문의 길이와 학생들의 읽기 속도를 고려하여 적절한 시간을 배분해야 한다는 것이다. 또한 전체 활동에 20분가량이 소요되므로, 텍스트 분량을 조절하여 3/2/1로 줄여서 진행할 수도 있다.

D. 연극

드라마, 연극 대본을 활용한 낭독도 매우 흥미롭고 효과적이다. 반복 읽기의 지루함을 피할 수 있기 때문에 학생들에게 내용에 몰입하면서 유창하고 표현력 있는 글 읽기 연습을 가능케 한다. 가급적 샘플 낭독을 사전에 제공하고, 잘 읽는 모델의 읽는 방법을 흉내 내도록 지도하는 것이 좋다. 조별로 발표를 하는 등 수행평가에 활용하기에도 적절한 낭독 지도법이다.

E. 테크놀로지 활용한 낭독

테크놀로지를 활용하면 낭독에 다양한 도움을 받을 수 있다. 몇 가지 아이디어를 소개한다.

활동 예시 ㉖ 디지털 스토리텔링 영상 만들기

1. 다음은 수능 영어의 주제 분류표에 따른 주제영역이다. 이 중 하나 혹은 두 개를 선택하고
   자신의 주제를 구체화하여 영어 제목을 적어보게 한다.

> 디지털 스토리텔링은 자신이 작성한 원고나, 자신이 좋아하는 짧은 이야기를 화면과 함께
> 들려주는 영상을 제작하는 것이다. 다양한 측면에서 영어학습에 효과적인데, 특히 내용 초
> 점 산출 활동(meaning-focused output activity)에 해당하여 유창성 발달에 도움이 된다. 사
> 전에 충분히 연습을 한 뒤 다음과 같은 형식으로 동영상(10분 이내)을 촬영하여 제출하도록
> 한다. E-class, SNS 등 안전한 공유 플랫폼에 학생들이 직접 업로드하여 학생들 간 공유
> 하고 피드백 등을 나누도록 운영할 수 있다. 수행평가 등에 활용하기에 적합한 평가방법이다.

디지털 스토리텔링 가이드(안)

1. 인트로(1분 이내): 책 제목과 저자 소개
   인사하고 책 표지를 보여주는 등 적당한 화면과 함께 소개한다.
2. 본문(5~8분) 본문 낭독
   읽고 있는 텍스트와 해당된 이미지를 보여주며 최대한 실감나게 읽는다.
3. 아웃트로 낭독을 마친다.
   "The end"로 마무리하거나 인사를 한다.

---

* 화면에 학생 자신의 얼굴은 보이지 않고, 책만 보여주는 방식으로 진행해도 좋다.

활동 예시 ㉗ 드라마 더빙 낭독하기

청소년기에 예민하여 얼굴을 드러내는 것을 꺼리는 학생들이 많다. 이 경우에는 드라마의 성우가 되어 더빙을 하거나, 아바타나 퍼펫을 사용하여 낭독하기 활동을 하는 것도 가능하다. 또 하나의 디지털 스토리텔링 방식으로 즐겁게 낭독 활동을 할 수 있으며 수행평가에 활용 가능하다.

활동 절차

1. 적당한 길이의 영화 혹은 드라마 동영상 클립(5~8분 이내)과 해당 대본을 준비한다.

2. 대본의 등장인물 수에 맞추어 조 멤버를 할당한다.

3. 모바일 애플리케이션(앱스토어에 '더빙앱' 검색)을 이용하여 조별로 영화 더빙을 하게 한다.

4. 학급이 공유하는 온라인 플랫폼에 업로드하여 수업시간에 감상 시간을 가진다(학생 간 인기투표도 가능).

5. 낭독 수행평가 표(181쪽 참조)를 응용하여 평가 피드백을 줄 수 있다.

참고할 만한 추천 웹자료 및 프로그램

• YouTube 영화 클립 검색

• 화면 녹화 및 편집 프로그램 https://screencast-o-matic.com/l

• 영화 TV 드라마 대본 https://www.simplyscripts.com/

• Video Voice Dubbing(안드로이드 모바일 앱)

• Google "ESL Read aloud rubric" 검색

Chapter 09

쉬운 책 많이 읽기
다독
(Extensive Reading)

Extensive reading is finding the key to the secret garden of reading.

-Elin Løvnæseth *Hauer*

위의 인용은 Hauer(2012)의 논문 제목인데, Day와 Bamford(1998)가 처음으로 비밀 정원(secret garden)이라는 표현을 처음 사용한 이래 다독의 정의적인 역할을 빗대어 자주 사용되는 비유이다. Frances Hodgson Burnett의 소설 『비밀의 화원』에서 주인공 메리가 낯선 문을 열고 들어가 생각지 못했던 아름다운 화원을 발견하고 삶의 행복을 느끼게 된 것처럼, 다독을 통해 그동안 몰랐던 독서의 세계에 들어가게 되면 그와 같은 커다란 기쁨을 맛보게 될 것이라는 의미이다. 다독이라는 말은 우리에게 비교적 친숙하지만 실제 그 개념을 올바로 이해하고 이를 직접 체험한 학습자는 여전히 많지 않은 것 같다. 다독은 정독 위주의 우리나라 영어교육과정에 있어 문제점을 보완해주고, 성공적인 읽기학습자가 되기 위해 반드시 필요한 학습 활동으로, 영어교육자들의 더 많은 관심과 이해가 절실하다. 지금부터 다독 접근법에 대해 자세히 알아보기로 한다.

1. 다독이란?

다독의 기본 개념 '쉽게', '빠르게', '많이'

다독을 흔히 책을 포함한 장문의 글을 읽는 것으로 통칭하여 생각하는 경우가 많은데, 사실 이 장에서 다루는 다독은 특별하게 고안된 읽기 접근법으로 기본 원칙과 구체적인 지침이 있다. 또한 다독의 특성을 일컫는 가장 필수적인 세 가지 요소가 있는데, 이는 바로 '쉽게,' '빠르게,' '많이' 읽는 것이다. 한마디로 재미있고 쉬운 책을 빠르게 읽어서 독서량을 늘리는 방법이 다독이다.

다독 적용 실패 사례를 분석해보면 상당수가 다독의 개념에 대한 오해에서 비롯됨을 알 수 있다. 첫째, 책 선정의 문제이다. 다독 활동을 할 때 해리포터와 같은 해외 베스트셀러 도서나 널리 알려진 고전 명작을 활용하는 경우가 많은데, 이는 다독에 실패하게 되는 대표적인 이유이다. 다독에 있어서 중요한 것은 쉬운 책 읽기이다. 학습자의 읽기 수준보다 낮은 책을 골라 읽어야 한다. 둘째, 책 읽기 전·중·후 언어학습 활동의 문제이다. 책을 읽을 때 오로지 내용의 재미에만 집중해서 빠르게 읽어 내려가야 하는데, 그러려면 문장분석이나 모르는 단어 사전 찾기 등의 언어학습 활동은 잊어야 한다. 또한 읽기 후에는 이해 점검을 위해 퀴즈, 복습 골든 벨, 혹은 단어 시험을 병행하는 경우가 많은데 이는 다독의 기본 개념에 부합한다고 보기 어렵다.

정독(Intensive Reading) vs. 다독(Extensive Reading)

정독   다독

다독(Extensive Reading, ER)의 속성과 특징을 잘 이해하려면, 상반된 개념인 정독 (Intensive Reading, IR)과 비교해볼 필요가 있다. 우리나라 학교 영어수업에서 시행하는 모든 읽기 연습이 바로 정독이다. 지금까지 이 책에서 설명한 대부분의 읽기 활동은 정독이라고 말할 수 있다. 정독의 목표는 정확성 향상에 있다. 글을 읽는 목적은 읽기 능력 향상(특히 이해도)이며, 이에 글을 보다 정확히 이해하기 위해 때로는 문장 분석이나 어휘 학습을 병행한다. 보다 잘 읽기 위한 읽기 기술 연습, 읽기 전략 훈련을 하기도 한다. 읽기 텍스트는 자신의 읽기 수준에서 도전적인 어려운 텍스트를 선택하며, 체계적인 읽기 연습을 위해 학습용으로 집필된 등급별 교재 혹은 교과서 등 짧은 지문을 읽는다. 정독은 주로 수업을 통해 교사의 지도하에 연습하는 경우가 많고, 읽기 과정에서 교사의 개입이 잦다. 짧은 지문을 꼼꼼히 읽은 후 이해도를 점검하거나 관련 어휘 문법 등을 학습하는 등의 언어 활동이 병행된다.

정독의 장점은 주어진 짧은 시간 내에 읽기 능력을 집중적으로 향상시키기에 효율적이라는 점이다. 언어 지식의 습득뿐만 아니라 읽기 기술, 전략에 대한 훈련을 포함하며 교사의 지도 하에 교재를 사용하여 체계적인 읽기 연습을 할 수 있다. 뿐만 아니라 주어진 교재의 지문으로 이해도를 점검하고, 문법 사항 등을 지도할 수 있어서 교사가 수업을 진행하기에도 용이하다. 이러한 장점 덕에 우리의 학교 영어수업에서 지난 수십 년간 정독 교육이 지속될 수 있었다.

그러나 정독에는 상당한 약점이 존재한다. 가장 치명적인 문제점은 재미가 없어서 읽기에 대한 동기부여가 어렵다는 것이다. 다수의 학생들이 '읽기는 어려운 공부'라는 부정적인 학습 태도를 가지게 되는 원인이다. 영어로 된 책을 읽는 즐거움을 맛볼 기회가 없이 독해 연습만을 경험하게 되므로, 학교를 졸업하고 나면 자발적으로 영어를 읽고 싶어하지 않는 경우가 많다. 영어를 쉽게 잘 읽으려고 열심히 정독 훈련을 했지만, 이러한 장기간의 힘든 과정이 도리어 영어 읽기에 대한 부담감과 부정적인 태도만 남겨주는 딜레마가 발생하는 것이다.

정독의 또 한 가지 중대한 결함은 읽기 투입량이 제한적이라는 점이다. 정독 수업에서 읽기에 투자한 시간 대비 읽는 양은 매우 적다. 어려운 지문을 정확하게 읽기 위해 지나치게 많은 시간을 보낼 뿐만 아니라, 읽기 과정에서 교사의 개입(문법, 구문 설명)이 잦기 때문에 공교육 전 과정에서 읽은 텍스트의 양은 영어 소설책 두어 권에 미치지 못하는 수준이다. 이는 유창성을 기르고 성공적인 읽기 학습자가 되기에는 턱없이 부족한 언어 투입량이다. 대학 학술 도서를 읽기 위해 미국 고등학생이 쌓았을 평균 독서량을 생각해본다면, 단 몇 권 분량의 텍스트를 접한 것만이 전부인 우리나라 고등학생이 아카데믹한 수능 영어 지문을 잘 이해하기를 기대하는 것은 무리라는 사실을 깨닫게 된다.

다독은 모든 점에서 정독과 상반된 특성을 지닌다. 우선 다독의 지향점은 유창성 습득에 있다고 할 수 있다. 그러나 읽기 목적 자체가 유창성을 기르고자 함은 아니다. 그보다는 즐거움과 호기심의 충족, 지식 확장 등을 목적으로 하므로, 읽는 것 자체가 보상이 된다. 이에 부담 없이 쉽고 흥미로운 책이나 실제 자료(authentic materials)를 사용한다. 교실 밖에서 혼자 읽는 경우가 대부분이며 책상이 아닌 소파나 침대, 카페 등 편안한 곳에서 읽는다. 읽은 후에는 읽은 내용을 간단히 기록하는 등의 일지 작성 혹은 독후감 등의 사후 활동을 할 수 있다. 교사는 다독의 롤 모델로서 역할을 하며, 재미있게 읽은 책을 추천하거나 스토리텔링 등으로 동기를 부여한다. 오랫동안 많은 책을 읽다 보면, 같은 단어와 문장 구조에 반복적으로 노출이 되어 자연스럽게 터득 되는 우연적 학습의 효과도 거둘 수 있다.

다독의 장점을 보면 바로 정독의 결함을 커버하는 강점들이다. 다독은 학습보다는 즐거움, 사회적인 이익과 필요를 우선으로 한다. 내 호기심에, 내가 필요해서 하는 일은 동기가 부여된다. 읽기는 재미있고, 득이 된다는 긍정적인 태도가 함양되며, 이는 학교 교육을 마치고도 영어 읽기를 지속하게 하는 원동력이 되어 마침내 성공적인 읽기 학습자가 될 가능성을 높여준다. 또한 풍부한 언어 투입량으로 영어에 대한 스키마 형성에 도움이 되므로 궁극적으로는 읽기 이해도가 높아질 뿐만 아니라 목적에 맞는 내용을 속도감 있게 소화하게 되는 읽기 유창성이 길러지게 된다.

동시에 다독이 정독의 결함을 보완하기 위해서는 넘어야 할 산도 많다. 현재 우리나라 영어 읽기 패러다임과의 차이를 극복하고 교사와 학생들에게 새로운 읽기 학습 방식을 받아들이도록 설득해야 하는 부분이다. 극복해야 할 문제를 구체적으로 살펴보자면 다음과 같다. 첫째, 다독에는 권위 있는 언어 학습 체계가 없다. 이미 정해 놓은 커리큘럼에 따라 순서대로(예를 들어 동사의 현재형, 과거, 과거분사 등의 순서) 가르치는 것은 쉽다. 그러나 다독은 이러한 언어학습 순서를 따르지 않으므로, 교재의 선정이나 활동 설계에 있어 프로그램 운영자의 전문성과 수고를 필요로 한다. 둘째, 단기적이고 가시적인 성과 점검이 어렵다. 다독은 꾸준히 장기간 훈련을 통해 총체적으로 읽기 능력을 향상시키는 방식이므로, 산출 중심의 언어 학습과는 어울리지 않는다. 이는 교사 개별적으로 현 교육과정과 다독을 결합시킬 때 겪게 되는 난관이다. 셋째, 학습자 요인에 좌우되는 경향이 있다. 다독은 학습자 개별 활동을 기반으로 하기에 학습자의 자율성, 독서 선호, 다독에 대한 긍정적인 태도 등이 전제되어야 한다. 물론 이러한 학습자 요인은 다독이라는 새로운 경험을 통하여 얼마든지 바뀌고 길러질 수 있는 부분이므로, 다독 학습 도입 초기에 학습자 요인을 고려한 교육프로그램과 환경조성이 무엇보다 중요하다. 마지막으로, 다독 지도를 위한 교사 전문성의 부재이다. 다독 지도를 하기 위해서는 교사 자신이 다독에 대한 확고한 믿음을 가진 롤 모델이 되어야 한다. 따라서 교사의 다독 경험과 지식이 선행되어야 한다. 다독 자체가 주는 즐거움, 재미있는 도서에 대한 이해 및 지식 등이 수반되어야 학습자를 다독의 세계로 이끌 수 있다.

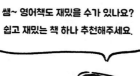

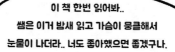

[표 12] 정독과 다독의 비교

	IR	ER
읽기 지향점	정확성(accuracy)	유창성(fluency)
읽기 목적	읽기능력향상 이해도, 읽기 기술, 전략 개발	흥미, 정보수집 즐거움, 지식 확장
텍스트 수준	자신의 읽기수준보다 도전적인 글(i + 1 이상)	자신의 읽기수준보다 쉬운 글(i - 1)
텍스트 종류	교과서 및 학습용 읽기 교재 (artificial reading material)	이야기 책 및 실제 읽기 자료(authentic read- ing materials)
텍스트 선정 주체	교사 혹은 교과서 저자	본인
텍스트 선정이유	학습 효과성	호기심과 사회적 이익
텍스트의 길이	짧은 지문	긴 글
읽기 과정	교사 개입, 수업 활동	교사 개입 없음, 수업 외 개별 활동
언어학습	읽기와 병행, 의식적인 별도의 학습(deliberate learning)	우연적 학습(incidental learning)
읽기 후 활동	이해도 평가, 어휘 및 문법 학습	다독 일지, 독후감
실제성 여부	실제적인 읽기가 아닌 읽기 학습	독서와 동일한 실제적인 읽기
장점	• 효율적, 체계적 언어학습 • 다양한 읽기 훈련 가능 • 문학작품 감상 및 읽기능력평가를 위해 필요 • 읽기 정확성 향상 • 읽기 지도에 용이함.	• 재미있고 부담이 없음. • 실질적인 영어 독서의 즐거움을 경험하여 동기부여 • 읽기 유창성 향상 • 많은 언어 투입(input flood)으로 스키마 향상 및 읽기 능력 향상
단점	• 지루함. • 지속적인 동기부여가 어려움. • 읽기의 즐거움을 경험하지 못함. • 언어 투입의 부족으로 읽기 유창성을 기르지 못함. • 정독만으로는 성공적인 읽기 학습자가 되지 못할 가능성이 높음.	• 체계적인 언어학습이 아님. • 단기적인 성과를 얻기 어려움. • 평가 등 교사가 지도하기 어려움. • 학습자의 자율성, 자기규제능력을 필요로 함. • 기존 학습 패러다임과의 차이로 교사, 학습자의 이해를 구하기 어려움.

다독의 이론적 배경

　다독이 그렇게 좋다면 어떠한 이론적인 근거를 지니는가? 다독에 대한 이론적인 근거는 인지적인 관점에서 소개되는 경우가 많다. Day와 Bamford(1998)는 읽기의 개념을 '인쇄된 메시지에서 의미를 구성하는 것'으로 보는 인지적 관점을 채택하고, 상호작용 모델(interactive model of reading)이 독자의 의미 구성 과정을 가장 잘 설명할 수 있다고 하였다. 상호 작용 모델에 있어 읽기의 출발점은 우선, 텍스트 속 개별 어휘에 대한 빠르고 자동적인 **시각적인 인식(visual recognition)에** 있다. 즉 글을 읽는 순간 개별 어휘의 시각적인 모습이 무의식 중에 바로 식별이 되어야 하는 것인데, 이것이 바로 '사이트 워드'라는 것이다. 따라서 읽기 학습자가 사이트 워드를 충분히 보유하는 것은 이해의 필수 요건이라고 할 수 있다. 그 다음으로 자동적인 어휘 식별은 음운 식별과 의미 식별로 연결되고, 자신의 **기존 어휘 지식에 접근(lexical access)**하게 되는데 이 역시 생각할 겨를 없이 자동적으로 빠르게 이루어져야 한다. 이러한 인지 과정이 즉각적이고 자동적으로 진행되지 못하면, 눈으로 본 단어는 해석하기도 전에 기억에서 사라질 것이기 때문이다. 그러므로, 시각적으로 식별한 어휘의 의미가 내 머리 속에 바로 떠오르려면 어휘 지식이 풍부해야 함은 당연한 것이다. 그리고 나서, 단어의 뜻이 바로 떠오르면 독자 자신의 **배경지식(스키마, schema)**인 세상 지식, 형태 지식, 주제 정보 등(10장 참조)과 연결이 되어 비로소 전체 의미를 구성할 수 있게 된다. 다시 한번 정리하면 신속하게 글을 잘 이해하려면, 어휘에 대한 자동적 인식 능력과 풍부한 어휘 지식, 그리고 스키마 이렇게 세 가지가 매우 중요한 필수 요소이다.

　Day와 Bamford(1998)는 여러 학자의 연구결과를 토대로 다독은 바로 이러한 세가지 요소를 발달시키는 데 매우 효과적이라고 주장하였다. 첫째, 다독의 기본 원리가 쉬운 글 읽기로, Krashen(1985) 의 유명한 이론인 이해 가능한 입력(comprehensible input)에서 나온 표현인 "i + 1"(알고 있는 수준보다 한 단계 높은 입력)을 그대로 본따서 "i - 1"이라고 부르며, 학습자가 아는 수준보다 한 단계 낮은 수준의 글을 읽도록 권장한다. 쉽기 때문에 많은 글을 읽을 수 있고, 이는 더 많은 단어에 반복적으로 노출이 되는 것을 의미하며, 더 많은 어휘에 익숙해지면 더 많은 사이트 워드를 확보하게 되는 것이다.

둘째, 이런 쉬운 글 읽기로 어휘력을 효과적으로 향상시킬 수 있다. Grabe(1988)의 주장에 따르면 유창한 읽기 능력은 신속하고, 정확하고 자동적으로 꺼낼 수 있는 "엄청난 양의 수용적 어휘(massive receptive vocabulary)" 지식이 있어야만 가능한데, 이것은 외국인 영어학습자에게 가장 어려운 난관이라고 하였다. 또한 이와 관련하여 Nagy, Anderson과 Herman(1987)은 이러한 수준의 어휘력은 별도의 어휘 학습으로 습득되기보다는 책을 많이 읽으면서 반복적으로 어휘에 노출되어 자연스럽게 익히는 우연적 학습을 통해서 더 효과적으로 축적된다고 하였다.

마지막으로, 글의 이해에 있어 핵심적인 사전 지식인 스키마 또한 독서를 통해 세상적인 지식과 언어 형식의 투입량이 증가되면 자연스럽게 쌓이게 된다. Grabe(1986)는 책 읽기를 많이 할수록 지식은 더 쉽고 빠르게 생성되며, 맥락 안에서 서로 연결되기에 독서는 스키마의 확장과 축적을 모두 가능케 하는 방법으로써 별도로 배경지식을 쌓기 위한 학습을 하는 것보다 효과적이라고 하였다.

따라서 인지적 관점으로 볼 때 다독 접근법은 영어학습자에게 유창한 글 읽기와 이해도 향상을 동시에 보장하는 유일한 방법이라고 볼 수 있다.

2. 다독 교재

지금부터는 다독 접근법에서 사용하는 교재에 대해서 알아보기로 한다. 다독 교재를 준비하고 선정하는 것은 전문성이나 가이드 없이는 하기 어려울뿐더러, 무엇보다 다독 지도의 성패를 가르는 주요 요인이 되므로 신중을 기하여야 한다. 다독 교재에 있어 가장 어려운 점은 학습자 수준에서 쉽게 느끼면서 재미있는 책을 발굴하는 일이다. 보통 영어가 쉬우면 학습자가 인지적으로 유치하다고 느끼기 쉽고, 내용이 흥미로우면 언어 수준이 학습자의 수준보다 지나치게 높을 가능성이 많기 때문이다. 한편, 최근 들어 다독에 위협적인 상황은 디지털 사회의 멀티모드 콘텐츠들이다. 동영상, SNS, 게임 등 시각적인 자극을 무기로 하는 콘텐츠가 많아서 싱글 모드인 텍스트에 대한 매력이 줄어들고 있는 것이 사실이다. 따라서 다독의 범위를 전통적인 페이퍼 북에만 국한시키기보다, e-book, 웹 자료, 동영상 등 디지털 자료로 영역을 확대할 필요가 있다. 이를 적절하게 배합한다면, 다독에 대한 동기부여와 다양성 있는 활동을 적용할 수 있을 것이다. 지금부터 카테고리를 나누어 다독 교재를 소개하기로 한다.

문학작품

(1) 단순화시킨 고전 문학 작품(Simplified classical literature)

가장 인정받는 다독 교재 중 하나는 바로 널리 알려진 고전 문학 작품을 어린이용이나 영어학습자용으로 수준에 맞게 재집필한 책들이다. 이러한 문학 도서의 장단점은 다음과 같다. 일단 검증된 작품으로 스토리 플롯과 인물의 내러티브 등이 우수하여 학습자들이 흥미를 느낄 가능성이 높다. 또한 이미 우리말 책으로 읽었거나 영화 등으로 접했을 경우, 텍스트 이해도가 높다는 강점이 있다. 또한 학습자 용이므로 어휘나 문장이 학습자 레벨에 맞추어 제공되기에 목표 학습자에 적합한 도서를 선택할 수 있는 정보가 제공되기도 한다. 주로 글로벌 유명 출판사를 통해 시리즈로 출시되어 있고, 최근에는 e-book으로도 나와 있다.

이들 도서를 하나의 잣대로 묶어 단점을 말하기는 어렵지만, 학생들이 고전 문학에 대해 무겁고 고리타분하게 느낄 수 있다. 평상시 독서를 즐거워하지 않던 학생들이 고전 인문학 서적에 호기심을 보일 것이라고 기대하기는 힘들다. 뿐만 아니라 어휘와 문장구조 등 학습자를 고려한 인위적인 언어 조절이 실제 원본이 주는 생생함과 재미를 다소 반감시킬 수도 있다.

[그림 23] 영어 학습자용 고전문학 시리즈

[그림 24] 어린이용 고전 셜록홈즈 시리즈

(2) 영어 학습자용 문학(Language learner literature)

제2언어 학습자를 타깃으로 하여 집필된 오리지널 문학 도서이다. 주로 대형 출판사에서 기획하고 유명작가들이 집필한 현대 문학 소설들이다. 영어 학습자용이므로 어휘 수준과 읽기 레벨이 명시되어 있다. 이에 자신에게 맞는 도서를 선택할 수 있을 뿐 아니라 내용 또한 오리지널 소설이어서 내용의 참신성과 흥미를 준다는 점에서 다독서로 적합하다. 국내외에 다양한 도서가 출간되어 있고, 레벨도 유아용부터 성인용까지 다양하지만, 검증된 유명 문학 도서와 비교할 때, 작품의 수준은 천차만별이어서 교재로 채택하고자 한다면 반드시 시리즈 중 몇 권을 미리 읽어보고 평판 등을 검토해서 내용의 우수성을 사전에 확인할 필요가 있다. 지나치게 언어 학습적인 측면이 강조된 시리즈물은 무늬만 문학 도서이지, 사실상 교과서와 다를 바 없다. 일반적으로 어휘 설명과 이해도 점검을 위한 테스트 또한 제공하고 있기에 어린이 영어프로그램에서 교재로 채택하는 경우가 많은데, 이는 또 하나의 정독 교육이 되기 쉽고 문학작품이 주는 독서의 즐거움을 주지 못하므로 주의할 필요가 있다.

[그림 25] 영어 학습자를 위한 문학 도서(language learner literature)

(3) 모국어 사용자용 문학 작품

흥미도면에서 성공 가능성이 가장 높은 것은 역시 검증된 원본 문학작품일 것이다. 특히 어린이용 문학작품에는 내용이 쉽고 흥미진진한 베스트셀러 작품들이 많다. 먼저 Charlotte's Web, Black Beauty, Peter Rabbit 등과 같이 어린이용 고전 문학으로 밀리언셀러를 기록하여 수많은 모국어 학습자가 즐겨보는 작품들이 있다. 이들 문학작품은 재미는 있지만 우리나라 초·중·고 학생이 처음 접하기에는 그리 쉬운 텍스트는 아니다. 따라서 길이나 어휘 등을 사전에 검토할 필요가 있고, 처음 다독을 시작하는 학습자보다는 다독에 익숙해진 학습자에게 권장하는 것이 좋을 것이다. 또한 소위 픽처 북(picture book)이라고 분류되는 스토리 북 중에도 쉬우면서도 모든 연령 층에 즐거움과 감동을 줄 만한 내용의 베스트셀러 도서가 많으므로, 여러 가지 방식으로 평판을 검토하여 다독 도서를 선정한다.

[그림 26] L1 아동용 베스트셀러 문학 도서

또 하나 다독에 좋은 문학작품은 유명 작가의 작품이나 문학상 수상작 등이 된다. Robert Munsch, Cynthia Rylant, Ezra Jack Keats, Kate DiCamillo 등 생생한

이야기와 유려한 언어 표현으로 널리 알려진 동화작가들의 책은 모국어 사용자 기준 6~8세 이상이면 언어 수준과 상관없이 누구나 즐길 만한 작품이 많고, Roald Dahl, Andrew Clements 등 10세 이상 학습자를 위한 흥미진진한 이야기가 돋보이는 베스트셀러 작가들의 도서나, 뉴베리(Newberry)상, 칼데콧(Caldecott)상 등 권위 있는 문학상의 수상작 리스트 등을 검토하는 것도 좋다.

그 외에도 안전한 선택기준은 연령대별로 다양한 베스트셀러 동화 시리즈물이다. Arthur, Bernstein Bears 등과 같은 다양한 가족 문화 요소를 담은 쉬운(first grader 등급) 스토리 북이 다양하게 출판되어 있다. Boxcar Children, Nate the Great 등(모국어 기준 초등 2~6학년 수준)과 같은 미스터리 추리물이나 Judy Blume 시리즈(모국어 기준 초등 4학년 이상), Giver, The Hole과 같은 베스트셀러 청소년 문학(young adult literature)은 고급자용 다독 교재로 적합하다. 이러한 모국어 사용자용 스토리 북들은 이미 내용적·교육적 측면에서 검증된 작품으로 읽기 수준과 기호에 맞는 다양한 도서를 구비할 수 있다면 우리나라 학습자도 자신에게 맞는 교재를 찾아 독서의 즐거움을 맛볼 수 있을 것이다. 뿐만 아니라 이들 스토리 북에 대해서는 동영상 및 활동 지도안 등과 같은 다양한 시청각 참고자료들이 이미 많이 나와있어서 사전 사후 활동으로 동기를 부여할 수 있을 것이다.

마지막으로 만화책(comic books) 또한 좋은 다독 교재이다. 웹툰 등을 즐겨보는 세대에게 만화는 가장 매력적인 다독 교재가 될 수 있다.. 매니아층이 두터운 코믹 북 시리즈물로 X-men, Spiderman 등의 히어로 시리즈, Babysitter Club, Diary of a Wimpy Kid 등 청소년 심리물, The Adventures of Tintin과 같은 어드벤처 시리즈가 좋은 만화책의 예가 될 것이다. 다만 영어 학습자 수준에 적당한 만화 교재를 찾는 것은 쉽지 않고, 대체로 권당 페이지 수가 많아 가격 또한 만만치 않은 것이 약점이다.

비문학 도서

(1) 아동용 비문학 도서

문학 작품뿐만 아니라, 흥미로운 비문학 도서도 주제와 장르의 다양성 제공과 학습자의읽기 스키마 확장을 위해 필요하다. 과학, 역사, 인물, 테크놀로지 등을 다루는 다양한 모국어 학습자용 도서는 소설 등의 문학 작품에 흥미를 느끼지 못하는 학습자를 위해 추천할 만한 교재이다. Magic School Bus, Who Is, National Geography 시리즈 등과 같이 어린이를 대상으로 제작되었지만, 누구나 흥미를 느끼고 새로운 정보를 얻을 수 있는 과학, 기술, 전기(biography) 등의 비 문학서가 우수한 예가 될 수 있다.

[그림 27] 아동용 비문학 도서

(2) 잡지, 신문

내용의 시의성, 독자의 관심사, 실제 사진이 주는 현실성 등의 측면에서 신문, 잡지는 단행본 도서와는 또 다른 매력이 있다. 실제로 저학년 초등 학습자를 대상으로 한 영어 잡지 교육이 동기부여 및 언어 주목도에서 효과적이었다는 국내 연구 논문도 다수 있다(백혜정, 2007; 최인영, 2015). 또한 국내에서도 다수 발간되는 어린이 영자 신문은 신문 교육(NIE, New in Education)의 일환으로, 꾸준한 영자 신문 읽기를 통해 세상에 대한 시사 상식 또한 쌓을 수 있어 이는 오늘날과 같은 정보화 사회에 적합한 다독 활동이다. Time for Kids, Sports Illustrated for kids 등과 같은 해외 어린이용 매거진도 학습용으로 적절한데, 온라인 매거진 또한 겸하고 있다는 점에서 손쉽게 접근 가능하여 우리나라에서도 다독 교재로 활용 가능하다. 특히 이들 어린이용 매거진은 또래 어린이 리포터의 기사도 포함하여 특별한 동기부여가 가능하다.

[그림 28] 아동용 영자 신문 잡지

(3) 디지털 교재

디지털 교재 또한 다독 교재로 빼놓을 수 없다. 인터넷을 통해 무료 스토리 북, 다독용 e-book을 무수히 검색할 수 있으며, 기본적으로 모든 인터넷 사이트는 잠재적인 다독 자료라고 할 수 있다. 주제에 맞춰 사이트 선정기준을 마련하여 학습자 스스로 검색을 통하여 읽기 자료를 선택하도록 하는 것이 좋다. 최근에는 모바일 애플리케이

선으로 e-book 교재가 제공되는데, 대부분 유료이지만 수업이나 도서관 외의 장소에서 자투리 시간을 활용한 다독 활동에 적합하다(Kim, 2016). 예시가 될 만한 디지털 교재를 소개한다.

영어학습자용 다독 교재

- **ER Central** https://www.er-central.com/library/ (무료 e-books 제공)
- **X-reading** https://xreading.com/ (유료 e-books 제공)
- **ER Foundation** https://erfoundation.org/ (책 소개, 리스트 제공)

모국어 사용 아동용 읽기 교재

- **Magickey's Children's Storybook** http://www.magickeys.com/books/ (웹 버전 스토리 북 제공)
- **KidsWorldfun** https://www.kidsworldfun.com/e-books.php (무료 동화 e-books 제공)
- **Booktrust Online storybooks** https://www.booktrust.org.uk/books-and-reading/ have-some-fun/storybooks-and-games/ (무료 동화 및 영상 제공)
- **Storyline online** https://www.storylineonline.net/ (유명작가 동화 스토리텔링 영상 제공)
- **My storybooks** https://www.mystorybook.com/books (무료 동화 슬라이드 제공)
- **Storynory** https://www.storynory.com/ (아동용 동화와 오디오 제공)
- **Oxford Owl Free e-book library for children** https://home.oxfordowl.co.uk/ (연령별 무료동화)
- **Gutenberg Project** https://www.gutenberg.org/ (60,000 무료 e-books) (무료 동화 텍스트 제공)
- **Free children stories** https://www.freechildrenstories.com/ (연령별 창작동화와 스토리텔링 영상 제공)

교재 선정 시의 점검사항

(1) 어휘 수준

도서 선정에 있어서 내용 다음으로 중요한 것은 텍스트의 수준, 난이도이다. 이에 전체 어휘 수뿐만 아니라 신출 어휘에 대한 정보를 미리 확인하고 어휘에 대한 부담이 없는 도서를 선택한다. Hu 와 Nation(2000)은 학습자가 텍스트 내에서 전체 단어 중 95~98%의 단어에 친숙하다면, 이는 학습자에게 적당한 수준의 도서라고 주장한 바 있다. 통상적으로 책의 한 페이지를 열어서 모르는 단어가 5개 이내인 책을 선택하라는 원칙(five-finger method)도 널리 통용되고 있다. 영어 학습자용 문학작품을 다루는 Graded Reader 시리즈인 경우 최소 400개 정도의 단어를 알고 있는 학습자부터 읽기가 가능한 것으로 보므로, 초기 문해력을 완성한 학습자이어야 한다. Graded Reader 시리즈의 대표적 예인 Oxford Bookworm 시리즈의 경우 총 6단계를 다음과 같이 나누기도 한다.

[표 13] Oxford Bookworm 6단계 난이도 등급 분류

등급	신규 단어	기존 누적 단어
1	400	400
2	300	700
3	300	1,000
4	400	1,400
5	400	1,800
6	700	2,500

그 외에 초, 중, 고등학교에서 제시할 수 있는 다독 교재를 총 4등급, 12단계로 볼 때 총 어휘 수준은 다음과 같이 분류하기도 한다.

[표 14] 다독 교재(Graded Reader) 어휘 수준 등급표[13]

초급 (elementary)			중급 (Intermediate)			중상급 (Upper-Intermediate)			고급 (Advanced)		
1	2	3	4	5	6	7	8	9	10	11	12
301~400	401~600	601~800	801~1000	1001~1250	1251~1500	1501~1800	1801~2100	2101~2400	2401~3000	3001~3600	3601~4500

---

13)   출처: https://erfoundation.org/

(2) 교재의 읽기 이독성(Readability)

이독성이란 텍스트가 읽기에 얼마나 어려운지의 정도를 의미하는 것으로 이독성은 지문의 전체 문장수와 어휘 수, 그리고 어휘의 음절(syllable) 수를 고려하여 만든 공식을 사용하여 수치화할 수 있다. Flesch-Kincaid readability test score가 미국과 유럽에서 가장 보편적으로 통용되는 공식이다. 수치가 낮을수록 어려운 지문이라는 의미이다. 개인차는 존재하겠지만, 다음의 [표 15]에서 보는 것과 같이, 외국어를 배우는 학생으로서는 70~100 사이에 해당하는 이독성 수준의 교재를 고르는 것이 일반적일 것이다. 처음부터 이독성 지수가 적혀있는 교재를 고를 때는 이러한 지식이 중요하다. 그러나 그보다는 인터넷 등에서 검색한 디지털 자료를 보충 교재나 평가 지문으로 활용하고자 할 때 이독성 지수를 측정하고, 기존 교과서 읽기 지문의 수준과 비교한다면, 교재 혹은 평가용 지문을 선택하는 유용한 방법이 될 것이다. 무료 온라인 이독성 측정 프로그램을[14] 인터넷에서 검색 가능하며, 읽기 자료나 평가 지문을 선정하는 데 활용할 수 있다.

[표 15] 이독성(Readability) 기준 점수 등급표[15]

Flesch-Kincaid readability scores and levels	CEFR and Cambridge levels- IELTS
0-50 Very difficult (Higher education level)	C2 Mastery / Proficiency 8-9
50-60 Fairly difficult (11th or 12th grade - final years of high school)	C1 Advanced 7-8
60-70 Plain English - should be easy to understand by students from 14 to 15 years upwards	B2 Upper intermediate - 6-7
70-80 Fairly easy - accessible to students aged 13 upwards	B1 intermediate - 4,5-6
80-90 Easy	A2 elementary - 3-4
90-100 Very easy :	A1 EFL beginners - 1-2

---

14) Test your readability https://readable.com/text/
15) Flesch-Kincaid, other readability scales and their relevance for the EFL / ESL class
     https://linguapress.com/teachers/flesch-kincaid.htm

(3) 기타 체크리스트

그 외에도 교사가 참고할 수 있는 도서 선정 가이드로는 Wutz와 Wedwick(2005)의 BOOKMATCH 가이드라인이 있다. 포스터나 체크리스트로 만들어 학습자 스스로 도서 선정 시 사용하도록 한다.

[표 16] Wutz와 Wedwick(2005)의 BOOKMATCH 교재 선정 체크리스트

B	Book Length	책 길이가 적당한가?	
O	Ordinary Language	큰 소리로 책을 읽을 때 자연스럽게 잘 읽히는가?	
O	Organization	책 구성이나 글씨 크기 등이 적당한가?	
K	Knowledge prior to book	책 제목, 저자, 그림 등에 대해 아는 바가 있는가?	
M	Manageable text	책의 단어나 문장이 익숙하고 읽을 만한가?	
A	Appeal to genre	내가 좋아하고 관심 있는 장르의 책인가?	
T	Topic appropriate-ness	책 주제가 익숙하고 흥미로운가?	
C	Connectoin	책 내용이 나와 관련된 어떤 것을 떠오르게 하는가?	
H	High interest	주제, 작가, 삽화 등이 특별히 내게 매력적인가?	

3. 다독 지도법 및 수업 활동

　영어 수업시간에 다독을 지도하는 것은 사실상 쉽지도 않지만, 무엇보다도 비효율적이다. 도서관 프로그램이나 동아리, 아침 자습, 재량 수업, 방과후, 방학 특강, 자유 학기 등 정규 영어 수업과는 별도의 시간을 활용하여 프로그램을 계획적으로 운영하는 것이 좋다(김미소, 김혜영, 2017). 또는 한 학기 동안 영어 다독 커리큘럼을 기획하여, 수업 외 개별 과제나 수행평가 등으로 영어 책 읽기를 지속하는 방식도 가능하다. 쉽고 간단한 도서를 읽으면 충분히 실천 가능하므로 '영어책 100권 읽기' 등과 같은 도전적인 목표를 세운다면 동기부여가 될 것이다. 다독 접근법에서의 주 활동은 혼자 묵독하기이다. 그러나 혼자 묵독하기는 다독을 처음 시작하는 학습자에게는 적합하지 않다. 영어로 된 글 읽기 자체를 힘들어하는 학습자가 있을 수 있고, 조용히 책을 보는 것에 익숙지 않아 집중이 어려워서 오히려 영어책 읽기에 대한 흥미가 반감되는 학습자가 있을 수 있다(김미소, 김혜영 2017). 따라서 다양한 활동을 결합하여 다독 프로그램을 운영할 필요가 있다. 여기에서는 학교 수업시간과 비교적 손쉽게 결합하여 효과적으로 다독 프로그램을 운영할 수 있는 몇 가지 활동만을 소개한다. 다독에 있어 가장 기본이 되는 지속적인 묵독(Sustained Silent Reading, SSR), 짝 읽기 활동 등 묵독과 낭독에 대한 다양한 교실 활동은 이미 8장에서 다양하게 소개한 바 있으므로 여기서는 생략하기로 한다.

스토리텔링 타임

각자가 원하는 책을 개별적으로 읽는 것이 다독의 원칙이지만, 교사가 스토리텔러가 되어 선정한 책을 수업시간에 소개하면서 5~10분씩 읽어주는 시간을 가질 수 있다. 이는 3장에서 소개하였던 함께 읽기(shared reading)과 유사한 방법으로, 내용이나 언어 수준 면에서 학생들이 쉽다고 느끼고, 특히 좋아할 만한 이야기를 주의 깊게 골라야 한다. 초반부에는 교사로 시작하지만, 다음 시간에는 학생들이 순번을 정하여 읽어주는 시간을 갖는 방법도 좋다. 이러한 활동은 영어 텍스트에 대해 단지 학습 교재가 아닌 흥미로운 내용의 글일 수 있다는 인식을 학생들에게 심어줄 수 있으므로 책 읽기에 대한 동기부여에 효과적이다.

스토리텔링을 할 때 주의해야 할 사항은 다음과 같다. 첫째, 사전에 충분히 연습하여 청중이 잘 알아들을 수 있도록 **클리어 스피치**(clear speech, 의미가 전달되는 데 문제가 없는 수준의 정확한 발음)를 한다. 비원어민으로서 한국인 교사는 반드시 원어민의 표준 발음을 들려줘야 한다고 생각하여 학생들에게 자신이 직접 책을 읽어주는 것을 기피하는 경우가 있다. 그러나 이는 특정 국가의 영어 발음만 맞는 것이라고 생각하는 낡은 관념에서 비롯된 것이다. 교사와 학생 모두 제2언어 학습자의 발음에 대한 잘못된 인식을 버리고 편안하게 발음을 하도록 한다.

둘째, 스토리를 전달함에 있어 발음의 정확성뿐만 아니라 내용을 생각하면서 실감나게 표현하도록 한다. 내용을 흥미진진하게 전달할 수 있도록 때로는 천천히, 중요한 부분은 강조하거나 반복하여 읽는다. 캐릭터에 맞는 음성으로 연기를 하려는 노력은 청중에게 재미를 더해줄 것이다.

셋째, 때로 학생들과 상호작용을 하며 학생들이 중간에 놓치거나 집중력을 잃지 않도록 한다. 단어의 뜻을 우리말로 알려주거나 중간에 질문을 하여, 궁금증을 유발하거나 내용을 잘 따라오는지 등을 확인한다. 교사가 가진 책이 한 권뿐일 때는 화면상으로 글씨나 삽화 혹은 동영상을 보여주면서 읽으면 학생들의 이해에 도움이 될 것이다.

ER 북 콘서트

각자 읽은 책 중에 특별히 추천하고 싶은 책을 들고 와서, 책 소개 발표를 하는 시간을 가진다. 교실 앞에 의자나 책상 등으로 무대를 세팅하고, 3~4명의 학생 발표자가 각자 돌아가며 5분간 자신이 읽은 책을 소개한다. 책 표지를 보여주며 그림과 앞뒤에 적힌 책 정보를 주고, 작가 소개, 자신의 매긴 별점과 이유, 간단한 내용 요약과 함께 특히 좋아하는 단락이나 장면 등을 읽어줄 수도 있다. 이러한 발표 기회는 독서에 대한 동기부여와 책 선택을 돕는 역할을 할 수 있다. 북 콘서트도 시작할 때는 먼저 교사가 발표를 하여 학생들의 롤 모델 역할을 하는 것이 좋다. 수업의 세부 특기 활동, 수행 평가, 교내 발표회 등에서 활용하여 영어 다독을 장려할 수 있다.

 활동 예시 ㉘ 북 콘서트 발표 가이드

1. 기본 소개(1~2분)

- 책제목, 실물 도서와 커버 디자인을 보여준다.
- 저자 정보(출신국, 저자의 다른 책 등)를 제공한다.
- 책 표지 앞뒤의 소개글(Blurb)을 읽어준다.

2. 중심 내용 요약(2분)

- 인물 소개한다.
- 전체 스토리의 전개, 내러티브 구조를 설명한다.

3. 소감(1~2분)

- 특별히 소개하고 싶은 장면, 대사, 삽화
- 내용에 대한 느낀 점을 말한다.
- 특별히 좋았던 점을 설명한다.
- 평점, 추천 이유를 제시한다.

이 달의 독서왕

아침 자습, 자율 학습, 방과후 등 수업 외 시간을 이용하여 영어 다독 프로그램을 운영한다. 학교 도서관에 영어책을 구비하여 운영하거나, 교실마다 미니 서가를 마련하여 자율 다독 활동을 운영한다. 이때 도서 대출 기록과 간단히 작성한 독서일지 등으로 이 달의 독서왕(혹은 1학기 독서왕)을 선발한다. 책 한 권을 끝낼 때마다 게시판에 스티커 등으로 자신의 읽은 책 권수를 표시하여 선의의 경쟁과 다독에 대한 동기부여를 유도할 수 있다.

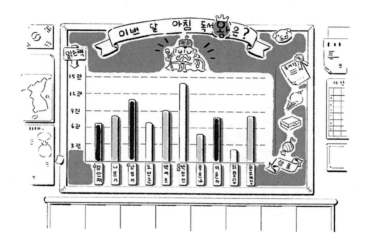

책 후기 모음 프로젝트

학교 및 학급반 학생들이 공유할 수 있는 SNS 애플리케이션이나 공용 웹 클라우드 (구글 드라이브 등)을 사용하여, 책 감상 후기를 체계적으로 모으는 프로젝트를 할 수 있다. 예를 들어 공용 스프레드 시트를 활용하거나, e-클래스 같은 공간을 활용하여, 학생들이 읽은 책 정보(제목, 저자 정보, 출판사, 단어 수, 난이도와 흥미도 별점, 서평 등)를 적게 하여 공용 리스트를 작성한다. 전체 학생이 지속적으로 이를 올리게 되면 다독 교재 데이터베이스가 만들어진다. 호평을 받거나 별점이 높은 도서는 학생들에게 인기 있다는 표시가 되어, 교사와 학생 모두에게 책을 고르는 데 있어서 유용한 참고 자료가 될 것이다. 뿐만 아니라, 재미있는 책을 선별하여 읽다 보면 다독의 동기부여에도 도움이 될 것이다. 또한 사용되는 플랫폼에 종류에 따라 '좋아요'나 '조회수' 등이 부과되어 올린 학생의 후기에 대한 평가가 생기면, 좀 더 성실하고 책임감 있는 후기 작성 활동이 가능해질 것이다.

Title	Author	Publisher	Word	Grade	Genre	Fun (1-5)			Informative (1-5)			Comment1
The Incredible Present	Harriet Castor	USborne Young Reading	2,166	3rd or 4th elementary school students	fiction, family drama	4	5	5+	2	3	3	할머니와 부모님과 함께 사는 호기심 많은 소녀의 생일 선물에 관한 이야기이다. 공룡과 마법, 우주벌레 등이 등장해 어린 아이들이 흥미롭게 읽어나갈만 하다. 단어의 난이도 그리 높지 않고, 문장 구조도 거의 단문이라 복잡한 편은 아니다. 가장 소중하고 뜻깊은 선물은 가족과 함께 하는 행복한 시간이라는 메세지도 아이들의 수준에 맞게 잘 전달하고 있는 것 같다. (최필립)
Detective Camp	Ron Roy	Random House	15,730	Highschool students	adventure, fiction (children and teens)	4	3	4	4	2	4	여름 캠프에서 탐정 활동이 주제가 되어 학생들은 실제 사건과 탐정 활동 및 탐험을 경험한다. 이야기가 전개될수록 단서를 알아가는 재미가 있어 다음에 나올 내용을 기대하여 흥미를 잃지 않고 읽을 수 있기 때문에 ER에 적합하다. 시간을 분배하여 일정 시간동안 적정량을 읽는다면 바람직한 ER이 될 수 있겠다. (함보예림)
Taxi of Terror	Phillip Burrows and Mark Foster	Oxford Bookworms	960 (250 headwords)	Middle school students	Thriller and adventure	5	4	4	4	5	5	이 시리즈 중 이 책은 만화로 되어있고, 내용 역시 흥미진진합니다. 문장구조도 쉬우며 읽임하여 읽게 됩니다. 이야기가 끝나면 glossary와 activities가 있어서 교사가 교재로 사용하기도 좋다고 생각합니다. (박예진)
Stories of Witches	Christopher Rawson	Usborne Young Reading	1,672	The third grade in middle school	Funny	5	4	5	4	4	4	이 책 한권에 3개의 각각의 이야기가 있어서 각각의 이야기를 재미있게 읽을 수 있었습니다. 나름 교훈적이고 문장구조도 중학생이면 충분히 읽을 수 있다고 생각합니다. 다만 내용이 다소 길어서 중학교 3학년생에게 적당하고 생각했습니다. (강민재)
Billy Elliot	Melvin Burgess	Scholastic	5,746	High school students	Drama	4	4	3	4	4	4	영화를 바탕으로 작성된 책이라 간혹 나오는 킬라로 되었는 그림이 관심을 끌고 이야기를 읽을수록 몰입하게 됩니다. 그렇지만, 2시간 정도의 영화를 30페이지 정도에 담아서 간혹 내용이 깊어지는 듯한 느낌도 듭니다. 책의 두께는 얇지만 글씨가 너무 작아서 중학생이 extensive reading으로 읽기에는 부담이 될 것 같고, 고등학생이면 무난할 것이라 예상됩니다. (이윤아)

스키마와 읽기 능력
내용 스키마(Content Schema)와 형태
스키마(Formal Schema)

Reading a book is like re-writing it for yourself. You bring to a novel, anything you read, all your experience of the world. You bring your history and you read it in your own term.

-Angela Carter

영국의 유명한 소설가 Angela Carter의 명언은 우리의 스키마가 읽기에 얼마나 많은 영향을 미치는 지를 말하고 있다. 우리가 영어 지문을 이해하는 데 있어서 스키마의 역할은 어느 정도일까? 아마도 여러분이 예상하는 것보다 훨씬 클지도 모른다. 이번 단원에서는 스키마가 무엇인지 스키마는 읽기에 어떠한 영향을 미치며, 스키마를 확장시키고 활용할 수 있는 방안은 무엇인지 배워 보기로 한다.

스키마의 개념

스키마는 흔히 배경지식(background knowledge), 혹은 이미 학습이나 경험으로 쌓은 지식인 선험 지식(prior knowledge)으로 정의된다. 우선 영어 읽기에 있어서 스키마가 되는 지식은 과연 무엇인지를 이해하는 것이 중요하다. 지금까지 우리는 읽기 과정, 즉 텍스트의 이해 과정에서 필요한 기술과 지식들에 대한 많은 논의를 해왔는데(2장에서 소개하였던 피라미드를 생각해보자) 아직 논의되지 않은 마지막 요소가 바로 스키마이다. 우리는 머리 속이 완전히 빈 상태에서 영어 읽는 법을 배우는 것이 아니라 이미 우리 머리 속에 있는 지식을 버무려서 텍스트를 이해한다. 다시 말해, 읽기 과정이란 텍스트를 읽음으로 해서 새로 들어오는 정보를 내가 이미 가지고 있는 지식(prior knowledge)과 연결시키면서 새로운 의미를 구성해가는 과정인 것이다. 따라서 영어 읽기의 완벽한 기술을 마침내 습득하였다 하더라도 쌓아놓은 스키마가 없다면(물론 그럴 리는 없지만) 글을 이해하는 데 여전히 어려움이 있을 것이다.

읽기의 관점에서 스키마를 보다 구체적으로 정의하면 독자의 머리 속에 내재화 되어 있는 기존 지식이다. 이는 생활 상식, 문화적 경험, 전문적인 지식을 통칭하는 1) **세상 지식(world knowledge)**, 어휘, 문법 등의 2) **언어 지식(linguistic knowledge)**, 글의 유형과 담화 및 수사를 파악하는 3) **장르와 구조 지식(genre and organization knowledge)** 등을 포함한다. 이러한 독자의 지식은 자신의 경험과 생각 그리고 감정이 반영되어 머릿속에 저장되어 있으며, 글을 읽으면서 새로운 정보를 접할 때 자신의 스키마와 연결되어 이해에 도움을 받게 된다. 스키마 이론은 한마디로 인간의 마음에 구조화되어 있는 지식의 사용(The use of this knowledge within the structure of the mind)을 연구하는 것이다(Anderson & Pearson, 1984).

이 책에서는 [그림 30]처럼 스키마를 **내용 스키마**와 **형태 스키마**로 나누어서 설명하기로 한다.

[그림 30] 스키마의 요소

1. 내용 스키마(Content Schema)

내용 스키마는 이미 독자가 가지고 있는 세상 지식을 말한다. 여기에는 일반 상식뿐 아니라 특정 주제와 분야에 대한 깊이 있는 학문적인 지식, 내가 속해 있고 경험해온 문화적인 지식 등이 다양하게 포함된다. 이러한 내용 스키마가 글의 이해도에 영향을 미칠 것이라는 것은 누구나 경험으로 알고 있다. 제2언어 습득연구에서도 읽기와 스키마의 상관관계가 여러 차례 검토된 바 있다. 이들 연구의 결론은 주제에 대한 친숙도는 글 이해도에 유의미한 영향을 미치며, 이는 문장 구조의 복잡성과 같은 텍스트의 난이도보다 글 이해도에 더 큰 영향을 미친다는 주장이 대부분이었다(Hudson, 2007). 즉 문법실력보다 배경지식이 이해에 더 중요한 비중을 차지한다는 의미이다. 비록 읽기 능숙도가 낮은 학습자가 단지 주제의 친숙도만으로 읽기 능숙도가 뛰어난 학습자보다 내용을 더 잘 이해할 수 있는지에 대해서는 의견이 불일치하지만, 내용스키마가 좋고, 이를 잘 사용한다면 영어 읽기 이해력이 높아진다는 것만큼은 확실하다. 그러므로, 스키마를 지도하는 것은 문법이나 읽기 기술을 지도하는 것만큼(때로는 그 이상으로) 중요하다는 사실을 반드시 명심하기를 바란다. 실제로 우리나라 수능 중심 읽기 환경에서 문법 번역식 학습으로 독해력이 향상되지 않던 중위권 학습자들이 스키마 중심 지도법을 접한 후 이해도가 향상되었다는 연구결과를 비롯하여(우아미, 2014; 전세연, 2016), 스키마 지도는 읽기 능력 향상에 효과적임이 증명되고 있다.

스키마 형성, 활성화 및 적용(Building, Activating, and Using Schema)

숙련된 독자가 읽기과정에서 스키마를 활용하는 단계를 나누면 다음과 같다. 첫째, 읽기 전, 중, 후 과정에서 필요에 따라 스키마를 **활성화**시킨다. 둘째, 자신이 읽고 있는 텍스트의 주제, 형식, 언어 등에 대한 추가적인 사전 지식이 필요한지 결정한다. 셋째, 자신의 이해 수준을 높이고, 새로운 정보를 학습하기 위한 틀을 마련하기 위해 스키마를 **사용**한다. 마지막으로 이렇게 알게 된 정보로 자신의 **스키마를 수정하고, 또한 새로 추가한다.**

그럼 내용 스키마를 영어 읽기 이해에 어떻게 효과적으로 활용할 수 있을까? 우리나라 영어교과서를 보면 읽기 전 배경지식을 활성화하기 위한 활동을 제시하고 있다. 또한 많은 교사들이 지문을 읽기 전에 관련된 동영상을 보여주어 주제에 대한 관련 배경지식을 키워주거나 읽기 단서를 제공해주기도 한다. 그럼 스키마 활용 지도는 이 정도로도 충분한 것일까? 이에 대한 답을 찾기 위해 읽기 지도에 적용할 수 있는 스키마 지도를 스키마 형성, 활성화, 적용으로 나누어서 보다 구체적으로 생각해보기로 하자.

스키마의 형성

가장 기본적으로 생각해보아야 할 것은 스키마의 형성이다. 영어 읽기를 위해 필요한 스키마는 모국어 읽기의 지식과는 다른 부분이 많아 지금까지의 학습 경험만으로는 충분히 형성 되어있지 않을 가능성이 높다. 그러므로 우리나라 학습자가 영어 읽기에 도움이 될 내용 스키마를 얼마나 가지고 있는가 하는 점을 먼저 생각해보아야 한다. 형성되어 있는 스키마가 없다면 당연히 그것을 활성화할 수도, 사용할 수도 없기 때문이다. 스키마의 유무는 읽는 글감(즉 지문의 난이도, 주제, 장르 등)에 따라 차이가 클 것이다. 예를 들어 우리나라 영어 교과서의 지문을 떠올려본다면, 학습자는 내용 스키마를 비교적 충분히 가지고 글을 읽는다고 할 수 있다. 교과서의 지문은 길이가 짧아서 깊이 있는 내용 전개가 없고 우리나라 학습자를 대상으로 작성된 글로서 우리가 모르는 배경지식을 전제로 쓰여진 글이 아니기 때문이다. 만약 새로운 정보를 제공하는 과학이나 첨단 기술 등과 같은 내용이라면 주로 기초적인 내용을 소개를 하는 설명문이 대부분이므로, 사전 배경지식 없어도 이해 가능하다. 따라서 교사와 학생 모두 배경지식, 문화적 지식 형성에 대한 심각한 필요성을 느낄 기회가 없을 것이다.

그러나 교과서 이외의 글을 생각해보자. 아무리 쉬운 글이더라도 당장 스키마 부족을 느끼게 될 것이다. 예를 들어 신문기사를 생각해보면 문장이 단순하고, 모르는 어휘를 사전에서 찾는 다 하더라도 시사적인 이슈나 사회적 배경을 알지 못하면 이해하기 어렵다. 대중들이 가볍게 즐겨보는 만화나 SNS의 짧은 대화글을 읽을 때에도 공통의 대화 주제나 대화 집단의 문화에 대한 스키마가 없으면 전혀 알아들을 수 없는 경우가 많다. 좀 더 가까운 예로 수능 지문에서 스키마의 부재는 이해에 커다란 어려움을 준다. 수능 지문에는 역사, 사회, 예술, 철학, 심리, 과학, 기술 등 다양한 주제의 지문이 제시되는데, 주제에 대해서 조금이라도 알고 있는 내용이면 이해가 쉽지만 전혀 관심 밖의 내용이 출제되면 매우 어렵게 느껴진다. 따라서 교과서 지문만으로 스키마를 형성하려고 하거나, 스키마 형성이 충분한 것으로 생각하는 것은 읽기 능력 향상에 큰 장애가 될 것이다.

그러면 영어 읽기에 필요한 스키마를 어떻게 형성시킬 수 있을까? 첫째, **독서**이다. 국어실력이 좋은 학습자는 영어실력도 좋다는 말을 들어본 적이 있을 것이다. 실제도 스키마를 포함한 모국어의 언어능력이 외국어로 전이된다는 것은 연구결과로 밝혀졌다 (Hudson 2007). 독서를 통한 세상 지식의 확장은 훌륭한 스키마를 형성할 수 있다. 그러한 점에서 영어 다독은 스키마 향상에 이상적인 지도법이라고 할 수 있다. 그러나 이는 장기간의 오랜 노력을 필요로 하며, 때로는 정규 영어 수업에서 실현하기 어려울 수 있다. 따라서 그 다음 대안은 **내용 있는 글을 가급적 많이 읽히는 것이다.** 실제적이고 내용 지식이 풍부한 텍스트 투입이 필요한데, 이는 다독과 달리 정규 영어 수업에서 실현할 수 있는 방안이 될 것이다.. 교과서를 읽는 상향식 해석에서 탈피하여 주제에 대한 지식을 쌓고 주요 키워드를 익히는 데만 주력하도록 한다. 이를 위해 웹 자료 등 실제 자료를 활용하는 것이 좋다. 셋째, **체계성 있는 스키마 확장에 힘쓴다.** 문법 지식을 지도할 때와 달리, 영어수업시간에 스키마를 지도할 때는 지문의 내용에 따라 즉흥적으로 주제를 선택하는 경우가 많다. 지도 방식 또한 때마다 다르다. 동영상 클립을 한 번 시청하거나, 말로 설명하거나, 보충 자료를 나누어주는 등 일관성이 없다. 그러나 배경지식의 형성은 벽돌을 쌓거나 퍼즐을 맞추는 것과 같이 차곡차곡 틀을 가지고 쌓아나가야 효과적으로 목표에 도달할 수 있다. 우리나라 교육과정에는 내용 영역(scope)과 주제(topic)가 비교적 체계적으로 나뉘어, 교과서에 잘 반영되어 있다. 따라서 교과서 주제를 토대로 스키마 지도를 위한 구체적인 청사진을 세워 볼 필요가 있다. 구체적인 목표와 계획 수립 및 효과적인 자료와 지도법을 적용하는 것은 필수적이다. 마지막으로 다양한 스키마 전략을 사용하여 학습자가 지식 습득 과정에서 배운 내용을 내재화 혹은 구조화시켜 장기 기억에 저장할 수 있도록 한다. 수업시간에 새로 얻게 되는 지식을 중심으로 학습자 간 대화 토론, 요약이나 감상 등의 글 작성, 차트와 같은 형태로 정리, 맵핑 혹은 시각화 등의 후속 활동을 계획한다.

활동 예시 ㉙ 고등학교 스키마 지도 수업 계획 구상하기

다음은 고등학교 교과서(천재교육 2017, 김태영 외)의 목차이다. 구성에는 표와 같이 Unit와 세부 module이 있으며, 각각의 주제와 소제목이 지정되어 있다. 교과서의 차례를 보고 주제 영역을 검토하여 스키마 형성을 위한 1년 수업 계획안을 구상해보시오.

내용 영역	주제	소주제	스키마 지도 내용
New Start New Goals	Time management	Planning for new school year Enjoying school life	• Decision Matrix (document) • How to Manage Time as a Busy High School Student(web article)
How Green Are You?	Protecting Environment	Environmental Issues Green Habits	
Together We Grow	Friends and Friendship	Sharing Feelings Giving Advice to Friends	
Speak to be heard	Effective Communication	Exchanging Opinions Agreeing or Disagreeing	
For a Better World	Living in Harmony with Others	Being considerate to others Helping others	
Pack Up and Go	Travelling	Travel experiences Travel Tips	
Beyond Earth	Space Exploration	Dreaming of going into space Becoming familiar with space	
Korean Culture Rediscovered	Traditional Korean Culture	Everyday Korean tradition Enjoying traditional Korean culture	

(1) 스키마 형성을 위한 지도법: 시맨틱 맵핑(semantic mapping)

스키마 형성을 위해서는 어느 정도의 지식을 얼마나 익히는 것이 적당할까? 지식의 범위는 어떻게 정할 수 있을까? 이와 관련하여 Quigley(2020)[16]는 효과적인 스키마 형성을 돕는 3단계 시맨틱 맵핑 지도법을 소개하였다. 영어 학습용 스키마 형성을 위한 지도에 적용하면 효과적일 것으로 생각되는 지도법이다. 시맨틱 맵핑 활동이 효과적인 이유는 우선 영어수업을 통하여 **체계적인 스키마 형성**을 가능케 하는 틀을 제시하기 때문이고, 둘째, 이러한 훈련을 통해서 체계적으로 정리된 개념을 머리에 입력하면 **기억과 활성화에 크게 도움**이 되기 때문이다. Quigley의 시맨틱 맵핑의 첫 단계는 **기초 단계**이다. 기초 단계는 적당한 크기의 지식 개념(예를 들어 교과서 주제로 endangered species)을 주고, 학생들에게 이에 대하여 즉각적으로 떠오르는 연관 키워드를 다음과 같이 나열하게 하는 것이다.

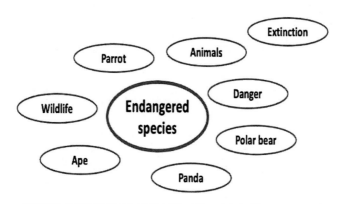

[그림 31] 시맨틱 맵핑 기초 단계: 연관 키워드 나열하기(Quigley, 2020)

두 번째는 **발전 단계**이다. 교사는 학생들에게서 아직 나오지 않은 주요 핵심 개념(예를 들어 Extinction, 멸종)이나 연관된 제3의 개념(예를 들어 Deforestation, 산림파괴, 혹은

---

16)   https://www.theconfidentteacher.com/2020/11/academic-vocabulary-and-schema-building/

Carnivore, 육식 동물 등)을 추가하도록 도와준다. 새롭게 유입된 개념을 반영하여, 연관되는 단어들을 다시 떠올려보도록 하고, 사전, 참고자료 등을 사용하여 가급적 많은 키워드로 발전시킨다.

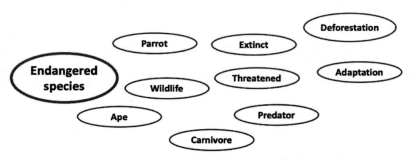

[그림 32] 시맨틱 맵핑 발전 단계: 관련 주제 확장하기(Quigley, 2020)

세 번째는 **체계화 연결의 단계**이다. 지금까지의 브레인스토밍으로 수집한 키워드들을 카테고리화하고 각각을 분류, 연결하는 것이다. 아래와 같이 Endangered species라는 상위 개념하에 4개의 하위개념인 'wildlife', 'evolution', 'extinction', 'conservation'을 카테고리로 잡고 관련어 예시들을 각각 3~4개씩 연결해본다.

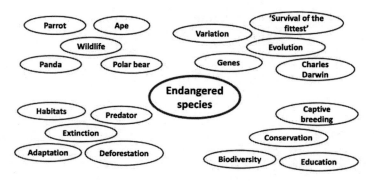

[그림 33] 시맨틱 맵핑 체계화 연결 단계: 카테고리로 분류하기(Quigley, 2020)

이러한 방식으로 확장된 개념과 키워드들을 바탕으로 보충 읽기 자료, 동영상, 그룹 활동 등을 도입하면 피상적이거나 임의적인 방식의 스키마 지도에서 벗어나 실질적으로 읽기 이해에 도움을 받을 수 있는 체계적이고 깊이 있는 스키마 형성을 도울 수 있다.

활동 예시 ㉚ 자주 다루어지는 읽기 주제에 대한 시맨틱 맵핑

1. 조별로 다음 주제 중 학습할 개념 하나를 선정하여 Quigley(2020)의 3단계 방식을 토대로 시맨틱 맵을 제작해볼 수 있다.

> • Modern art(미술)
> • Romanticism music(음악)
> • Olympic games(스포츠)
> • Greek philosophers(철학)
> • Climate change(환경)
> • Mental disorder(심리학)
> • Internet of things(테크놀로지)
> • Cyberbullying(사회, 미디어)

1) 기초 단계: 주제 개념(mental disorder)에 대해 떠오르는 단어를 모두 적어보자. 영어 표현이 생각나지 않으면 사전을 참고로 한다(하단 예시 참조).

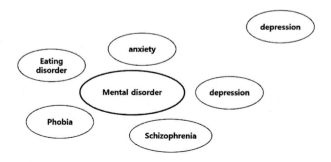

2) 발전 단계: 교사나 참고자료의 도움을 받아 새로운 키워드를 몇 가지 추가한다. 새로운 키워드와 연결되는 다른 단어들을 계속 적어간다(하단 예시 참조).

3) 체계화 연결: 모인 키워드를 살펴보면서 3~4개로 묶을 수 있는 카테고리를 만든 후 각 카테고리안에 키워드를 묶어서 정리한다. 빠진 키워드를 채워 넣는다(하단 예시 참조).

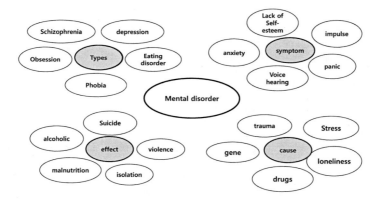

2. 시맨틱 맵핑이 완성되면 개인 또는 조별로 한 가지 카테고리(소주제)를 맡아서 관련한 간단한 영어 기사나 적합한 영어 텍스트 웹 자료를 검색한다.

3. 수집한 자료를 정리 요약한다(한글 혹은 영어). 지식 정보와 관련된 주요 영어 표현들의 리스트를 만들어 소개하고 공유한다.

4. 작업한 파일이나 보고서를 모아서, 온라인이나 오프라인으로 보관하여 스키마형성을 위한 참고자료로 활용한다.

스키마의 활성화와 적용

이미 형성된 사전지식이 있다고 해서 누구나 이를 효과적으로 글 읽기에 활용하는 것은 아니다. 그러나 여러 연구결과에 따르면 글을 잘 읽는 사람은 반드시 스키마를 잘 활용한다고 한다. 글을 잘 읽는 사람의 읽기 과정을 살펴보면, 다음과 같은 여러 목적으로 자신이 가지고 있는 스키마를 적극적으로 활용하고 있음을 알 수 있다. 자신이 스키마를 적극적으로 잘 활용하고 있는지 한번 점검해보기 바란다.

나의 스키마 활용 전략 정도는?

* 자신의 읽기 전략을 점검해보세요.

❏ 다음에 올 내용을 사전에 예측한다.

❏ 장면을 시각화해본다.

❏ 이해도 점검을 위하여 스스로에게 질문한다.

❏ 추론한다.

❏ 가설을 세운다(결론을 예상해본다).

❏ 내용에서 중요한 것이 무엇인지 결정한다.

❏ 읽은 내용을 자신이 이해한 바대로 다른 사람에게 잘 설명한다.

스키마를 활성화하기 위한 방법은 다양하다 가장 쉬운 활성화 방법은 **질문**이다. 학생들이 스키마를 이끌어낼 수 있는 질문을 하여 메타인지를 사용하게 하는 것이다. 예를 들어 "이거 보니 뭐가 떠오르나요?", " 이 사람과 비슷한 성격의 사람 주변에 있지?", "폐수가 흘러나온다면 무슨 일이 벌어질까?", "이런 문제에 대한 뉴스 본 적 있죠?" 등이다. 무심하게 글을 읽다가도 이러한 질문을 받는 순간, 학습자는 자신의 경험과 지

식을 소환할 것이다. 교사는 읽는 내용에 대한 학습자의 이해를 돕기 위해서라도 학습자가 스키마를 사용하도록 계속 질문을 던지는 것이 좋다. 이러한 읽기 훈련이 지속되면 혼자 읽기를 할 때에도 자연스럽게 자기 스스로에게 지속적인 질문을 던지면서 스키마를 활성화시키게 될 것이다. 좀 더 적극적인 스키마 활성화 활동은 상상을 통한 **시뮬레이션이나 그림으로 시각화**를 해보는 활동이다. 특히 이러한 활동은 상황을 묘사하는 글에 적합하다. 예를 들어 "자, 한번 상상해보자. 자율주행차가 발달하게 되어 운전자 없이 자동차가 다니게 되면 어떠한 모습이 될까? 우리 생활은 어떻게 변할까? 조별로 서로 상상한 미래를 그림과 함께 설명해보자", "Scotland에 Golden Retriever Festival이 있다는데 이것은 어떠한 축제일까? 한번 상상해서 설명해보자"라고 말해준다.

가장 자주 사용되는 명시적인 스키마 활동 중 하나는 스키마 활성화 과정을 돕는 **3단계 KWL Chart(Ogle, 1986)**일 것이다. 세 가지 칸으로 구분된 차트를 활용하여 글을 읽기 전과 글을 읽은 후에 자신이 알고 있는 것(what I know), 알고 싶은 것(What I want to know), 읽기를 통해 배운 것(what I learned)을 적는 것이다. 아래와 같은 워크시트를 사용하여 읽기 지문에 대한 스키마 활성화를 할 수 있다. 사전 활동으로 아래와 같이 L 박스만 제외하고 읽을 내용에 대해 빈칸을 채워 봄으로써 스키마를 활성화하여 읽기 목적을 구체화하고, 내용에 대한 이해를 도울 수 있다.

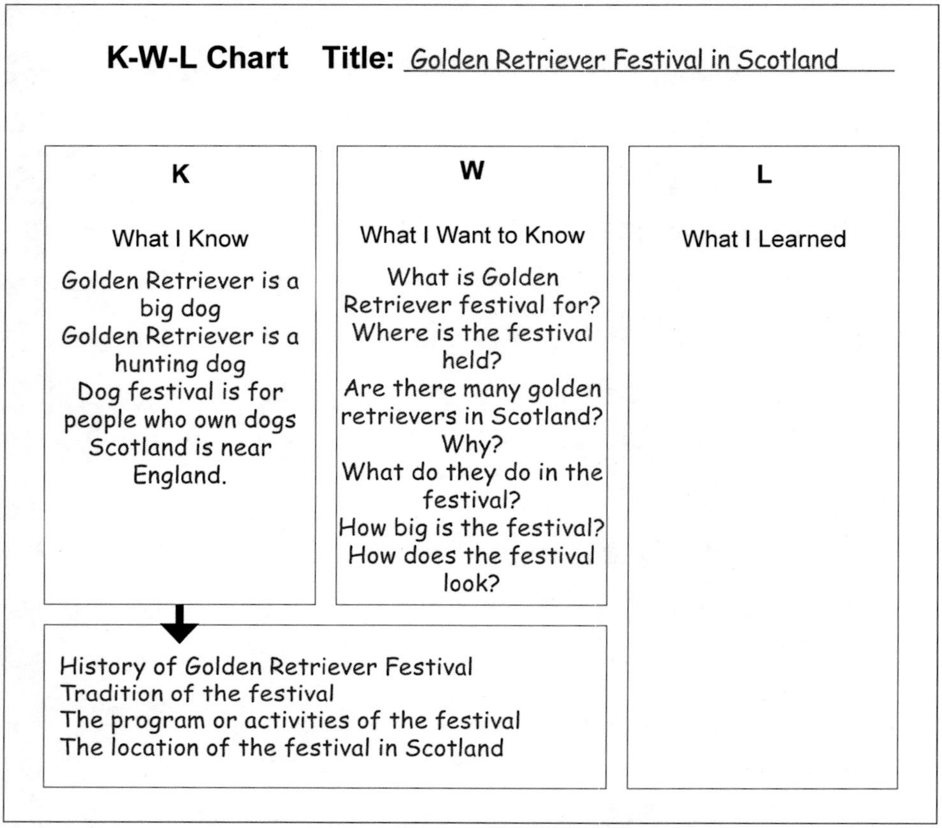

```
K-W-L Chart    Title: Golden Retriever Festival in Scotland
```

K	W	L
What I Know	**What I Want to Know**	**What I Learned**
Golden Retriever is a big dog	What is Golden Retriever festival for?	
Golden Retriever is a hunting dog	Where is the festival held?	
Dog festival is for people who own dogs	Are there many golden retrievers in Scotland? Why?	
Scotland is near England.	What do they do in the festival?	
	How big is the festival?	
	How does the festival look?	

History of Golden Retriever Festival
Tradition of the festival
The program or activities of the festival
The location of the festival in Scotland

[그림 34] KWL 차트 워크시트를 이용한 스키마 활성화

끝으로 **사전 T/F 퀴즈**를 통해 읽을 내용에 대한 궁금증을 유발하고 이미 알고 있는 정보와 앞으로 얻게 될 정보를 비교해보는 방법이 있다. 문제를 보고 답을 찾는다는 점에서 인터넷 보물찾기와 비슷한 것 같지만, 이것은 사전에 내 스키마로 답을 먼저 맞춰보고 지문에서 확인한다는 점에서 다르다. 물론 답은 다 읽고서 확인하도록 한다.

활동 예시 ㉛ 사전 T/F 퀴즈

1. 교사는 지문을 사전에 읽고, 학생들의 스키마와 부합하는 내용이나 그렇지 못한 내용이 무엇인가를 생각해본 후 3~5개 정도의 사전 질문을 만든다.
2. 지문을 제시하기에 앞서 학생들에게 질문을 먼저 보여주고, 거수로 전체 학생들의 생각을 확인하거나 자신의 공책에 각자가 각자 생각하는 답을 적은 후 지문을 읽게 한다.
3. 지문을 다 읽은 후, 함께 맞추어 보면서 읽기 전 자신이 알고 있었던 것과 모르고 있었던 것, 왜 그렇게 생각했는지 등을 서로 이야기해본다.

Cultural don'ts: Arriving on time to a dinner party

글을 읽기 전, 다음을 통해 여러분의 문화 상식을 확인해보세요. 맞다고 생각하면 T, 틀리다고 생각하면 F에 동그라미 하세요.

(T / F) 미국 가정집에 저녁식사 초대를 받으면 10분 전쯤 여유 있게 도착하는 것이 좋다.
(T / F) 브라질 가정에 저녁식사 초대받으면 정각에 도착하는 것이 좋다.
(T / F) 프랑스 가정에 저녁식사 초대받으면 15분 정도 늦게 도착하는 것이 좋다.

---

2. 형태 스키마(Formal Schema)

내용 지식만을 스키마로 생각하는 경우가 있는데 사실 형태 스키마도 읽기에 있어 매우 중요한 선험적인 지식이다. 형태 스키마는 독자가 이미 경험적으로 알고 있는 텍스트의 외적인 내적인 구조 지식을 말하는 것으로, 기본적으로 철자, 어휘, 문장 구조 등 외적인 언어 지식을 포함한다. 또한 그 문화 사람들의 논리 사고 방식에 따른 암묵적인 내적 규칙인 텍스트 구조, 응집(cohesion), 일관성(coherence), 담화 집단 내에의 수사(rhetoric), 장르(genre) 등에 대한 사전 지식 또한 형태 스키마에 해당한다. 많은 연구를 통해 형태 스키마는 제2언어학습자의 내용 이해도에 큰 영향을 미치는 것으로 나타났다. 특히 영어와 전혀 다른 알파벳, 문장구조, 텍스트 구조의 언어를 모국어로 사용하는 학습자의 경우 모국어 지식으로 인해 외국어 학습에 방해를 받는다(Charrow, 1988; Chikamatsu, 1996; Mori 1998)는 사실도 형태 스키마가 내용 이해에 미치는 영향을 반증하는 것으로 볼 수 있다. 뿐만 아니라 내용의 친숙도가 유사할 경우 단어나 문장이 더 단순한 경우, 이해도가 더욱 높아진다는 연구결과가 다수 보고되었다(Oh, 2001; Yano, Long, and Ross, 1994).

철자와 음운 지식

철자와 음운 지식에 대해서는 이미 3장에서 자세히 다룬 바 있으므로 참조하기 바란다. 철자는 필기체 인쇄체, 인쇄체의 폰트 등에 대한 익숙함의 정도가 내용 이해도에 대한 차이를 만들 수 있으며, 한글과 같이 소리글자로 된 언어를 모국어로 하는 학습자와 중국어와 같이 뜻글자를 모국어로 하는 학습자 간에도 영어를 이해하는 데에 있어 차이가 있을 수 있다.

어휘, 문장구조

언어가 같은 어족(language family)에 속하거나, 역사적으로 교류가 있었던 민족이나 국가는 단어와 문장 구조에 있어 공유하는 스키마가 더 많다. 영어는 인도 유러피안(Indo-European) 언어로 같은 어족에는 독어, 프리슬란트어, 네덜란드어 등이 있으며, 노르만 정복(Norman Conquest)에 따른 영향으로 프랑스 어원의 단어들이 많다. 이러한 역사적인 이유로 유럽인들은 아시아인들보다 영어에 대한 형태 스키마가 더 우수한 것이며 자신들의 모국어 언어 지식을 스키마로 하여 영어 단어의 어근이나 철자를 보고, 그 뜻에 대한 추측이 쉽다. 형태 스키마인 어휘, 관용 표현이나 연어(collocations), 자주 쓰는 고정 표현(fixed expressions) 등에 익숙하면, 읽기 이해도에 크게 도움이 된다.

형태 스키마 활성화 퀴즈: 고정 표현

다음은 일상에서 매우 자주 사용되는 문장 표현입니다. 다음을 읽고(혹은 듣고) 뒷부분을 얼마
나 예측할 수 있는지 테스트해보세요. 형태 스키마가 좋으면 예측이 쉽습니다.

당신은 몇 번 만에 이 표현의 뒷부분을 맞추었나요?

1. Oh, come on! Things _____ _____ _____ _____.
   (Excellent)
2. Oh, come on! Things can't _____ _____ _____.
   (Good)
3. Oh, come on! Things can't get _____ _____. (OK)
4. Oh, come on! Thins can't get much _____. (Not enough)
5. Oh, come on! Thins can't get much worse. (Poor)

당신은 괄호 안의 단어를 몇 개나 맞추었나요?

Today, partly _____ with occasional _____. Quite windy. Cold. Low
19F _____ 43F. _____ of rain 40 %.

답) cloudy, shower, High, A chance

응집(Cohesion)

응집은 테스트 속 요소 간의 연결력을 말한다. 특히 영어 사용자는 반복이나 군더더
기를 피하는 경향이 강하므로, 이를 제거하기 위해 **응집 장치(cohesive device, 대명사,
지칭 혹은 생략)**를 사용한다. 이러한 장치는 앞뒤 내용을 잘 연결시켜 글에 응집력을 부
여한다. 이러한 응집 장치에 익숙하여야 읽기에 어려움을 느끼지 않게 된다. 이에 대한
보다 자세한 설명과 형태 스키마 형성 및 활성화를 위한 활동은 5장 문장 속 텍스트
공략 기술을 참고하기 바란다.

텍스트 구조

글의 장르나 목적에 따라 텍스트 구조는 다양하지만, 동시에 몇 가지 공통적인 유형으로 분류 가능하다. 이에 이러한 텍스트 구조 유형에 익숙해지면 글을 이해하는 데 큰 도움이 된다. 글을 전개하는 방식에 있어 우리나라도 서구식 글쓰기에 영향을 받았기에 전체적인 논리전개에서 유사점은 존재하지만, 전체적인 글의 구조화, 단락 구성면에서 상당한 차이점이 있는 것도 사실이다. 그러므로 학습자가 글을 읽을 때 첫 문장부터 해석하기에만 급급하지 않고, 전체 글의 구성과 단락 구조를 잘 파악할 수 있도록, 형태 스키마를 키워주는 것은 중요하다. 여기에서 몇 가지 주요 텍스트 구조를 소개한다.

(1) 이야기(Narrative) 구조

이야기 구조, 내러티브 구조는 주로 시간에 따르거나 인과관계로 결정된다. 흔히 스토리 문법(story grammar)이라고 불려지는데, 이야기 요소 간에 수직적 관계를 설정한다. 이러한 스토리 문법이 지닌 공통적인 특성을 Hudson(2007)은 다음과 같이 요약하였다.

[표 17] Hudson의 스토리 문법(2007, p.180)

1. Story → setting + Episodes

2. Setting→ description of the characters, time, location

3. Episode→ Beginning +Development +Ending

4. Beginning→ an event that initiates the Complex reaction

5. Development→complex reaction + Goal Path

6. Complex Reaction→ Simple reaction + Goal

7. Simple Reaction→ an emotional or cognitive response

8. Goal→ a state that character wants to achieve

9. Goal path→ Attempt + Outcome

10. Attempt→ an intentional action or plan of a character

11. Outcome→ a consequence of the Attempt, specifying whether or not the goal is achieved

12. Ending→a reaction.

스토리문법에 의한 분석 예시(Graesser et al. 1996, p.180)

• Setting: Once upon a time there was a lovely princess who lived in a castle near a forest.

• Beginning: on day the princess was walking in the woods and she encountered a large ugly dragon.

• Simple reaction: The princess was startled and frightened.

• Goal: The princess wanted to escape from the dragon.

• Outcome: The dragon breathed fire in her path.

• Ending: The princess was happy to be home again.

활동 예시 ㉜ 스토리 문법에 따라 텍스트 구조 식별하기

"The Hallo-Wiener"를 읽고 다음의 요소에 해당하는 내용을 적어보세요.

• Setting: Characters, time, location
• Beginning: an event
• Development:
  - Simple reaction:
  - Goal:
  - Attempt
  - Outcome:
• Ending:

인과관계로 구성된 수직적인 관계는 다음과 같은 스토리 맵에서 설명 가능하다.

활동 예시 ㉝ 스토리 맵 구성하기

"The Hallo-Wiener"를 읽고 다음의 스토리 맵의 이야기 요소에 해당하는 내용을 적어보세요.

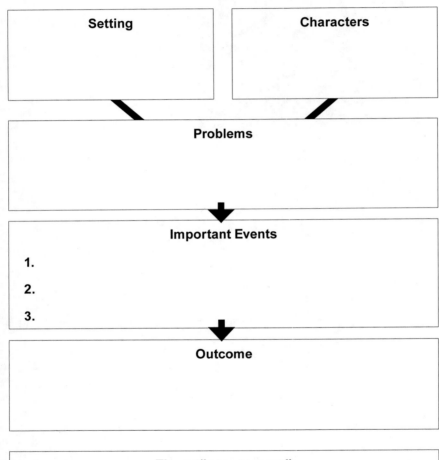

STORY MAP   Title:_____

| Setting | Characters |

Problems

Important Events

1.

2.

3.

Outcome

Theme(lesson, moral)

(2) 설명문(Expository) 구조

설명문 구조는 이야기 구조와 달리 논리적 관계로 형성된다. 주로 교과서나 수능 읽기 지문, 대학 원서 교재나 에세이, 칼럼 등이 바로 이러한 설명문의 구조로 쓰여진 대표적인 글이다. 설명문의 구조는 내용의 수사적 구조에 따라 다양한 방식으로 나뉠 수 있는데, 이는 6장에서 이미 상세히 다룬 바 있다. 읽기의 이해와 기억에 있어서는 비교-대조, 문제-해결, 원인-결과 등의 선명한 논리적인 구조를 가진 텍스트가 묘사 글이나 나열형 설명 등 논리적인 구조가 없는 텍스트에 비해 훨씬 효과적이라는 연구가 많다(Carrell, 1984; Tian, 1990). 역으로 말하면 설명문의 다양한 수사 구조에 익숙하게 되면, 단순히 문장의 문법적인 지식을 알고 있는 것보다 글의 이해도에 큰 도움이 된다는 것으로 볼 수 있다.

영어 학습자에게 있어서 설명문의 수사적 구조를 식별하는 능력이 중요한 이유는 첫째, 단락별, 또는 글 전체의 주제를 쉽게 파악하게 되어 글의 이해도가 높아지기 때문이다. 둘째, 논리구조에 따라 다음 문단의 내용을 예측하면서 글을 읽을 수 있어서 속도가 빨라지기 때문이다. 셋째, 읽는 목적에 근거하여 필요한 부분을 선별하여 읽을 수 있기 때문이다. 따라서 텍스트 구조를 설명하고 읽기전략으로 사용하도록 명시적으로 가르치는 것은 효과적이며, 내용 스키마가 부족한 낯선 주제에서는 특히 형태 스키마 사용이 도움이 된다는 연구결과를 기억하자(Taylor & Beach, 1984).

형태 스키마 지도

형태 스키마 지도에는 지문을 읽으면서 아우트라인을 잡아 요약해하거나, 텍스트 구조를 시각화해보는 그래픽 오거나이저가 효과적이다. 이미 여러 장에 걸쳐 다양한 그래픽 오거나이저를 소개한 바 있으므로 다음의 활동 예시와 같이 기본 구조를 활용한 형태 스키마 지도를 할 수 있다.

활동 예시 ㉞ 수능 지문 구조 그래픽 오거나이저로 분석하기

다음 지문(EBS N제, 2014, p. 5)의 아웃라인을 먼저 작성한 후 적당한 그래픽 오거나이저(7장 부록 그래픽 오거나이저 참조)를 골라서 내용을 정리하세요.

Numerous studies have shown that early school start times lead to chronic sleep deprivation for many students—with measurable results on many scales, including increases in irritability, sadness, and other emotions. As a result of this growing awareness of sleep needs in teenagers, some school districts have taken action. Ten years ago, Minneapolis shifted the start of its seven high schools from 7:15 a.m. to 8:40 a.m. According to the follow-up studies, the change led to a sustained sleep increase of an average of one hour per night among students. Since critics have argued that students will not sleep more but rather just stay up later, this is an important finding. Moreover, attendance has increased and stayed at a higher level, and student reports of falling asleep in class, of struggling to stay alert and concentrated, and of negative emotional states all show significant improvements compared both to the same schools before the change and to other schools with earlier start times.

Outline

1. 서론: 문제점 제기
   Early school start times lead to chronic sleep deprivation.

2. 해결방안 강구 및 시행
   Minneapolis 등교 시간 늦춤

3. 결과
   수면시간 증가
   출석 증가
   수업시간 졸음
   집중력 감퇴 등이 전보다 줄어들었음.

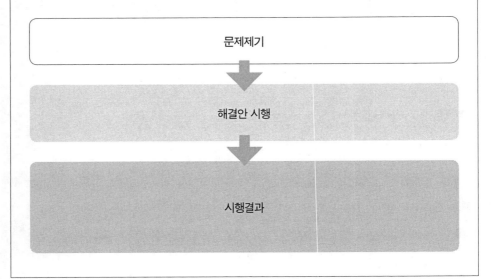

Chapter 11

읽기 평가
읽기 평가(Reading Assessment)의
목적과 방법

> Each assessment was an opportunity for feedback and help, not a dreadful exercise in humiliation.
>
> *-Alex Clarkson*

Alex Clarkson이 느꼈던 것처럼, 평가가 좋은 기억으로 남는다면 좋겠지만, 읽기 평가에 대한 상당수 한국인들의 느낌은 'a dreadful exercise in humiliation'의 연속이 아니었을까 싶다. 필자는 박사과정 종합 시험을 마치면서 내 생애 다시는 시험을 보지 않아도 된다 생각하니 너무나 감격스러웠던 기억이 생생하다. 평가에 대해서는 평가를 받는 사람은 물론이고, 매번 평가를 해야 하는 영어 교사도 매우 불편한 감정을 가지고 있을 것이다. 그러면 우리에게 영어 평가는 피할 수 없는 필요악, 즉 사랑의 매 역할을 할 수밖에 없는 것인가.

평가는 학생의 학습을 촉진시키는 엔진과도 같다는 말이 있다. 동기부여 없는 지속적인 학습이란 불가능하다는 것은 이론과 경험을 통하여 익히 알고 있을 것이다. 따라서 읽기 평가가 읽기 학습 발전을 돕고, 향상된 읽기 능력에 대한 칭찬과 보상으로 작동하여 결과적으로 영어 학습 동기를 고취시키는 역할을 할 수 있다면 가장 좋을 것이다. 우리나라와 같은 경쟁 중심의 학교 체재에서는 이렇게 본질에 충실한 평가는 과연 불가능한 것인지, 개선의 여지는 없는 것인지 생각해볼 필요가 있다.

그럼 지금부터 이 책에서 지금까지 다루어 왔던 영어 읽기 능숙도의 개념과 발달과정에 대한 논의를 바탕으로 읽기 평가에 대한 기존의 패러다임을 버리고, 본질에 충실한 평가와 우리의 현실에서 적용 가능한 새로운 평가방식에 대해서 소개하고자 한다.

1. 읽기 평가의 목표

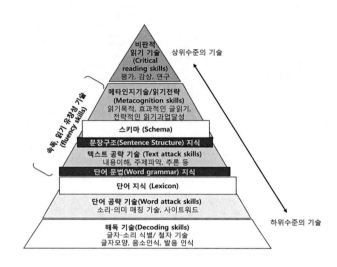

읽기 평가는 읽기 능숙도가 골고루 발달하고 있는지의 과정과 성취를 고르게 평가해야 할 것이다. 그렇다면 2단원에서 제시하였던 영어 능숙도 과정 피라미드를 다시 소환하여 평가 영역과 방법에 대해 곰곰이 생각해보도록 하자. 읽기를 잘하기 위해서는 **읽기 기술**과 **읽기 지식**을 쌓아가야 하고, 학습자의 기술과 지식이 얼마나 향상 혹은 성취 되었는가, 학습자의 개별 읽기 수준은 어디에 있는가 또한 주기적으로 진단하고 점검할 필요가 있다.

Nation(2009)은 읽기 평가의 목적을 다음의 네 가지로 나누어 설명하였다. 첫째, 읽기 지식과 기술을 잘 학습하고 있는가 지속적으로 독려하고 동기를 부여하기 위한 것이다. 둘째, 읽기 학습의 성장 과정을 수시로 점검하기 위한 것이다. 셋째, 학생 개별 읽기의 문제점을 진단하고 개별화 맞춤 도움을 주기 위한 것이다. 넷째, 학습자의 읽기 능숙도의 수준을 전체적으로 측정하고 성취 기준에 도달했는지 점검하기 위한 것이다.

이러한 평가의 목적을 토대로 하여 제시된 Nation(2009)의 읽기 평가의 목표와 목적 측정 방식은 주목해볼 만하다([표 18]). 이 장에서는 이 읽기 평가의 틀을 상세히 검토하면서, 우리나라 교육과정에서의 적용 가능성 여부를 논의하고, 또한 영어수업에서의 활용 방안을 다각도로 제시하고자 한다. 우선 [표 18]의 네 가지 평가 목표 중 세 가지 인 동기부여, 성취도 측정, 문제점 진단은 형성평가(formative assessment)에 해당하므 로 수시로 시행하고, 마지막의 능숙도 측정은 총괄 평가(summative assessment)에 해 당하는 것으로 마지막(기말 혹은 학년말)에 점검하는 것이 바람직하다. 지금부터 읽기 목표를 구체적인 예시와 더불어 하나씩 살펴보기로 하자.

[표 18] Nation(2009)의 영어 읽기 평가의 목표, 목적과 방법

평가 목표	목적	평가 방법(예)
동기부여	학습을 독려한다.	독서 일지(reading log) 북 리포트(book report) 이해도 시험(comprehension test) 스피드 리딩 그래프(speed reading graphs)
성취도 측정	향상도를 점검한다. 지도 방향을 안내한다. 피드백을 제공한다. 성적을 매긴다.	이해도 시험 스피드 리딩 그래프
문제점 진단	읽기의 어려운 부분을 선별한다. 특정부분에 초점을 맞추어 도움을 제공한다.	소리 내어 읽기 어휘 시험 문법 시험(receptive grammar test) 번역 읽기 속도 시험
능숙도 측정	성적을 부여한다. 성취 수준 도달 여부를 확인한다.	이해도 시험 빈칸 채우기 시험(cloze test) 읽기 속도 시험

읽기 평가의 목표 ❶: 동기부여

읽기 평가의 첫 목표는 읽기(독서활동)의 독려에 있다. 아마 읽기 평가의 목표가 동기 부여에 있다는 것에 대해 다소 의아해하는 사람들도 있을 것이다. 어릴 때 쓰던 일기 를 생각해보자. 일기가 아동기의 자기 성찰과 언어 학습에 도움이 된다는 좋은 점에도 불구하고, 검사를 하지 않으면 스스로 지속하기 어려운 것과 같이, 꾸준한 독서 활동은 읽기 능숙도 향상에 가장 기본이 되지만 주기적으로 검사를 하지 않으면 스스로 실천하기는 어렵다. 따라서 평가로 내재적인 동기(intrinsic motivation)를 부여할 수는 없겠지만(간혹, 독서가 너무 좋은 나머지 내적 동기가 부여되는 학생도 있을 것이다), 적어도 읽기를 해야 할 외적 동기(extrinsic motivation)가 된다고 볼 수 있다.

초·중·고 교육과정에서 영어 독서가 강조되고 있지는 않다. 그러나 수업 외 활동, 과제, 포트폴리오, 아침 자습, 자율 선택 과목 등의 방식으로 쉽고 긴 텍스트의 영어책을 편안하게 읽도록 하는 다독 활동(묵독)을 장기적으로 독려할 수 있다. 다독의 방식은 이미 9단원에서 다룬 바 있으므로 이를 참조하기 바란다. 읽기 텍스트의 투입을 증가시켜 스키마를 형성하고, 읽기 속도를 향상시킬 수 있어 이를 주기적으로 점검해 주는 것으로 읽기 학습에 대한 동기부여가 가능할 뿐만 아니라 기록지 등의 작성 활동을 추가한다면, 우수한 형성 평가가 될 것이다. 학생 개인별 질적·양적인 노력의 모습은 포트폴리오로 기록, 보관하여(e-class의 마이 페이지에도 가능) 수행 평가 자료로 활용 가능하다. 그럼 다음에서 동기부여를 위한 다양한 평가 방식에 대해 보다 자세히 소개하기로 한다.

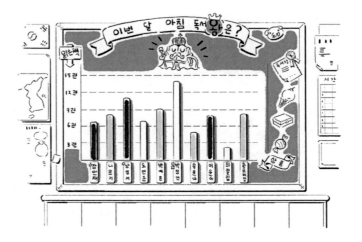

(1) 독서일지(Reading log)

학습자 개별적, 자율적으로 읽은 책을 독서 카드 혹은 독서 일지에 매회 기록하게
한다. 일지의 내용은 제목, 읽은 쪽수, 간단한 내용 요약 혹은 평가 등으로 부담 없이
간단하게 적을 수 있는 양식을 제공한다. 제출된 일지는 추후 평가에 반영할 수 있도
록 학습자별로 철을 해두도록 한다. e-Class, SNS 등 온라인 플랫폼을 활용하면 좀
더 쉽게 관리할 수 있다. 이러한 독서일지를 쌓으면 학생들의 개별 독서량 등을 바탕으로
성실도와 노력 정도에 대한 평가를 할 수 있고 학생 스스로도 성취감을 느낄 수 있다.

독/서/일/지(READING LOG)

Book Title _____

Author _____ Number of pages _____

Publisher _____ Copyright date _____

Date book started _____ Date book completed _____

Reading Log

Date	Title	Pages	How did you like it? ☹ 😐 ☺	How easy was it? ☹ 😐 ☺
Words you remember & their meaning(기억나는 단어와 뜻)				
Comment(느낀 점)				

[그림 35] 독서 일지 예시: 독서 카드형(상) 상세형(하)

(2) 독후감 보고서 혹은 책 소개 발표(Book report or Oral book report)

책 한 권 읽기를 마친 후 내용에 대한 독후감을 써보도록 한다. 작문이 어려운 학년의 경우에는 우리말로 작성하여도 무방하다. 또한 영어로 작성하게 할 때는 질문에 답을 하는 형식이나 샘플을 제공하여 가급적 부담을 줄여준다. 마음에 드는 장면의 그림을 핸드폰 카메라로 찍어서 설명하게 하거나, 연상되는 다른 이미지를 직접 그리거나 인터넷에서 가져와서 자신의 느낌을 표현하도록 하는 것도 동기를 부여하는 데에 매우 효과적이다(임채원, 2014). 독후감 보고서를 형성 평가에 반영할 때는 사전에 평가기준을 마련하여 이를 미리 제공하는 것이 필요하다.

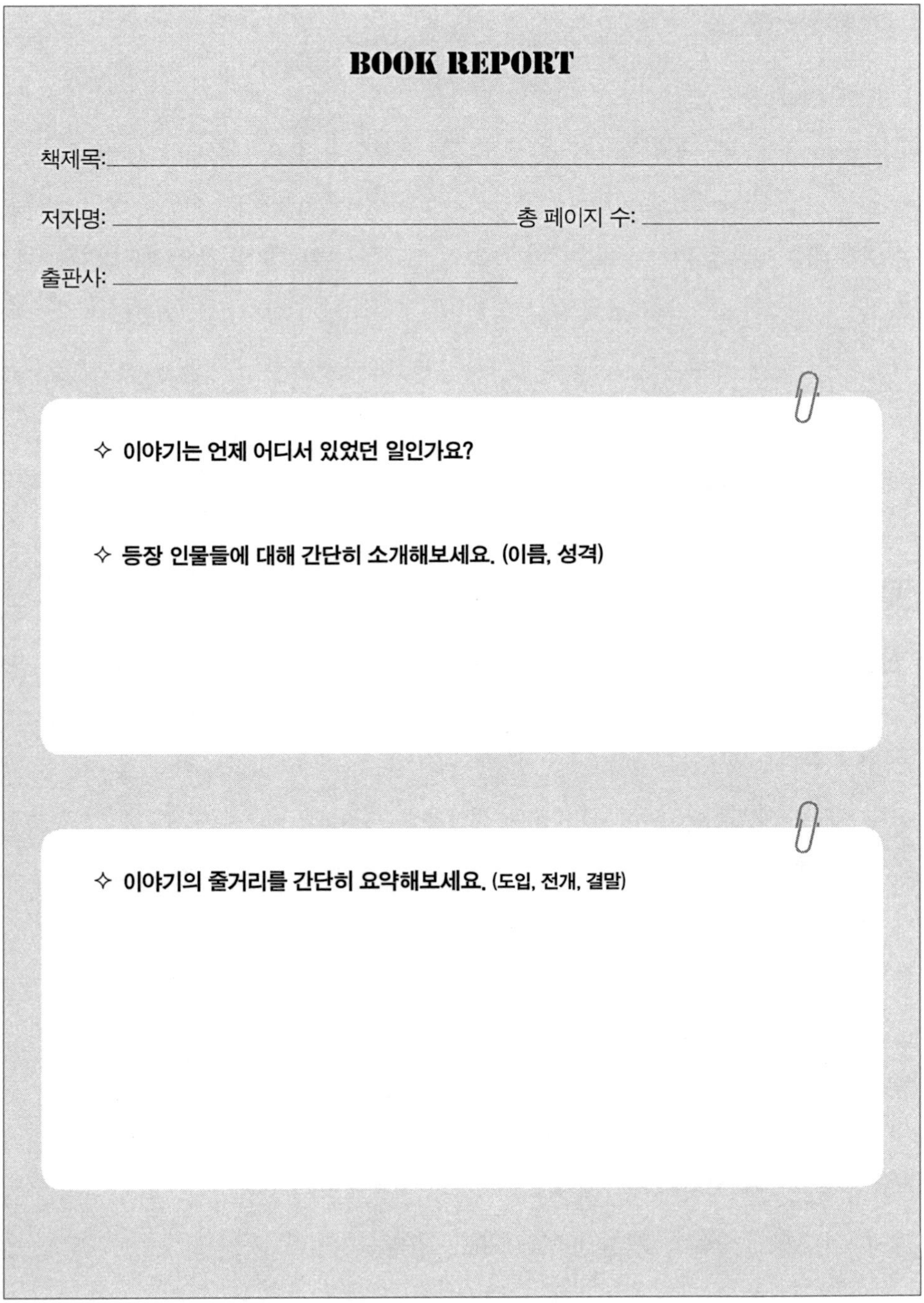

BOOK REPORT

책제목:_____

저자명: _____ 총 페이지 수: _____

출판사: _____

❖ 이야기는 언제 어디서 있었던 일인가요?

❖ 등장 인물들에 대해 간단히 소개해보세요. (이름, 성격)

❖ 이야기의 줄거리를 간단히 요약해보세요. (도입, 전개, 결말)

[그림 36] 독후감 일지의 예

(3) 이해도 테스트

동기부여와 독려를 목적으로 이해도 평가를 한다는 것은 취지에 부합하지 않을 수 있으므로, 전체 내용에 있어 가장 핵심이 되는 사항만을 점검하는 퀴즈의 형태가 적절하다. 즉 이해도 테스트의 목적은 책을 실제로 읽었는지 확인하고, 이로써 영어 독서를 한 것에 대한 칭찬을 해주기 위한 것으로 보면 된다. 이러한 평가라면 책을 다 읽은 사람은 자신이 아는 내용만으로 쉽게 뽑낼 수 있어서 테스트에 대한 부담은 없을 것이다.

읽기 평가의 목표 ❷: 성취도 측정

현재 우리나라 영어 공교육에서는 개별 학습자의 읽기 성취도를 측정할 목적으로 하는 평가를 시행하지 않는다. 학습자의 읽기 성취 수준(즉 지문의 난이도, 유형, 주제 등에 따른 읽기 이해도나 읽기 속도 등)에 대한 평가는 교과서 지문에 대한 이해도를 평가하는 것과는 다르다. 학교 시험은 이미 공개된 읽기 지문에 대한 교사의 강의 내용을 학습한 결과를 평가하는 것이지, 학습자 개인의 읽기 이해 수준에 대한 평가가 아니기 때문이다. 이미 수업시간에 학습한 지문에 대한 최종 이해도, 학습 완성도, 학습 내용의 암기 정도 등을 테스트하는 것과 학습자의 현재 읽기 성취 수준을 테스트하는 것은 평가 목적이 상당히 다르다고 할 수 있다.

학습자의 읽기 성취 수준을 평가하려면 객관적인 기준과 조건에 맞춘 형성 평가를 시행하여야 한다. 첫째, 평가 지문은 학습자가 이전에 접한 적이 없는 새로운 지문이여야 한다. 평가 결과가 이미 학습한 지문에 대한 반복의 결과인지 아니면 현재의 읽기 실력에 따른 결과인지 분별이 가능해야 한다. 둘째, 평가용 지문은 내용과 형태 면에서 현재의 커리큘럼(교과서) 읽기 성취기준을 반영하여 선정되어야 한다. 새 지문을 선정할 때에는 주제는 물론 언어 형태, 즉 사용된 어휘, 지문의 길이, 이독성[17] 등에 있어 교과서 지문 수준과 큰 차이가 없어야 한다. 셋째, 평가를 할 때는 읽기의 제한시간을 정하여 읽기 속도와 읽기 이해도를 병행하여 평가하여야 한다. 학생들이 경험하는 읽기 시험 중 이러한 성취도 평가에 가장 가까운 것은(물론 이 부분에 대해서도 이견이 있을 수 있겠으나) 대학수학능력시험 정도로 볼 수 있을 것이다.

따라서 현재 우리나라의 영어 읽기 평가로는 교사가 학생의 개별 읽기 성취도를 파악할 만한 근거가 부족하며, 학생들 본인 역시 자신의 읽기 성취 수준이나 향상 정도에 대해 정확히 알지 못하고 있을 가능성이 높다. 시간을 지정해 두고, 새로운 지문을 혼자 읽고, 이해도를 파악해본 경험이 별로 없기 때문이다. 학교 영어시험의 높은 성적이 자신의 읽기 수준에 대한 착각을 일으키게 하기도 하는데, 이는 매우 심각한 문제가 아닐 수 없다. 내신 영어 과목에서 좋은 성적을 유지하던 학생이 수능 모의고사를 본 후 그제서야 자신의 실력을 깨닫고 좌절하게 되는 상황은 바로 이러한 문제 때문이며, 영어 읽기 평가의 결함을 보여주는 것이다.

성취 목표에 도달시켜야 할 교사는 물론이고, 학습자 자신도 자신의 성취도를 알고 있어야만 자신의 부족한 부분에 대한 판단이 가능하고, 이를 통한 성취 동기도 구체화될 수 있다. 자신이 영어 텍스트를 얼마나 잘 이해하면서 어느 정도의 속도로 글을 읽을 수 있는지 또한 자신의 읽기 수준이 현재 향상되고 있는지를 민감하게 스스로를 알고 있어야 노력할 의욕이 생길 수 있는 것이기 때문이다. 단 이 경우 성적을 부여하는 무겁고 중요한 시험이 아닌, 수시로 형성 평가를 할 수 있는 체계적인 기회를 부여해야 할 것이다.

---

17)   지문의 난이도를 확인하기 위해서는 9장에서 소개된 이독성(readability) 측정 방법을 참조할 것

(1) 이해도 테스트

읽기 성취 평가에 기본이 되는 것은 이해도 테스트이다. 기존 학습 내용과 동일한 난이도 수준의 새로운 지문을 일정 시간 내에 읽게 한 후 이해도 점검 문항을 풀도록 하여 현재 학습자의 읽기 수준이 어느 정도인지 확인한다. 이해도 테스트는 읽기 속도와 관련되어 있으므로, 너무 세세한 내용에 대한 측정 문항보다는 전체적인 핵심 내용을 잘 이해 하였는지 여부를 파악할 수 있는 문항이 제시되어야 할 것이다. 따라서 문항 수는 지문 길이나 난이도를 감안하더라도 열 개를 넘기지 않는 것이 좋다

그럼 현재와 같은 교과서 중심의 수업에서 이해도 형성 평가를 어떻게 꾸준히 시행할 수 있을지 다음에서 예시 하나를 소개한다. 매 단원 끝날 때 마다 학습한 읽기 본문과 유사한 수준의 영어 지문과 간단한 이해도 평가 문항을 제시하여 시간을 측정하면서 학습자의 읽기 수준을 평가해보도록 한다. 부담스럽지 않게 5분 이내로 평가할 분량의 지문 한 개만 준비한다.

평가 예시 ① 읽기 성취 수준과 이해도 평가하기(교과서 지문 연계)

A. 지문 제시

다음은 5단원 "Survival on Mars" 와 관련된 Curious Kid의 질문과 답 글입니다 지문을 읽고, 다음의 질문에 답해보세요. (제한시간 3분)

- 교과서 지문 길이(단어 수)가 비슷하고, 주제 내용도 비슷하나 새로운 내용의 지문을 선택한다.
- 보다 객관성을 기하기 위해서는 어휘 수준 등 난이도 빈도 등에 대한 코퍼스를 분석해보는 것이 좋다.

Can people live outside Earth?

The short answer is yes, but it's really, really difficult. Humans are great at living in tough places. Even before we developed modern technology, we had spread out to live in all of Earth's continents – from the really cold areas in North America, Europe and Asia, to the hottest parts of Australia. But there are still lots of places on Earth humans can't normally survive – like underneath the ocean, or at the South Pole.

Hear directly from the scientists on the latest research. Those places are dangerous – without protection, you would die in seconds or minutes. But, thanks to modern technology, we've worked out how to live there. People can live for months at a time under the oceans, or down at the icy South Pole. How do they manage it? Well, they find a way to make the conditions there more like what we're used to at home.

Space is very dangerous – and without protection, people would not be able to survive there. In space, there's no air – so you couldn't breathe. It's cold – so you'd freeze. And there's lots of nasty radiation(from the Sun, and from the rest of the Universe), so you'd get really, really bad sunburn. But despite all that, we have people living in space all the time!

There's this amazing place orbiting the Earth called the International Space Station – and there are people who live there, all day, every day. You can sometimes even see it from your back yard, on a clear night! The space station is like a submarine built especially for space. A giant tin can, filled with air, and kept nice and warm – not too hot, and not too cold. It protects the astronauts from the cold of space, gives them air to breathe, and protects them from all that nasty radiation. We send up regular shipments of food and drink – everything they need to survive.

In other words – we've found a way to let people live outside Earth, and we do it by making the place we want to live just like home. Again, though, it's not safe for people to live their forever, and being in space for a long time isn't good for your body. If people ever get to live on Mars, or on the Moon – or other places in the Solar system (and beyond) – it will be because we have found a way to make those places nice, safe and a bit more like home.

Whilst living on the Moon or Mars sounds like science fiction, people are talking seriously about doing just that in the future. It would be very dangerous, and really expensive. But who knows what the future holds?

출처: https://theconversation.com/curious-kids-can-people-live-in-space-120334

위의 지문 길이(453단어 5단락)에 적당한 이해도 평가 문항은 5개 이내이다. 다음의 문항이 예시가 될 수 있다.

B. 다음 질문에 알맞은 답을 고르세요.

1. 인간이 지구 밖에서 생존하기 어려운 이유는 무엇이라고 설명하는가?
2. 인간이 지구 밖에서 생존할 수 있다고 보는 이유를 두 가지 고르시오.
3. 우주가 위험한 이유로 거론된 것이 아닌 것은?
4. 달이나 화성에서 인간이 살 수 있는 방법으로 소개된 것은?
5. International Space Station이 우주인에게 해주는 역할은?

성취 수준을 판단하기 위해서는 주기적인 형성 평가가 필요하다. 다음의 [표 19]의 읽기 속도 그래프와 같이 이해도 평가 결과를 백분율로 표기하여 개인적 기록 시트를 만들어 관리하고, 체계적인 평가를 지속하면, 교사와 학습자 모두 학습자의 읽기 성취 수준과 향상도를 알 수 있을 것이다.

[표 19] 읽기 속도 그래프(Reading Speed Graphs)

WPM													
350+													
340													
330													
320													
310													
300													
290													
280													
270													
260													
250													
240													
230													
220									220				
210													
200					200		208	206					
190						198							
180													
170			178	175									
160	168	169											
150													
140													
130													
120													
110													
100													
90													
80													
70													
60													
50-													

참고 자료 출처: https://magisterp.com/2015/06/22/read-dont-translate-speed-reading/

(2) 읽기 속도 그래프

성취도 평가에 앞서, 자신의 읽기 속도를 주기적으로 측정하고 그래프를 만드는 것만으로도 읽기를 지속하는 동기부여가 된다. 무엇보다 조금씩 속도가 빨라지는 성장과정을 직접 확인할 수 있다는 점에서 자신의 유창성 수준을 파악하기에 좋다. 8장에서 다룬 것처럼 읽기 속도는 분당 읽은 단어 수인 WPM을 주로 사용한다. 다음의 읽기 속도 그래프는 읽기 속도와 이해도를 함께 평가하여 읽기 유창성에 대한 성취도를 평가할 수 있는 방법이다.

날짜	4/12	4/26	5/13	5/27	6/11	6/25	7/9	7/23	8/7			
지문번호	1	2	3	4	5	6	7	8	9			
이해도(%)	90	80	100	100	100	90	90	100	100			

1) 기록하는 날짜와 읽은 지문의 번호를 쓰세요

2) 지문을 읽으면서 1분에 한 번씩(알람이나, 교사가 확인) 읽는 부분에 / 표시를 합니다.

3) 읽기를 마친 후에 분당 읽은 단어를 계산하여 WPM 평균을 냅니다. (ex. 182WPM, 205WPM, 195WPM이면 (182+205+195) ÷3=194WPM

4) 표에 자신의 속도에 가장 가까운 셀에 자신의 속도(ex: 194)를 쓰고 그 아랫부분은 모두 빗금(색깔)을 칩니다.

참고 자료 출처: https://magisterp.com/2015/06/22/read-dont-translate-speed-reading/

읽기 평가의 목표 ❸: 문제점 진단

읽기 훈련을 통해 좀 더 신속하게 잘 읽을 수 있도록 하는 것이 평가의 주목적이지만 교육에 있어서 결과 못지않게 중요한 것은 과정이다. 왜 현재 읽기 성취도가 낮은 것인지 혹은 향상이 안되고 있는지를 파악하기 위해서는 개별 학습자가 겪고 있는 부진의 원인을 진단할 필요가 있다. 어느 부분에서 어려움을 겪고 있는지를 파악하기 위해서 또한 부분적으로 약한 부분을 강화하기 위한 지속적인 노력을 위하여 평가가 활용될 수 있다. 이를 위하여서 읽기 부진이 될 수 있는 주요 원인들을 정리해보면 다음과 같다.

첫째, 텍스트를 소리 내어 읽을 수가 있는가를 점검할 필요가 있다. 앞서 3장에서 소개한 초기 문해력에 해당한다. 발음을 하지 못하면, 어휘 학습에 어려움을 겪게 되고 지문의 읽기 이해에도 어려움을 겪게 된다. 둘째, 어휘력을 점검할 필요가 있다. 현재 다루고 있는 수준의 지문을 읽기에 충분한 어휘력이 있는지 진단해보아야 한다. 셋째, 문장의 기본 구조와 이해를 위한 문법 지식을 갖추고 있는지 확인해야 한다. 이때 읽기에서 말하는 문법 지식이란 수용적인 문법 지식(receptive grammar knowledge)으로 이해를 위한 문법을 의미하는 것이다. 넷째, 지문의 의미를 문장 단위로 정확히 해석할 수 있는가를 확인해보아야 한다. 우리말로 영어 문장을 정확히 번역하고자 노력해 본다면, 정확히 이해하고 있는 부분과 그렇지 못한 부분을 파악할 수 있다. 마지막으로 읽기 속도를 측정해볼 수 있다. 읽기가 매우 느린 경우 어느 부분에서 막히는지, 속도가 나지 않는 다른 이유가 있는지 파악할 필요가 있다. 지금부터 이러한 문제점을 점검할 수 있는 평가방법을 소개한다.

(1) 소리 내어 읽기(reading aloud)

과거 6차교육과정 이전 세대에서는 교과서를 큰 소리로 읽는 연습은 매우 일반적인 교실 영어 활동이었다. 교사를 따라 한 줄씩 반복하여 문장을 읽거나, 교사가 지목한 학생이 문장을 읽는 형태였다. 그러나 청화식 교수법 시대에서 의사소통중심 교수법 시대로 변화하면서, 소리 내어 읽기는 우리나라 영어수업에서 점점 사라져갔다. 의미 중심 교육으로의 변화는 본의 아니게 발음에 대한 관심을 줄어들게 하였고, 이로 인하여 소리 내어 글 읽기를 어려워하는 학습자가 증가하였다. 그러나 이미 3단원에서 설명한 바와 같이, 단어의 소리를 모르면 읽기 능력 향상에 걸림돌로 작용하여 학습한 단어를 기억하는 데에도 효과적이지 못하다. 반면 소리 내어 읽기를 하게 하면 학습자가 모르는 어휘가 무엇인지, 어느 부분(내용, 문장구조 등)에서 이해를 못하고 있는지 스스로 자각할 수 있으며, 교사 역시 학생의 읽기 문제점을 진단하는데 도움이 된다. 따라서 교사는 학년에 상관없이(고등학생이라도) 학생들의 음운 식별 능력과 어휘를 발음하는 해독 능력, 끊어 읽기와 어조를 살려 읽기 등 소리 내어 읽기 능력을 진단하고, 문제점을 개선해주어야 한다.

소리 내어 읽기 평가는 짧고 쉬운 문장에서부터 시작하여, 길이와 어휘 수준을 점차적으로 높여가는 것이 좋다. 소리 내어 읽기는 8장 읽기 유창성 지도에서 이미 다룬 바 있으므로 참고하기 바란다. 단 소리 내어 읽기를 평가 도구로 사용할 때는 교사가 개별 학생 곁에서 소리를 들으면서 피드백을 주는 전통 방식이 있으나, 수업 시간을 비효율적으로 사용하게 되고, 또한 학생들을 긴장시켜 읽기를 더욱 어렵게 할 수 있다. 따라서 녹음한 음성파일을 제출하게 하여, 온라인 평가를 하는 것이 바람직하다. 잘 읽지 못한 단어를 표시하여 피드백을 주고, 정확한 발음으로 읽은 샘플 파일을 제공해주어 각자 연습하도록 한다.

Reading Aloud Test

이름: _____

6/96 words

Once upon a time there was an old mother pig who had three little pigs and not enough food to feed them. So when they were old enough, she sent them out into the world to seek their fortunes. The first little pig was very lazy. He didn't want to work at all and he built his house out of straw. The second little pig worked a little bit harder but he was somewhat lazy too and he built his house out of sticks. Then, they sang and danced and played together the rest of the day.

[그림 37] 소리 내어 읽기 수행 평가지 예시

(2) 어휘 평가

어휘 평가는 우리가 영어수업에서 매우 자주 시행하는 평가 중 하나이다. 우리의 어휘 평가는 현재 수업시간에서 다루고 있는 교과서 지문 혹은 교재로 사용하는 어휘 학습서의 새로운 단어에 대한 학습 정도를 점검하는 데 주로 사용된다. 그러나 어휘는 반복하지 않으면 금방 잊어 버리므로, 새로운 어휘 학습뿐만 아니라 이미 우리나라 영어 교육과정에서 다루어온 기본 어휘가 얼마나 습득이 되어있는지 주기적으로 점검해 볼 필요가 있다. 나아가 가장 빈도수가 높은 어휘 리스트(예를 들어 General Service List, 1953, West) 등에서 단계별 최빈출 어휘 중 미처 습득이 되지 않은 단어들이 있는지 여부를 파악하고 부족한 어휘를 학습을 하도록 도와주는 것 또한 필요하다. 최근에는 인터넷에서 다양한 진단용 어휘 테스트를 구할 수 있다.[18]

어휘 평가 방식으로는 흔히 사용되는 이중언어 어휘 테스트(bilingual vocabulary test)가 있다. 즉 영어 단어 하나씩을 보고 그 옆에 우리말 뜻을 적는 방식이다. 이 평가 방식의 취약점은 첫째, 어휘의 발음에 대해 등한시하기 쉽고, 둘째, 문맥상에서 같은 단어가 다른 의미로 사용되는 경우 잘못 이해할 수 있고, 셋째, 읽기 외의 쓰기나 말하기, 듣기 환경 등에서는 이미 아는 단어라고 생각했지만 실상은 떠올리지 못하게 된다는 점이다. 따라서 이중 언어 테스트 한가지 유형만으로 어휘 평가를 지속하는 것은 바람직하지 않다. 다른 어휘 평가 유형을 병행하여 사용해야 할 것이다. 이러한 이중 언어 어휘 테스트의 문제를 보완해주는 어휘 평가 방식으로는 문맥 제시형 어휘 테스트가 있다. 이는 문장을 주고 밑줄 친 어휘의 뜻을 우리말로 적게 하는 방식이다. 학습자가 그 문장 내에서의 단어의 고유한 의미를 파악하고 있는지 확인할 수 있으며, 의미를 잘 모르는 단어인 경우에도 문장으로 추측하는 의미 추론 기술을 점검할 수 있다.

---

18)   Oxford Vocabulary Test https://www.oxfordonlineenglish.com/english-level-test/vocabulary

1. Her freckles make her look younger than she is. _____
2. My wife asked me to mow the lawn. _____

[그림 38] 문맥 제시형 어휘 평가

(3) 문법 평가(receptive grammar test)/ 번역 평가

문법 평가는 읽기 중점의 우리나라 중·고교 지필시험에서 자주 사용하는 평가로 매우 익숙하다. 여기서 말하는 문법 평가는 주로 읽기를 위한 수용적 문법 지식에 대한 진단이다. 주로 문장 내에 빈칸을 제시하고 이에 들어갈 단어의 올바른 문법 형태를 알고 있는지의 여부 등을 진단하는 것이 일반적이다. 평가에서 문법적인 용어를 사용하지 않고, 문장의 구조와 위치에 맞는 문법 형태를 알고 있는지 확인하기 위하여 선택지를 주고 고르게 하는 것이 좋다. 흔히 국제 표준 영어 테스트에서 주로 제시하는 시험형태이다.

1. Paris has some great museums _____ you can see the impressionist painters.

1) which   2) where   3) that

2. I could talk to him but he doesn't come here often, _____ he?

1) does   2) do   3) doesn't

[그림 39] 문법 평가

번역 평가 역시 우리나라 학교 영어시험에서 서술형으로 자주 제시되는 평가로 문장을 정확히 이해하였는지, 읽기 이해도가 낮은 이유가 무엇 때문인지 진단하는 데 효과적이라고 할 수 있다. 단지 평가에 초점을 두고 문법이나 읽기 정확성의 수준을 평가하는 데 그치지 말고, 정확히 무엇 때문에 읽기에 어려움을 겪는지 분석하여 읽기 지도에 참고자료로 활용하도록 한다.

읽기 평가의 목표 ❹: 읽기 능숙도 측정

읽기 총괄 평가로 장기간에 걸쳐 누적된 학습 능력을 측정하기 위하여 사용될 수 있다. 학습자의 정확한 읽기 수준을 측정하여 점수화 혹은 등급화시키는 절대평가 방식이다. 국제적인 표준화 시험으로 TOEFL, IELTS, 국내의 영어능력시험으로는 TEPS(독해 부분) 등이 신뢰할 만한 읽기 능숙도 평가도구의 예이다. 수능 영어 평가는 우리에게 가장 친숙한 예가 될 것이다. 그러나 수능영어평가는 엄밀한 관점에서 객관적인 절대 평가라고 볼 수 없다. 또한, 읽기 능숙도를 측정하는 것으로 보기 어려운 문항도 있으나, 국내에서 경험하는 가장 보편적인 총괄 읽기 능력 평가로 인정받고 있으며, 대학 입시에 수십 년간 활용되어 왔다.

이러한 읽기 능숙도 측정의 목적은 첫째, 점수를 부여하여 그동안의 학습 노력에 대한 결과를 객관적으로 확인해보고자 하는 것이다. 우리나라도 읽기 능력의 총괄 평가를 위해 기말고사 등 학교 영어 시험에서 능숙도 측정을 할 수 있는 문항이 개발되어야 교육을 통한 읽기 실력 향상 여부를 판단할 수 있을 것이다. 둘째 교육과정이 제시한 성취 수준에 도달했는지 여부를 판단하기 위해서도 능숙도 측정은 반드시 필요하다. 이 책의 2장에서 제시한 것처럼 교육과정에서 영어 읽기에 대한 성취 목표를 제시하고 있으므로, 학습자의 성취 정도는 총괄 평가를 통해 반드시 그 도달 여부를 확인을 하여야 한다. 비록 현재 우리나라 영어 교육과정은 행동주의적인 성취 목표를 설정하거나 계량화된 성취 기준을 제시하지 않았으나, 학습자가 제시된 읽기 기술과 읽기 능력에 도달하였는지 여부에 관심을 갖고 확인하는 것은 필요하다. 예를 들어 고등학교 영어 I의 성취기준을 보면 다음과 같은 부분이 있다.

[12영I03-01] 일반적 주제에 관한 글을 읽고 세부 정보를 파악할 수 있다.

[12영I03-02] 일반적 주제에 관한 글을 읽고 주제 및 요지를 파악할 수 있다.

[12영I03-03] 일반적 주제에 관한 글을 읽고 내용의 논리적 관계를 파악할 수 있다.

[12영I03-04] 일반적 주제에 관한 글을 읽고 필자의 의도나 글의 목적을 파악할 수 있다.

[12영I03-05] 일반적 주제에 관한 글을 읽고 필자의 심정이나 태도를 추론할 수 있다.

이는 우리나라 수학능력 영어시험에서 다루고 있는 내용이므로, 어떠한 문항이 총괄 평가에 제시되어야 하는지를 알 수 있다. 따라서 학교 시험에서 학기마다 진행되는 총괄 평가는 성취 기준에 맞게 출제 되어야 하며, 학교 급, 학년별로 계량적인 읽기 목표 수준의 설정이 필요하다.

(1) 읽기 속도 평가

이미 유창성 단원에서 설명한 바와 같이 읽기 속도는 음독과 묵독으로 읽는 속도를 모두 평가할 수 있으며, 수업시간을 통해 자신의 읽기 속도를 개인적으로 진단할 수 있는 기회를 주기적으로 마련해주는 것이 좋다. 또한 수업시간에 연습한 것을 바탕으로 수행평가 등에도 적용할 수 있다. 총괄 평가로서의 읽기 속도 평가는 시행하기 어려울 것은 없다. Nation(2009)에 따르면 2~3회 반복적으로 시행하는 것이 신뢰할 만하고, 읽기 쉬운 지문인 경우, 일반 원어민의 음독 속도는 100~150WPM, 묵독 속도는 250WPM 내외이므로, 외국인 학습자의 경우 그 기준은 학습자와 상황에 맞춰 독자적인 기준을 세울 수 있다고 하였다. 자세한 내용은 8장의 유창성 지도를 참고하기 바란다.

(2) 빈칸 채우기 평가(cloze test)

또 하나의 읽기 능숙도, 이해력을 측정하기 위한 방법으로 클로즈 테스트가 있다.

이것은 학습자가 제시된 지문 수준의 내용과 문법을 어느 정도로 이해하고 있는지를 알려준다. 문장 단어의 6~7개마다 한번씩 빈칸을 만들고 이를 어느 정도 채울 수 있는지 보는 것이다. 빈칸은 핵심 내용어일 수도 있지만 간단한 전치사나 조사 등 형태어일 수도 있다. 빈칸의 총 개수에 맞게 추측한 단어의 수가 60% 이상이면 해당 지문을 잘 이해하는 수준의 읽기 능숙도를 갖추고 있는 것으로 볼 수 있다. 지문은 이미 학습한 내용이 아니라 비슷한 수준과 주제의 새로운 지문을 사용해야 한다는 점이 중요하다. 두 개의 지문 난이도를 비교하며, 클로즈 테스트의 특성을 체험하기 위해 아래 두 지문의 빈칸을 채워보자.

 평가 예시 ② 초 6 교과서 지문(천재, p. 129, p. 158)**을 이용한 빈칸 채우기 평가**

I live in a small town. 1)   's very beautiful and clean. I 2)   going around my town by bike. 3)   usually go to the library 4)   school. It's between my school 5)   park. I like visiting happy Friends, 6)   I can see cute dogs and 7)   there. It's next to the flower 8)   There is a famous bakery 9)   my town. I love the chocolate 10)   there. I love my town.

   I 11)can see my mom on TV. She 12)   many people and visits lots of 13) places. And she writes news stories. She 14)   a reporter. It's a great 15)   , isn't it? My dad takes 16)   of animals at the zoo. He 17)   is a zookeeper. He feeds and plays 18)   them. I usually go to the 19)   on weekends I like playing with 20)   . They are so cute. I want 21)   be a zookeeper, too.

평가 예시 ③ 고 1 교과서 지문(능률, p. 71)을 활용한 빈칸 채우기 평가

Many people think that they 1) _____ look at calming colors when 2) _____ are angry or irritated. Because 3) _____ color red excites the emotions, 4) _____ may think that looking at 5) _____ will make them angrier. However, this 6) _____ shows that the opposite can 7) _____ true. By looking at the color 8) _____ here, you can release your 9) _____ anger. This picture is actually helping you 10) _____ calm down.

The woman in the 11) _____ is standing in a vividly 12) _____ room and is placing fruit in 13) _____ bowl. She seems to be 14) _____ on her work in silence. As 15) _____ watch the woman working dutifully at 16) _____ task in this red room our 17) _____ melts away instead of getting worse.

위의 빈칸 채우기 평가 예시는 이해를 돕기 위해 교과서의 지문을 사용했지만 실제로는 교과서 밖의 새로운 지문을 사용하여야만 단순 암기 평가가 아닌 종합적인 읽기 능숙도 평가가 될 수 있다. 빈칸 채우기 평가는 글을 읽을 때 내용과 형태 모두에 집중하게 하고, 앞뒤 문맥을 통한 추론 기술 또한 요구되어 좋은 읽기 연습이 될 수 있다.

Chapter 12

성공적인 읽기 교육을 위하여
읽기 교육의 비판과 방향의 재정립

- Let us read and let us dance—two amusements that will never do any harm to the world.
  -Voltaire
- Once you learn to read, you will be forever free. *-Frederick Douglass*
- We read to know we are not alone. *-C.S. Lewis*
- Read, read, read. *-William Faulkner*

　마지막 장의 인용문은 네 가지를 준비하였다. 이 책의 핵심 메시지가 담겨있는 생각들이다. 이는 바로 읽기가 주는 즐거움, 읽기 능력이 주는 자유로움, 읽기를 통한 소통, 그리고 필자가 가장 강조하고 싶은 다독을 통한 유창성이다. 20세기 문학가와 사상가들이 말하였던 읽기의 목적과 방법이 21세기 우리의 외국어 읽기에도 그대로 적용된다. 이제 1장에서 제시하였던 체크리스트로 검토해 본 '영어 읽기 교육에 대한 믿음'을 다시 소환하여 고찰해보도록 한다. 이미 많은 분들이 추측한 바대로 모든 생각은 F이다. 우리의 전통적인 읽기 교육 패러다임에 대한 여러분의 생각이 지금까지 총 열 개의 단원을 읽으며 얼마나 바뀌었을지 자못 궁금하다. 물론 그간의 믿음들에 대한 생각의 변화가 전혀 없을 수도 있고, 생각이 크게 달라진 경우도 있을 것이다.

1. 낡은 읽기 교육 패러다임에 대한 근거 있는 비판

이제 1장에서 소개하였던 영어 읽기에 대한 우리나라 사람들의 잘못된 믿음(myths)을 이 책에서 제시한 이론적 근거를 토대로 반론을 제기하고자 한다.

◇ 영어 읽기학습과정은 마치 쓴 약과도 같다. 고통스럽고 힘들지만 열매는 달다.

"남의 나라 말을 잘하게 되는 것이 어디 쉽겠냐? 죽기로 노력하고 공부해야 겨우 가능한 거지… 힘들어도 참고 열심히 단어 외우고 문법 공부하고…" 이러한 어른들의 말씀은 일견 일리가 있어 보이지만 전적으로 동의하기는 어렵다. 물론 외국어를 배우는 것은 장기간에 걸쳐 많은 노력을 요구하는 일인 것은 사실이고, 높은 수준의 성취에 도달하기 위해서는 어쩌면 평생의 여정일 것이다. 그러나 고통스러워서는 긴 여정을 지속하기가 어렵다. 그렇기 때문에 수련 과정에서 동기부여될 수 있는 즐거움은 반드시 필요하다. '좋아서 하는 사람은 이길 수 없다'는 말이 있다. 읽기는 단순한 언어 학습이 아닌 그 안에 담긴 내용만을 오롯이 즐기는 읽기, 즉 '독서'가 포함되어야 한다. 그 과정이 즐거워야 하고, 종종 달콤한 열매의 맛도 보아야 계속할 수 있다. 즐거운 과정과 열매 맛을 경험한 성공적인 읽기 학습자라면, 자식이든 제자이든 타인에게 결코 고통스러운 수련을 권장하거나 강조하지 않을 것이다. 뿐만 아니라 그들은 학교를 졸업한 이후에도 영어 읽기를 즐기고 이를 통해 많은 것을 얻으며, 읽기 능력을 계속적으로 발전시켜 나갈 것이다. 이것이 소위 진정한 열매가 아닐까 한다. 반면에 고통을 억지로 인내하며 읽기를 이어온 학습자는 목표가 종료되는 순간(예컨대, 수능 시험) 더 이상의 고통을 참지 않을 것이며, 안타깝게도 고통을 통해 가꿔온 열매의 결실은 충분히 누리지 못하게 될 가능성이 높다.

✧ 내 실력보다 어려운 지문을 읽어야 독해 실력이 향상된다.

이는 근거 없는 믿음이다. 이미 수십 년간의 연구결과에서 밝혀진 바에 따르면 읽기는 기본적으로 텍스트 입력량이 많아야 잘하게 된다. 즉 최대한 많이 읽을수록 읽기 실력이 향상되는 것이 정설이다. 여기서 어려운 지문을 읽어야 한다는 필수 조건은 없다. 주어진 시간이 같은 경우, 자신에게 쉽다고 생각되는 지문을 읽을 때에 어려운 지문을 읽을 때보다 더 많이 읽을 수 있는 것은 자명한 일이다. 물론 필자도 과거에 두껍고 어려운 명작 소설을 끙끙대며 읽은 후 읽기 능력이 일취월장한 뿌듯함을 느낀 적이 있다. 그러나 같은 시간에 쉬운 책으로 훨씬 더 많은 양을 읽은 경우와 비교한 적이 없으므로, 이러한 나의 경험만으로 어려운 지문의 당위성을 주장할 명분은 없다. 분명한 사실은 어려운 지문을 이해하려면, 내용 외에 다른 많은 것(모르는 단어, 복잡한 문장구조, 모호한 개념 등)을 해결하느라 시간을 소요하게 된다는 것이다. 또한 스스로 이해를 하지 못하는 경우에 다른 사람의 설명에 의존하게 되는데, 이런 일에 시간을 들이는 것보다는 좀 더 쉬운 텍스트 입력을 늘리는 것이 읽기 능숙도에 보다 도움이 될 것이다. 무엇보다 어려운 텍스트를 읽으며 내용을 즐기기는 힘들다. 영어 읽기에 대한 부담스러운 감정이 더 많은 양을 읽지 못하게 하는 이유가 될 수 있다.

✧ 영어 단어의 뜻을 많이 암기해 두면 독해를 잘할 수 있다. / 내가 독해를 잘못하는 것은 단어 실력이 없어서이다.

단어를 많이 알면 독해를 잘할 수 있다는 것은 사실이다. 많은 연구결과가 이를 증명한다. 외국어 학습자가 문제없이 텍스트를 읽으려면 약 3,000단어군(10,000개) 정도를 알고 있어야 한다고 이미 배운 바 있다. 이는 우리나라 교육과정에서 제시하는 어휘를 훨씬 뛰어넘는 수준이다. 이 많은 단어를 암기 학습으로 따라잡기는 어렵다. 단어 목록 암기 학습은 많은 학습자에게는 그 자체로서 받아들이기 어렵기도 하고, 단어 암기에 많은 시간을 들였음에도 불구하고, 실제 지문을 통해 외운 단어를 만나기도 전에 잊어버리기 쉽다. 이미 이 책에서 소개했듯이 엄청난 양의 어휘를 소화하는 가장 최상의 방법은 텍스트를 많이 접함으로써 얻는 우연적 학습(incidental learning)이라고 주장하는 학자들이 많다. 당장 가시적인 성과가 없어서 비효율적이라 생각하기 쉽지만, 지문에서 만나는 바로 그 순간에 문맥을 통하여 어휘의 다양한 지식(내용, 형태, 용법)을 한번에 습득하게 된다는 점, 또한 책을 읽으면 같은 단어에 반복적으로 노출이 되는 점 등 때문에 맥락 없이 뜻만 외우는 단어장 암기법보다 더 효과적일 수 있다. 또한 때로는 모르는 단어의 뜻을 유추하거나, 건너 뛰는 전략으로 글을 읽을 수 있는 능력 또한 단어를 많이 아는 것만큼이나 중요하다. 읽기 과정에서 단어에 집착하는 것은 도리어 방해가 될 수 있다.

◇ 문장 구조를 잘 분석할 수 있으면 독해를 잘하게 된다.

문장 구조를 분석할 수 있으면 그 문장의 뜻 그대로 정확히 해석할 수 있게 된다는 것은 맞다. 그러나 읽기 능숙도 과정에서 배웠듯이 문장 구조 식별 기술은 문장 단위 텍스트 공략 기술의 하나일 뿐이다. 글을 잘 이해하는 데 보다 중요한 것으로 핵심 주제가 무엇인지 논리 전개가 어떻게 되는 것인지, 글쓴이의 의도는 무엇인지 등과 같은 상위 수준(담화 수준)에 대한 이해도를 무시할 수 없기 때문이다. 이러한 점에서 보면 문장 구조에 대한 지식은 전체 읽기 이해도에서 그리 큰 비중을 차지한다고 볼 수 없다. 심지어 상향식(bottom-up) 읽기 능력이 다소 부족하더라도 하향식(top-down) 읽기 능력이 있으면 글 읽기의 핵심인 글의 중심 내용 파악이 가능하다. 문법 지식이 좋아도, 담화 수준의 텍스트 공략 기술이나 읽기 전략, 메타인지 기술, 스키마 등이 부족하면 저자의 메시지를 파악하지 못하고 중요한 것을 놓치게 되는 경우는 허다하다. 단어와 문법만 열심히 하면 독해를 잘하게 될 것이라는 믿음에 동의하기 어려운 이유이기도 하다.

◇ 문장을 정확히 해석할 능력을 갖추게 되면 읽는 속도도 자연히 빨라지게 된다.

문장을 정확히 해석할 줄 알게 되면 자연스럽게 속도가 붙는다는 생각은 이론적 근거가 부족하다. 이 책에서 배웠듯이, 읽기 속도는 많이 읽을수록 저절로 빨라지는 것이다. 시간을 정해놓고, 신속하게 전략적으로 읽는 연습을 통해서만 향상시킬 수 있다. 즉 문장을 정확하게 읽으려는 것과 유창하게 읽으려는 것은 별개의 노력일 뿐만 아니라 때로는 상반된 성격을 가지기도 한다. 정확하게 이해하려고 하는 노력이 글 읽기의 속도를 늦출 수 있기 때문이다. 또한 학자들의 연구에 따르면 모든 문장을 같은 중요도로 이해하려고 노력하는 것은 글을 잘 못 읽는 학습자(poor reader)에게서 나타나는 전형적인 읽기 습관이다.

✧ 학생 혼자 읽는 것보다 교사의 설명을 들으면서 독해를 하는 것이 효과적이다.

이러한 믿음에 근거가 될 만한 어떠한 연구결과도 본 적이 없다. 그러나 이를 반박할 근거는 많다. 우선 혼자서 하는 묵독은 유창성 신장에 매우 중요하며, 다양한 텍스트 공략 기술과 전략을 습득하는데 도움이 된다. 스스로 읽기 목적을 세우고, 전체 텍스트를 전략적으로 이해해 나가야 하고, 이 때 모르는 단어나 중요하지 않은 문장들을 해결하는 방식 또한 터득해야 하는데, 교사의 적극적인 개입은 이러한 중요한 기술을 스스로 훈련할 기회를 차단하는 셈이다. 밥을 떠먹여 주면 깔끔하게 식사를 마칠 수는 있지만 혼자 먹는 법을 터득하지 못하는 것과 같은 이치이다. 교사의 지도하에 중도 개입 없이 혼자 글 읽는 연습, 속독 훈련 등을 할 수 있어야 한다. 교사의 설명 없이 지문을 전혀 이해할 수 없는 학생이라면, 지문의 수준을 더 낮추는 것이 바람직하다. 자신이 이해할 수 있는 수준보다 지나치게 높은 언어 입력을 주면 집중력이 흐트러지고, 당연히 습득도 잘 되지 않는다. 어려운 지문 하나를 이해하기 위해 교사가 모든 문장을 일일이 설명할 시간에 차라리 쉬운 지문 여러 개를 혼자 읽어 보도록 지도하는 것이 더 효과적일 것이다.

✧ 교과서에 텍스트의 양이 더 늘어나면 학생들에게 과도한 학습 부담을 주게 된다.

많은 사람들이 현재 교과서 본문의 양이 적지 않다고 생각하고, 더 많아지면 학생들이 힘들어서 안 된다는 생각을 가지고 있다. 이는 발상의 전환이 필요한 부분이 아닌가 한다. 이 책에서 배워왔 듯이 텍스트의 입력이 많아야 읽기가 향상되는 것이 엄연한 사실이기 때문이다. 우리가 영어교육과정에서 접하는 텍스트의 총량은 수능 지문 수준의 글 읽기는 물론 읽기 성취 기준에 도달하기에 턱없이 부족하다. 흔히 교재가 두꺼워지면 암기할 것이 많아지고 더 어려워서 감당하기 버거워질 것이라고 생각하지만, 이는 어떻게 가르치고 평가하느냐에 달린 문제이다. 쉬운 글을 내용 중심으로만 읽히고, 강의 내용 이해도 점검 평가는 삼가고 읽기 훈련 량에 따른 실질적인 능숙도만을 점검하거나, 활동 중심의 과정 평가를 하게 되면 더 부담스러울 이유가 없다. 수업 역시 일일이 설명하느라 시간이 많이 걸리는 정독 수업의 자리에, 실제 자료를 통한 내용 중심 입력/출력 지도와 책 감상 위주의 다독 활동으로 대체 한다면 진도에 대한 부담도 줄일 수 있을 것이다.

✧ 영어 독해 실력을 향상시키는 데 좋은 방법은 본문을 모조리 외우는 것이다.

이 책에서 강조해온 읽기 능숙도의 피라미드를 한번 생각해본다면 이러한 믿음이 잘못되었다는 사실을 바로 알게 될 것이다. 이 책에서 거듭 강조한 바대로, 읽기 능숙도에 도달하기 위해서 얼마나 많은 지식과 기술이 필요한가. 피라미드를 열심히 쌓아 올리려면 부지런히 많은 텍스트를 읽으면서 사이트 워드, 스키마, 어휘 지식, 각종 텍스트 공략 기술, 읽기 전략 등을 습득해가야 한다. 지문 한 개의 정확한 이해를 위해 시간을 낭비할 이유가 없다. 본문 암기가 무의미하다는 것은 아니지만 최선일 수는 없다는 뜻이다. 암기를 하기 위한 반복 읽기는 유창성 발달에 도움이 되는 것은 분명하지만, 같은 시간에 유사한 다른 지문을 여러 개를 볼 때 얻을 수 있는 추가적인 이익(새로운 배경지식, 읽기 기술 연습, 새로운 어휘와 표현 습득 등)을 고려해볼 때, 하나의 지문에만 집중하는 것이 더 낫다고 보기 어렵다. 게다가 반복학습이나 지루한 암기는 학습 의욕을 저하시킬 수 있다.

2. 다시 생각해보는 영어 읽기 지도의 방향

읽기의 본질은 변하지 않았고, 읽기 지도 이론도 여전히 축적된 가치 그대로 달라지지 않았다. 다만 시대의 변화와 더불어 읽는 내용, 방법, 중요도, 그리고 글을 읽는 독자들의 성향 등 영어 읽는 환경은 크게 변화하였다. 잠시도 읽지 않고는 지식도, 정보도 얻을 수 없고, 소통도 하기 어려운 요즘의 삶을 생각해보면 읽기의 중요성은 전보다 훨씬 커진 것이 아닌가 한다. 영어 읽기 역시 우리 한국인의 삶 속에 그 어느 때보다도 크게 자리하고 있다. 매일마다 자주 들여다보는 SNS에는 영어로 소통하는 외국인이 내 가족만큼이나 가까이 있고, 해외여행은 이제 누구나 꿈꿀 수 있는 휴가가 되었다. 무수한 해외 정보, 국제 뉴스, 해외 직구, 학술 디지털 자료, 전자책과 동영상, 해외 비즈니스, 해외 MOOC 강좌 등 영어 문해력을 가진 자와 그렇지 못한 자의 삶의 질과 기회는 과거 어느 때보다 크게 차이가 있을 수밖에 없다. 인공지능 챗봇, 자동 번역기 등이 출현했지만 초, 중, 고 학교 교육과정을 통해 쌓아야 하는 영어 문해력의 기본은 갖춰야만 이러한 신기술도 활용가치가 있을 것이다.

이렇듯 평생에 걸쳐 가장 잘 활용할 인생의 자산 중 하나가 바로 영어 읽기 능력이다. 과거에도 그랬지만 21세기 지식 정보 사회가 요구하는 글로벌 역량의 기본이 바로 영어 읽기라는 점은 분명하다. 비록 새로운 리터러시를 추구하고, 책도 잘 읽으려 하지 않지만, 디지털 세대 어느 누구도 영어 텍스트로부터 자유로울 수 없다. 그러한 의미에서 영어 읽기를 지도하는 선생님들의 역할은 그 어느 때보다 중요하고 크다고 볼 수 있다. 이러한 중책을 맡은 우리는 이 사회가 요구하는 영어 읽기 능력을 잘 성장시키도록 좋은 안내자 역할을 해야 할 것이다.

이제 머리말에서 던진 근본적인 질문에 대한 답을 통해 21세기 영어 읽기 지도의 기본 방향을 재정립하고자 한다. 이것은 영어 수업을 받는 학생들과 제일 첫 시간에 먼저 나누어야 할 중요한 문답이다. 또한 읽기 지도를 할 때 교사들이 자신의 수업을 성찰하기 위해 매일마다 자문해야 하는 말이기도 하다.

✧ 왜 우리는 영어 읽기를 잘해야 하는 것인가?

앞서 말했듯이, 21세기 지식정보사회에서의 영어 텍스트 읽기 능력은 그 어느 때보다도 중요하다. 우리는 방에 앉아서 세계 사람들과 함께 하고 있다. 영어 텍스트로 소통하고, 정보를 교환하고, 내 지식을 공유 전파하고, 내 필요를 충족시킨다. 영어를 읽지 못하는 사람의 삶은 영어를 잘 하는 사람과 비교할 때, 단조롭고 지루하며 좋은 기회를 놓치는 순간이 많을 것이다. 이제 한국인에게 영어 문해력이란 과거 식자층의 상징과도 같은 그 자체의 권위는 사라지고, 일상의 삶에 필수적인 생활 도구 중 하나로 활용될 것이다.

✧ 학생들은 앞으로 어떠한 경우에 영어 읽기를 하게 될까?

매일의 삶 속에서 어김없이 영어 읽기를 해야 한다. 읽어야 하는 것은 대개 디지털 텍스트이며, 주로 구체적인 정보를 담은 실용문이거나, 비형식적인 대화문이 될 것이다. 학술, 산업 등 학문과 업무를 보기 위해서는 좀 더 정제된 지식이 담긴 서술문을 읽게 될 것이다. 읽어야 할 정보량은 무제한이므로, 학습자 스스로 선택적인 글 읽기를 해야 할 것이다.

✧ 영어 읽기는 정확하게 읽는 것이 중요한가?

정확한 읽기를 할 겨를이 없을 것이다. 과거에는 지식이 책으로 정해져 있어서, 깊이 있는 열독이 필요하고, 때로 암기하고 있어야 할 중요한 내용이 지정되어 있었지만, 이제는 그렇지 못하다. 핵심만 파악하고 필요한 정보를 선별해야 하는 스키밍, 스캐닝 기술이 최근 가장 흔하게 사용 되는 읽기 기술이다. 영어로 얻게 되는 정보 역시 대부분 그러하다. 오해를 사지 않기 위해서 상대방의 의도를 잘 파악해야 하는 대화문, 중요한 이메일 서신, 사용설명서, 그리고 감상을 요하는 문학서 등을 읽을 때는 정확한 글 읽기가 요구된다.

✧ 어떤 글을 읽혀야 할까?

학교에서 다양한 글 읽기를 해볼 기회는 소중하다. 여러 장르의 글 읽기에 익숙해지고, 거기에 담긴 수사적 구조를 이해할 수 있도록 풍부한 경험이 필요하다. 텍스트는 가급적 실제성이 있어야 한다. 정제되거나 인위적인 학습용 교재의 지문 비중은 지금보다 확실히 줄여야 한다. 디지털 시대에 맞는 새로운 장르의 글들(SNS 대화문, 블로그 일지, 멀티모드 콘텐츠, 뉴미디어 텍스트)과 각종 일상적인 삶 속의 영어의 비중은 지금보다 늘리는 것이 필요하다.

✧ 학생들은 어떤 글을 읽을 때 흥미를 느낄까?

학생들이 흥미를 느낄 글감은 각자의 관심사와 요구, 미래의 희망 직업 등에 따라 다를 것이다. 그러나 공통적으로 누구에게나 동기부여를 시킬 만한 읽기 텍스트는 다음과 같다. 첫째, 스토리 기반 글이다. 누구나 스토리가 있는 글을 읽는 것을 좋아한다. 특히 감동(슬프든 웃기든 놀랍든 무섭든 간에)을 줄 만한 내용을 담은 스토리는 학생들에게 흥미를 줄 가능성이 높다. 둘째, 현실과 맞닿아 있는 실제성이 있는 글이다. 시의성이 있거나, 당장 자신의 관심과 연결이 될 만한 생생한 내용과 맥락이 담긴 글에는 많은 사람들이 흥미를 느끼게 되는 것은 당연하다. 셋째, 학습자 스스로 선택한 글을 읽을 때 가장 흥미를 느낄 것이다. 다독 등 읽기 교육을 위한 동기부여를 할 때 흔히 오해하는 것 중 하나가 흥미는 읽기 외적인 것에서 온다고 생각하는 것이다. 이 때문에 읽기의 본질인 내용보다 게임이나 보상 혹은 기타 흥미 요소를 느낄 만한 다른 활동을 준비하는 데 신경을 쓰는 경우가 많은데, 그보다는 읽기 활동이 자신에게 매우 중요하고 필요하다고 깨달을 때 가장 큰 동기부여가 된다고 필자는 생각한다. 따라서 자신에게 필요한 것을 스스로 선택할 수 있게 도와주는 것이 좋다. 그 글이 나에게 큰 정보를 주거나, 호기심을 충족시켜주거나, 학습할 필요를 절실히 느끼게 할 때, 학생들은 가장 큰 흥미를 느낄 것이다.

✧ 그럼 현재 나의 읽기 지도법은 적절한 것인가?

이 질문에 대한 답은 각자 자신의 읽기 수업을 성찰하여야만 내릴 수 있겠지만, 우리나라 영어 읽기 수업에서 일반적으로 가장 부족하다고 생각되는 것만을 간단히 요약해보겠다. 첫째, 초기 문해력에 해당하는 해독 기술 지도가 매우 부족하다. 파닉스 등의 지도를 통해 음독의 기회를 좀 더 제공해야 한다. 둘째, 더 많은 읽기 텍스트를 제공해야 한다. 교과서 중심의 수업으로는 도저히 성취 기준에 맞는 읽기 능력에 도달할 수 없다. 셋째, 개별 묵독의 기회가 더 많이 필요하다. 혼자 보다 긴 지문을 읽어보는 연습 기회를 늘리고, 교사의 개입은 줄여야 한다. 넷째, 유창성 신장을 위한 활동이 필요하다. 유창성이 바로 읽기 능력이므로, 주어진 시간에 일정 수준의 이해도를 가질 수 있도록 지도 방향의 전환이 필요하다. 다섯째, 내용 중심의 즐거운 글 읽기를 할 수 있는 기회를 마련해야 한다. 다독 프로그램 운영 등 진정한 의미의 독서 기회와, 내용 중심의 입출력을 할 수 있는 활동이 늘어나야 한다. 마지막으로 교육과정의 목표에 맞는 평가를 해야 한다. 강의 내용을 확인하는 교과서 중심 평가를 지양하고, 학생의 성취 정도, 능숙도, 문제점 진단 등을 할 수 있는 진정한 평가방식을 도입하여야 한다.

참고문헌(Bibliography)

• 강지연, 김혜영. (2017). 사고구술기법(Think-Aloud)을 활용한 고등학교 수준별영어학습자의 독해전략연구. *외국어교육, 24*(1), 159-184.

• 김미소, 김혜영. (2017). 초등 방과 후 영어 다독 지도의 문제점과 개선 방안: 설계기반연구. *초등영어교육, 23,* 85-111.

• 김소영. (2021). 초등학생을 위한 웹 기반 영어 초기 문해력 검사 도구 개발 및 적용. 박사학위논문, 중앙대학교 대학원, 서울.

• 박주연, 김혜영. (2013). 3단계 통문자 단어카드를 활용한 유아 영어 읽기지도 사례연구. *응용언어학, 29(4),* 289-313.

• 백혜정. (2007). 영자신문을 활용한 영어교육이 고등학생의 영어 말하기 능력향상과 정의적 영역에 미치는 영향 연구. 석사학위논문, 중앙대학교 교육대학원, 서울.

• 신충성. (2015). *고등학교 영어 읽기 수업 실태조사 연구: 읽기 활동의 유형과 지도 방법을 중심으로.* 석사학위논문, 중앙대학교 교육대학원, 서울.

• 우아미. (2014). *고등학교 학습자의 수능 독해력 향상을 위한 주제별 스키마 활성화 교육: 실행연구.* 석사학위논문, 중앙대학교 교육대학원, 서울.

• 유민정. (2014). *영어 속독 향상 훈련을 통한 중학생의 영어 읽기 유창성 연구.* 석사학위논문, 중앙대학교 대학원, 서울.

• 임채원. (2014). 스마트폰을 활용한 다중모드기반 영어작문 사례연구. 석사학위논문, 중앙대학교 대학원, 서울.

• 전세연. (2016). *고등학교 학습자의 수능영어 독해력 향상을 위한 스키마 활성화 교육에 관한 사례연구.* 석사학위논문, 한국외국어대학교, 서울.

• 정채관, 권혁승. (2017). 2015 개정 영어과 교육과정에 따른 기본 어휘 및 외래어 목록변화형 연구: 코퍼스적 접근. *외국어교육연구, 31(2),* 175-201.

• 최수민. (2019). 명시적 일견 어휘 학습이 초등학교 6학년의 영어 읽기 능력과 자신감에 미치는 효과. 석사학위논문, 광주교육대학교 교육대학원, 광주.

- 최연희 & 전은실. (2006). *영어 읽기 교육론: 원리와 적용*. 서울: 한국문화사.

- 최인영. (2015). *아동 영어 잡지를 활용한 NIE 수업 질적 사례 연구*. 석사학위논문, 중앙대학교 교육대학원, 서울.

- 티모시 라신스키, 카밀 블라코비츠, & 크리스틴 렘즈. (2013). *영어 읽기 유창성 지도법*. 서울: 뉴로사이언스러닝.

- Anderson, R. and Pearson. P. D. (1984). A Schema theoretical view of basic processes in reading. In P. D. Pearson (Ed.) *Handbook of reading research* (pp. 255-91). New York, NY: Longman.

- Carrell, P.L. (1984). The effects of rhetorical organization on ESL readers. *TESOL Quarterly, 18(30)*, 441-469.

- Charrow, V. (1988). Readability vs. comprehensibility: A case study in improving a real document. *Linguistic complexity and text comprehension: Readability issues reconsidered*, 85-114.

- Chikamatsu, N. (1996). The effects of L1 orthography on L2 word recognition: A study of American and Chinese learners of Japanese. *Studies in Second Language Acquisition*, 403-432.

- Chung, M., & Nation, P. (2006). The effect of a speed reading course. *English Teaching, 61(4)*, 181-204.

- Day, R. and Bamford, J. (1998). *Extensive Reading in the second language classroom*. New York: Cambridge University Press.

- Flavell, J. H. (1976). Metacognitive aspects of problem solving. *The nature of intelligence*.

- Flavell, J. H. (1979). Metacognition and cognitive monitoring: A new area of cognitive–developmental inquiry. *American psychologist*, 34(10), 906.

- Flavell, J. H., Miller, P. H., & Miller, S. A. (2002). *Cognitive development*. Upper Saddle River, NJ: Prentice-Hall.

- Goulden, R., Nation, P., & Read, J. (1990). How large can a receptive vocabulary be?. *Applied linguistics*, 11(4), 341-363.

- Grabe, W. (1986). The transition from theory to practice in teaching reading. *Teaching second language reading for academic purposes*, 25, 48.

- Grabe, W. (1988). Reassessing the term "interactive.". *Interactive approaches to second language reading, 6,* 56-70.

- Grabe, W. (2009). *Reading in a second language: Moving from theory to practice.* Ernst Klett Sprachen.

- Graesser, A. C., Golding, J. M., & Long, D. L. (1996). Narrative representation and comprehension. In R. Barr & M. L. Kamil (Eds.), *Handbook of reading research* (Vol. 2, pp. 171-205). Hillsdale, NJ: Erlbaum.

- Grellet, F. (1981). *Developing reading skills.* Cambridge: Cambridge University Press.

- Hartman, H. J. (2001). Developing students' metacognitive knowledge and skills. *Metacognition in learning and instruction,* 33-68.

- Hauer, E. L. (2012). *Finding the key to the secret garden of reading": Extensive reading in the second language classroom* (Unpublished Master's thesis).

- Hosenfeld, C. (1977). A preliminary investigation of the reading strategies of successful and nonsuccessful second language learners. *System,* 5(2), 110-123.

- Hosenfeld, C. (1984). Case studies of ninth grade readers. *Reading in a foreign language, 4,* 231-249.

- Hu, M., & Nation, ISP (2000). Unknown vocabulary density and reading comprehension. Reading in a Foreign Language, 13, 403–430.

- Hudson, T. (2007). *Teaching second language reading.* Clarendon: Oxford University Press.

- Katalayi, G. B., & Sivasubramaniam, S. (2013). Careful Reading versus Expeditious Reading: Investigating the Construct Validity of a Multiple-choice Reading Test. *Theory & Practice in Language Studies,* 3(6).

- Kim, H. (2016). Mobile App Design for Individual and Sustainable MALL: Implications from an empirical Analysis. In A. M. Sanz, M. Levy, F. Blin, & D. Barr (Eds.), *WorldCALL: Sustainability and Computer-assisted Language Learning* (pp.244-265). Bloomsbury Publishing.

- Kim, D. (2021). *Korean college EFL learners' interpretation of and adaptation to self-directed extensive reading: A qualitative case study* (Unpublished doctoral dissertation). Chung-Ang University, Seoul, South Korea.

- Krashen, S. D. (1985). *The input hypothesis: Issues and implications.* Addison-Wesley Longman Limited.

- Krashen, S. (2007). Extensive reading in English as a foreign language by adolescents and young adults: A meta-analysis. *International Journal of Foreign Language Teaching* 3(2), 23-29.

- Laberge, D., & Samuel, S. J. (1974). Cognitive Psychology 6. *Minnesota: University of Minnesota,* 293-323.

- Mori, Y. (1998). Effects of first language and phonological accessibility on kanji recognition. *The Modern Language Journal, 82*(1), 69-82.

- Nagy, W. E., Anderson, R. C., & Herman, P. A. (1987). Learning word meanings from context during normal reading. *American educational research journal, 24*(2), 237-270.

- Nation, I. S. P. (2001). *Learning vocabulary in another language.* Cambridge: Cambridge University Press.

- Nation, I. S. P. (2009). *Teaching ESL/EFL reading and writing.* New York: Routledge.

- Nuttall, C. (1996). *Teaching reading skills in a foreign language.* Heinemann, 361 Hanover Street, Portsmouth, NH 03801-3912.

- Nystrand, M., & Himley, M. (1984). Written text as social interaction. *Theory into Practice, 23*(3), 198-207.

- Ogle, D. M. (1986). K-W-L: A teaching model that develops active reading of expository text. *The Reading Teacher, 39,* 564–570

- Ogle, D. M. (1992). KWL in action: Secondary teachers find applications that work. *Reading in the content areas: Improving classroom instruction, 3,* 270-281.

- Oh, S. Y. (2001). Two types of input modification and EFL reading comprehension: Simplification versus elaboration. *TESOL quarterly, 35*(1), 69-96.

- Perfetti (Eds.) *Learning to read* (pp. 19-32). Hillsdale, NJ: Lawrence Erbaum Associates

- Rasinski, T. V. (1990). Effects of repeated reading and listening-while-reading on reading fluency. *The Journal of Educational Research, 83*(3), 147-151.

- Rasinski, T. V., Blachowicz, C. L., & Lems, K. (Eds.). (2012). *Fluency instruction:*

Research-based Best practices. Guilford Press.

- Rayner, K. (1998). Eye movements in reading and information processing: 20 years of research. *Psychological Bulletin, 124*(3), 372.

- Rumelhart, D. E. (1977). Toward an interactive model of reading. In S. Dornic(Ed.), *Attention and performance* (Vol.6). Hillsdale, NJ: Lawrence Erlbaum Associates.

- Samuels, S. J. (1979). The method of repeated readings. *The Reading Teacher, 32*(4), 403-408.

- Stanovich, K. E. (1980). Toward an interactive-compensatory model of individual differences in the development of reading fluency. *Reading Research Quarterly,* 32-71.

- Stanovich, K. E. (1986). Matthew effects in reading: Some consequences of individual differences in the acquisition of literacy. *Reading Research Quarterly* 21, 360–406.

- Stanovich, K. E. (1991). Changing models of reading and acquisition. In L. Rieben & C. A. Perfetti (Eds.), Learning to read: Basic research and its implications (p. 19–31). Lawrence Erlbaum Associates, Inc.

- Stanovich, K. E. (2000). *Progress in understanding reading: Scientific foundations and new frontiers.* New York: Guilford.

- Taylor, B. M., & Beach, R. W. (1984). The effects of text structure instruction on middle-grade students' comprehension and production of expository text. *Reading Research Quarterly,* 134-146.

- Texas Educational Agency. (2002). *Comprehension Instruction,* 9-12. Retrieved January, 31, 2021 from https://tea.texas.gov/sites/default/files/redbk2.pdf

- Tian, G.S. (1990). The effects of rhetorical organization in expository prose on ESL readers in Singapore. *RELC journal,* 21(2), 1-13.

- Watson, J. (2004). Issue logs. *Extensive reading activities for teaching language,* 37-39.

- Wutz, J. A., & Wedwick, L. (2005). BOOKMATCH: Scaffolding book selection for independent reading. *The Reading Teacher, 59*(1), 16-32.

- Yano, Y., Long, M. H., & Ross, S. (1994). The effects of simplified and elaborated texts on foreign language reading comprehension. *Language learning, 44*(2), 189-219.

일一사寫
천千리里

상공회의소
한자
노트

3급

일一사寫
천千리里

상공회의소
한자
노트

3급

1판 1쇄 발행 | 2021년 2월 5일

펴낸이 | 이석형
펴낸곳 | 새희망
편집디자인 | 디자인감7
내용문의 | stonebrother@daum.net
등록 | 등록번호 제 2016-000004
주소 | 경기도 의정부시 오목로 150
전화 | 02-923-6718
팩스 | 02-923-6719

ISBN | 979-11-88069-17-0   13710

가격 | 9,800원

우리말의 70%가 한자어로 되어 있다는 말을 많이 들어봤을 것입니다. 그래서 한자에 대한 기본적인 지식이 없을 경우, 우리말의 적절한 사용에 어려움을 느끼게 됩니다. 특히 공식 용어나 전문 용어의 경우, 대부분이 한자어로 되어 있어, 한자에 대한 지식이 부족한 분은 관공서나 직장의 업무 수행에 많은 불편함을 느끼고 있습니다. 그런 이유로 요즘 여러 기업체에서는 신입 사원에 대한 한자 실력을 중요한 판단 기준으로 생각할 뿐만 아니라, 직원들에 대한 한자 사용 능력을 향상시키기 위한 많은 노력을 기울이고 있습니다.

상공회의소는 이러한 배경에서 만들어진 상공회의소 한자 시험의 취지를 중국, 대만, 일본 등 한자 문화권 국가와의 수출 및 투자가 증가함에 따라 이에 필요한 기업 업무 및 일상 생활에 사용 가능한 한자의 이해 및 구사 능력을 평가하는 시험이라고 밝히고 있습니다.

이 책은 상공회의소 한자시험 3급에 대비하기 위하여 3급 배정한자 1,800자를 쓰면서 외울 수 있도록 구성하였으며, 각 한자에 대한 훈·음, 부수, 획수, 육서(한자의 짜임)를 명기하고 120자마다 연습문제를 삽입하여 앞에서 배운 것을 복습할 수 있도록 하였습니다. 그리고 앞에는 기초 이론 학습과 뒤에는 출제 유형별 정리와 모의고사문제를 실어, 이 책 한권으로도 3급 시험에 완벽하게 대비할 수 있도록 하였습니다.

독자 여러분이 이 책으로 좋은 결과를 얻으시길 기원합니다. 화이팅!

편저자 씀

자격 종목 안내

1 시행 기관 : 대한상공회의소(www.korcham.net)
2. 응시 자격 : 제한 없음

대한상공회의소 자격평가사업단(http://license.korcham.net): 종목소개⇨외국어/한자⇨상공회의소 한자

검정기준

구분	검정기준
2급	전문적 한자어가 사용된 국한혼용의 신문이나 잡지, 서류, 서적 등을 별 무리 없이 읽고 이해할 수 있는 상급의 한자 능력 수준.교육부가 제정한 중·고등학교 한문교육용 기초한자 1,800자와 국가 표준의 KS X 1001 한자 4,888자 및 대법원이 제정한 인명용 한자 3,153자(중복 한자 제외하면 1,501자) 중 3,301자를 이해하고 국어생활에서 활용할 수 있다.
3급	고등학교 수준의 일상적인 한자어가 사용된 국한혼용의 신문이나 잡지, 서류, 서적 등을 어느 정도 읽고 이해할 수 있는 한자 능력 수준.교육부가 제정한 중·고등학교 한문교육용 기초한자 1,800자를 이해하고 국어 생활에서 활용할 수 있다
4급	중학교 수준의 일상적인 한자어가 사용된 국한혼용의 글이나 책을 어느 정도 읽고 이해할 수 있는 중하급의 능력 수준.교육부가 제정한 중학교 한문교육용 기초한자 900자를 이해하고 국어 생활에서 활용할 수 있다.

■ 시험의 검정 기준

"상공회의소 한자" 시험의 검정 영역은 '한자', '어휘', '독해'의 세 영역으로 구성된다.

각 영역의 평가는 객관식 5지 택일형으로 이루어진다.

급수	시험시간	시험과목	문항수	과목별 총점	과목별합격점수	전체총점	합격 점수
1급 배정한자 1,607 누적한자 4,908	80분	한자 어휘 독해	50 50 50	200 300 400	120 180 240	900	810 (90%이상)
2급 배정한자 1,501 누적한자 3,301	80분	한자 어휘 독해	50 40 40	200 240 320	120 144 192	760	608 (80%이상)
3급	60분	한자 어휘 독해	40 40 40	160 240 320	96 144 192	720	576 (80%이상)
4급	60분	한자 어휘 독해	40 35 35	160 210 280		650	455 (70%이상)
5급	60분	한자 어휘 독해	40 30 30	160 180 240		580	406 (70%이상)

▶ 과목별 최소 합격 점수(1~3급) : 전 과목 60%이상 득점해야 함. ▶ 과목별 1문항당 배점 : 한자(4점), 어휘(6점), 독해(8점)

검정과목

1. 한자 영역

■ 평가 방향

한자 영역의 평가는 한자의 부수, 획수, 필순과 한자의 짜임 등 한자에 대한 기초적인 이해로부터 각 급수별 배정 한자를 바르게 읽고 쓰며 사용할 수 있는가에 중점을 둔다.

■ 한자 영역의 출제 범위

출제 범위	세부 내용	등급별 출제 문항수				
		1급	2급	3급	4급	5급
漢字의 부수, 획수, 필순	漢字의 부수					2
	漢字의 획수					2
	漢字의 필순					2
漢字의 짜임	漢字의 짜임					2
漢字의 음과 뜻	漢字의 음		11			6
	음에 맞는 漢字		7			5
	음이 같은 漢字		7			5
	漢字의 뜻		11			6
	뜻에 맞는 漢字		7			5
	뜻이 비슷한 漢字		7			5
합　계		0	50	0	0	40

2. 어휘 영역

■ 평가 방향

어휘 영역의 평가는 각 급수별 배정 한자를 기준으로 한자어의 짜임, 한자어의 음과 뜻, 성어 등을 이해하여 바르게 읽고 쓰며 사용할 수 있는가에 중점을 둔다.

■ 어휘 영역의 출제 범위

출제 범위	세부 내용	등급별 출제 문항수				
		1급	2급	3급	4급	5급
漢字語의 짜임	漢字語의 짜임	1	2			
漢字語의 음과 뜻	漢字語의 음	1	2			
	음에 맞는 漢字語	1	2			
	음이 같은 漢字語	2	3	1	1	3
	여러개의 음을 가진 漢字	1	1	1	1	
	漢字語의 뜻	1	2			
	뜻에 맞는 漢字語	1	2			
	3개 어휘에 공통되는 漢字	2	6	1	1	8
	반의어 · 상대어		5	2	2	4
성어	성어의 빠진 글자 채워넣기		5			5
	성어의 뜻		5			5
	뜻에 맞는 성어		5			5
합 계		10	40	5	5	30

3. 독해 영역

■ 평가 방향

독해 영역의 평가는 각 급수별 배정한자를 기준으로 짧은 문장에 사용된 한자어의 음과 뜻을 이해하여 바르게 읽고 쓰며 사용할 수 있는가, 그리고 여러 개의 문장 또는 문단으로 이루어진 글을 한자, 어휘, 독해의 영역 및 세부 내용과 관련 종합적으로 이해할 수 있는가에 중점을 둔다.

■ 독해 영역의 출제 범위■ 독해 영역의 출제 범위

출제 범위	세부 내용	등급별 출제 문항수				
		1급	2급	3급	4급	5급
文章에 사용된 漢字語의 음과 뜻	文章 속 漢字語의 음	3	7			6
	文章 속 漢字語의 뜻		5			6
	文章 속 漢字語의 채워넣기		5			3
	文章 속 틀린 漢字語 고르기		5			3
	文章 속 단어의 漢字표기	2	8			3
	文章 속 어구의 漢字표기		5			3
종합문제	종합문제	5	5	5	5	6
합 계		10	40	5	5	30

인터넷 접수절차

- 원서접수를 위해서는 자격평가사업단 홈페이지 회원가입 후 본인인증이 되어 있어야 합니다.
- 정기검정 원서접수 기간 마지막일은 18:00에 마감되며, 상시검정은 선착순마감 또는 시험일기준 최소 4일전까지 접수를 해야합니다.
- 원서접수는 인터넷접수를 원칙으로 하며, 인터넷접수 시 상공회의소를 방문하지 않아 시간과 비용을 절감할 수 있습니다. 다만 인터넷접수 시 검정수수료 외 인터넷접수 수수료 1,200원이 별도 부과됩니다.
- 또한 해당 원서접수기간 중에 시행 상공회의소 근무시간에 방문하여 접수도 가능합니다.
- 상공회의소 방문접수 시 접수절차는 인터넷접수절차와 동일하며, 방문접수 시 인터넷결제 수수료는 부담되지 않습니다.

1 STEP   종목 및 등급선택

2 STEP   로그인

3 STEP   사진올리기

4 STEP   원하는 지역(상의) 선택

5 STEP   원하는 시험장 선택

6 STEP   원하는 시험일시 및 시험시간 선택

7 STEP   선택내역 확인

8 STEP   전자결재

9 STEP   접수완료 및 수험표 출력

목차

기초 이론학습

한자를 익히기에 앞서 한자를 이루는 구성 요소와

한자가 예로부터 어떻게 생겨났는지,

한자를 쓰는 요령 등을 공부한다.

- 부수란 무엇인가?
- 한자의 짜임
- 한자어의 짜임
- 필순의 기본원칙

부수란 무엇인가?

부수란 자전에서 한자를 찾는데 필요한 기본 글자이자, 한자 구성의 기본 글자로서 214자로 되어 있다. 부수는 한자를 문자 구조에 따라 분류·배열할 때 그 공통 부분을 대표하는 근간이 되는 글자의 구실을 한다. 부수자들은 각각 의미 기능을 가지고 있다. 그러므로 부수자를 알면 모르는 한자의 뜻을 쉽게 추측할 수 있다. 부수가 한자를 구성하는 위치에 따라 분류해 보면 다음과 같다.

변 왼쪽 부분을 차지하는 부수

人 亻 인변　　價 個 代 使

水 氵 삼수변　　減 江 決 流

手 扌 재방변　　技 指 打

방 오른쪽 부분을 차지하는 부수

刀 刂 칼도방　　到 列

머리 윗부분에 놓여 있는 부수

竹 대죽머리　　答 筆

艸 艹 초두머리　　苦 落

宀 갓머리　　家 官

발 아랫부분에 놓여 있는 부수

皿 그릇명발　　益

火 灬 불화발　　熱 然

엄호 위와 왼쪽을 싸는 부수

广 엄호　　廣

받침 왼쪽과 아래를 싸는 부수

廴 민책받침　　建

辶 책받침　　過 達

에운담 둘레를 감싸는 부수

囗 큰입구몸　　圖 四 固

제부수 한 글자가 그대로 부수인 것

角 車 見 高 工 口 金 己 女

大 力 老 里 立 馬 面 毛 木

目 文 門 米 方 白 父 非 飛

鼻 比 士 山 色 生 夕 石 小

水 首 手 示 食 臣 身 心 十

羊 魚 言 用 牛 雨 月 肉 音

邑 衣 二 耳 人 一 日 入 子

自 長 鳥 赤 田 足 走 竹 至

止 靑 寸 齒 土 八 風 行 香

血 火 黃 黑

5급 한자 부수별 정리 (반복된 한자는 제부수 한자임)

부수에 대한 문제는 5급까지만 해당되므로 전체 214개의 부수 중 5급 한자에 사용되는 152자만 다루었다.

一 ▶	한 일	一 不 上 七 下 世 三
丨 ▶	뚫을 곤	中
丶 ▶	점 주	主
乙 ▶	새 을	九
亅 ▶	갈고리 궐	事
二 ▶	두 이	二 五
亠 ▶	돼지해머리	京 交 亡
人 ▶	亻 사람 인	人 價 個 代 使 仕 今 令 仙 備 他 以 休 來 信 位 偉 作 低 住 例 保 俗 修 便 傳 億 仁
儿 ▶	어진사람 인	元 兄 光 充 先 兒
入 ▶	들 입	入 內 全 兩
八 ▶	여덟 팔	八 公 六 共 兵 典
冂 ▶	멀 경	再
冫 ▶	이수변	冬 冷
凵 ▶	위터진 입 구	出
刀 ▶	刂 칼 도	分 初 到 列 利 別 則 前
力 ▶	힘 력	力 加 功 助 勉 動 勇 務 勞 勤 勝 勢
匕 ▶	비수 비	北 化
十 ▶	열 십	十 南 協 午 卒 半 千
厂 ▶	민엄호	原
厶 ▶	마늘모	去 參
又 ▶	또 우	反 友 受 取

口 ▶	입 구	口 可 古 句 史 右 各 吉 同 名 合 向 告 君 命 和 品 問 商 唱 單 善 喜
囗 ▶	큰입구몸	圖 四 固 回 因 國 園
土 ▶	흙 토	土 基 堂 城 在 地 場 增 報
士 ▶	선비 사	士
夊 ▶	천천히 걸을 쇠	夏
夕 ▶	저녁 석	夕 多 外 夜
大 ▶	큰 대	大 奉 夫 天 太 失
女 ▶	계집 녀	女 婦 姓 始 如 好 婚
子 ▶	아들 자	子 季 孫 學 字 存 孝
宀 ▶	갓머리	家 官 客 守 安 宅 完 定 宗 室 容 宿 害 密 富 實 察 寒
寸 ▶	마디 촌	寸 寺 尊 對
小 ▶	작을 소	小 少
尸 ▶	주검 시	展 屋
山 ▶	메 산	山 島
巛 ▶	개미허리	川
工 ▶	장인 공	工 巨 左
己 ▶	몸 기	己
巾 ▶	수건 건	常 師 席 市 希
干 ▶	방패 간	年 平 幸
广 ▶	엄호	廣 序 度 庭

廴	민책받침	建
弋	주살 익	式
弓	활 궁	強 弱 引 弟
彡	터럭 삼	形
彳	두인변	德 得 往 律 後 復
心	忄 마음 심	心 急 念 怒 感 必 志 忠 思 恩 患 悲 惡 惠 想 愛 意 慶 應 快 性 情
戈	창 과	成 戰
戶	지게 호	所
手	扌 손 수	手 擧 才 拜 技 指 授 接 打
攴	攵 등글월문	敬 收 數 改 放 故 教 政 效 救 敗 敵
文	글월 문	文
斗	말 두	料
斤	도끼 근	新
方	모 방	方 族
日	날 일	日 景 早 明 星 是 昨 時 春 晝 暗
曰	가로 왈	曲 書 最 會
月	달 월	月 期 朝 服 望 有
木	나무 목	木 果 林 東 材 村 校 橋 根 極 案 業 植 榮 樂 樹 末 本
欠	하품 흠	歌 次
止	그칠 지	止 正 步 武 歲 歷
歹	죽을사변	死
殳	갖은등글월문	殺
毋	말 무	母 每
比	견줄 비	比
毛	터럭 모	毛
氏	각시 씨	民
气	기운 기	氣
水	氵 물 수	水 永 求 減 江 決 流 深 洞 治 溫 浴 油 注 漁 洋 法 氷 波 淸 漢 湖 海 活 洗 消 滿 河
火	灬 불 화	火 熱 然 無
爪	손톱 조	爭
父	아비 부	父
牛	소 우	牛 物 特
犬	犭 개 견	獨
玉	王 구슬 옥	玉 王 理 現
生	날 생	生 産
用	쓸 용	用
田	밭 전	田 界 男 由 留 番 畫
疒	병질 엄	病
癶	필발머리	登 發
白	흰 백	白 百 的
皿	그릇 명	益
目	눈 목	目 相 眼 省 着 直 眞
矢	화살 시	短 知
石	돌 석	石 研
示	보일 시	示 禁 福 神 祖 祝 禮
禾	벼 화	科 私 秋 移 稅 種

穴 ▶	구멍 혈	空 窓 究
立 ▶	설 립	立 競 童 章
竹 ▶	대 죽	竹 答 笑 筆 第 節 等 算
米 ▶	쌀 미	米 精
糸 ▶	실 사	結 約 給 素 紙 絶 終 經 統 綠 線
网 ▶	罒 그물 망	罪
羊 ▶	양 양	羊 美 義
羽 ▶	깃 우	習
老 ▶	耂 늙을 로	老 考 者
耳 ▶	귀 이	耳 聞 聖 聲
肉 ▶	月 고기 육	肉 能 育
臣 ▶	신하 신	臣
自 ▶	스스로 자	自
至 ▶	이를 지	至 致
臼 ▶	절구 구	興
舟 ▶	배 주	船
艮 ▶	그칠 간	良
色 ▶	빛 색	色
艸 ▶	艹 풀 초	苦 落 英 葉 藝 藥 花 草 萬
虍 ▶	범 호	號
血 ▶	피 혈	血 衆
行 ▶	다닐 행	行 街
衣 ▶	옷 의	衣 表 製
襾 ▶	덮을 아	要 西
見 ▶	볼 견	見 觀 視 親

角 ▶	뿔 각	角 解
言 ▶	말씀 언	言 計 記 訓 訪 設 說 詩 試 話 誠 語 調 認 議 識 課 論 請 讀 變 談
豆 ▶	콩 두	豊
貝 ▶	조개 패	貴 賣 買 財 貯 貨 貧 責 賞 質 賢
赤 ▶	붉을 적	赤
走 ▶	달아날 주	走 起
足 ▶	발 족	足 路
身 ▶	몸 신	身
車 ▶	수레 거·차	車 輕 軍
辰 ▶	별 진	農
辵 ▶	辶 책받침	過 達 送 運 遠 逆 造 通 退 選 速 進 道 近
邑 ▶	阝 고을 읍	邑 郡 都 部 鄉
酉 ▶	닭 유	醫
里 ▶	마을 리	里 野 量 重
金 ▶	쇠 금	金 銀
長 ▶	길 장	長
門 ▶	문 문	門 間 開
阜 ▶	阝 언덕 부	陸 陰 限 防 陽
隹 ▶	새 추	難 雄 集
雨 ▶	비 우	雨 雪 電 雲
靑 ▶	푸를 청	靑
非 ▶	아닐 비	非
面 ▶	낯 면	面
韋 ▶	다룸 가죽 위	韓

音 ▶	소리 음	音	
頁 ▶	머리 혈	頭 順 願 題	
風 ▶	바람 풍	風	
飛 ▶	날 비	飛	
食 ▶	밥 식	食 養 飮	
首 ▶	머리 수	首	
香 ▶	향기 향	香	
馬 ▶	말 마	馬	

骨 ▶	뼈 골	體
高 ▶	높을 고	高
魚 ▶	고기 어	魚 鮮
鳥 ▶	새 조	鳥
黃 ▶	누를 황	黃
黑 ▶	검을 흑	黑
鼻 ▶	코 비	鼻
齒 ▶	이 치	齒

한자의 짜임

한자의 짜임이란 수만 자가 되는 한자를 그 성립된 구조 유형에 따라 여섯 가지로 분류한 육서를 말한다. 육서에는 상형 · 지사 · 회의 · 형성 · 전주 · 가차가 있다.

1. 상형

구체적인 사물의 모양을 본떠서 글자를 만드는 원리를 상형이라 한다.

木 ▶ 나무의 모양을 본뜸 　　　　　　人 ▶ 사람의 모습을 본뜸

石 ▶ 언덕 밑에 돌이 굴러 떨어진 모양을 본뜸 　子 ▶ 아이의 모습을 본뜸

鳥 ▶ 새의 모양을 본뜸 　　　　　　川 ▶ 시내의 모습을 본뜸

山 ▶ 산의 모양을 본뜸

2. 지사

사물의 추상적인 개념을 본떠 만드는 원리를 지사라 한다.

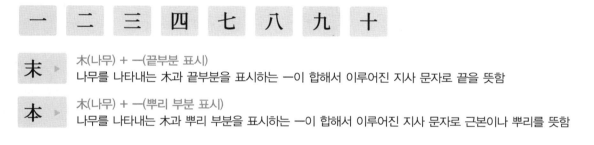

末 ▶ 木(나무) + 一(끝부분 표시)
나무를 나타내는 木과 끝부분을 표시하는 一이 합해서 이루어진 지사 문자로 끝을 뜻함

本 ▶ 木(나무) + 一(뿌리 부분 표시)
나무를 나타내는 木과 뿌리 부분을 표시하는 一이 합해서 이루어진 지사 문자로 근본이나 뿌리를 뜻함

3. 회의

이미 만들어진 두 개 이상의 글자에서 뜻을 모아 새로운 글자를 만드는 원리를 회의라 한다.

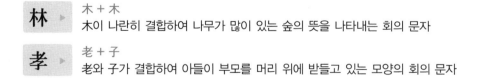

林 ▶ 木 + 木
木이 나란히 결합하여 나무가 많이 있는 숲의 뜻을 나타내는 회의 문자

孝 ▶ 老 + 子
老와 子가 결합하여 아들이 부모를 머리 위에 받들고 있는 모양의 회의 문자

4. 형성

이미 만들어진 글자를 결합하여 한쪽은 뜻을, 다른 한쪽은 음을 나타내는 글자를 만드는데, 이런 원리를 형성이라고 한다.

형성자는 한자의 70%를 차지하여 대개의 한자는 두 개 이상의 문자가 뜻 부분과 음 부분으로 구성되어 있다. 형성자는 뜻 부분에서 그 글자의 뜻을 생각할 수 있고, 음 부분에서 그 글자의 음을 추리할 수 있어 알고 있는 한자를 바탕으로 새로운 한자의 뜻과 음을 쉽게 짐작할 수 있다.

景 ▶	日(뜻), 京(음)	界 ▶	田(뜻), 介(음)	功 ▶	力(뜻), 工(음)
空 ▶	穴(뜻), 工(음)	課 ▶	言(뜻), 果(음)	洞 ▶	水(뜻), 同(음)
頭 ▶	頁(뜻), 豆(음)	想 ▶	心(뜻), 相(음)	城 ▶	土(뜻), 成(음)

5. 전주

이미 만들어진 한자만으로는 문화 문명의 발달로 무수히 늘어나는 사물과 개념을 다 표기할 수 없게 되었다. 그러자 기존의 문자 중에서 유사한 뜻을 가진 한자를 다른 뜻으로 전용하게 되었는데, 이를 전주라고 한다.

道 ▶ 본래 '발로 걸어다니는 길'의 뜻인데, 의미가 확대되어 '道德, 道理'에서의 '道'와 같이 '정신적인 길'이라는 뜻으로도 쓰임

惡 ▶ 본래 '악하다'는 뜻으로 음이 '악'이었으나, 악한 것은 모두 미워하기 때문에 의미가 확대되어 '憎惡, 惡寒'에서와 같이 '미워하다'라는 뜻으로 쓰이며, '오'라는 음으로 불림

6. 가차

이미 만들어진 한자를 원래 뜻에 관계없이 음만 빌어다 쓰는 것으로 아래와 같이 외래어 표기에 많이 사용되며, 의성어나 의태어 표기에도 쓰인다.

France ▶	佛蘭西(불란서)	**Asia** ▶	亞細亞(아세아)
Buddha ▶	佛陀(불타)	**England** ▶	英國(영국)
Italy ▶	伊太利(이태리)	**Paris** ▶	巴利(파리)

두 자 이상의 한자가 결합하여 한 단위의 의미체를 형성할 때는 반드시 기능상의 관계를 가지게 된다. 한자어의 짜임은 그러한 기능상의 관계를 설명한 것이다. 한자어의 짜임은 문법적 기능에 따라 다음과 같이 분류할 수 있다.

1. 주술 관계

주체가 되는 말(주어)과 서술하는 말(서술어)이 결합된 한자어로 서술어는 행위·동작·상태 등을 나타내고, 주어는 그 주체가 된다. 주어를 먼저 해석하고, 서술어를 나중에 해석하여 '~가(이) ~함'으로 풀이한다.

月出 ▶ 월출 – 달이 뜸
出은 月의 동작을 서술

夜深 ▶ 야심 – 밤이 깊음
深은 夜의 상태를 서술

日出 ▶ 일출 – 해가 뜸
出은 日의 동작을 서술

年少 ▶ 연소 – 나이가 젊음
少는 年의 상태를 서술

人造 ▶ 인조 – 사람이 만듦
造는 人의 동작을 서술

骨折 ▶ 골절 – 뼈가 부러짐
折은 骨의 상태를 서술

2. 술목 관계

서술하는 말(서술어)과 서술의 목적·대상이 되는 말(목적어)이 결합된 한자어로, 서술어는 행위나 동작을 나타내고, 목적어는 대상이 된다. 목적어를 먼저 해석하고, 서술어를 나중에 해석하여 '~를(을) ~함'이라고 풀이한다.

卒業 ▶ 졸업 – 학업을 마침
業은 卒의 목적·대상이 됨

讀書 ▶ 독서 – 글을 읽음
書는 讀의 목적·대상이 됨

作文 ▶ 작문 – 글을 지음
文은 作의 목적·대상이 됨

交友 ▶ 교우 – 벗을 사귐
友는 交의 목적·대상이 됨

修身 ▶ 수신 – 몸을 닦음
身은 修의 목적·대상이 됨

敬老 ▶ 경로 – 늙은이를 공경함
老는 敬의 목적·대상이 됨

3. 술보 관계

서술하는 말(서술어)과 이를 도와 부족한 뜻을 완전하게 해주는 말(보어)이 결합된 한자어로, 서술어는 행위나 동작을 나타내고, 보어는 서술어를 도와 부족한 뜻을 완전하게 해 준다. 보어를 먼저 해석하고 서술어를 나중에 해석하여 '~이(가) ~함', '~에 ~함'으로 풀이한다.

有名 ▶ 유명 – 이름이 있음
名은 有의 뜻을 완전하게 해 줌

無敵 ▶ 무적 – 적이 없음
敵은 無의 뜻을 완전하게 해 줌

無罪 ▶ 무죄 – 허물이 없음
罪는 無의 뜻을 완전하게 해 줌

無法 ▶ 무법 – 법이 없음
法은 無의 뜻을 완전하게 해 줌

有能 ▶ 유능 – 능력이 있음
能은 有의 뜻을 완전하게 해 줌

有限 ▶ 유한 – 한계가 있음
限은 有의 뜻을 완전하게 해 줌

4. 수식 관계

꾸며주는 말(수식어)과 꾸밈을 받는 말(피수식어)이 결합된 한자어로, 앞에 있는 한자가 뒤에 있는 한자를 꾸미거나 한정하는 역할을 한다. 구성되는 한자의 성분에 따라 다음과 같이 나눌 수 있다.

■ 관형어 + 체언

관형어가 체언을 수식하는 관계로 짜여진 한자어로, '~한 ~', '~하는 ~'로 해석한다.

靑山 ▶ 청산 – 푸른 산
靑은 山을 꾸미는 말

落葉 ▶ 낙엽 – 떨어지는 잎
落은 葉을 꾸미는 말

白雲 ▶ 백운 – 흰 구름
白은 雲을 꾸미는 말

幼兒 ▶ 유아 – 어린 아이
幼는 兒를 꾸미는 말

■ 부사어 + 용언

부사어가 용언을 한정하는 관계로 짜여진 한자어로, '~ 하게 ~함'으로 해석한다.

必勝 ▶ 필승 – 반드시 이김
必은 勝을 꾸미는 말

急行 ▶ 급행 – 급히 감
急은 行을 꾸미는 말

過食 ▶ 과식 – 지나치게 먹음
過는 食을 꾸미는 말

徐行 ▶ 서행 – 천천히 감
徐는 行을 꾸미는 말

5. 병렬 관계

같은 성분의 한자끼리 나란히 병렬되어 짜여진 것으로 이것은 다시 '대립', '유사', '대등'으로 나눌 수 있다.

■ 유사 관계

서로 비슷한 뜻을 가진 한자로 이루어진 한자어로, 두 글자의 종합된 뜻으로 풀이한다.

事業 ▶ 사업 – 일
事와 業의 뜻이 서로 같음

衣服 ▶ 의복 – 옷
衣와 服의 뜻이 서로 같음

樹木 ▶ 수목 – 나무
樹와 木의 뜻이 서로 같음

恩惠 ▶ 은혜 – 고마운 혜택
恩과 惠의 뜻이 서로 같음

溫暖 ▶ 온난 – 따뜻함
溫과 暖의 뜻이 서로 같음

海洋 ▶ 해양 – 큰 바다
海와 洋의 뜻이 서로 같음

■ 대립 관계

서로 반대되는 의미를 가진 한자가 만나 이루어진 한자어로 '~와(과) ~', '~하고 ~함'으로 해석한다.

上下 ▶ 상하 – 위아래
上과 下의 뜻이 서로 반대

大小 ▶ 대소 – 크고 작음
大와 小의 뜻이 서로 반대

黑白 ▶ 흑백 – 검은 빛과 흰 빛
黑과 白의 뜻이 서로 반대

强弱 ▶ 강약 – 강함과 약함
强과 弱의 뜻이 서로 반대

貧富 ▶ 빈부 – 가난함과 넉넉함
貧과 富의 뜻이 서로 반대

內外 ▶ 내외 – 안과 밖
內와 外의 뜻이 서로 반대

3 **대등 관계**

서로 대등한 의미를 가진 한자가 만나 이루어진 한자어로 '~와 ~'로 해석한다.

花鳥 ▶ 화조 – 꽃과 새
花와 鳥의 뜻이 서로 대등

松竹 ▶ 송죽 – 소나무와 대나무
松과 竹의 뜻이 서로 대등

父母 ▶ 부모 – 아버지와 어머니
父와 母의 뜻이 서로 대등

子女 ▶ 자녀 – 아들과 딸
子와 女의 뜻이 서로 대등

兄弟 ▶ 형제 – 형과 동생
兄과 弟의 뜻이 서로 대등

正直 ▶ 정직 – 바르고 곧음
正과 直의 뜻이 서로 대등

필순의 기본 원칙이란 하나의 글자를 쓰고자 할 때 그 글자를 이루어가는 기본적인 순서를 말한다.

1. 왼쪽에서 오른쪽으로, 위에서 아래로 쓴다.

川	내 천	총3획
	川 川 川	

三	석 삼	총3획
	二 二 三	

2. 가로획과 세로획이 교차할 때에는 가로획을 먼저 쓴다.

十	열 십	총2획
	十 十	

土	흙 토	총3획
	土 土 土	

3. 삐침과 파임이 만날 때에는 삐침을 먼저 쓴다.

人	사람 인	총2획
	人 人	

父	아비 부	총4획
	父 父 父 父	

4. 왼쪽과 오른쪽의 모양이 같을 때에는 가운데를 먼저 쓴다.

山	메 산	총3획
	山 山 山	

水	물 수	총4획
	水 水 水 水	

5. 안과 바깥쪽이 있을 때에는 바깥쪽을 먼저 쓴다.

日	날 일	총4획
	日 冂 日 日	

內	안 내	총4획
	內 內 內 內	

6. 꿰뚫는 획은 나중에 쓴다.

中	가운데 중	총4획
	中 中 中 中	

車	수레 거·차	총7획
	車 車 車 車 車 車 車	

7. 오른쪽 위의 점은 나중에 찍는다.

代	대신 대	총5획
	代 代 代 代 代	

武	군인 무	총8획
	武 武 武 武 武 武 武	

8. 삐침이 짧고 가로획이 길면 삐침을 먼저 쓴다.

右	오른쪽 우	총5획
	右 右 右 右 右	

9. 삐침이 길고 가로획이 짧으면 가로획을 먼저 쓴다.

左	왼 좌	총5획
	左 左 左 左 左	

CHAPTER 02

한자 쓰기 연습

3급 한자 900자 · 4급 한자 300자 · 5급~9급 한자 600자

이 장은 5급~6급 한자 600자,

4급 한자 300자, 3급 한자 900자를

합하여 총 1,800자로 구성되어 있다.

각 한자의 하단에 있는

음훈, 부수, 획수, 육서를

확인해가며 각각 4회씩 써보자.

＊ 한자의 짜임에 대한 문제는 5급까지만 해당되므로
 5급 한자까지만 표기하였습니다. 부수와 획수도 5급까지만
 해당되지만 자전(字典) 사용을 고려하여 모두 표기하였습니다.

001 8급 가	家	家				
		집 가	宀부 총10획 회의문자			
002 5급 가	街	街				
		거리 가	行부 총12획 형성문자			
003 6급 가	可	可				
		옳을 가	口부 총5획 회의문자			
004 5급 가	歌	歌				
		노래 가	欠부 총14획 형성문자			
005 7급 가	加	加				
		더할 가	力부 총5획 회의문자			
006 6급 가	價	價				
		값 가	亻=人부 총15획 형성문자			
007 4급 가	佳	佳				
		아름다울 가	亻=人부 총8획			
008 4급 가	假	假				
		거짓 가	亻=人부 총11획			
009 3급 가	架	架				
		시렁 가	木부 총9획			
010 3급 가	暇	暇				
		틈 가	日부 총13획			
011 8급 각	角	角				
		뿔 각	角부 총7획 상형문자			
012 5급 각	各	各				
		각각 각	口부 총6획 회의문자			
013 4급 각	脚	脚				
		다리 각	月=肉부 총11획			
014 3급 각	却	却				
		물리칠 각	卩부 총7획			
015 3급 각	閣	閣				
		집 각	門부 총14획			

016 3급 각	覺	覺				
		깨달을 각	見부 총20획			
017 3급 각	刻	刻				
		새길 각	刂=刀부 총8획			
018 7급 간	間	間				
		사이 간	門부 총12획 회의문자			
019 5급 간	干	干				
		방패 간	干부 총3획 상형문자			
020 4급 간	看	看				
		볼 간	目부 총9획			
021 3급 간	刊	刊				
		새길 간	刂=刀부 총5획			
022 3급 간	肝	肝				
		간 간	月=肉부 총7획			
023 3급 간	幹	幹				
		줄기 간	干부 총13획			
024 3급 간	簡	簡				
		간략할 간	竹부 총18획			
025 3급 간	姦	姦				
		간음할 간	女부 총9획			
026 3급 간	懇	懇				
		간절할 간	心부 총17획			
027 4급 갈	渴	渴				
		목마를 갈	氵=水부 총12획			
028 4급 감	減	減				
		덜 감	氵=水부 총12획			
029 6급 감	感	感				
		느낄 감	心부 총13획 형성문자			
030 4급 감	甘	甘				
		달 감	甘부 총5획			

031 4급 감	敢	敢			
	감히 **감**	攵=攴부 총12획			

032 3급 감	監	監			
	볼 **감**	皿부 총14획			

033 3급 감	鑑	鑑			
	거울 **감**	金부 총22획			

034 4급 갑	甲	甲			
	갑옷 **갑**	田부 총5획			

035 7급 강	江	江			
	강 **강**	氵=水부 총6획 형성문자			

036 5급 강	強	強			
	강할 **강**	弓부 총12획 형성문자			

037 4급 강	降	降			
	내릴 **강**	阝=阜부 총9획			

038 4급 강	講	講			
	욀 **강**	言부 총17획			

039 3급 강	康	康			
	편안 **강**	广부 총11획			

040 3급 강	剛	剛			
	굳셀 **강**	刂=刀부 총10획			

041 3급 강	鋼	鋼			
	강철 **강**	金부 총16획			

042 3급 강	綱	綱			
	벼리 **강**	糸부 총14획			

043 5급 개	改	改			
	고칠 **개**	攵=攴부 총7획 회의문자			

044 5급 개	個	個			
	낱 **개**	亻=人부 총10획 형성문자			

045 6급 개	開	開			
	열 **개**	門부 총12획 회의문자			

046 4급 개	皆	皆			
	다 **개**	白부 총9획			

047 3급 개	介	介			
	낄 **개**	人부 총4획			

048 3급 개	慨	慨			
	슬퍼할 **개**	忄=心부 총14획			

049 3급 개	槪	槪			
	대개 **개**	木부 총15획			

050 3급 개	蓋	蓋			
	덮을 **개**	++=艸부 총14획			

051 6급 객	客	客			
	손 **객**	宀부 총9획 형성문자			

052 4급 갱	更	更			
	다시 **갱**/고칠 **경**	日부 총7획			

053 7급 거	去	去			
	갈 **거**	厶부 총5획 회의문자			

054 4급 거	巨	巨			
	클 **거**	工부 총5획			

055 9급 거	車	車			
	수레 **거(차)**	車부 총7획 상형문자			

056 5급 거	擧	擧			
	들 **거**	手부 총18획 회의문자			

057 4급 거	居	居			
	살 **거**	尸부 총8획			

058 3급 거	距	距			
	상거할 **거**	足부 총12획			

059 3급 거	拒	拒			
	막을 **거**	扌=手부 총8획			

060 3급 거	據	據			
	근거 **거**	扌=手부 총16획			

061 8급 建 建			
건	세울 건	廴부 총9획 회의문자	

062 4급 乾 乾			
건	하늘 건	乙부 총11획	

063 3급 健 健			
건	굳셀 건	亻=人부 총11획	

064 3급 件 件			
건	물건 건	亻=人부 총6획	

065 3급 傑 傑			
걸	뛰어날 걸	亻=人부 총12획	

066 3급 乞 乞			
걸	빌 걸	乙부 총3획	

067 3급 儉 儉			
검	검소할 검	亻=人부 총15획	

068 3급 劍 劍			
검	칼 검	刂=刀부 총15획	

069 3급 檢 檢			
검	검사할 검	木부 총17획	

070 3급 格 格			
격	격식 격	木부 총10획	

071 3급 擊 擊			
격	칠 격	手부 총17획	

072 3급 激 激			
격	격할 격	氵=水부 총16획	

073 3급 隔 隔			
격	사이뜰 격	阝=阜부 총13획	

074 8급 見 見			
견	볼 견	見부 총7획 회의문자	

075 5급 犬 犬			
견	개 견	犬부 총4획 상형문자	

076 4급 堅 堅			
견	굳을 견	土부 총11획	

077 3급 絹 絹			
견	비단 견	糸부 총13획	

078 3급 肩 肩			
견	어깨 견	月=肉부 총8획	

079 3급 遣 遣			
견	보낼 견	辶=辵부 총14획	

080 3급 牽 牽			
견	이끌 견	牛부 총11획	

081 7급 決 決			
결	결단할 결	氵=水부 총7획 회의문자	

082 6급 結 結			
결	맺을 결	糸부 총12획 형성문자	

083 4급 潔 潔			
결	깨끗할 결	氵=水부 총15획	

084 3급 缺 缺			
결	이지러질 결	缶부 총10획	

085 3급 兼 兼			
겸	겸할 겸	八부 총10획	

086 3급 謙 謙			
겸	겸손할 겸	言부 총17획	

087 7급 京 京			
경	서울 경	亠부 총8획 상형문자	

088 7급 景 景			
경	볕 경	日부 총12획 형성문자	

089 4급 輕 輕			
경	가벼울 경	車부 총14획	

090 7급 經 經			
경	지날 경	糸부 총13획 형성문자	

091 **6급** 경	敬	敬				
	공경 **경**		攵=攴부 총13획 **회의문자**			
092 **7급** 경	慶	慶				
	경사 **경**		心부 총15획 **회의문자**			
093 **7급** 경	競	競				
	다툴 **경**		立부 총20획 **회의문자**			
094 **4급** 경	庚	庚				
	별 **경**		广부 총8획			
095 **4급** 경	耕	耕				
	밭갈 **경**		耒부 총10획			
096 **4급** 경	驚	驚				
	놀랄 **경**		馬부 총23획			
097 **3급** 경	竟	竟				
	마침내 **경**		立부 총11획			
098 **3급** 경	境	境				
	지경 **경**		土부 총14획			
099 **3급** 경	鏡	鏡				
	거울 **경**		金부 총19획			
100 **3급** 경	頃	頃				
	잠깐 **경**		頁부 총11획			
101 **3급** 경	傾	傾				
	기울 **경**		亻=人부 총13획			
102 **3급** 경	硬	硬				
	굳을 **경**		石부 총12획			
103 **3급** 경	警	警				
	깨우칠 **경**		言부 총20획			
104 **3급** 경	徑	徑				
	지름길 **경**		彳부 총10획			
105 **3급** 경	卿	卿				
	벼슬 **경**		卩부 총12획			

106 **8급** 계	季	季				
	계절 **계**		子부 총8획 **회의문자**			
107 **7급** 계	界	界				
	지경 **계**		田부 총9획 **형성문자**			
108 **7급** 계	計	計				
	셀 **계**		言부 총9획 **회의문자**			
109 **4급** 계	癸	癸				
	북방 **계**		癶부 총9획			
110 **4급** 계	溪	溪				
	시내 **계**		氵=水부 총13획			
111 **4급** 계	鷄	鷄				
	닭 **계**		鳥부 총21획			
112 **3급** 계	系	系				
	이어맬 **계**		糸부 총7획			
113 **3급** 계	係	係				
	맬 **계**		亻=人부 총9획			
114 **3급** 계	戒	戒				
	경계할 **계**		戈부 총7획			
115 **3급** 계	械	械				
	기계 **계**		木부 총11획			
116 **3급** 계	繼	繼				
	이을 **계**		糸부 총20획			
117 **3급** 계	契	契				
	맺을 **계**		大부 총9획			
118 **3급** 계	桂	桂				
	계수나무 **계**		木부 총10획			
119 **3급** 계	啓	啓				
	열 **계**		口부 총11획			
120 **3급** 계	階	階				
	섬돌 **계**		阝=阜부 총12획			

연습문제 1

01-03 다음 한자(漢字)의 부수(部首)는 무엇입니까?

01 價 : ① 人　② 木　③ 水　④ 土　⑤ 貝

02 歌 : ① 口　② 目　③ 人　④ 可　⑤ 欠

03 京 : ① 亠　② 口　③ 小　④ 京　⑤ 亅

04-06 다음 한자(漢字)의 획수(劃數)는 모두 몇 획입니까?

04 減 : ① 8　② 9　③ 10　④ 11　⑤ 12

05 強 : ① 10　② 11　③ 12　④ 13　⑤ 14

06 季 : ① 6　② 7　③ 8　④ 9　⑤ 10

07-08 다음 필순(筆順)에 대한 설명에 가장 알맞은 한자
(漢字)는 어느 것입니까?

07 왼쪽에서 오른쪽으로 쓴다.

　① 加　② 家　③ 巨　④ 去　⑤ 各

08 위에서 아래로 쓴다.

　① 景　② 計　③ 故　④ 曲　⑤ 犬

09-18 다음 한자(漢字)의 음(音)은 무엇입니까?

09 建 : ① 건　② 견　③ 간　④ 각　⑤ 가

10 街 : ① 각　② 간　③ 가　④ 거　⑤ 견

11 江 : ① 공　② 강　③ 경　④ 견　⑤ 격

12 改 : ① 기　② 고　③ 감　④ 개　⑤ 가

13 歌 : ① 개　② 고　③ 간　④ 강　⑤ 가

14 結 : ① 경　② 각　③ 결　④ 고　⑤ 공

15 季 : ① 고　② 경　③ 공　④ 계　⑤ 강

16 驚 : ① 공　② 경　③ 갱　④ 계　⑤ 곡

17 暇 : ① 간　② 가　③ 계　④ 개　⑤ 걸

18 激 : ① 계　② 경　③ 강　④ 고　⑤ 격

19-23 다음의 음(音)을 가진 한자(漢字)는 어느 것입니까?

19 거 : ① 客　② 加　③ 擧　④ 見　⑤ 敬

20 결 : ① 可　② 車　③ 感　④ 決　⑤ 家

21 경 : ① 界　② 計　③ 角　④ 個　⑤ 慶

22 견 : ① 佳　② 渴　③ 乾　④ 堅　⑤ 看

23 간 : ① 覺　② 懇　③ 蓋　④ 劍　⑤ 拒

24-33 다음 한자(漢字)의 뜻은 무엇입니까?

24 決 : ① 베다　　② 나누다　　③ 자르다
　　　　④ 가볍다　　⑤ 결단하다

25 車 : ① 집　　② 바다　　③ 수레
　　　　④ 기구　　⑤ 세다

26 可 : ① 옳다　　② 틀리다　　③ 다르다
　　　　④ 나쁘다　　⑤ 이르다

27 開 : ① 열다　　② 닫다　　③ 이다
　　　　④ 얹다　　⑤ 앉다

28 個 : ① 별　　② 집　　③ 수
　　　　④ 낱　　⑤ 해

29 計 : ① 가다　　② 마디　　③ 치다
　　　　④ 세다　　⑤ 말하다

30 敬 : ① 경사　　② 공경　　③ 불경
　　　　④ 경축　　⑤ 경하

31 更 : ① 다시　　② 거짓　　③ 공경
　　　　④ 넓다　　⑤ 다투다

32 監 : ① 감히　　② 거울　　③ 보다
　　　　④ 덜다　　⑤ 북방

33 距 : ① 크다　　② 막다　　③ 근거
　　　　④ 격하다　　⑤ 상거하다

34-38 다음의 뜻을 가진 한자(漢字)는 어느 것입니까?

34 느끼다 : ① 角　② 家　③ 感　④ 減　⑤ 競

35 노래　 : ① 見　② 經　③ 客　④ 歌　⑤ 間

36 볕　　 : ① 去　② 景　③ 巨　④ 界　⑤ 各

37 깨끗하다 : ① 假　② 渴　③ 潔　④ 溪　⑤ 講

38 기울다 : ① 境　② 頃　③ 介　④ 硬　⑤ 傾

39-48 다음 한자어(漢字語)의 음(音)은 무엇입니까?

39 代價 : ① 대가 ② 시가 ③ 정가 ④ 평가 ⑤ 고가

40 校歌 : ① 군가 ② 연가 ③ 단가 ④ 국가 ⑤ 교가

41 可觀 : ① 가관 ② 허가 ③ 가상 ④ 가능 ⑤ 경관

42 期間 : ① 인간 ② 감형 ③ 산간 ④ 기간 ⑤ 중간

43 減量 : ① 감속 ② 감형 ③ 감량 ④ 감세 ⑤ 감득

44 輕重 : ① 경중 ② 경감 ③ 경박 ④ 경솔 ⑤ 가중

45 敬禮 : ① 경로 ② 경원 ③ 경례 ④ 경의 ⑤ 경솔

46 看過 : ① 가장 ② 간과 ③ 간접 ④ 과실 ⑤ 간섭

47 缺勤 : ① 결과 ② 결정 ③ 결석 ④ 견고 ⑤ 결근

48 契約 : ① 계속 ② 계기 ③ 계산 ④ 계약 ⑤ 계근

49-50 다음 단어들의 '□'에 공통으로 들어갈 알맞은 한자(漢字)는 어느 것입니까?

49 □校, □學, □放 :
　　① 强　　② 決　　③ 開　　④ 去　　⑤ 價

50 □局, □末, □實 :
　　① 京　　② 結　　③ 告　　④ 季　　⑤ 皆

121 3급 繫 계	繫				136 8급 曲 곡	曲			
	맬 **계**	糸부 총19획				굽을 **곡**	日부 총6획 **상형문자**		
122 8급 古 고	古				137 5급 谷 곡	谷			
	예 **고**	口부 총5획 **회의문자**				골 **곡**	谷부 총7획 **회의문자**		
123 8급 故 고	故				138 4급 穀 곡	穀			
	연고 **고**	攵=攴부 총9획 **회의문자**				곡식 **곡**	禾부 총15획		
124 6급 固 고	固				139 3급 哭 곡	哭			
	굳을 **고**	口부 총8획 **형성문자**				울 **곡**	口부 총10획		
125 4급 苦 고	苦				140 4급 困 곤	困			
	쓸 **고**	++=艸부 총9획				곤할 **곤**	口부 총7획		
126 7급 考 고	考				141 4급 坤 곤	坤			
	생각할 **고**	耂=老부 총6획 **상형문자**				따(땅) **곤**	土부 총8획		
127 9급 高 고	高				142 5급 骨 골	骨			
	높을 **고**	高부 총10획 **상형문자**				뼈 **골**	骨부 총10획 **회의문자**		
128 7급 告 고	告				143 9급 工 공	工			
	고할 **고**	口부 총7획 **회의문자**				장인 **공**	工부 총3획 **상형문자**		
129 3급 枯 고	枯				144 6급 功 공	功			
	마를 **고**	木부 총9획				공 **공**	力부 총5획 **형성문자**		
130 3급 姑 고	姑				145 6급 空 공	空			
	시어미 **고**	女부 총8획				빌 **공**	穴부 총8획 **형성문자**		
131 3급 庫 고	庫				146 7급 共 공	共			
	곳집 **고**	广부 총10획				함께 **공**	八부 총6획 **회의문자**		
132 3급 孤 고	孤				147 7급 公 공	公			
	외로울 **고**	子부 총8획				공평할 **공**	八부 총4획 **회의문자**		
133 3급 鼓 고	鼓				148 3급 孔 공	孔			
	북 **고**	鼓부 총13획				구멍 **공**	子부 총4획		
134 3급 稿 고	稿				149 3급 供 공	供			
	원고 **고**	禾부 총15획				이바지할 **공**	亻=人부 총8획		
135 3급 顧 고	顧				150 3급 恭 공	恭			
	돌아볼 **고**	頁부 총21획				공손할 **공**	忄부 총10획		

151 3급 공	攻	攻				166 3급 관	貫	貫			
	칠 **공**	攵=攴부 총7획					꿸 **관**	貝부 총11획			
152 3급 공	恐	恐				167 3급 관	慣	慣			
	두려울 **공**	心부 총10획					익숙할 **관**	忄=心부 총14획			
153 3급 공	貢	貢				168 3급 관	冠	冠			
	바칠 **공**	貝부 총10획					갓 **관**	冖부 총9획			
154 9급 과	果	果				169 3급 관	寬	寬			
	실과 **과**	木부 총8획 상형문자					너그러울 **관**	宀부 총15획			
155 6급 과	課	課				170 8급 광	光	光			
	공부할 **과**	言부 총15획 형성문자					빛 **광**	儿부 총6획 회의문자			
156 8급 과	科	科				171 6급 광	廣	廣			
	과목 **과**	禾부 총9획 회의문자					넓을 **광**	广부 총15획 형성문자			
157 7급 과	過	過				172 3급 광	鑛	鑛			
	지날 **과**	辶=辵부 총13획 형성문자					쇳돌 **광**	金부 총23획			
158 3급 과	寡	寡				173 3급 광	狂	狂			
	적을 **과**	宀부 총14획					미칠 **광**	犭=犬부 총7획			
159 3급 과	誇	誇				174 3급 괘	掛	掛			
	자랑할 **과**	言부 총13획					걸 **괘**	扌=手부 총11획			
160 3급 곽	郭	郭				175 3급 괴	塊	塊			
	둘레 **곽**	阝=邑부 총11획					덩어리 **괴**	土부 총13획			
161 6급 관	官	官				176 3급 괴	愧	愧			
	벼슬 **관**	宀부 총8획 회의문자					부끄러울 **괴**	忄=心부 총13획			
162 6급 관	觀	觀				177 3급 괴	怪	怪			
	볼 **관**	見부 총25획 형성문자					괴이할 **괴**	忄=心부 총8획			
163 4급 관	關	關				178 3급 괴	壞	壞			
	관계할 **관**	門부 총19획					무너질 **괴**	土부 총19획			
164 3급 관	館	館				179 9급 교	交	交			
	집 **관**	食부 총17획					사귈 **교**	亠부 총6획 상형문자			
165 3급 관	管	管				180 7급 교	校	校			
	대롱 **관**	竹부 총14획					학교 **교**	木부 총10획 형성문자			

181 6급	敎	敎				
교	가르칠 교	攵=攴부 총11획 회의문자				

182 4급	橋	橋				
교	다리 교	木부 총16획				

183 3급	郊	郊				
교	들 교	阝=邑부 총9획				

184 3급	較	較				
교	견줄 교	車부 총13획				

185 3급	巧	巧				
교	공교할 교	工부 총5획				

186 3급	矯	矯				
교	바로잡을 교	矢부 총17획				

187 8급	九	九				
구	아홉 구	乙부 총2획 지사문자				

188 9급	口	口				
구	입 구	口부 총3획 상형문자				

189 5급	救	救				
구	구원할 구	攵=攴부 총11획 형성문자				

190 7급	究	究				
구	연구할 구	穴부 총7획 형성문자				

191 5급	句	句				
구	글귀 구	口부 총5획 형성문자				

192 7급	求	求				
구	구할 구	水부 총7획 상형문자				

193 5급	久	久				
구	오랠 구	丿부 총3획 지사문자				

194 4급	舊	舊				
구	예 구	臼부 총18획				

195 3급	丘	丘				
구	언덕 구	一부 총5획				

196 3급	俱	俱				
구	함께 구	亻=人부 총10획				

197 3급	懼	懼				
구	두려워할 구	忄=心부 총21획				

198 3급	狗	狗				
구	개 구	犭=犬부 총8획				

199 3급	龜	龜				
구	거북 구(귀)	龜부 총16획				

200 3급	驅	驅				
구	몰 구	馬부 총21획				

201 3급	構	構				
구	얽을 구	木부 총14획				

202 3급	具	具				
구	갖출 구	八부 총8획				

203 3급	區	區				
구	구분할 구	匸부 총11획				

204 3급	拘	拘				
구	잡을 구	扌=手부 총8획				

205 3급	球	球				
구	공 구	王=玉부 총11획				

206 3급	苟	苟				
구	구차할 구	++=艸부 총9획				

207 7급	國	國				
국	나라 국	囗부 총11획 회의문자				

208 3급	菊	菊				
국	국화 국	++=艸부 총12획				

209 3급	局	局				
국	판 국	尸부 총7획				

210 7급	君	君				
군	임금 군	口부 총7획 회의문자				

211 8급 軍 군	軍				
군사 **군**	車部 총9획 **회의문자**				

212 6급 郡 군	郡				
고을 **군**	阝=邑부 총10획 **형성문자**				

213 3급 群 군	群				
무리 **군**	羊부 총13획				

214 3급 屈 굴	屈				
굽힐 **굴**	尸부 총8획				

215 5급 弓 궁	弓				
활 **궁**	弓부 총3획 **상형문자**				

216 3급 窮 궁	窮				
다할 **궁**	穴부 총15획				

217 3급 宮 궁	宮				
집 **궁**	宀부 총10획				

218 5급 權 권	權				
권세 **권**	木부 총22획 **형성문자**				

219 4급 卷 권	卷				
책 **권**	已=卩부 총8획				

220 4급 勸 권	勸				
권할 **권**	力부 총20획				

221 3급 券 권	券				
문서 **권**	刀부 총8획				

222 3급 拳 권	拳				
주먹 **권**	手부 총10획				

223 3급 厥 궐	厥				
그 **궐**	厂부 총12획				

224 3급 軌 궤	軌				
바퀴자국 **궤**	車부 총9획				

225 5급 貴 귀	貴				
귀할 **귀**	貝부 총12획 **형성문자**				

226 4급 歸 귀	歸				
돌아갈 **귀**	止부 총18획				

227 3급 鬼 귀	鬼				
귀신 **귀**	鬼부 총10획				

228 3급 規 규	規				
법 **규**	見부 총11획				

229 3급 叫 규	叫				
부르짖을 **규**	口부 총5획				

230 3급 糾 규	糾				
얽힐 **규**	糸부 총8획				

231 4급 均 균	均				
고를 **균**	土부 총7획				

232 3급 菌 균	菌				
버섯 **균**	++=艸부 총12획				

233 4급 極 극	極				
극진할 **극**	木부 총13획				

234 3급 克 극	克				
이길 **극**	儿부 총7획				

235 3급 劇 극	劇				
심할 **극**	刂=刀부 총15획				

236 6급 近 근	近				
가까울 **근**	辶=辵부 총8획 **형성문자**				

237 5급 勤 근	勤				
부지런할 **근**	力부 총13획 **형성문자**				

238 5급 根 근	根				
뿌리 **근**	木부 총10획 **형성문자**				

239 3급 斤 근	斤				
근 **근**	斤부 총4획				

240 3급 僅 근	僅				
겨우 **근**	亻=人부 총13획				

연습문제 2

01-03 다음 한자(漢字)의 부수(部首)는 무엇입니까?

01 科 : ①斗 ②二 ③木 ④十 ⑤禾

02 官 : ①呂 ②口 ③宀 ④丨 ⑤官

03 近 : ①丶 ②斤 ③辶 ④丿 ⑤十

04-06 다음 한자(漢字)의 획수(劃數)는 모두 몇 획입니까?

04 課 : ①13 ②14 ③15 ④16 ⑤17

05 國 : ①8 ②9 ③10 ④11 ⑤12

06 勤 : ①11 ②12 ③13 ④14 ⑤15

07-08 다음 필순(筆順)에 대한 설명에 가장 알맞은 한자
(漢字)는 어느 것입니까?

07 오른쪽 위의 점은 나중에 찍는다.
  ①九 ②固 ③光 ④求 ⑤郊

08 위에서 아래로 쓴다.
  ①校 ②口 ③交 ④科 ⑤枯

09-18 다음 한자(漢字)의 음(音)은 무엇입니까?

09 過 : ①고 ②관 ③구 ④교 ⑤과

10 觀 : ①과 ②곽 ③관 ④공 ⑤교

11 究 : ①교 ②구 ③극 ④군 ⑤공

12 郡 : ①군 ②국 ③구 ④귀 ⑤근

13 科 : ①과 ②구 ③광 ④국 ⑤관

14 曲 : ①계 ②곡 ③경 ④고 ⑤권

15 苦 : ①곡 ②경 ③격 ④고 ⑤계

16 均 : ①규 ②계 ③균 ④귀 ⑤곤

17 孤 : ①근 ②공 ③곡 ④관 ⑤고

18 誇 : ①광 ②교 ③기 ④과 ⑤구

19-23 다음의 음(音)을 가진 한자(漢字)는 어느 것입니까?

19 공 : ①高 ②古 ③共 ④救 ⑤軍

20 과 : ①課 ②校 ③求 ④國 ⑤勤

21 교 : ①果 ②口 ③君 ④橋 ⑤貴

22 곤 : ①谷 ②卷 ③久 ④弓 ⑤困

23 교 : ①較 ②故 ③姑 ④貫 ⑤郭

24-33 다음 한자(漢字)의 뜻은 무엇입니까?

24 空 : ① 비다　　② 장인　　③ 아홉
　　　④ 치다　　⑤ 세우다

25 固 : ① 오다　　② 옛날　　③ 굳다
　　　④ 현대　　⑤ 연고

26 交 : ① 지나다　　② 흐르다　　③ 천하다
　　　④ 사귀다　　⑤ 연구하다

27 軍 : ① 수레　　② 군사　　③ 임금
　　　④ 방패　　⑤ 화살

28 貴 : ① 올리다　　② 버리다　　③ 돌리다
　　　④ 취하다　　⑤ 귀하다

29 橋 : ① 다리　　② 강물　　③ 바다
　　　④ 도로　　⑤ 하늘

30 果 : ① 비　　② 나무　　③ 우박
　　　④ 실과　　⑤ 전답

31 歸 : ① 잠들다　　② 귀하다　　③ 고르다
　　　④ 급하다　　⑤ 돌아가다

32 慣 : ① 꿰다　　② 지나다　　③ 익숙하다
　　　④ 너그럽다　　⑤ 관계하다

33 壞 : ① 걸다　　② 흙덩이　　③ 구원하다
　　　④ 부끄럽다　　⑤ 무너지다

34-38 다음의 뜻을 가진 한자(漢字)는 어느 것입니까?

34 공평하다 : ① 敎 ② 根 ③ 古 ④ 公 ⑤ 近

35 나라 : ① 九 ② 君 ③ 工 ④ 國 ⑤ 告

36 학교 : ① 光 ② 校 ③ 句 ④ 廣 ⑤ 考

37 관계하다 : ① 穀 ② 坤 ③ 管 ④ 寬 ⑤ 關

38 무리 : ① 郡 ② 俱 ③ 群 ④ 塊 ⑤ 掛

39-48 다음 한자어(漢字語)의 음(音)은 무엇입니까?

39 名曲 : ① 작곡 ② 곡선 ③ 선곡 ④ 서곡 ⑤ 명곡

40 公園 : ① 공원 ② 공평 ③ 공간 ④ 공개 ⑤ 공작

41 科目 : ① 일과 ② 과업 ③ 과학 ④ 과목 ⑤ 과제

42 法官 : ① 과다 ② 관청 ③ 법률 ④ 관가 ⑤ 법관

43 光景 : ① 광복 ② 광경 ③ 풍경 ④ 경치 ⑤ 풍광

44 敎室 : ① 병실 ② 온실 ③ 교가 ④ 교실 ⑤ 교문

45 救急 : ① 구원 ② 구급 ③ 화급 ④ 시급 ⑤ 특급

46 權利 : ① 권고 ② 편리 ③ 근력 ④ 권리 ⑤ 권세

47 提供 : ① 제조 ② 제약 ③ 제공 ④ 재기 ⑤ 제기

48 構成 : ① 구급 ② 구성 ③ 구식 ④ 구명 ⑤ 생성

49-50 다음 단어들의 '□'에 공통으로 들어갈 알맞은 한자(漢字)는 어느 것입니까?

49 □相, □念, 史□ :
　　① 官 ② 過 ③ 觀 ④ 究 ⑤ 功

50 □人, 富□, □下 :
　　① 九 ② 規 ③ 句 ④ 君 ⑤ 貴

241 3급	謹 謹				
근	삼갈 **근**	言부 총18획			

242 8급	金 金				
금	쇠 **금**/성 **김**	金부 총8획 형성문자			

243 8급	今 今				
금	이제 **금**	人부 총4획 회의문자			

244 5급	禁 禁				
금	금할 **금**	示부 총13획 형성문자			

245 3급	琴 琴				
금	거문고 **금**	王=玉부 총12획			

246 3급	禽 禽				
금	새 **금**	内부 총13획			

247 3급	錦 錦				
금	비단 **금**	金부 총16획			

248 4급	給 給				
급	줄 **급**	糸부 총12획			

249 4급	急 急				
급	급할 **급**	心부 총9획			

250 4급	及 及				
급	미칠 **급**	又부 총4획			

251 3급	級 級				
급	등급 **급**	糸부 총10획			

252 3급	肯 肯				
긍	즐길 **긍**	月=肉부 총8획			

253 7급	記 記				
기	기록할 **기**	言부 총10획 형성문자			

254 6급	期 期				
기	기약할 **기**	月부 총12획 형성문자			

255 7급	基 基				
기	터 **기**	土부 총11획 형성문자			

256 7급	氣 氣				
기	기운 **기**	气부 총10획 형성문자			

257 7급	技 技				
기	재주 **기**	扌=手부 총7획 형성문자			

258 8급	己 己				
기	몸 **기**	己부 총3획 상형문자			

259 5급	起 起				
기	일어날 **기**	走부 총10획 형성문자			

260 5급	其 其				
기	그 **기**	八부 총8획 상형문자			

261 4급	幾 幾				
기	몇 **기**	幺부 총12획			

262 4급	旣 旣				
기	이미 **기**	旡=无부 총11획			

263 3급	忌 忌				
기	꺼릴 **기**	心부 총7획			

264 3급	棄 棄				
기	버릴 **기**	木부 총12획			

265 3급	祈 祈				
기	빌 **기**	示부 총9획			

266 3급	豈 豈				
기	어찌 **기**	豆부 총10획			

267 3급	機 機				
기	틀 **기**	木부 총16획			

268 3급	騎 騎				
기	말탈 **기**	馬부 총18획			

269 3급	紀 紀				
기	벼리 **기**	糸부 총9획			

270 3급	飢 飢				
기	주릴 **기**	食부 총11획			

271 3급 기	旗	旗				286 8급 내	內	內			
	기 **기**	方부 총14획					안 **내**	入부 총4획 회의문자			

272 3급 기	欺	欺				287 4급 내	乃	乃			
	속일 **기**	欠부 총12획					이에 **내**	丿부 총2획			

273 3급 기	企	企				288 3급 내	奈	奈			
	꾀할 **기**	人부 총6획					어찌 **내(나)**	大부 총8획			

274 3급 기	奇	奇				289 3급 내	耐	耐			
	기특할 **기**	大부 총8획					견딜 **내**	而부 총9획			

275 3급 기	寄	寄				290 9급 녀	女	女			
	부칠 **기**	宀부 총11획					계집 **녀**	女부 총3획 상형문자			

276 3급 기	器	器				291 8급 년	年	年			
	그릇 **기**	口부 총16획					해 **년**	干부 총6획 형성문자			

277 3급 기	畿	畿				292 6급 념	念	念			
	경기 **기**	田부 총15획					생각 **념**	心부 총8획 형성문자			

278 3급 긴	緊	緊				293 3급 녕	寧	寧			
	긴할 **긴**	糸부 총14획					편안할 **녕**	宀부 총14획			

279 6급 길	吉	吉				294 4급 노	怒	怒			
	길할 **길**	口부 총6획 회의문자					성낼 **노**	心부 총9획			

280 3급 나	那	那				295 3급 노	努	努			
	어찌 **나**	阝=邑부 총7획					힘쓸 **노**	力부 총7획			

281 5급 난	難	難				296 3급 노	奴	奴			
	어려울 **난**	隹부 총19획 형성문자					종 **노**	女부 총5획			

282 4급 난	暖	暖				297 7급 농	農	農			
	따뜻할 **난**	日부 총13획					농사 **농**	辰부 총13획 회의문자			

283 8급 남	南	南				298 3급 뇌	腦	腦			
	남녘 **남**	十부 총9획 상형문자					골 **뇌**	月=肉부 총13획			

284 8급 남	男	男				299 3급 뇌	惱	惱			
	사내 **남**	田부 총7획 회의문자					번뇌할 **뇌**	忄=心부 총12획			

285 3급 납	納	納				300 8급 능	能	能			
	들일 **납**	糸부 총10획					능할 **능**	月=肉부 총10획 상형문자			

301 **3급** 니	泥 진흙 니	泥 氵=水부 총8획			
302 **7급** 다	多 많을 다	多 夕부 총6획 회의문자			
303 **3급** 다	茶 차 다(차)	茶 ++=艸부 총10획			
304 **8급** 단	單 홑 단	單 口부 총12획 상형문자			
305 **5급** 단	短 짧을 단	短 矢부 총12획 회의문자			
306 **4급** 단	端 끝 단	端 立부 총14획			
307 **5급** 단	丹 붉을 단	丹 、부 총4획 지사문자			
308 **4급** 단	但 다만 단	但 亻=人부 총7획			
309 **3급** 단	旦 아침 단	旦 日부 총5획			
310 **3급** 단	團 둥글 단	團 口부 총14획			
311 **3급** 단	壇 단 단	壇 土부 총16획			
312 **3급** 단	斷 끊을 단	斷 斤부 총18획			
313 **3급** 단	段 층계 단	段 殳부 총9획			
314 **3급** 단	檀 박달나무 단	檀 木부 총17획			
315 **6급** 달	達 통달할 달	達 辶=辵부 총13획 회의문자			

316 **6급** 담	談 말씀 담	談 言부 총15획 형성문자			
317 **3급** 담	淡 맑을 담	淡 氵=水부 총11획			
318 **3급** 담	擔 멜 담	擔 扌=手부 총16획			
319 **7급** 답	答 대답 답	答 竹부 총12획 형성문자			
320 **3급** 답	畓 논 답	畓 田부 총9획			
321 **3급** 답	踏 밟을 답	踏 足부 총15획			
322 **5급** 당	堂 집 당	堂 土부 총11획 형성문자			
323 **4급** 당	當 마땅 당	當 田부 총13획			
324 **3급** 당	唐 당나라 당	唐 口부 총10획			
325 **3급** 당	糖 엿 당(탕)	糖 米부 총16획			
326 **3급** 당	黨 무리 당	黨 黑부 총20획			
327 **9급** 대	大 큰 대	大 大부 총3획 상형문자			
328 **6급** 대	對 대할 대	對 寸부 총14획 회의문자			
329 **5급** 대	代 대신 대	代 亻=人부 총5획 형성문자			
330 **4급** 대	待 기다릴 대	待 彳부 총9획			

331 3급 대	貸	貸				346 3급 도	跳	跳			
	빌릴 **대**	貝부 총12획					뛸 **도**	足부 총13획			
332 3급 대	臺	臺				347 3급 도	途	途			
	대 **대**	至부 총14획					길 **도**	⻌=辵부 총11획			
333 3급 대	隊	隊				348 3급 도	陶	陶			
	무리 **대**	⻖=阜부 총12획					질그릇 **도**	⻖=阜부 총11획			
334 3급 대	帶	帶				349 3급 도	逃	逃			
	띠 **대**	巾부 총11획					도망할 **도**	⻌=辵부 총10획			
335 6급 덕	德	德				350 3급 도	倒	倒			
	큰 **덕**	彳부 총15획 형성문자					넘어질 **도**	亻=人부 총10획			
336 6급 도	到	到				351 3급 도	導	導			
	이를 **도**	刂=刀부 총8획 형성문자					인도할 **도**	寸부 총16획			
337 7급 도	度	度				352 3급 도	挑	挑			
	법도 **도**	广부 총9획 형성문자					돋울 **도**	扌=手부 총9획			
338 7급 도	道	道				353 3급 도	盜	盜			
	길 **도**	⻌=辵부 총13획 회의문자					도둑 **도**	皿부 총12획			
339 7급 도	島	島				354 3급 도	渡	渡			
	섬 **도**	山부 총10획 형성문자					건널 **도**	氵=水부 총12획			
340 7급 도	都	都				355 3급 도	塗	塗			
	도읍 **도**	⻏=邑부 총12획 형성문자					칠할 **도**	土부 총13획			
341 7급 도	圖	圖				356 5급 독	獨	獨			
	그림 **도**	囗부 총14획 회의문자					홀로 **독**	犭=犬부 총16획 형성문자			
342 5급 도	刀	刀				357 5급 독	讀	讀			
	칼 **도**	刀부 총2획 상형문자					읽을 **독**	言부 총22획 형성문자			
343 4급 도	徒	徒				358 3급 독	毒	毒			
	무리 **도**	彳부 총10획					독 **독**	毋부 총9획			
344 3급 도	桃	桃				359 3급 독	篤	篤			
	복숭아 **도**	木부 총10획					도타울 **독**	竹부 총16획			
345 3급 도	稻	稻				360 3급 독	督	督			
	벼 **도**	禾부 총15획					감독할 **독**	目부 총13획			

연습문제 3

01-03 다음 한자(漢字)의 부수(部首)는 무엇입니까?

01 期 : ①其　②月　③八　④一　⑤口

02 能 : ①匕　②厶　③比　④肉　⑤目

03 單 : ①甲　②十　③田　④早　⑤口

04-06 다음 한자(漢字)의 획수(劃數)는 모두 몇 획입니까?

04 金 : ①6　②7　③8　④9　⑤10

05 己 : ①1　②2　③3　④4　⑤5

06 度 : ①7　②8　③9　④10　⑤11

07-08 다음 필순(筆順)에 대한 설명에 가장 알맞은 한자
(漢字)는 어느 것입니까?

07 오른쪽 위의 점은 나중에 찍는다.
　　①短　②代　③答　④道　⑤金

08 안과 바깥쪽이 있을 때에는 바깥쪽을 먼저 쓴다.
　　①大　②都　③達　④圖　⑤禁

09-18 다음 한자(漢字)의 음(音)은 무엇입니까?

09 給 : ①극　②근　③급　④공　⑤금

10 怒 : ①긴　②노　③난　④기　⑤궁

11 道 : ①단　②도　③독　④달　⑤기

12 都 : ①동　②독　③녕　④답　⑤도

13 單 : ①다　②능　③동　④단　⑤녕

14 答 : ①달　②단　③다　④독　⑤답

15 農 : ①농　②능　③단　④다　⑤녀

16 暖 : ①낭　②난　③단　④김　⑤담

17 級 : ①근　②금　③급　④궁　⑤납

18 企 : ①기　②금　③계　④근　⑤내

19-23 다음의 음(音)을 가진 한자(漢字)는 어느 것입니까?

19 난 : ①記　②內　③女　④南　⑤難

20 대 : ①島　②對　③氣　④堂　⑤己

21 도 : ①到　②急　③大　④多　⑤起

22 기 : ①當　②刀　③既　④待　⑤乃

23 도 : ①貸　②督　③段　④途　⑤旦

24-33 다음 한자(漢字)의 뜻은 무엇입니까?

24 念 : ① 생각　② 주일　③ 생일
　　　④ 이제　⑤ 읽다

25 吉 : ① 자라다　② 흉하다　③ 길하다
　　　④ 이르다　⑤ 다다르다

26 獨 : ① 홀로　② 도읍　③ 법도
　　　④ 그림　⑤ 기운

27 多 : ① 크다　② 되다　③ 적다
　　　④ 많다　⑤ 성내다

28 談 : ① 해　② 훈계　③ 전설
　　　④ 설화　⑤ 말씀

29 道 : ① 길　② 수도　③ 정강이
　　　④ 산마루　⑤ 일어나다

30 德 : ① 골　② 얻다　③ 크다
　　　④ 홀로　⑤ 금하다

31 待 : ① 붉다　② 대하다　③ 대답하다
　　　④ 기다리다　⑤ 대신하다

32 納 : ① 맺다　② 잇다　③ 들이다
　　　④ 미치다　⑤ 생각하다

33 努 : ① 성내다　② 능하다　③ 힘쓰다
　　　④ 도탑다　⑤ 편안하다

38 도둑 : ① 謹　② 盜　③ 挑　④ 錦　⑤ 祈

39-48 다음 한자어(漢字語)의 음(音)은 무엇입니까?

39 急速 : ① 급속 ② 급소 ③ 속도 ④ 응급 ⑤ 급행

40 初期 : ① 후기 ② 초선 ③ 기간 ④ 기대 ⑤ 초기

41 氣分 : ① 기온 ② 용기 ③ 기분 ④ 심기 ⑤ 기저

42 通達 : ① 도달 ② 통달 ③ 통쾌 ④ 전달 ⑤ 통칭

43 談笑 : ① 미소 ② 보답 ③ 정답 ④ 담소 ⑤ 담화

44 食堂 : ① 식당 ② 강당 ③ 식사 ④ 성당 ⑤ 식후

45 角度 : ① 각축 ② 온도 ③ 각도 ④ 절도 ⑤ 법도

46 言及 : ① 언동 ② 언질 ③ 금지 ④ 시급 ⑤ 언급

47 逃走 : ① 도중 ② 도발 ③ 도달 ④ 도주 ⑤ 도당

48 擔當 : ① 답사 ② 담론 ③ 담당 ④ 담백 ⑤ 당백

49-50 다음 단어들의 '□'에 공통으로 들어갈 알맞은
　　　한자(漢字)는 어느 것입니까?

49 □間, 時□, □待:
　　① 期　② 男　③ 給　④ 吉　⑤ 讀

50 □場, □立, 孝□:
　　① 道　② 達　③ 代　④ 東　⑤ 器

34-38 다음의 뜻을 가진 한자(漢字)는 어느 것입니까?

34 터 : ① 到 ② 期 ③ 技 ④ 起 ⑤ 基

35 대답 : ① 答 ② 度 ③ 達 ④ 大 ⑤ 都

36 짧다 : ① 農 ② 男 ③ 短 ④ 對 ⑤ 圖

37 끝 : ① 端 ② 丹 ③ 徒 ④ 乃 ⑤ 其

361 3급 豚 豚					376 3급 屯 屯			
돈 돼지 돈 豕부 총11획					둔 진칠 둔 屮부 총4획			
362 3급 敦 敦					377 5급 得 得			
돈 도타울 돈 攵=攴부 총12획					득 얻을 득 彳부 총11획 회의문자			
363 3급 突 突					378 7급 等 等			
돌 갑자기 돌 穴부 총9획					등 무리 등 竹부 총12획 회의문자			
364 8급 同 同					379 6급 登 登			
동 한가지 동 口부 총6획 회의문자					등 오를 등 癶부 총12획 회의문자			
365 6급 洞 洞					380 4급 燈 燈			
동 골 동 氵=水부 총9획 형성문자					등 등 등 火부 총16획			
366 7급 童 童					381 3급 騰 騰			
동 아이 동 立부 총12획 회의문자					등 오를 등 馬부 총20획			
367 7급 冬 冬					382 3급 羅 羅			
동 겨울 동 冫부 총5획 회의문자					라 벌릴 라 罒=网부 총19획			
368 8급 東 東					383 6급 落 落			
동 동녘 동 木부 총8획 상형문자					락 떨어질 락 ++=艸부 총13획 형성문자			
369 6급 動 動					384 8급 樂 樂			
동 움직일 동 力부 총11획 형성문자					락 즐길 락 木부 총15획 상형문자			
370 3급 凍 凍					385 3급 諾 諾			
동 얼 동 冫부 총10획					락 허락할 락 言부 총16획			
371 3급 銅 銅					386 3급 絡 絡			
동 구리 동 金부 총14획					락 이을 락 糸부 총12획			
372 5급 頭 頭					387 5급 卵 卵			
두 머리 두 頁부 총16획 형성문자					란 알 란 卩부 총7획 상형문자			
373 5급 斗 斗					388 3급 亂 亂			
두 말 두 斗부 총4획 상형문자					란 어지러울 란 乙부 총13획			
374 5급 豆 豆					389 3급 欄 欄			
두 콩 두 豆부 총7획 상형문자					란 난간 란 木부 총21획			
375 3급 鈍 鈍					390 3급 蘭 蘭			
둔 둔할 둔 金부 총12획					란 난초 란 ++=艸부 총21획			

391 3급 람	濫	濫					406 3급 량	糧	糧				
	넘칠 **람**	氵=水부 총17획						양식 **량**	米부 총18획				
392 3급 람	覽	覽					407 3급 량	諒	諒				
	볼 **람**	見부 총21획						살펴알 **량**	言부 총15획				
393 4급 랑	浪	浪					408 6급 려	旅	旅				
	물결 **랑**	氵=水부 총10획						나그네 **려**	方부 총10획 회의문자				
394 4급 랑	郎	郞					409 3급 려	麗	麗				
	사내 **랑**	阝=邑부 총10획						고울 **려**	鹿부 총19획				
395 3급 랑	娘	娘					410 3급 려	慮	慮				
	여자 **랑**	女부 총10획						생각할 **려**	心부 총15획				
396 3급 랑	廊	廊					411 3급 려	勵	勵				
	사랑채 **랑**	广부 총13획						힘쓸 **려**	力부 총17획				
397 8급 래	來	來					412 9급 력	力	力				
	올 **래**	人부 총8획 상형문자						힘 **력**	力부 총2획 상형문자				
398 5급 랭	冷	冷					413 5급 력	歷	歷				
	찰 **랭**	冫부 총7획 형성문자						지날 **력**	止부 총16획 형성문자				
399 3급 략	略	略					414 3급 력	曆	曆				
	간략할 **략**	田부 총11획						책력 **력**	日부 총16획				
400 3급 략	掠	掠					415 5급 련	連	連				
	노략질할 **략**	扌=手부 총11획						이을 **련**	辶=辵부 총11획 회의문자				
401 5급 량	良	良					416 4급 련	練	練				
	어질 **량**	艮부 총7획 상형문자						익힐 **련**	糸부 총15획				
402 7급 량	兩	兩					417 3급 련	鍊	鍊				
	두 **량**	入부 총8획 상형문자						쇠불릴 **련**	金부 총17획				
403 5급 량	量	量					418 3급 련	憐	憐				
	헤아릴 **량**	里부 총12획 회의문자						불쌍히여길 **련**	忄=心부 총15획				
404 4급 량	涼	涼					419 3급 련	聯	聯				
	서늘할 **량**	氵부 총10획						연이을 **련**	耳부 총17획				
405 3급 량	梁	梁					420 3급 련	戀	戀				
	들보 **량**	木부 총11획						그리워할 **련**	心부 총23획				

421	蓮	蓮				
3급						
련	연꽃 **련**	++=艸부 총15획				

422	列	列				
5급						
렬	벌일 **렬**	刂=刀부 총6획 회의문자				

423	烈	烈				
4급						
렬	매울 **렬**	灬=火부 총10획				

424	劣	劣				
3급						
렬	못할 **렬**	力부 총6획				

425	裂	裂				
3급						
렬	찢어질 **렬**	衣부 총12획				

426	廉	廉				
3급						
렴	청렴할 **렴**	广부 총13획				

427	獵	獵				
3급						
렵	사냥 **렵**	犭=犬부 총18획				

428	令	令				
8급						
령	하여금 **령**	人부 총5획 회의문자				

429	領	領				
4급						
령	거느릴 **령**	頁부 총14획				

430	零	零				
3급						
령	떨어질 **령**	雨부 총13획				

431	靈	靈				
3급						
령	신령 **령**	雨부 총24획				

432	嶺	嶺				
3급						
령	고개 **령**	山부 총17획				

433	例	例				
7급						
례	법식 **례**	亻=人부 총8획 형성문자				

434	禮	禮				
6급						
례	예도 **례**	示부 총18획 형성문자				

435	隷	隷				
3급						
례	종 **례**	隶부 총16획				

436	路	路				
6급						
로	길 **로**	足부 총13획 회의문자				

437	老	老				
9급						
로	늙을 **로**	老부 총6획 상형문자				

438	勞	勞				
5급						
로	일할 **로**	力부 총12획 회의문자				

439	露	露				
4급						
로	이슬 **로**	雨부 총21획				

440	爐	爐				
3급						
로	화로 **로**	火부 총20획				

441	綠	綠				
4급						
록	푸를 **록**	糸부 총14획				

442	祿	祿				
3급						
록	녹 **록(녹)**	示부 총13획				

443	錄	錄				
3급						
록	기록할 **록**	金부 총16획				

444	鹿	鹿				
3급						
록	사슴 **록**	鹿부 총11획				

445	論	論				
6급						
론	논할 **론**	言부 총15획 형성문자				

446	弄	弄				
3급						
롱	희롱할 **롱**	廾부 총7획				

447	賴	賴				
3급						
뢰	의뢰할 **뢰**	貝부 총16획				

448	雷	雷				
3급						
뢰	우레 **뢰**	雨부 총13획				

449	料	料				
7급						
료	헤아릴 **료**	斗부 총10획 회의문자				

450	了	了				
3급						
료	마칠 **료**	亅부 총2획				

451 3급 료	僚	僚					466 6급 률	律	律			
	동료 **료**	イ=人부 총14획						법칙 **률**	彳부 총9획 회의문자			
452 3급 룡	龍	龍					467 3급 률	栗	栗			
	용 **룡**	龍부 총16획						밤 **률**	木부 총10획			
453 3급 루	屢	屢					468 3급 륭	隆	隆			
	여러 **루**	尸부 총14획						높을 **륭**	阝=阜부 총12획			
454 3급 루	樓	樓					469 3급 릉	陵	陵			
	다락 **루**	木부 총15획						언덕 **릉**	阝=阜부 총11획			
455 3급 루	累	累					470 7급 리	里	里			
	여러 **루**	糸부 총11획						마을 **리**	里부 총7획 회의문자			
456 3급 루	淚	淚					471 6급 리	理	理			
	눈물 **루**	氵=水부 총11획						다스릴 **리**	王=玉부 총11획 형성문자			
457 3급 루	漏	漏					472 8급 리	利	利			
	샐 **루**	氵=水부 총14획						이로울 **리**	刂=刀부 총7획 회의문자			
458 6급 류	流	流					473 4급 리	李	李			
	흐를 **류**	氵=水부 총10획 회의문자						오얏 **리**	木부 총7획			
459 5급 류	留	留					474 3급 리	吏	吏			
	머무를 **류**	田부 총10획 형성문자						관리 **리**	口부 총6획			
460 4급 류	柳	柳					475 3급 리	離	離			
	버들 **류**	木부 총9획						떠날 **리**	隹부 총19획			
461 3급 류	類	類					476 3급 리	裏	裏			
	무리 **류**	頁부 총19획						속 **리**	衣부 총13획			
462 8급 륙	六	六					477 3급 리	履	履			
	여섯 **륙**	八부 총4획 지사문자						밟을 **리**	尸부 총15획			
463 5급 륙	陸	陸					478 3급 리	梨	梨			
	뭍 **륙**	阝=阜부 총11획 형성문자						배 **리**	木부 총11획			
464 4급 륜	倫	倫					479 3급 린	隣	隣			
	인륜 **륜**	イ=人부 총10획						이웃 **린**	阝=阜부 총15획			
465 3급 륜	輪	輪					480 7급 림	林	林			
	바퀴 **륜**	車부 총15획						수풀 **림**	木부 총8획 회의문자			

연습문제 4

01-03 다음 한자(漢字)의 부수(部首)는 무엇입니까?

01 勞 : ①火   ②炎   ③一   ④勹   ⑤力

02 路 : ①口   ②各   ③足   ④夂   ⑤止

03 例 : ①人   ②歹   ③刂   ④刀   ⑤水

04-06 다음 한자(漢字)의 획수(劃數)는 모두 몇 획입니까?

04 登 : ①8   ②9   ③10   ④11   ⑤12

05 量 : ①11   ②12   ③13   ④14   ⑤15

06 料 : ①10   ②11   ③12   ④13   ⑤14

07-08 다음 필순(筆順)에 대한 설명에 가장 알맞은 한자 (漢字)는 어느 것입니까?

07 왼쪽에서 오른쪽으로 쓴다.

　　①落   ②來   ③等   ④冷   ⑤栗

08 안과 바깥쪽이 있을 때에는 바깥쪽을 먼저 쓴다.

　　①童   ②歷   ③列   ④禮   ⑤卵

09-18 다음 한자(漢字)의 음(音)은 무엇입니까?

09 動 : ①란   ②락   ③두   ④동   ⑤돈

10 得 : ①돌   ②양   ③력   ④려   ⑤득

11 路 : ①련   ②로   ③록   ④론   ⑤령

12 良 : ①량   ②락   ③려   ④등   ⑤레

13 歷 : ①낙   ②량   ③력   ④로   ⑤둔

14 留 : ①류   ②료   ③락   ④라   ⑤란

15 律 : ①리   ②류   ③륜   ④륙   ⑤률

16 連 : ①력   ②련   ③렬   ④동   ⑤령

17 諾 : ①록   ②라   ③락   ④등   ⑤륙

18 賴 : ①례   ②레   ③뢰   ④릉   ⑤립

19-23 다음의 음(音)을 가진 한자(漢字)는 어느 것입니까?

19 랭 : ①來   ②冷   ③量   ④等   ⑤列

20 동 : ①力   ②禮   ③樂   ④勞   ⑤東

21 례 : ①落   ②論   ③令   ④例   ⑤樓

22 류 : ①李   ②豆   ③柳   ④旅   ⑤烈

23 리 : ①鹿   ②裏   ③銅   ④敦   ⑤劣

24-33 다음 한자(漢字)의 뜻은 무엇입니까?

24 童 : ① 다리 　② 머리 　③ 마음
　　　 ④ 아이 　⑤ 이슬

25 落 : ① 내려가다 　② 의뢰하다 　③ 일어나다
　　　 ④ 뒤집히다 　⑤ 떨어지다

26 歷 : ① 지나다 　② 오르다 　③ 벌이다
　　　 ④ 어질다 　⑤ 움직이다

27 頭 : ① 발 　② 가슴 　③ 다리
　　　 ④ 심장 　⑤ 머리

28 登 : ① 눕다 　② 내리다 　③ 달리다
　　　 ④ 즐기다 　⑤ 오르다

29 林 : ① 풀 　② 나무 　③ 수풀
　　　 ④ 일만 　⑤ 사냥

30 陸 : ① 문 　② 뭍 　③ 물
　　　 ④ 뭇 　⑤ 바다

31 練 : ① 잇다 　② 울다 　③ 익히다
　　　 ④ 힘쓰다 　⑤ 도탑다

32 突 : ① 치다 　② 무리 　③ 신령
　　　 ④ 둔하다 　⑤ 갑자기

33 履 : ① 입다 　② 밟다 　③ 반복하다
　　　 ④ 어지럽다 　⑤ 회복하다

34-38 다음의 뜻을 가진 한자(漢字)는 어느 것입니까?

34 즐기다 : ① 冷 　② 樂 　③ 兩 　④ 洞 　⑤ 利

35 하여금 : ① 令 　② 老 　③ 得 　④ 綠 　⑤ 冬

36 논하다 : ① 論 　② 料 　③ 里 　④ 六 　⑤ 同

37 인륜 : ① 輪 　② 露 　③ 倫 　④ 燈 　⑤ 浪

38 떠나다 : ① 隣 　② 零 　③ 羅 　④ 離 　⑤ 聯

39-48 다음 한자어(漢字語)의 음(音)은 무엇입니까?

39 動作 : ① 동력 ② 자동 ③ 가작 ④ 동작 ⑤ 역작

40 東洋 : ① 동양 ② 서양 ③ 동서 ④ 남한 ⑤ 동남

41 利得 : ① 이용 ② 취득 ③ 이해 ④ 득실 ⑤ 이득

42 落葉 : ① 상록 ② 낙엽 ③ 작심 ④ 상엽 ⑤ 낙조

43 樂觀 : ① 낙관 ② 낙조 ③ 가관 ④ 낙원 ⑤ 악단

44 流行 : ① 교류 ② 전류 ③ 유전 ④ 급류 ⑤ 유행

45 便利 : ① 편리 ② 유리 ③ 승리 ④ 이용 ⑤ 경리

46 强烈 : ① 서열 ② 강렬 ③ 비열 ④ 분열 ⑤ 강성

47 完了 : ① 완료 ② 의뢰 ③ 관료 ④ 재료 ⑤ 완상

48 劣惡 : ① 열람 ② 연설 ③ 열악 ④ 열녀 ⑤ 열성

49-50 다음 단어들의 '□'에 공통으로 들어갈 알맞은 한자(漢字)는 어느 것입니까?

49 未□, □訪, 由□ :
　　　 ① 樂 　② 冷 　③ 良 　④ 來 　⑤ 理

50 結□, 討□, 議□ :
　　　 ① 命 　② 論 　③ 立 　④ 末 　⑤ 略

481 3급 림	臨	臨			
임할 **림**	臣부 총17획				

482 9급 립	立	立			
설 **립**	立부 총5획 상형문자				

483 9급 마	馬	馬			
말 **마**	馬부 총10획 상형문자				

484 3급 마	磨	磨			
갈 **마**	石부 총16획				

485 3급 마	麻	麻			
삼 **마**	麻부 총11획				

486 4급 막	莫	莫			
없을 **막**	++=艸부 총11획				

487 3급 막	幕	幕			
장막 **막**	巾부 총14획				

488 3급 막	漠	漠			
넓을 **막**	氵=水부 총14획				

489 9급 만	萬	萬			
일만 **만**	++=艸부 총13획 상형문자				

490 5급 만	滿	滿			
찰 **만**	氵=水부 총14획 형성문자				

491 4급 만	晚	晚			
늦을 **만**	日부 총12획				

492 3급 만	漫	漫			
흩어질 **만**	氵=水부 총14획				

493 3급 만	慢	慢			
거만할 **만**	↑=心부 총14획				

494 6급 말	末	末			
끝 **말**	木부 총5획 지사문자				

495 5급 망	望	望			
바랄 **망**	月부 총11획 형성문자				

496 6급 망	亡	亡			
망할 **망**	亠부 총3획 상형문자				

497 4급 망	忙	忙			
바쁠 **망**	↑=心부 총6획				

498 4급 망	忘	忘			
잊을 **망**	心부 총7획				

499 3급 망	茫	茫			
아득할 **망**	++=艸부 총10획				

500 3급 망	妄	妄			
망령될 **망**	女부 총6획				

501 3급 망	罔	罔			
없을 **망**	罒=网부 총8획				

502 7급 매	每	每			
매양 **매**	毋부 총7획 상형문자				

503 4급 매	買	買			
살 **매**	貝부 총12획				

504 5급 매	賣	賣			
팔 **매**	貝부 총15획 회의문자				

505 4급 매	妹	妹			
누이 **매**	女부 총8획				

506 3급 매	媒	媒			
중매 **매**	女부 총12획				

507 3급 매	梅	梅			
매화 **매**	木부 총11획				

508 3급 매	埋	埋			
묻을 **매**	土부 총10획				

509 4급 맥	麥	麥			
보리 **맥**	麥부 총11획				

510 3급 맥	脈	脈			
줄기 **맥**	月=肉부 총10획				

511 3급 맹	孟	孟					526 3급 명	冥	冥				
	맏 **맹**	子부 총8획						어두울 **명**	冖부 총10획				
512 3급 맹	盲	盲					527 9급 모	母	母				
	소경 **맹**	目부 총8획						어미 **모**	母부 총5획 **상형문자**				
513 3급 맹	盟	盟					528 8급 모	毛	毛				
	맹세 **맹**	皿부 총13획						터럭(털) **모**	毛부 총4획 **상형문자**				
514 3급 맹	猛	猛					529 4급 모	暮	暮				
	사나울 **맹**	犭=犬부 총11획						저물 **모**	日부 총15획				
515 5급 면	勉	勉					530 3급 모	募	募				
	힘쓸 **면**	力부 총9획 **형성문자**						모을 **모**	力부 총13획				
516 9급 면	面	面					531 3급 모	某	某				
	낯 **면**	面부 총9획 **상형문자**						아무 **모**	木부 총9획				
517 4급 면	免	免					532 3급 모	謀	謀				
	면할 **면**	儿부 총8획						꾀 **모**	言부 총16획				
518 4급 면	眠	眠					533 3급 모	貌	貌				
	잘 **면**	目부 총10획						모양 **모**	豸부 총14획				
519 3급 면	綿	綿					534 3급 모	慕	慕				
	솜 **면**	糸부 총14획						그릴 **모**	忄부 총15획				
520 3급 멸	滅	滅					535 3급 모	模	模				
	멸할 **멸**	氵=水부 총13획						본뜰 **모**	木부 총15획				
521 8급 명	名	名					536 3급 모	侮	侮				
	이름 **명**	口부 총6획 **회의문자**						업신여길 **모**	亻=人부 총9획				
522 7급 명	命	命					537 3급 모	冒	冒				
	목숨 **명**	口부 총8획 **회의문자**						무릅쓸 **모**	冂부 총9획				
523 7급 명	明	明					538 9급 목	木	木				
	밝을 **명**	日부 총8획 **회의문자**						나무 **목**	木부 총4획 **상형문자**				
524 4급 명	鳴	鳴					539 9급 목	目	目				
	울 **명**	鳥부 총14획						눈 **목**	目부 총5획 **상형문자**				
525 3급 명	銘	銘					540 3급 목	牧	牧				
	새길 **명**	金부 총14획						칠 **목**	牛부 총8획				

541 **3급** 睦 목	睦			
화목할 **목**	目부 총13획			
542 **3급** 沒 몰	沒			
빠질 **몰**	氵=水부 총7획			
543 **3급** 夢 몽	夢			
꿈 **몽**	夕부 총14획			
544 **3급** 蒙 몽	蒙			
어두울 **몽**	⺿=艸부 총14획			
545 **4급** 卯 묘	卯			
토끼 **묘**	卩부 총5획			
546 **4급** 妙 묘	妙			
묘할 **묘**	女부 총7획			
547 **3급** 墓 묘	墓			
무덤 **묘**	土부 총14획			
548 **3급** 廟 묘	廟			
사당 **묘**	广부 총15획			
549 **3급** 苗 묘	苗			
모 **묘**	⺿=艸부 총9획			
550 **7급** 武 무	武			
군인 **무**	止부 총8획 회의문자			
551 **5급** 務 무	務			
힘쓸 **무**	力부 총11획 형성문자			
552 **8급** 無 무	無			
없을 **무**	灬=火부 총12획 회의문자			
553 **4급** 戊 무	戊			
천간 **무**	戈부 총5획			
554 **4급** 茂 무	茂			
무성할 **무**	⺿=艸부 총9획			
555 **5급** 舞 무	舞			
춤출 **무**	舛부 총14획 상형문자			

556 **3급** 貿 무	貿			
무역할 **무**	貝부 총12획			
557 **3급** 霧 무	霧			
안개 **무**	雨부 총19획			
558 **4급** 墨 묵	墨			
먹 **묵**	土부 총15획			
559 **3급** 默 묵	默			
잠잠할 **묵**	黑부 총16획			
560 **9급** 門 문	門			
문 **문**	門부 총8획 상형문자			
561 **6급** 問 문	問			
물을 **문**	口부 총11획 형성문자			
562 **7급** 聞 문	聞			
들을 **문**	耳부 총14획 회의문자			
563 **9급** 文 문	文			
글월 **문**	文부 총4획 상형문자			
564 **7급** 物 물	物			
물건 **물**	牛부 총8획 형성문자			
565 **4급** 勿 물	勿			
말 **물**	勹부 총4획			
566 **7급** 美 미	美			
아름다울 **미**	羊부 총9획 회의문자			
567 **5급** 米 미	米			
쌀 **미**	米부 총6획 상형문자			
568 **6급** 未 미	未			
아닐 **미**	木부 총5획 상형문자			
569 **5급** 味 미	味			
맛 **미**	口부 총8획 형성문자			
570 **4급** 尾 미	尾			
꼬리 **미**	尸부 총7획			

571 微	微			
3급 미 작을 **미**	彳부 총13획			

572 眉	眉			
3급 미 눈썹 **미**	目부 총9획			

573 迷	迷			
3급 미 미혹할 **미**	辶=辵부 총10획			

574 民	民			
8급 민 백성 **민**	氏부 총5획 **상형문자**			

575 敏	敏			
3급 민 민첩할 **민**	攵=攴부 총11획			

576 憫	憫			
3급 민 민망할 **민**	忄=心부 총15획			

577 密	密			
5급 밀 빽빽할 **밀**	宀부 총11획 **형성문자**			

578 蜜	蜜			
3급 밀 꿀 **밀**	虫부 총14획			

579 朴	朴			
4급 박 성 **박**	木부 총6획			

580 泊	泊			
3급 박 머무를 **박**	氵=水부 총8획			

581 博	博			
3급 박 넓을 **박**	十부 총12획			

582 拍	拍			
3급 박 칠 **박**	扌=手부 총8획			

583 薄	薄			
3급 박 엷을 **박**	++=艸부 총17획			

584 迫	迫			
3급 박 핍박할 **박**	辶=辵부 총9획			

585 反	反			
7급 반 돌이킬 **반**	又부 총4획 **회의문자**			

586 半	半			
7급 반 반 **반**	十부 총5획 **회의문자**			

587 飯	飯			
4급 반 밥 **반**	食부 총13획			

588 叛	叛			
3급 반 배반할 **반**	又부 총9획			

589 班	班			
3급 반 나눌 **반**	王=玉부 총10획			

590 返	返			
3급 반 돌이킬 **반**	辶=辵부 총8획			

591 盤	盤			
3급 반 소반 **반**	皿부 총15획			

592 般	般			
3급 반 가지 **반**	舟부 총10획			

593 伴	伴			
3급 반 짝 **반**	亻=人부 총7획			

594 發	發			
6급 발 필 **발**	癶부 총12획 **형성문자**			

595 髮	髮			
3급 발 터럭 **발**	髟부 총15획			

596 拔	拔			
3급 발 뽑을 **발**	扌=手부 총8획			

597 方	方			
8급 방 모 **방**	方부 총4획 **상형문자**			

598 放	放			
7급 방 놓을 **방**	攵=攴부 총8획 **형성문자**			

599 訪	訪			
5급 방 찾을 **방**	言부 총11획 **형성문자**			

600 防	防			
5급 방 막을 **방**	阝=阜부 총7획 **형성문자**			

연습문제 5

01-03 다음 한자(漢字)의 부수(部首)는 무엇입니까?

01 望 : ① 亠　② 壬　③ 亡　④ 月　⑤ 三

02 滿 : ① 氵　② 入　③ 冂　④ 一　⑤ 手

03 名 : ① 木　② 水　③ 名　④ 夕　⑤ 口

04-06 다음 한자(漢字)의 획수(劃數)는 모두 몇 획입니까?

04 放 : ① 8　② 9　③ 10　④ 11　⑤ 12

05 反 : ① 4　② 5　③ 6　④ 7　⑤ 8

06 半 : ① 3　② 4　③ 5　④ 6　⑤ 7

07-08 다음 필순(筆順)에 대한 설명에 가장 알맞은 한자 (漢字)는 어느 것입니까?

07 꿰뚫는 획은 나중에 쓴다.

　① 文　② 木　③ 母　④ 半　⑤ 苗

08 오른쪽 위의 점은 나중에 찍는다.

　① 武　② 民　③ 門　④ 美　⑤ 卯

09-18 다음 한자(漢字)의 음(音)은 무엇입니까?

09 面 : ① 론　② 면　③ 리　④ 매　⑤ 림

10 命 : ① 매　② 망　③ 명　④ 립　⑤ 만

11 無 : ① 매　② 망　③ 명　④ 밀　⑤ 무

12 物 : ① 민　② 문　③ 물　④ 미　⑤ 면

13 反 : ① 방　② 반　③ 밀　④ 민　⑤ 몰

14 發 : ① 반　② 명　③ 모　④ 발　⑤ 목

15 務 : ① 무　② 밀　③ 방　④ 반　⑤ 묵

16 免 : ① 일　② 문　③ 만　④ 멸　⑤ 면

17 臨 : ① 신　② 민　③ 림　④ 련　⑤ 발

18 漫 : ① 면　② 만　③ 모　④ 매　⑤ 박

19-23 다음의 음(音)을 가진 한자(漢字)는 어느 것입니까?

19 민 : ① 民　② 武　③ 毛　④ 文　⑤ 問

20 명 : ① 訪　② 半　③ 明　④ 門　⑤ 美

21 목 : ① 米　② 木　③ 放　④ 名　⑤ 聞

22 무 : ① 晩　② 莫　③ 暮　④ 茂　⑤ 妹

23 발 : ① 盤　② 蜜　③ 博　④ 貌　⑤ 拔

24-33 다음 한자(漢字)의 뜻은 무엇입니까?

24 勉 : ① 채우다　② 세우다　③ 매기다
　　　　④ 힘쓰다　⑤ 임하다

25 末 : ① 끝　② 털　③ 깃
　　　　④ 벗　⑤ 근본

26 亡 : ① 패하다　② 망하다　③ 묻히다
　　　　④ 이롭다　⑤ 즐기다

27 聞 : ① 듣다　② 묻다　③ 들다
　　　　④ 걷다　⑤ 오다

28 防 : ① 치다　② 얻다　③ 막다
　　　　④ 말다　⑤ 덜다

29 密 : ① 소란하다　② 빽빽하다　③ 성기다
　　　　④ 방문하다　⑤ 향기롭다

30 務 : ① 밝다　② 선하다　③ 힘쓰다
　　　　④ 슬프다　⑤ 뛰어나다

31 眠 : ① 잊다　② 자다　③ 깨다
　　　　④ 참다　⑤ 거느리다

32 滅 : ① 닫다　② 힘쓰다　③ 저물다
　　　　④ 멸하다　⑤ 묘하다

33 貿 : ① 바꾸다　② 지키다　③ 머무르다
　　　　④ 무성하다　⑤ 무역하다

34-38 다음의 뜻을 가진 한자(漢字)는 어느 것입니까?

34 매양　 : ① 立　② 萬　③ 馬　④ 每　⑤ 賣

35 군인　 : ① 武　② 方　③ 反　④ 滿　⑤ 買

36 아름답다 : ① 母　② 美　③ 目　④ 發　⑤ 命

37 바쁘다 : ① 望　② 麥　③ 味　④ 忘　⑤ 忙

38 잠잠하다 : ① 墨　② 默　③ 夢　④ 眉　⑤ 墓

39-48 다음 한자어(漢字語)의 음(音)은 무엇입니까?

39 立場 : ① 국립　② 공장　③ 입장　④ 기립　⑤ 등장

40 萬能 : ① 만능　② 만사　③ 만약　④ 기능　⑤ 다능

41 外面 : ① 표면　② 면담　③ 외면　④ 면회　⑤ 측면

42 運命 : ① 인명　② 생명　③ 단명　④ 운명　⑤ 운수

43 文明 : ① 작문　② 문장　③ 문화　④ 문체　⑤ 문명

44 問題 : ① 문안　② 방문　③ 문답　④ 문제　⑤ 숙제

45 萬物 : ① 건물　② 동물　③ 만물　④ 명물　⑤ 만상

46 歲暮 : ① 장막　② 근면　③ 세모　④ 삭막　⑤ 세시

47 謀略 : ① 모략　② 모집　③ 절약　④ 침략　⑤ 모종

48 返納 : ① 반란　② 반주　③ 반추　④ 미납　⑤ 반납

49-50 다음 단어들의 '□'에 공통으로 들어갈 알맞은 한자(漢字)는 어느 것입니까?

49 生□, □校, □性 :
　　① 毛　② 木　③ 反　④ 母　⑤ 未

50 耳□, 題□, 頭□ :
　　① 門　② 勿　③ 米　④ 半　⑤ 目

601 4급 방	房	房				616 8급 백	百	百			
	방 **방**	戶부 총8획					일백 **백**	白부 총6획 형성문자			
602 3급 방	倣	倣				617 3급 백	伯	伯			
	본뜰 **방**	亻=人부 총10획					맏 **백**	亻=人부 총7획			
603 3급 방	芳	芳				618 7급 번	番	番			
	꽃다울 **방**	++=艸부 총8획					차례 **번**	田부 총12획 회의문자			
604 3급 방	邦	邦				619 3급 번	煩	煩			
	나라 **방**	阝=邑부 총7획					번거로울 **번**	火부 총13획			
605 3급 방	妨	妨				620 3급 번	飜	飜			
	방해할 **방**	女부 총7획					번역할 **번**	飛부 총21획			
606 3급 방	傍	傍				621 3급 번	繁	繁			
	곁 **방**	亻=人부 총12획					번성할 **번**	糸부 총17획			
607 5급 배	拜	拜				622 4급 벌	伐	伐			
	절 **배**	手부 총9획 회의문자					칠 **벌**	亻=人부 총6획			
608 4급 배	杯	杯				623 3급 벌	罰	罰			
	잔 **배**	木부 총8획					벌할 **벌**	㎜=网부 총14획			
609 3급 배	培	培				624 4급 범	凡	凡			
	북돋울 **배**	土부 총11획					무릇 **범**	几부 총3획			
610 3급 배	輩	輩				625 3급 범	範	範			
	무리 **배**	車부 총15획					법 **범**	竹부 총15획			
611 3급 배	倍	倍				626 3급 범	犯	犯			
	곱 **배**	亻=人부 총10획					범할 **범**	犭=犬부 총5획			
612 3급 배	排	排				627 8급 법	法	法			
	밀칠 **배**	扌=手부 총11획					법 **법**	氵=水부 총8획 회의문자			
613 3급 배	配	配				628 3급 벽	壁	壁			
	나눌 **배**	酉부 총10획					벽 **벽**	土부 총16획			
614 3급 배	背	背				629 3급 벽	碧	碧			
	등 **배**	月=肉부 총9획					푸를 **벽**	石부 총14획			
615 8급 백	白	白				630 5급 변	變	變			
	흰 **백**	白부 총5획 상형문자					변할 **변**	言부 총23획 형성문자			

631 3급 변	辯	辯			
분별할 **변**		辛부 총16획			
632 3급 변	辯	辯			
말씀 **변**		辛부 총21획			
633 3급 변	邊	邊			
가 **변**		辶=辵부 총19획			
634 6급 별	別	別			
다를 **별**		刂=刀부 총7획 회의문자			
635 7급 병	病	病			
병 **병**		疒부 총10획 형성문자			
636 8급 병	兵	兵			
병사 **병**		八부 총7획 회의문자			
637 4급 병	丙	丙			
남녘 **병**		一부 총5획			
638 3급 병	竝	竝			
나란히 **병**		立부 총10획			
639 3급 병	屛	屛			
병풍 **병**		尸부 총11획			
640 7급 병	保	保			
지킬 **보**		亻=人부 총9획 회의문자			
641 7급 병	步	步			
걸음 **보**		止부 총7획 회의문자			
642 6급 보	報	報			
갚을 **보**		土부 총12획 회의문자			
643 3급 보	補	補			
기울 **보**		衤=衣부 총12획			
644 3급 보	寶	寶			
보배 **보**		宀부 총20획			
645 3급 보	譜	譜			
족보 **보**		言부 총19획			

646 3급 보	普	普			
넓을 **보**		日부 총12획			
647 6급 복	福	福			
복 **복**		示부 총14획 형성문자			
648 7급 복	服	服			
옷 **복**		月부 총8획 형성문자			
649 6급 복	復	復			
회복할 **복**/다시 **부**		彳부 총12획 형성문자			
650 4급 복	伏	伏			
엎드릴 **복**		亻=人부 총6획			
651 3급 복	卜	卜			
점 **복**		卜부 총2획			
652 3급 복	複	複			
겹칠 **복**		衤=衣부 총14획			
653 3급 복	腹	腹			
배 **복**		月=肉부 총13획			
654 3급 복	覆	覆			
다시 **복**		襾부 총18획			
655 8급 본	本	本			
근본 **본**		木부 총5획 지사문자			
656 7급 봉	奉	奉			
받들 **봉**		大부 총8획 회의문자			
657 4급 봉	逢	逢			
만날 **봉**		辶=辵부 총11획			
658 3급 봉	蜂	蜂			
벌 **봉**		虫부 총13획			
659 3급 봉	鳳	鳳			
봉새 **봉**		鳥부 총14획			
660 3급 봉	封	封			
봉할 **봉**		寸부 총9획			

661 3급 봉	峯	峯				676 3급 부	腐	腐			
	봉우리 **봉**	山부 총10획					썩을 **부**	肉부 총14획			

662 9급 부	夫	夫				677 3급 부	府	府			
	지아비 **부**	大부 총4획 상형문자					마을 **부**	广부 총8획			

663 9급 부	父	父				678 3급 부	副	副			
	아비 **부**	父부 총4획 상형문자					버금 **부**	刂=刀부 총11획			

664 6급 부	富	富				679 3급 부	負	負			
	부자 **부**	宀부 총12획 형성문자					질 **부**	貝부 총9획			

665 6급 부	婦	婦				680 8급 북	北	北			
	며느리 **부**	女부 총11획 회의문자					북녘 **북**	匕부 총5획 상형문자			

666 4급 부	部	部				681 8급 분	分	分			
	떼 **부**	阝=邑부 총11획					나눌 **분**	刀부 총4획 회의문자			

667 4급 부	扶	扶				682 3급 분	紛	紛			
	도울 **부**	扌=手부 총7획					어지러울 **분**	糸부 총10획			

668 4급 부	否	否				683 3급 분	奮	奮			
	아닐 **부**	口부 총7획					떨칠 **분**	大부 총16획			

669 4급 부	浮	浮				684 3급 분	墳	墳			
	뜰 **부**	氵=水부 총10획					무덤 **분**	土부 총15획			

670 3급 부	符	符				685 3급 분	奔	奔			
	부호 **부**	竹부 총11획					달릴 **분**	大부 총8획			

671 3급 부	簿	簿				686 3급 분	粉	粉			
	문서 **부**	竹부 총19획					가루 **분**	米부 총10획			

672 3급 부	賦	賦				687 3급 분	憤	憤			
	부세 **부**	貝부 총15획					분할 **분**	忄=心부 총15획			

673 3급 부	赴	赴				688 8급 불	不	不			
	다다를 **부**	走부 총9획					아닐 **불(부)**	一부 총4획 상형문자			

674 3급 부	附	附				689 4급 불	佛	佛			
	붙을 **부**	阝=阜부 총8획					부처 **불**	亻=人부 총7획			

675 3급 부	付	付				690 3급 불	拂	拂			
	줄 **부**	亻=人부 총5획					떨칠 **불**	扌=手부 총8획			

691 4급 붕	朋	朋					706 3급 비	費	費			
	벗 **붕**	月부 총8획						쓸 **비**	貝부 총12획			

692 3급 붕	崩	崩					707 4급 빈	貧	貧			
	무너질 **붕**	山부 총11획						가난할 **빈**	貝부 총11획			

693 7급 비	比	比					708 3급 빈	賓	賓			
	견줄 **비**	比부 총4획 **상형문자**						손 **빈**	貝부 총14획			

694 7급 비	非	非					709 3급 빈	頻	頻			
	아닐 **비**	非부 총8획 **상형문자**						자주 **빈**	頁부 총16획			

695 6급 비	備	備					710 5급 빙	氷	氷			
	갖출 **비**	亻=人부 총12획 **회의문자**						얼음 **빙**	水부 총5획 **회의문자**			

696 4급 비	悲	悲					711 3급 빙	聘	聘			
	슬플 **비**	心부 총12획						부를 **빙**	耳부 총13획			

697 5급 비	飛	飛					712 8급 사	四	四			
	날 **비**	飛부 총9획 **상형문자**						넉 **사**	口부 총5획 **지사문자**			

698 4급 비	鼻	鼻					713 8급 사	士	士			
	코 **비**	鼻부 총14획						선비 **사**	士부 총3획 **상형문자**			

699 3급 비	卑	卑					714 8급 사	史	史			
	낮을 **비**	十부 총8획						역사 **사**	口부 총5획 **회의문자**			

700 3급 비	妃	妃					715 7급 사	師	師			
	왕비 **비**	女부 총6획						스승 **사**	巾부 총10획 **회의문자**			

701 3급 비	批	批					716 7급 사	死	死			
	비평할 **비**	扌=手부 총7획						죽을 **사**	歹부 총6획 **회의문자**			

702 3급 비	肥	肥					717 6급 사	思	思			
	살찔 **비**	月=肉부 총8획						생각 **사**	心부 총9획 **회의문자**			

703 3급 비	碑	碑					718 8급 사	事	事			
	비석 **비**	石부 총13획						일 **사**	亅부 총8획 **상형문자**			

704 3급 비	祕	祕					719 6급 사	仕	仕			
	숨길 **비**	示부 총10획						섬길 **사**	亻=人부 총5획 **형성문자**			

705 3급 비	婢	婢					720 5급 사	使	使			
	계집종 **비**	女부 총11획						하여금 **사**	亻=人부 총8획 **형성문자**			

연습문제 6

01-03 다음 한자(漢字)의 부수(部首)는 무엇입니까?

01 拜 : ① 手 ② ㅣ ③ 耒 ④ 二 ⑤ 干

02 番 : ① 米 ② 口 ③ 禾 ④ 木 ⑤ 田

03 鼻 : ① 白 ② 廾 ③ 鼻 ④ 田 ⑤ 自

04-06 다음 한자(漢字)의 획수(劃數)는 모두 몇 획입니까?

04 部 : ① 9 ② 10 ③ 11 ④ 12 ⑤ 13

05 服 : ① 7 ② 8 ③ 9 ④ 10 ⑤ 11

06 思 : ① 6 ② 7 ③ 8 ④ 9 ⑤ 10

07-08 다음 필순(筆順)에 대한 설명에 가장 알맞은 한자 (漢字)는 어느 것입니까?

07 삐침과 파임이 만날 때는 삐침을 먼저 쓴다.

　　① 法 ② 百 ③ 父 ④ 別 ⑤ 竝

08 위에서 아래로 쓴다.

　　① 白 ② 福 ③ 拜 ④ 報 ⑤ 卜

09-18 다음 한자(漢字)의 음(音)은 무엇입니까?

09 報 : ① 본 ② 별 ③ 북 ④ 병 ⑤ 보

10 富 : ① 봉 ② 부 ③ 북 ④ 보 ⑤ 벽

11 福 : ① 번 ② 백 ③ 보 ④ 복 ⑤ 방

12 本 : ① 복 ② 봉 ③ 본 ④ 별 ⑤ 분

13 病 : ① 빙 ② 부 ③ 방 ④ 분 ⑤ 병

14 備 : ① 비 ② 분 ③ 빈 ④ 삭 ⑤ 사

15 死 : ① 산 ② 빙 ③ 사 ④ 빈 ⑤ 벌

16 逢 : ① 붕 ② 방 ③ 본 ④ 봉 ⑤ 백

17 辯 : ① 범 ② 변 ③ 신 ④ 번 ⑤ 벽

18 負 : ① 패 ② 빙 ③ 비 ④ 불 ⑤ 부

19-23 다음의 음(音)을 가진 한자(漢字)는 어느 것입니까?

19 배 : ① 拜 ② 保 ③ 思 ④ 父 ⑤ 部

20 법 : ① 夫 ② 別 ③ 法 ④ 步 ⑤ 北

21 사 : ① 氷 ② 分 ③ 算 ④ 飛 ⑤ 仕

22 보 : ① 否 ② 補 ③ 伐 ④ 凡 ⑤ 丙

23 붕 : ① 屛 ② 邊 ③ 崩 ④ 肥 ⑤ 卑

24-33 다음 한자(漢字)의 뜻은 무엇입니까?

24 復 : ① 살피다   ② 유지하다   ③ 보전하다
     ④ 회복하다   ⑤ 수리하다

25 變 : ① 갚다   ② 나라   ③ 다르다
     ④ 이르다   ⑤ 변하다

26 貧 : ① 타다   ② 관찰하다   ③ 바라보다
     ④ 가난하다   ⑤ 어지럽다

27 不 : ① 날다   ② 가리다   ③ 택하다
     ④ 아니다   ⑤ 밀치다

28 悲 : ① 옳다   ② 가다   ③ 슬프다
     ④ 아니다   ⑤ 부괴다

29 使 : ① 이제   ② 비로소   ③ 하여금
     ④ 스스로   ⑤ 다다르다

30 事 : ① 낮   ② 일   ③ 힘쓰다
     ④ 애쓰다   ⑤ 빈약하다

31 浮 : ① 떼   ② 부자   ③ 돕다
     ④ 뜨다   ⑤ 낮다

32 普 : ① 넓다   ② 갚다   ③ 족보
     ④ 기울다   ⑤ 분하다

33 祕 : ① 쓰다   ② 살찌다   ③ 숨기다
     ④ 비평하다   ⑤ 방해하다

34-38 다음의 뜻을 가진 한자(漢字)는 어느 것입니까?

34 걸음 : ① 兵   ② 士   ③ 比   ④ 非   ⑤ 步

35 날다 : ① 史   ② 奉   ③ 飛   ④ 婦   ⑤ 服

36 스승 : ① 師   ② 番   ③ 百   ④ 四   ⑤ 白

37 돕다 : ① 杯   ② 扶   ③ 伏   ④ 朋   ⑤ 佛

38 쓰다 : ① 犯   ② 赴   ③ 粉   ④ 批   ⑤ 費

39-48 다음 한자어(漢字語)의 음(音)은 무엇입니까?

39 報答 : ① 문답 ② 밀도 ③ 보답 ④ 보고 ⑤ 보전

40 保有 : ① 보전 ② 보건 ③ 유무 ④ 보유 ⑤ 소유

41 反復 : ① 반복 ② 부활 ③ 복종 ④ 반대 ⑤ 반성

42 夫婦 : ① 일부 ② 부인 ③ 부부 ④ 부친 ⑤ 부처

43 分明 : ① 분수 ② 분교 ③ 광명 ④ 분명 ⑤ 분할

44 不便 : ① 불리 ② 불편 ③ 불안 ④ 부당 ⑤ 불경

45 貧富 : ① 빈민 ② 부자 ③ 빈곤 ④ 갑부 ⑤ 빈부

46 伏兵 : ① 복수 ② 보호 ③ 복병 ④ 복귀 ⑤ 보병

47 配達 : ① 배양 ② 배율 ③ 배제 ④ 배부 ⑤ 배달

48 腐敗 : ① 부록 ② 부패 ③ 부호 ④ 부기 ⑤ 석패

49-50 다음 단어들의 '□'에 공통으로 들어갈 알맞은
한자(漢字)는 어느 것입니까?

49 □健, □證, □溫 :
     ① 病   ② 保   ③ 兵   ④ 法   ⑤ 鼻

50 □重, □例, 對□ :
     ① 比   ② 非   ③ 不   ④ 貧   ⑤ 付

721 5급	寺	寺				736 3급	寫	寫			
사	절 **사**	寸부 총6획 회의문자				사	베낄 **사**	宀부 총15획			
722 4급	私	私				737 3급	辭	辭			
사	사사 **사**	禾부 총7획				사	말씀 **사**	辛부 총19획			
723 5급	射	射				738 3급	邪	邪			
사	쓸 **사**	寸부 총10획 회의문자				사	간사할 **사**	阝=邑부 총7획			
724 4급	謝	謝				739 3급	査	査			
사	사례할 **사**	言부 총17획				사	조사할 **사**	木부 총9획			
725 4급	舍	舍				740 3급	斜	斜			
사	집 **사**	舌부 총8획				사	비낄 **사**	斗부 총11획			
726 4급	巳	巳				741 3급	司	司			
사	뱀 **사**	己부 총3획				사	맡을 **사**	口부 총5획			
727 4급	絲	絲				742 3급	社	社			
사	실 **사**	糸부 총12획				사	모일 **사**	示부 총8획			
728 3급	似	似				743 3급	祀	祀			
사	닮을 **사**	亻=人부 총7획				사	제사 **사**	示부 총8획			
729 3급	捨	捨				744 3급	削	削			
사	버릴 **사**	扌=手부 총11획				삭	깎을 **삭**	刂=刀부 총9획			
730 3급	斯	斯				745 3급	朔	朔			
사	이 **사**	斤부 총12획				삭	초하루 **삭**	月부 총10획			
731 3급	沙	沙				746 9급	山	山			
사	모래 **사**	氵=水부 총7획				산	메 **산**	山부 총3획 상형문자			
732 3급	蛇	蛇				747 6급	産	産			
사	긴뱀 **사**	虫부 총11획				산	낳을 **산**	生부 총11획 형성문자			
733 3급	詐	詐				748 6급	算	算			
사	속일 **사**	言부 총12획				산	셈할 **산**	竹부 총14획 회의문자			
734 3급	詞	詞				749 4급	散	散			
사	말 **사**	言부 총12획				산	흩을 **산**	攵=攴부 총12획			
735 3급	賜	賜				750 5급	殺	殺			
사	줄 **사**	貝부 총15획				살	죽일 **살**	殳부 총11획 형성문자			

751 8급 삼	三	三				766 3급 상	床	床			
	석 삼	一부 총3획 지사문자					상 상	广부 총7획			
752 8급 상	上	上				767 3급 상	象	象			
	윗 상	一부 총3획 지사문자					코끼리 상	豕부 총12획			
753 4급 상	常	常				768 3급 상	像	像			
	떳떳할 상	巾부 총11획					모양 상	亻=人부 총14획			
754 6급 상	賞	賞				769 3급 상	桑	桑			
	상줄 상	貝부 총15획 형성문자					뽕나무 상	木부 총10획			
755 8급 상	商	商				770 3급 상	狀	狀			
	장사 상	口부 총11획 회의문자					형상 상	犬부 총8획			
756 6급 상	相	相				771 3급 상	償	償			
	서로 상	目부 총9획 회의문자					갚을 상	亻=人부 총17획			
757 6급 상	想	想				772 3급 쌍	雙	雙			
	생각 상	心부 총13획 형성문자					쌍 쌍	隹부 총18획			
758 5급 상	尚	尚				773 3급 새	塞	塞			
	높일 상	小부 총8획 회의문자					변방 새/막힐 색	土부 총13획			
759 4급 상	霜	霜				774 8급 색	色	色			
	서리 상	雨부 총17획					빛 색	色부 총6획 회의문자			
760 4급 상	傷	傷				775 3급 색	索	索			
	다칠 상	亻=人부 총13획					찾을 색	糸부 총10획			
761 4급 상	喪	喪				776 8급 생	生	生			
	잃을 상	口부 총12획					날 생	生부 총5획 상형문자			
762 3급 상	嘗	嘗				777 8급 서	西	西			
	맛볼 상	口부 총14획					서녘 서	襾부 총6획 상형문자			
763 3급 상	裳	裳				778 7급 서	序	序			
	치마 상	衣부 총14획					차례 서	广부 총7획 형성문자			
764 3급 상	詳	詳				779 8급 서	書	書			
	자세할 상	言부 총13획					글 서	日부 총10획 회의문자			
765 3급 상	祥	祥				780 4급 서	暑	暑			
	상서로울 상	示부 총11획					더울 서	日부 총13획			

781 3급	敍	敍			
서	펼 서	攴부 총11획			

782 3급	徐	徐			
서	천천히 서	彳부 총10획			

783 3급	庶	庶			
서	여러 서	广부 총11획			

784 3급	恕	恕			
서	용서할 서	心부 총10획			

785 3급	署	署			
서	마을 서	罒=网부 총14획			

786 3급	緒	緒			
서	실마리 서	糸부 총15획			

787 3급	誓	誓			
서	맹세할 서	言부 총14획			

788 3급	逝	逝			
서	갈 서	辶=辵부 총11획			

789 9급	夕	夕			
석	저녁 석	夕부 총3획 상형문자			

790 9급	石	石			
석	돌 석	石부 총5획 상형문자			

791 6급	席	席			
석	자리 석	巾부 총10획 상형문자			

792 4급	昔	昔			
석	예 석	日부 총8획			

793 4급	惜	惜			
석	아낄 석	忄=心부 총11획			

794 3급	析	析			
석	쪼갤 석	木부 총8획			

795 3급	釋	釋			
석	풀 석	釆부 총20획			

796 7급	先	先			
선	먼저 선	儿부 총6획 회의문자			

797 7급	線	線			
선	줄 선	糸부 총15획 형성문자			

798 5급	善	善			
선	착할 선	口부 총12획 회의문자			

799 6급	選	選			
선	가릴 선	辶=辵부 총16획 형성문자			

800 6급	鮮	鮮			
선	고울 선	魚부 총17획 회의문자			

801 6급	船	船			
선	배 선	舟부 총11획 형성문자			

802 5급	仙	仙			
선	신선 선	亻=人부 총5획 회의문자			

803 3급	宣	宣			
선	베풀 선	宀부 총9획			

804 3급	禪	禪			
선	선 선	示부 총17획			

805 3급	旋	旋			
선	돌 선	方부 총11획			

806 6급	雪	雪			
설	눈 설	雨부 총11획 회의문자			

807 6급	說	說			
설	말씀 설	言부 총14획 형성문자			

808 6급	設	設			
설	베풀 설	言부 총11획 회의문자			

809 4급	舌	舌			
설	혀 설	舌부 총6획			

810 3급	涉	涉			
섭	건널 섭	氵=水부 총10획			

811 3급 섭	攝	攝				826 6급 세	歲	歲			
	다스릴 **섭**	扌=手부 총21획					해 **세**	止부 총13획 회의문자			
812 6급 성	姓	姓				827 4급 세	細	細			
	성 **성**	女부 총8획 형성문자					가늘 **세**	糸부 총11획			
813 7급 성	性	性				828 8급 소	小	小			
	성품 **성**	忄=心부 총8획 형성문자					작을 **소**	小부 총3획 상형문자			
814 8급 성	成	成				829 8급 소	少	少			
	이룰 **성**	戈부 총7획 회의문자					적을 **소**	小부 총4획 상형문자			
815 7급 성	城	城				830 7급 소	所	所			
	재 **성**	土부 총10획 형성문자					바 **소**	戶부 총8획 형성문자			
816 6급 성	省	省				831 7급 소	消	消			
	살필 **성**/덜 생	目부 총9획 회의문자					사라질 **소**	氵=水부 총10획 형성문자			
817 6급 성	星	星				832 7급 소	素	素			
	별 **성**	日부 총9획 형성문자					본디 **소**	糸부 총10획 회의문자			
818 4급 성	聖	聖				833 4급 소	笑	笑			
	성인 **성**	耳부 총13획					웃음 **소**	竹부 총10획			
819 6급 성	誠	誠				834 3급 소	召	召			
	정성 **성**	言부 총14획 형성문자					부를 **소**	口부 총5획			
820 5급 성	聲	聲				835 3급 소	昭	昭			
	소리 **성**	耳부 총17획 회의문자					밝을 **소**	日부 총9획			
821 4급 성	盛	盛				836 3급 소	蘇	蘇			
	성할 **성**	皿부 총12획					되살아날 **소**	++=艸부 총20획			
822 8급 세	世	世				837 3급 소	騷	騷			
	인간 **세**	一부 총5획 회의문자					떠들 **소**	馬부 총20획			
823 6급 세	洗	洗				838 3급 소	燒	燒			
	씻을 **세**	氵=水부 총9획 형성문자					불사를 **소**	火부 총16획			
824 4급 세	稅	稅				839 3급 소	訴	訴			
	세금 **세**	禾부 총12획					호소할 **소**	言부 총12획			
825 5급 세	勢	勢				840 3급 소	掃	掃			
	형세 **세**	力부 총13획 형성문자					쓸 **소**	扌=手부 총11획			

연습문제 7

01-03 다음 한자(漢字)의 부수(部首)는 무엇입니까?

01 殺 : ① 乂   ② 几   ③ 木   ④ 又   ⑤ 殳

02 相 : ① 目   ② 木   ③ 口   ④ 日   ⑤ 相

03 性 : ① ノ   ② 生   ③ 心   ④ 二   ⑤ 水

04-06 다음 한자(漢字)의 획수(劃數)는 모두 몇 획입니까?

04 算 : ① 13   ② 14   ③ 15   ④ 16   ⑤ 17

05 鮮 : ① 15   ② 16   ③ 17   ④ 18   ⑤ 19

06 素 : ① 6   ② 7   ③ 8   ④ 9   ⑤ 10

07-08 다음 필순(筆順)에 대한 설명에 가장 알맞은 한자
(漢字)는 어느 것입니까?

07 위에서 아래로 쓴다.

　　① 船   ② 殺   ③ 三   ④ 線   ⑤ 鮮

08 왼쪽에서 오른쪽으로 쓴다.

　　① 席   ② 相   ③ 常   ④ 善   ⑤ 尙

09-18 다음 한자(漢字)의 음(音)은 무엇입니까?

09 商 : ① 설   ② 색   ③ 상   ④ 선   ⑤ 사

10 序 : ① 상   ② 서   ③ 석   ④ 선   ⑤ 삭

11 殺 : ① 설   ② 서   ③ 선   ④ 살   ⑤ 상

12 席 : ① 선   ② 생   ③ 색   ④ 설   ⑤ 석

13 線 : ① 생   ② 살   ③ 설   ④ 선   ⑤ 소

14 聖 : ① 상   ② 소   ③ 설   ④ 성   ⑤ 색

15 設 : ① 세   ② 성   ③ 설   ④ 소   ⑤ 산

16 散 : ① 산   ② 잔   ③ 간   ④ 상   ⑤ 선

17 詳 : ① 양   ② 세   ③ 서   ④ 승   ⑤ 상

18 攝 : ① 이   ② 첩   ③ 섭   ④ 석   ⑤ 삭

19-33 다음의 음(音)을 가진 한자(漢字)는 어느 것입니까?

19 상 : ① 雪   ② 生   ③ 三   ④ 常   ⑤ 聲

20 선 : ① 選   ② 上   ③ 西   ④ 想   ⑤ 誠

21 성 : ① 所   ② 世   ③ 勢   ④ 星   ⑤ 笑

22 상 : ① 射   ② 暑   ③ 惜   ④ 舍   ⑤ 傷

23 선 : ① 緒   ② 宣   ③ 涉   ④ 訴   ⑤ 析

24-33 다음 한자(漢字)의 뜻은 무엇입니까?

24 善：① 크다　　② 행하다　　③ 착하다
　　　④ 즐기다　　⑤ 아끼다

25 賞：① 상주다　　② 기울다　　③ 정하다
　　　④ 가리다　　⑤ 다치다

26 夕：① 빛　　② 돌　　③ 책
　　　④ 글　　⑤ 저녁

27 城：① 바　　② 흙　　③ 문
　　　④ 재　　⑤ 혀

28 洗：① 씻다　　② 젖다　　③ 적다
　　　④ 작다　　⑤ 자리

29 稅：① 웃음　　② 인간　　③ 세금
　　　④ 세력　　⑤ 잃다

30 歲：① 해　　② 형세　　③ 풍속
　　　④ 인간　　⑤ 모래

31 霜：① 막다　　② 서리　　③ 꼬리
　　　④ 잃다　　⑤ 치마

32 塞：① 찾다　　② 희다　　③ 갚다
　　　④ 차다　　⑤ 막히다

33 掃：① 쓸다　　② 없애다　　③ 불사르다
　　　④ 호소하다　　⑤ 되살아나다

34-38 다음의 뜻을 가진 한자(漢字)는 어느 것입니까?

34 먼저　：①先　②說　③素　④山　⑤石

35 살피다：①姓　②産　③省　④城　⑤色

36 사라지다：①消　②相　③性　④成　⑤算

37 성하다　：①詩　②巳　③盛　④絲　⑤喪

38 풀다　：①釋　②恕　③紋　④蘇　⑤燒

39-48 다음 한자어(漢字語)의 음(音)은 무엇입니까?

39 感想：① 가상　② 감상　③ 상념　④ 감각　⑤ 군상

40 生氣：① 생기　② 생가　③ 갱생　④ 생일　⑤ 생성

41 說明：① 문명　② 설득　③ 설명　④ 정설　⑤ 증명

42 成果：① 실과　② 성공　③ 완성　④ 성과　⑤ 결과

43 誠實：① 정성　② 성실　③ 충성　④ 착실　⑤ 과실

44 稅金：① 세수　② 세법　③ 감세　④ 세제　⑤ 세금

45 場所：① 소용　② 소문　③ 소감　④ 장소　⑤ 장문

46 細分：① 세금　② 세분　③ 격분　④ 세례　⑤ 세밀

47 徐行：① 서약　② 서거　③ 거행　④ 순행　⑤ 서행

48 騷動：① 소동　② 소각　③ 소생　④ 망동　⑤ 소중

49-50 다음 단어들의 '□'에 공통으로 들어갈 알맞은 한자(漢字)는 어느 것입니까?

49 讀□, □體, □面：
　　①善　②書　③生　④西　⑤少

50 音□, 假□, 發□：
　　①聲　②成　③俗　④勢　⑤小

841 3급 소	疏	疏				
	소통할 소	疋부 총12획				

842 3급 소	蔬	蔬				
	나물 소	⺿=艸부 총16획				

843 7급 속	俗	俗				
	풍속 속	亻=人부 총9획 회의문자				

844 5급 속	速	速				
	빠를 속	⻌=辵부 총11획 형성문자				

845 4급 속	續	續				
	이을 속	糸부 총21획				

846 3급 속	束	束				
	묶을 속	木부 총7획				

847 3급 속	粟	粟				
	조 속	米부 총12획				

848 3급 속	屬	屬				
	무리 속/이을 촉	尸부 총21획				

849 6급 손	孫	孫				
	손자 손	子부 총10획 회의문자				

850 3급 손	損	損				
	덜 손	扌=手부 총13획				

851 3급 솔	率	率				
	거느릴 솔/비율 률	玄부 총11획				

852 5급 송	送	送				
	보낼 송	⻌=辵부 총10획 회의문자				

853 4급 송	松	松				
	소나무 송	木부 총8획				

854 3급 송	訟	訟				
	송사할 송	言부 총11획				

855 3급 송	誦	誦				
	욀 송	言부 총14획				

856 3급 송	頌	頌				
	칭송할 송	頁부 총13획				

857 3급 쇄	刷	刷				
	인쇄할 쇄	刂=刀부 총8획				

858 3급 쇄	鎖	鎖				
	쇠사슬 쇄	金부 총18획				

859 3급 쇠	衰	衰				
	쇠할 쇠	衣부 총10획				

860 9급 수	水	水				
	물 수	水부 총4획 상형문자				

861 9급 수	手	手				
	손 수	手부 총4획 상형문자				

862 6급 수	受	受				
	받을 수	又부 총8획 회의문자				

863 5급 수	授	授				
	줄 수	扌=手부 총11획 형성문자				

864 6급 수	守	守				
	지킬 수	宀부 총6획 회의문자				

865 6급 수	收	收				
	거둘 수	攵=攴부 총6획 형성문자				

866 6급 수	數	數				
	셈 수	攵=攴부 총15획 형성문자				

867 6급 수	首	首				
	머리 수	首부 총9획 상형문자				

868 4급 수	樹	樹				
	나무 수	木부 총16획				

869 4급 수	修	修				
	닦을 수	亻=人부 총10획				

870 4급 수	誰	誰				
	누구 수	言부 총15획				

871 4급 수	須	須				886 3급 수	搜	搜			
	모름지기 **수**	頁부 총12획					찾을 **수**	扌=手부 총13획			
872 4급 수	雖	雖				887 4급 숙	宿	宿			
	비록 **수**	隹부 총17획					잘 **숙**	宀부 총11획			
873 4급 수	愁	愁				888 4급 숙	叔	叔			
	근심 **수**	心부 총13획					아재비 **숙**	又부 총8획			
874 4급 수	壽	壽				889 4급 숙	淑	淑			
	목숨 **수**	士부 총14획					맑을 **숙**	氵=水부 총11획			
875 4급 수	秀	秀				890 3급 숙	孰	孰			
	빼어날 **수**	禾부 총7획					누구 **숙**	子부 총11획			
876 3급 수	囚	囚				891 3급 숙	肅	肅			
	가둘 **수**	囗부 총5획					엄숙할 **숙**	聿부 총13획			
877 3급 수	睡	睡				892 3급 숙	熟	熟			
	졸음 **수**	目부 총13획					익힐 **숙**	灬=火부 총15획			
878 3급 수	輸	輸				893 6급 순	順	順			
	보낼 **수**	車부 총16획					순할 **순**	頁부 총12획 회의문자			
879 3급 수	遂	遂				894 4급 순	純	純			
	드디어 **수**	辶=辵부 총13획					순수할 **순**	糸부 총10획			
880 3급 수	隨	隨				895 3급 순	循	循			
	따를 **수**	阝=阜부 총16획					돌 **순**	彳부 총12획			
881 3급 수	帥	帥				896 3급 순	旬	旬			
	장수 **수**	巾부 총9획					열흘 **순**	日부 총6획			
882 3급 수	獸	獸				897 3급 순	殉	殉			
	짐승 **수**	犬부 총19획					따라죽을 **순**	歹부 총10획			
883 3급 수	殊	殊				898 3급 순	瞬	瞬			
	다를 **수**	歹부 총10획					눈깜짝일 **순**	目부 총17획			
884 3급 수	需	需				899 3급 순	脣	脣			
	쓰일 **수**	雨부 총14획					입술 **순**	月=肉부 총11획			
885 3급 수	垂	垂				900 3급 순	巡	巡			
	드리울 **수**	土부 총8획					돌 **순**	巛부 총7획			

901 4급 술	戌	戌				916 6급 시	是	是				
	개 **술**	戈부 총6획					옳을 **시**	日부 총9획 회의문자				
902 3급 술	術	術				917 7급 시	時	時				
	재주 **술**	行부 총11획					때 **시**	日부 총10획 형성문자				
903 3급 술	述	述				918 7급 시	詩	詩				
	펼 **술**	辶=辵부 총9획					시 **시**	言부 총13획 형성문자				
904 4급 숭	崇	崇				919 5급 시	視	視				
	높을 **숭**	山부 총11획					볼 **시**	見부 총12획 형성문자				
905 7급 습	習	習				920 7급 시	始	始				
	익힐 **습**	羽부 총11획 회의문자					비로소 **시**	女부 총8획 형성문자				
906 4급 습	拾	拾				921 4급 시	試	試				
	주울 **습**/열 **십**	扌=手부 총9획					시험 **시**	言부 총13획				
907 3급 습	濕	濕				922 5급 시	施	施				
	젖을 **습**	氵=水부 총17획					베풀 **시**	方부 총9획 형성문자				
908 3급 습	襲	襲				923 3급 시	侍	侍				
	엄습할 **습**	衣부 총22획					모실 **시**	亻=人부 총8획				
909 5급 승	勝	勝				924 3급 시	矢	矢				
	이길 **승**	力부 총12획 형성문자					화살 **시**	矢부 총5획				
910 4급 승	乘	乘				925 5급 씨	氏	氏				
	탈 **승**	丿부 총10획					성씨 **씨**	氏부 총4획 상형문자				
911 4급 승	承	承				926 8급 식	食	食				
	이을 **승**	手부 총8획					밥 **식**	食부 총9획 회의문자				
912 3급 승	僧	僧				927 6급 식	植	植				
	중 **승**	亻=人부 총14획					심을 **식**	木부 총12획 형성문자				
913 3급 승	昇	昇				928 5급 식	識	識				
	오를 **승**	日부 총8획					알 **식**	言부 총19획 형성문자				
914 8급 시	市	市				929 6급 식	式	式				
	시장 **시**	巾부 총5획 형성문자					법 **식**	弋부 총6획 형성문자				
915 8급 시	示	示				930 3급 식	息	息				
	보일 **시**	示부 총5획 상형문자					쉴 **식**	心부 총10획				

931 3급 식	飾	飾				946 4급 심	深	深			
	꾸밀 **식**	食部 총14획					깊을 **심**	氵=水部 총11획			
932 9급 신	身	身				947 4급 심	甚	甚			
	몸 **신**	身部 총7획 **상형문자**					심할 **심**	甘部 총9획			
933 7급 신	神	神				948 3급 심	審	審			
	귀신 **신**	示部 총10획 **형성문자**					살필 **심**	宀部 총15획			
934 8급 신	臣	臣				949 3급 심	尋	尋			
	신하 **신**	臣部 총6획 **상형문자**					찾을 **심**	寸部 총12획			
935 7급 신	信	信				950 8급 십	十	十			
	믿을 **신**	亻=人部 총9획 **회의문자**					열 **십**	十部 총2획 **지사문자**			
936 5급 신	新	新				951 9급 아	兒	兒			
	새 **신**	斤部 총13획 **형성문자**					아이 **아**	儿部 총8획 **상형문자**			
937 4급 신	申	申				952 4급 아	我	我			
	거듭,납 **신**	田部 총5획					나 **아**	戈部 총7획			
938 4급 신	辛	辛				953 3급 아	牙	牙			
	매울 **신**	辛部 총7획					어금니 **아**	牙部 총4획			
939 3급 신	伸	伸				954 3급 아	亞	亞			
	펼 **신**	亻=人部 총7획					버금 **아**	二部 총8획			
940 3급 신	愼	愼				955 3급 아	芽	芽			
	삼갈 **신**	忄=心部 총13획					싹 **아**	⧾=艸部 총8획			
941 3급 신	晨	晨				956 3급 아	雅	雅			
	새벽 **신**	日部 총11획					맑을 **아**	隹部 총12획			
942 8급 실	失	失				957 3급 아	餓	餓			
	잃을 **실**	大部 총5획 **상형문자**					주릴 **아**	食部 총16획			
943 7급 실	室	室				958 4급 악	惡	惡			
	집 **실**	宀部 총9획 **회의문자**					악할 **악**	心部 총12획			
944 7급 실	實	實				959 3급 악	岳	岳			
	열매 **실**	宀部 총14획 **회의문자**					큰산 **악**	山部 총8획			
945 9급 심	心	心				960 7급 안	安	安			
	마음 **심**	心部 총4획 **상형문자**					편안 **안**	宀部 총6획 **회의문자**			

연습문제 8

01-03 다음 한자(漢字)의 부수(部首)는 무엇입니까?

01 修 : ① 攵   ② 人   ③ 彡   ④ 亻   ⑤ 丨

02 受 : ① 又   ② 爫   ③ 宀   ④ 丶   ⑤ 一

03 新 : ① 木   ② 辛   ③ 立   ④ 十   ⑤ 斤

04-06 다음 한자(漢字)의 획수(劃數)는 모두 몇 획입니까?

04 市 : ① 4   ② 5   ③ 6   ④ 7   ⑤ 8

05 勝 : ① 8   ② 9   ③ 10   ④ 11   ⑤ 12

06 安 : ① 5   ② 6   ③ 7   ④ 8   ⑤ 9

07-08 다음 필순(筆順)에 대한 설명에 가장 알맞은 한자(漢字)는 어느 것입니까?

07 위에서 아래로 쓴다.

　　① 首   ② 視   ③ 時   ④ 收   ⑤ 拾

08 오른쪽 위의 점은 나중에 찍는다.

　　① 室   ② 式   ③ 身   ④ 心   ⑤ 水

09-18 다음 한자(漢字)의 음(音)은 무엇입니까?

09 送 : ① 수   ② 송   ③ 순   ④ 시   ⑤ 습

10 順 : ① 순   ② 승   ③ 숙   ④ 습   ⑤ 소

11 始 : ① 수   ② 송   ③ 승   ④ 시   ⑤ 숭

12 守 : ① 수   ② 순   ③ 송   ④ 손   ⑤ 술

13 試 : ① 손   ② 시   ③ 승   ④ 속   ⑤ 씨

14 食 : ① 십   ② 실   ③ 신   ④ 심   ⑤ 식

15 失 : ① 식   ② 실   ③ 야   ④ 애   ⑤ 심

16 續 : ① 족   ② 속   ③ 독   ④ 매   ⑤ 안

17 損 : ① 원   ② 속   ③ 손   ④ 소   ⑤ 시

18 訟 : ① 송   ② 공   ③ 숙   ④ 소   ⑤ 아

19-23 다음의 음(音)을 가진 한자(漢字)는 어느 것입니까?

19 수 : ① 速   ② 植   ③ 孫   ④ 詩   ⑤ 首

20 시 : ① 習   ② 視   ③ 宿   ④ 勝   ⑤ 俗

21 실 : ① 安   ② 信   ③ 實   ④ 十   ⑤ 新

22 수 : ① 承   ② 施   ③ 秀   ④ 松   ⑤ 淑

23 순 : ① 誦   ② 睡   ③ 循   ④ 術   ⑤ 獸

24-33 다음 한자(漢字)의 뜻은 무엇입니까?

24 收 : ① 내리다　② 버리다　③ 가두다
　　　④ 거두다　⑤ 비로소

25 孫 : ① 손자　② 자녀　③ 지아비
　　　④ 할아비　⑤ 따르다

26 試 : ① 중시　② 수업　③ 시험
　　　④ 고생　⑤ 젖다

27 數 : ① 셈　② 익히다　③ 줄이다
　　　④ 당기다　⑤ 소나무

28 惡 : ① 강하다　② 선하다　③ 약하다
　　　④ 이기다　⑤ 악하다

29 神 : ① 귀신　② 보다　③ 펴다
　　　④ 육체　⑤ 버금

30 深 : ① 잡다　② 깊다　③ 파다
　　　④ 메우다　⑤ 베풀다

31 乘 : ① 타다　② 이기다　③ 거두다
　　　④ 고르다　⑤ 꾸미다

32 息 : ① 자다　② 쉬다　③ 생각하다
　　　④ 한가하다　⑤ 거느리다

33 審 : ① 찾다　② 줍다　③ 나누다
　　　④ 살피다　⑤ 판단하다

34-38 다음의 뜻을 가진 한자(漢字)는 어느 것입니까?

34 때 : ① 宿　② 手　③ 授　④ 送　⑤ 時

35 신하 : ① 式　② 臣　③ 食　④ 安　⑤ 樹

36 잃다 : ① 修　② 失　③ 是　④ 身　⑤ 市

37 잇다 : ① 順　② 須　③ 氏　④ 承　⑤ 崇

38 펴다 : ① 牙　② 侍　③ 伸　④ 尋　⑤ 束

39-48 다음 한자어(漢字語)의 음(音)은 무엇입니까?

39 收容 : ① 수금　② 수용　③ 미수　④ 수입　⑤ 미용

40 修理 : ① 도리　② 수신　③ 수리　④ 수양　⑤ 진리

41 勝利 : ① 필승　② 유지　③ 승기　④ 승리　⑤ 승세

42 順序 : ① 순응　② 순번　③ 순서　④ 질서　⑤ 순진

43 植物 : ① 건물　② 식수　③ 동물　④ 이식　⑤ 식물

44 實行 : ① 실행　② 실력　③ 과실　④ 사실　⑤ 실제

45 安保 : ① 안전　② 안보　③ 보수　④ 답안　⑤ 안심

46 純益 : ① 습득　② 순리　③ 순익　④ 수신　⑤ 순수

47 衰弱 : ① 쇄국　② 애통　③ 허약　④ 쇠퇴　⑤ 쇠약

48 修飾 : ① 휴식　② 수식　③ 수색　④ 수직　⑤ 수사

49-50 다음 단어들의 '□'에 공통으로 들어갈 알맞은 한자(漢字)는 어느 것입니까?

49 運□, 分□, 寸□ :
　　① 遂　② 習　③ 始　④ 試　⑤ 數

50 面□, 知□, □見 :
　　① 新　② 心　③ 十　④ 識　⑤ 受

961 7급 案 안	案 책상 **안**	木부 총10획 **형성문자**			
962 4급 眼 안	眼 눈 **안**	目부 총11획			
963 4급 顔 안	顔 낯 **안**	頁부 총18획			
964 3급 雁 안	雁 기러기 **안**	隹부 총12획			
965 3급 岸 안	岸 언덕 **안**	山부 총8획			
966 3급 謁 알	謁 뵐 **알**	言부 총16획			
967 4급 暗 암	暗 어두울 **암**	日부 총13획			
968 4급 巖 암	巖 바위 **암**	山부 총23획			
969 3급 壓 압	壓 누를 **압**	土부 총17획			
970 3급 押 압	押 누를 **압**	扌=手부 총8획			
971 4급 仰 앙	仰 우러를 **앙**	亻=人부 총6획			
972 3급 央 앙	央 가운데 **앙**	大부 총5획			
973 3급 殃 앙	殃 재앙 **앙**	歹부 총9획			
974 5급 愛 애	愛 사랑 **애**	心부 총13획 **형성문자**			
975 4급 哀 애	哀 슬플 **애**	口부 총9획			

976 3급 涯 애	涯 물가 **애**	氵=水부 총11획			
977 3급 厄 액	厄 액 **액**	厂부 총4획			
978 3급 額 액	額 이마 **액**	頁부 총18획			
979 5급 夜 야	夜 밤 **야**	夕부 총8획 **형성문자**			
980 7급 野 야	野 들 **야**	里부 총11획 **형성문자**			
981 4급 也 야	也 어조사 **야**	乙부 총 3획			
982 3급 耶 야	耶 어조사 **야**	耳부 총9획			
983 7급 約 약	約 약속할 **약**	糸부 총9획 **형성문자**			
984 7급 藥 약	藥 약 **약**	++=艸부 총19획 **형성문자**			
985 5급 弱 약	弱 약할 **약**	弓부 총10획 **회의문자**			
986 5급 若 약	若 같을 **약**	++=艸부 총9획 **회의문자**			
987 3급 躍 약	躍 뛸 **약**	足부 총21획			
988 9급 羊 양	羊 양 **양**	羊부 총6획 **상형문자**			
989 7급 洋 양	洋 큰바다 **양**	氵=水부 총9획 **형성문자**			
990 7급 養 양	養 기를 **양**	食부 총15획 **회의문자**			

991 6급 양	陽	陽			
	볕 양	阝=阜부 총12획 형성문자			
992 4급 양	讓	讓			
	사양할 양	言부 총24획			
993 4급 양	揚	揚			
	날릴 양	扌=手부 총12획			
994 3급 양	樣	樣			
	모양 양	木부 총15획			
995 3급 양	壤	壤			
	흙덩이 양	土부 총20획			
996 3급 양	楊	楊			
	버들 양	木부 총13획			
997 9급 어	魚	魚			
	고기 어	魚부 총11획 상형문자			
998 6급 어	語	語			
	말씀 어	言부 총14획 형성문자			
999 5급 어	漁	漁			
	고기잡을 어	氵=水부 총14획 형성문자			
1000 4급 어	於	於			
	어조사 어	方부 총8획			
1001 3급 어	御	御			
	거느릴 어	彳부 총11획			
1002 4급 억	億	億			
	억 억	亻=人부 총15획			
1003 4급 억	憶	憶			
	생각할 억	忄=心부 총16획			
1004 3급 억	抑	抑			
	누를 억	扌=手부 총7획			
1005 8급 언	言	言			
	말씀 언	言부 총7획 회의문자			

1006 3급 언	焉	焉			
	어찌 언	灬=火부 총11획			
1007 4급 엄	嚴	嚴			
	엄할 엄	口부 총20획			
1008 8급 업	業	業			
	일 업	木부 총13획 상형문자			
1009 4급 여	如	如			
	같을 여	女부 총6획			
1010 4급 여	餘	餘			
	남을 여	食부 총16획			
1011 4급 여	與	與			
	줄 여	臼부 총14획			
1012 4급 여	余	余			
	나 여	人부 총7획			
1013 4급 여	汝	汝			
	너 여	氵=水부 총6획			
1014 3급 여	予	予			
	나 여	亅부 총4획			
1015 3급 여	輿	輿			
	수레 여	車부 총17획			
1016 5급 역	逆	逆			
	거스를 역	辶=辵부 총10획 형성문자			
1017 5급 역	易	易			
	바꿀 역/쉬울 이	日부 총8획 상형문자			
1018 4급 역	亦	亦			
	또 역	亠부 총6획			
1019 3급 역	域	域			
	지경 역	土부 총11획			
1020 3급 역	役	役			
	부릴 역	彳부 총7획			

1021 3급	驛	驛				1036 7급	熱	熱			
역	역 **역**	馬부 총23획				열	더울 **열**	灬=火부 총15획 형성문자			
1022 3급	疫	疫				1037 4급	悅	悅			
역	전염병 **역**	疒부 총9획				열	기쁠 **열**	忄=心부 총10획			
1023 3급	譯	譯				1038 3급	閱	閱			
역	번역할 **역**	言부 총20획				열	볼 **열**	門부 총15획			
1024 5급	然	然				1039 3급	鹽	鹽			
연	그럴 **연**	灬=火부 총12획 회의문자				염	소금 **염**	鹵부 총24획			
1025 5급	硏	硏				1040 4급	炎	炎			
연	갈 **연**	石부 총11획 형성문자				염	불꽃 **염**	火부 총8획			
1026 4급	煙	煙				1041 3급	染	染			
연	연기 **연**	火부 총13획				염	물들 **염**	木부 총9획			
1027 3급	宴	宴				1042 4급	葉	葉			
연	잔치 **연**	宀부 총10획				엽	잎 **엽**	++=艸부 총13획			
1028 3급	燕	燕				1043 6급	永	永			
연	제비 **연**	灬=火부 총16획				영	길 **영**	水부 총5획 상형문자			
1029 3급	沿	沿				1044 6급	英	英			
연	물따라갈 **연**	氵=水부 총8획				영	꽃부리 **영**	++=艸부 총9획 형성문자			
1030 3급	燃	燃				1045 5급	榮	榮			
연	불탈 **연**	火부 총16획				영	영화 **영**	木부 총14획 형성문자			
1031 3급	演	演				1046 4급	迎	迎			
연	펼 **연**	氵=水부 총14획				영	맞을 **영**	辶=辵부 총8획			
1032 3급	鉛	鉛				1047 3급	泳	泳			
연	납 **연**	金부 총13획				영	헤엄칠 **영**	氵=水부 총8획			
1033 3급	延	延				1048 3급	詠	詠			
연	늘일 **연**	廴부 총7획				영	읊을 **영**	言부 총12획			
1034 3급	軟	軟				1049 3급	映	映			
연	연할 **연**	車부 총11획				영	비칠 **영**	日부 총9획			
1035 3급	緣	緣				1050 3급	營	營			
연	인연 **연**	糸부 총15획				영	경영할 **영**	火부 총17획			

1051 3급 影 영	影					1066 9급 玉 옥	玉				
그림자 **영**		彡부 총15획				구슬 **옥**		玉부 총5획 **상형문자**			
1052 5급 藝 예	藝					1067 5급 屋 옥	屋				
재주 **예**		++=艸부 총19획 **형성문자**				집 **옥**		尸부 총9획 **회의문자**			
1053 3급 豫 예	豫					1068 3급 獄 옥	獄				
미리 **예**		豕부 총16획				옥 **옥**		犭=犬부 총14획			
1054 3급 譽 예	譽					1069 5급 溫 온	溫				
기릴 **예**		言부 총21획				따뜻할 **온**		氵=水부 총13획 **형성문자**			
1055 3급 銳 예	銳					1070 3급 翁 옹	翁				
날카로울 **예**		金부 총15획				늙은이 **옹**		羽부 총10획			
1056 8급 五 오	五					1071 3급 擁 옹	擁				
다섯 **오**		二부 총4획 **상형문자**				낄 **옹**		扌=手부 총16획			
1057 8급 午 오	午					1072 4급 瓦 와	瓦				
낮 **오**		十부 총4획 **상형문자**				기와 **와**		瓦부 총5획			
1058 4급 吾 오	吾					1073 4급 臥 와	臥				
나 **오**		口부 총7획				누울 **와**		臣부 총8획			
1059 4급 悟 오	悟					1074 6급 完 완	完				
깨달을 **오**		忄=心부 총10획				완전할 **완**		宀부 총7획 **형성문자**			
1060 4급 誤 오	誤					1075 3급 緩 완	緩				
그르칠 **오**		言부 총14획				느릴 **완**		糸부 총15획			
1061 5급 烏 오	烏					1076 4급 曰 왈	曰				
까마귀 **오**		灬=火부 총10획 **상형문자**				가로 **왈**		曰부 총4획			
1062 3급 傲 오	傲					1077 9급 王 왕	王				
거만할 **오**		亻=人부 총13획				임금 **왕**		王=玉부 총4획 **상형문자**			
1063 3급 嗚 오	嗚					1078 5급 往 왕	往				
슬플 **오**		口부 총13획				갈 **왕**		彳부 총8획 **형성문자**			
1064 3급 娛 오	娛					1079 8급 外 외	外				
즐길 **오**		女부 총10획				바깥 **외**		夕부 총5획 **회의문자**			
1065 3급 汚 오	汚					1080 3급 畏 외	畏				
더러울 **오**		氵=水부 총6획				두려워할 **외**		田부 총9획			

연습문제 9

01-03 다음 한자(漢字)의 부수(部首)는 무엇입니까?

01 約 : ① 糸　② 勹　③ 小　④ 玄　⑤ 十

02 逆 : ① ⺿　② 辶　③ ⼮　④ 十　⑤ 反

03 完 : ① 宀　② 儿　③ 元　④ 一　⑤ 手

04-06 다음 한자(漢字)의 획수(劃數)는 모두 몇 획입니까?

04 夜 : ① 6　② 7　③ 8　④ 9　⑤ 10

05 永 : ① 3　② 4　③ 5　④ 6　⑤ 7

06 業 : ① 10　② 11　③ 12　④ 13　⑤ 14

07-08 다음 필순(筆順)에 대한 설명에 가장 알맞은 한자 (漢字)는 어느 것입니까?

07 꿰뚫는 획은 나중에 쓴다.

　　① 語　② 熱　③ 疫　④ 億　⑤ 羊

08 왼쪽에서 오른쪽으로 쓴다.

　　① 魚　② 如　③ 午　④ 言　⑤ 吾

09-18 다음 한자(漢字)의 음(音)은 무엇입니까?

09 藥 : ① 어　② 영　③ 양　④ 락　⑤ 약

10 陽 : ① 억　② 연　③ 양　④ 액　⑤ 열

11 養 : ① 예　② 영　③ 엽　④ 양　⑤ 압

12 研 : ① 안　② 연　③ 억　④ 어　⑤ 앙

13 藝 : ① 언　② 약　③ 열　④ 예　⑤ 안

14 完 : ① 오　② 외　③ 옥　④ 완　⑤ 연

15 往 : ① 온　② 우　③ 왕　④ 용　⑤ 영

16 顔 : ① 암　② 아　③ 안　④ 악　⑤ 업

17 額 : ① 객　② 외　③ 악　④ 격　⑤ 액

18 抑 : ① 앙　② 억　③ 약　④ 업　⑤ 양

19-23 다음의 음(音)을 가진 한자(漢字)는 어느 것입니까?

19 역 : ① 弱　② 然　③ 逆　④ 億　⑤ 暗

20 업 : ① 業　② 葉　③ 羊　④ 言　⑤ 案

21 오 : ① 約　② 野　③ 午　④ 魚　⑤ 如

22 애 : ① 於　② 也　③ 揚　④ 哀　⑤ 餘

23 역 : ① 軟　② 閱　③ 域　④ 泳　⑤ 演

24-33 다음 한자(漢字)의 뜻은 무엇입니까?

24 漁 : ① 양 　　② 고기 　　③ 날카롭다
　　④ 사냥하다 　　⑤ 고기잡다

25 弱 : ① 덥다 　　② 차다 　　③ 익히다
　　④ 펴다 　　⑤ 약하다

26 葉 : ① 잎 　　② 볕 　　③ 밥
　　④ 들 　　⑤ 제비

27 語 : ① 억 　　② 고기 　　③ 영화
　　④ 말씀 　　⑤ 바위

28 玉 : ① 약 　　② 꽃 　　③ 보물
　　④ 구슬 　　⑤ 인연

29 溫 : ① 차갑다 　　② 일어나다 　　③ 내려가다
　　④ 따뜻하다 　　⑤ 헤엄치다

30 外 : ① 안 　　② 그물 　　③ 바깥
　　④ 재주 　　⑤ 재앙

31 讓 : ① 별 　　② 맺다 　　③ 기르다
　　④ 그림자 　　⑤ 사양하다

32 影 : ① 영화 　　② 그림자 　　③ 느리다
　　④ 비치다 　　⑤ 경영하다

33 緩 : ① 잇다 　　② 소금 　　③ 느리다
　　④ 완전하다 　　⑤ 연결하다

34-38 다음의 뜻을 가진 한자(漢字)는 어느 것입니까?

34 들 　　 : ① 眼 ② 案 ③ 夜 ④ 野 ⑤ 愛

35 억 　　 : ① 億 ② 言 ③ 約 ④ 養 ⑤ 屋

36 꽃부리 : ① 榮 ② 洋 ③ 王 ④ 永 ⑤ 英

37 날리다 : ① 巖 ② 讓 ③ 揚 ④ 餘 ⑤ 與

38 부리다 : ① 燃 ② 役 ③ 驛 ④ 誤 ⑤ 汚

39-48 다음 한자어(漢字語)의 음(音)은 무엇입니까?

39 藥品 : ① 약국 ② 약수 ③ 약방 ④ 약초 ⑤ 약품

40 節約 : ① 공약 ② 절약 ③ 기약 ④ 약속 ⑤ 절전

41 敎養 : ① 양성 ② 양친 ③ 교수 ④ 봉양 ⑤ 교양

42 海洋 : ① 해양 ② 원양 ③ 대양 ④ 해면 ⑤ 해류

43 國語 : ① 어학 ② 어법 ③ 국어 ④ 영어 ⑤ 불어

44 天然 : ① 자연 ② 과연 ③ 필연 ④ 천연 ⑤ 천재

45 家屋 : ① 가옥 ② 양옥 ③ 옥상 ④ 옥외 ⑤ 가족

46 與件 : ① 사건 ② 실권 ③ 여실 ④ 조건 ⑤ 여건

47 模樣 : ① 모양 ② 토양 ③ 모면 ④ 부양 ⑤ 모습

48 豫算 : ① 예민 ② 예산 ③ 예능 ④ 합산 ⑤ 계산

49-50 다음 단어들의 '□'에 공통으로 들어갈 알맞은 한자(漢字)는 어느 것입니까?

49 强□, □小, □體 :
　　① 熱 　② 如 　③ 弱 　④ 研 　⑤ 迎

50 方□, □論, □行 :
　　① 五 　② 言 　③ 英 　④ 逆 　⑤ 沿

1081 **7급** 요	要 요긴할 요	要	兩부 총9획 **상형문자**			1096 **7급** 우	友 벗 우	友	又부 총4획 **회의문자**	
1082 **3급** 요	腰 허리 요	腰	月=肉부 총13획			1097 **9급** 우	雨 비 우	雨	雨부 총8획 **상형문자**	
1083 **3급** 요	遙 멀 요	遙	辶=辵부 총14획			1098 **5급** 우	宇 집 우	宇	宀부 총6획 **형성문자**	
1084 **3급** 요	謠 노래 요	謠	言부 총17획			1099 **4급** 우	于 어조사 우	于	二부 총3획	
1085 **3급** 요	搖 흔들 요	搖	扌=手부 총13획			1100 **4급** 우	憂 근심 우	憂	心부 총15획	
1086 **5급** 욕	浴 목욕할 욕	浴	氵=水부 총10획 **회의문자**			1101 **4급** 우	又 또 우	又	又부 총2획	
1087 **4급** 욕	欲 하고자할 욕	欲	欠부 총11획			1102 **4급** 우	尤 더욱 우	尤	尢부 총4획	
1088 **3급** 욕	慾 욕심 욕	慾	心부 총15획			1103 **4급** 우	遇 만날 우	遇	辶=辵부 총13획	
1089 **3급** 욕	辱 욕될 욕	辱	辰부 총10획			1104 **3급** 우	偶 짝 우	偶	亻=人부 총11획	
1090 **8급** 용	用 쓸 용	用	用부 총5획 **상형문자**			1105 **3급** 우	愚 어리석을 우	愚	心부 총13획	
1091 **5급** 용	勇 날랠 용	勇	力부 총9획 **형성문자**			1106 **3급** 우	郵 우편 우	郵	阝=邑부 총11획	
1092 **8급** 용	容 얼굴 용	容	宀부 총10획 **회의문자**			1107 **3급** 우	羽 깃 우	羽	羽부 총6획	
1093 **3급** 용	庸 떳떳할 용	庸	广부 총11획			1108 **3급** 우	優 넉넉할 우	優	亻=人부 총17획	
1094 **6급** 우	右 오른쪽 우	右	口부 총5획 **회의문자**			1109 **7급** 운	雲 구름 운	雲	雨부 총12획 **형성문자**	
1095 **9급** 우	牛 소 우	牛	牛부 총4획 **상형문자**			1110 **6급** 운	運 옮길 운	運	辶=辵부 총13획 **형성문자**	

1111 4급 운	云	云				1126 3급 월	越	越			
	이를 운	二부 총4획					넘을 월	走부 총12획			
1112 3급 운	韻	韻				1127 8급 위	位	位			
	운 운	音부 총19획					자리 위	亻=人부 총7획 회의문자			
1113 5급 웅	雄	雄				1128 4급 위	偉	偉			
	수컷 웅	隹부 총12획 형성문자					클 위	亻=人부 총11획			
1114 8급 원	元	元				1129 4급 위	危	危			
	으뜸 원	儿부 총4획 회의문자					위태할 위	卩부 총6획			
1115 8급 원	原	原				1130 5급 위	爲	爲			
	언덕 원	厂부 총10획 회의문자					할 위	爫=爪부 총12획 상형문자			
1116 5급 원	遠	遠				1131 4급 위	威	威			
	멀 원	辶=辵부 총14획 형성문자					위엄 위	女부 총9획			
1117 6급 원	園	園				1132 3급 위	緯	緯			
	동산 원	口부 총13획 형성문자					씨줄 위	糸부 총15획			
1118 5급 원	願	願				1133 3급 위	胃	胃			
	원할 원	頁부 총19획 형성문자					위장 위	月=肉부 총9획			
1119 4급 원	怨	怨				1134 3급 위	謂	謂			
	원망할 원	心부 총9획					이를 위	言부 총16획			
1120 4급 원	圓	圓				1135 3급 위	違	違			
	둥글 원	口부 총13획					어긋날 위	辶=辵부 총13획			
1121 3급 원	援	援				1136 3급 위	圍	圍			
	도울 원	扌=手부 총12획					에워쌀 위	口부 총12획			
1122 3급 원	院	院				1137 3급 위	慰	慰			
	집 원	阝=阜부 총10획					위로할 위	心부 총15획			
1123 3급 원	源	源				1138 3급 위	僞	僞			
	근원 원	氵=水부 총13획					거짓 위	亻=人부 총14획			
1124 3급 원	員	員				1139 3급 위	衛	衛			
	인원 원	口부 총10획					지킬 위	行부 총15획			
1125 9급 월	月	月				1140 3급 위	委	委			
	달 월	月부 총4획 상형문자					맡길 위	女부 총8획			

1141 8급 유	由	由			
	말미암을 유	田부 총5획 상형문자			
1142 6급 유	油	油			
	기름 유	氵=水부 총8획 형성문자			
1143 8급 유	有	有			
	있을 유	月부 총6획 형성문자			
1144 4급 유	酉	酉			
	닭 유	酉부 총7획			
1145 4급 유	猶	猶			
	오히려 유	犭=犬부 총12획			
1146 4급 유	唯	唯			
	오직 유	口부 총11획			
1147 4급 유	遊	遊			
	놀 유	辶=辵부 총13획			
1148 4급 유	柔	柔			
	부드러울 유	木부 총9획			
1149 5급 유	遺	遺			
	남길 유	辶=辵부 총16획 형성문자			
1150 4급 유	幼	幼			
	어릴 유	幺부 총5획			
1151 3급 유	幽	幽			
	그윽할 유	幺부 총9획			
1152 3급 유	惟	惟			
	생각할 유	忄=心부 총11획			
1153 3급 유	維	維			
	벼리 유	糸부 총14획			
1154 3급 유	乳	乳			
	젖 유	乙부 총8획			
1155 3급 유	儒	儒			
	선비 유	亻=人부 총16획			
1156 3급 유	裕	裕			
	넉넉할 유	衤=衣부 총12획			
1157 3급 유	誘	誘			
	꾈 유	言부 총14획			
1158 3급 유	愈	愈			
	나을 유	心부 총13획			
1159 3급 유	悠	悠			
	멀 유	心부 총11획			
1160 8급 육	肉	肉			
	고기 육	肉부 총6획 상형문자			
1161 7급 육	育	育			
	기를 육	月=肉부 총8획 회의문자			
1162 3급 윤	閏	閏			
	윤달 윤	門부 총12획			
1163 3급 윤	潤	潤			
	불을, 윤택할 윤	氵=水부 총15획			
1164 6급 은	恩	恩			
	은혜 은	心부 총10획 형성문자			
1165 7급 은	銀	銀			
	은 은	金부 총14획 형성문자			
1166 3급 은	隱	隱			
	숨을 은	阝=阜부 총17획			
1167 4급 을	乙	乙			
	새 을	乙부 총1획			
1168 8급 음	音	音			
	소리 음	音부 총9획 지사문자			
1169 5급 음	飮	飮			
	마실 음	食부 총13획 형성문자			
1170 4급 음	陰	陰			
	그늘 음	阝=阜부 총11획			

1171 4급 음	吟	吟					1186 3급 의	宜	宜				
	읊을 음	口부 총7획						마땅 의	宀부 총8획				
1172 3급 음	淫	淫					1187 8급 이	二	二				
	음란할 음	氵=水부 총11획						두 이	二부 총2획 지사문자				
1173 8급 읍	邑	邑					1188 7급 이	耳	耳				
	고을 읍	뭔부 총7획 회의문자						귀 이	耳부 총6획 상형문자				
1174 4급 읍	泣	泣					1189 6급 이	移	移				
	울 읍	氵=水부 총8획						옮길 이	禾부 총11획 형성문자				
1175 6급 응	應	應					1190 5급 이	以	以				
	응할 응	心부 총17획 회의문자						써 이	人부 총5획 회의문자				
1176 3급 응	凝	凝					1191 4급 이	已	已				
	엉길 응	冫부 총16획						이미 이	己부 총3획				
1177 9급 의	衣	衣					1192 4급 이	而	而				
	옷 의	衣부 총6획 상형문자						말이을 이	而부 총6획				
1178 6급 의	義	義					1193 4급 이	異	異				
	옳을 의	羊부 총13획 회의문자						다를 이	田부 총11획				
1179 6급 의	議	議					1194 3급 이	夷	夷				
	의논할 의	言부 총20획 형성문자						오랑캐 이	大부 총6획				
1180 7급 의	醫	醫					1195 6급 익	益	益				
	의원 의	酉부 총18획 회의문자						더할 익	皿부 총10획 회의문자				
1181 7급 의	意	意					1196 3급 익	翼	翼				
	뜻 의	心부 총13획 회의문자						날개 익	羽부 총17획				
1182 4급 의	依	依					1197 9급 인	人	人				
	의지할 의	亻=人부 총8획						사람 인	人부 총2획 상형문자				
1183 4급 의	矣	矣					1198 8급 인	因	因				
	어조사 의	矢부 총7획						인할 인	口부 총6획 회의문자				
1184 3급 의	儀	儀					1199 6급 인	引	引				
	거동 의	亻=人부 총15획						끌 인	弓부 총4획 회의문자				
1185 3급 의	疑	疑					1200 5급 인	仁	仁				
	의심할 의	疋부 총14획						어질 인	亻=人부 총4획 회의문자				

연습문제 10

01-03 다음 한자(漢字)의 부수(部首)는 무엇입니까?

01 育 : ①肉　②亠　③育　④宀　⑤厶

02 義 : ①戈　②十　③我　④八　⑤羊

03 益 : ①八　②皿　③一　④十　⑤二

04-06 다음 한자(漢字)의 획수(劃數)는 모두 몇 획입니까?

04 恩 : ①8　②9　③10　④11　⑤12

05 陰 : ①10　②11　③12　④13　⑤14

06 友 : ①4　②5　③6　④7　⑤8

07-08 다음 필순(筆順)에 대한 설명에 가장 알맞은 한자(漢字)는 어느 것입니까?

07 위에서 아래로 쓴다.

　①願　②由　③二　④油　⑤欲

08 왼쪽에서 오른쪽으로 쓴다.

　①位　②有　③育　④肉　⑤于

09-18 다음 한자(漢字)의 음(音)은 무엇입니까?

09 元 : ①유　②월　③위　④원　⑤요

10 偉 : ①욕　②음　③응　④의　⑤위

11 義 : ①의　②은　③읍　④음　⑤용

12 音 : ①육　②유　③음　④이　⑤위

13 應 : ①읍　②음　③이　④응　⑤의

14 原 : ①우　②원　③운　④용　⑤위

15 浴 : ①옥　②완　③외　④욕　⑤월

16 危 : ①원　②요　③우　④용　⑤위

17 慾 : ①탐　②곡　③욕　④용　⑤은

18 優 : ①유　②우　③음　④의　⑤응

19-23 다음의 음(音)을 가진 한자(漢字)는 어느 것입니까?

19 위 : ①由　②位　③陰　④議　⑤容

20 음 : ①耳　②有　③勇　④二　⑤飮

21 원 : ①遠　②右　③要　④用　⑤友

22 유 : ①憂　②圓　③爲　④柔　⑤怨

23 은 : ①誘　②淫　③隱　④疑　⑤圍

24-33 다음 한자(漢字)의 뜻은 무엇입니까?

24 要 : ① 무겁다　　② 두르다　　③ 오히려
　　　④ 물어보다　　⑤ 요긴하다

25 右 : ① 입　　　　② 비　　　　③ 왼쪽
　　　④ 오른쪽　　⑤ 남기다

26 運 : ① 둘레　　　② 치다　　　③ 군인
　　　④ 옮기다　　⑤ 날래다

27 由 : ① 논　　　　② 밭　　　　③ 일
　　　④ 지경　　　⑤ 말미암다

28 有 : ① 없다　　　② 있다　　　③ 왼쪽
　　　④ 오른쪽　　⑤ 어조사

29 議 : ① 옳다　　　② 정하다　　③ 말하다
　　　④ 의논하다　⑤ 그윽하다

30 元 : ① 달　　　　② 으뜸　　　③ 근원
　　　④ 넓다　　　⑤ 고을

31 依 : ① 하다　　　② 어리다　　③ 의지하다
　　　④ 부드럽다　⑤ 생각하다

32 僞 : ① 크다　　　② 하다　　　③ 씨줄
　　　④ 거짓　　　⑤ 진심

33 疑 : ① 옳다　　　② 의논하다　③ 의지하다
　　　④ 의심하다　⑤ 위로하다

34-38 다음의 뜻을 가진 한자(漢字)는 어느 것입니까?

34 옷　　 : ① 肉　② 意　③ 月　④ 衣　⑤ 因

35 기름 : ① 義　② 以　③ 油　④ 邑　⑤ 引

36 옮기다 : ① 移　② 人　③ 育　④ 仁　⑤ 益

37 다르다 : ① 唯　② 遺　③ 猶　④ 遊　⑤ 異

38 어긋나다 : ① 裕　② 潤　③ 郵　④ 違　⑤ 韻

39-48 다음 한자어(漢字語)의 음(音)은 무엇입니까?

39 理由 : ① 이유　② 이상　③ 연유　④ 유래　⑤ 연곡

40 所有 : ① 소지　② 소유　③ 소속　④ 유리　⑤ 공유

41 意義 : ① 의무　② 의도　③ 의의　④ 의식　⑤ 의거

42 會議 : ① 논의　② 모의　③ 회식　④ 토의　⑤ 회의

43 移動 : ① 이민　② 작동　③ 이용　④ 이동　⑤ 능동

44 因果 : ① 인습　② 인과　③ 결과　④ 원인　⑤ 경과

45 引用 : ① 인력　② 사용　③ 혼용　④ 인상　⑤ 인용

46 遺産 : ① 양산　② 발산　③ 유산　④ 암산　⑤ 유물

47 優越 : ① 우연　② 우둔　③ 우수　④ 우월　⑤ 초월

48 援助 : ① 원천　② 신조　③ 원조　④ 완급　⑤ 급조

49-50 다음 단어들의 '□'에 공통으로 들어갈 알맞은 한자(漢字)는 어느 것입니까?

49 □末, □給, 正□ :
　　① 月　② 邑　③ 飮　④ 銀　⑤ 園

50 □急, □答, □用 :
　　① 耳　② 以　③ 應　④ 二　⑤ 源

1201 4급	認	認				1216 8급	者	者			
인	알 인	言부 총14획				자	놈 자	耂=老부 총9획 회의문자			

1202 4급	忍	忍				1217 4급	慈	慈			
인	참을 인	心부 총7획				자	사랑 자	心부 총13획			

1203 4급	寅	寅				1218 4급	姉	姉			
인	범 인	宀부 총11획				자	손윗누이 자	女부 총8획			

1204 4급	印	印				1219 3급	刺	刺			
인	도장 인	卩부 총6획				자	찌를 자(척)	刂=刀부 총8획			

1205 3급	姻	姻				1220 3급	姿	姿			
인	혼인 인	女부 총9획				자	모양 자	女부 총9획			

1206 8급	一	一				1221 3급	紫	紫			
일	한 일	一부 총1획 지사문자				자	자줏빛 자	糸부 총12획			

1207 9급	日	日				1222 3급	資	資			
일	날 일	日부 총4획 상형문자				자	재물 자	貝부 총13획			

1208 3급	逸	逸				1223 3급	兹	兹			
일	편안할 일	辶=辵부 총12획				자	이 자	玄부 총10획			

1209 4급	壬	壬				1224 3급	恣	恣			
임	북방 임	士부 총4획				자	방자할 자	心부 총10획			

1210 3급	任	任				1225 7급	作	作			
임	맡길 임	亻=人부 총6획				작	지을 작	亻=人부 총7획 회의문자			

1211 3급	賃	賃				1226 4급	昨	昨			
임	품삯 임	貝부 총13획				작	어제 작	日부 총9획			

1212 8급	入	入				1227 3급	爵	爵			
입	들 입	入부 총2획 지사문자				작	벼슬 작	爫=爪부 총18획			

1213 9급	子	子				1228 3급	酌	酌			
자	아들 자	子부 총3획 상형문자				작	술부을 작	酉부 총10획			

1214 7급	字	字				1229 3급	殘	殘			
자	글자 자	子부 총6획 형성문자				잔	남을 잔	歹부 총12획			

1215 9급	自	自				1230 3급	潛	潛			
자	스스로 자	自부 총6획 상형문자				잠	잠길 잠	氵=水부 총15획			

1231 3급 暫 暫				
잠	잠깐 **잠**	日부 총15획		

1232 3급 雜 雜				
잡	섞일 **잡**	隹부 총18획		

1233 9급 長 長				
장	길 **장**	長부 총8획 상형문자		

1234 6급 場 場				
장	마당 **장**	土부 총12획 형성문자		

1235 5급 章 章				
장	글 **장**	立부 총11획 회의문자		

1236 5급 將 將				
장	장수 **장**	寸부 총11획 형성문자		

1237 4급 壯 壯				
장	장할 **장**	士부 총7획		

1238 3급 張 張				
장	베풀 **장**	弓부 총11획		

1239 3급 粧 粧				
장	단장할 **장**	米부 총12획		

1240 3급 腸 腸				
장	창자 **장**	月=肉부 총13획		

1241 3급 莊 莊				
장	씩씩할 **장**	++=艸부 총11획		

1242 3급 裝 裝				
장	꾸밀 **장**	衣부 총13획		

1243 3급 墻 墻				
장	담 **장**	土부 총16획		

1244 3급 障 障				
장	막을 **장**	阝=阜부 총14획		

1245 3급 藏 藏				
장	감출 **장**	++=艸부 총18획		

1246 3급 丈 丈				
장	어른 **장**	一부 총3획		

1247 3급 掌 掌				
장	손바닥 **장**	手부 총12획		

1248 3급 葬 葬				
장	장사지낼 **장**	++=艸부 총13획		

1249 3급 獎 獎				
장	장려할 **장**	大부 총14획		

1250 3급 帳 帳				
장	장막 **장**	巾부 총11획		

1251 3급 臟 臟				
장	오장 **장**	月=肉부 총22획		

1252 7급 材 材				
재	재목 **재**	木부 총7획 형성문자		

1253 7급 財 財				
재	재물 **재**	貝부 총10획 형성문자		

1254 6급 在 在				
재	있을 **재**	土부 총6획 형성문자		

1255 6급 再 再				
재	두 **재**	冂부 총6획 회의문자		

1256 6급 才 才				
재	재주 **재**	扌=手부 총3획 상형문자		

1257 4급 栽 栽				
재	심을 **재**	木부 총10획		

1258 4급 哉 哉				
재	어조사 **재**	口부 총9획		

1259 3급 載 載				
재	실을 **재**	車부 총13획		

1260 3급 災 災				
재	재앙 **재**	火부 총7획		

1261 3급 재	裁 裁 옷마를 **재**	衣부 총12획	1276 3급 적	績 績 길쌈 **적**	糸부 총17획
1262 3급 재	宰 宰 재상 **재**	宀부 총10획	1277 3급 적	跡 跡 발자취 **적**	足부 총13획
1263 7급 쟁	爭 爭 다툴 **쟁**	⺥=爪부 총8획 회의문자	1278 3급 적	賊 賊 도둑 **적**	貝부 총13획
1264 5급 저	貯 貯 쌓을 **저**	貝부 총12획 형성문자	1279 3급 적	積 積 쌓을 **적**	禾부 총16획
1265 4급 저	低 低 낮을 **저**	亻=人부 총7획	1280 3급 적	籍 籍 문서 **적**	竹부 총20획
1266 4급 저	著 著 나타날 **저**	⺾=艸부 총13획	1281 9급 전	田 田 밭 **전**	田부 총5획 상형문자
1267 3급 저	抵 抵 막을 **저**	扌=手부 총8획	1282 8급 전	全 全 온전할 **전**	入부 총6획 회의문자
1268 3급 저	底 底 밑 **저**	广부 총8획	1283 7급 전	前 前 앞 **전**	刂=刀부 총9획 형성문자
1269 6급 적	的 的 과녁 **적**	白부 총8획 형성문자	1284 7급 전	展 展 펼 **전**	尸부 총10획 회의문자
1270 4급 적	赤 赤 붉을 **적**	赤부 총7획	1285 7급 전	電 電 번개 **전**	雨부 총13획 회의문자
1271 4급 적	敵 敵 대적할 **적**	攵=攴부 총15획	1286 6급 전	傳 傳 전할 **전**	亻=人부 총13획 형성문자
1272 4급 적	適 適 맞을 **적**	⻍=辵부 총15획	1287 7급 전	典 典 법 **전**	八부 총8획 회의문자
1273 3급 적	寂 寂 고요할 **적**	宀부 총11획	1288 7급 전	戰 戰 싸움 **전**	戈부 총16획 회의문자
1274 3급 적	摘 摘 딸 **적**	扌=手부 총14획	1289 4급 전	錢 錢 돈 **전**	金부 총16획
1275 3급 적	滴 滴 물방울 **적**	氵=水부 총14획	1290 3급 전	專 專 오로지 **전**	寸부 총11획

1291 3급 轉	轉					1306 7급 定	定			
전	구를 전	車부 총18획				정	정할 정	宀부 총8획 형성문자		
1292 3급 殿	殿					1307 7급 情	情			
전	전각 전	殳부 총13획				정	뜻 정	忄=心부 총11획 형성문자		
1293 6급 節	節					1308 7급 庭	庭			
절	마디 절	竹부 총15획 형성문자				정	뜰 정	广부 총10획 형성문자		
1294 6급 絶	絶					1309 6급 精	精			
절	끊을 절	糸부 총12획 회의문자				정	정할 정	米부 총14획 형성문자		
1295 3급 折	折					1310 4급 丁	丁			
절	꺾을 절	扌=手부 총7획				정	장정 정	一부 총2획		
1296 3급 切	切					1311 4급 頂	頂			
절	끊을 절/온통 체	刀부 총4획				정	정수리 정	頁부 총11획		
1297 3급 竊	竊					1312 4급 停	停			
절	훔칠 절	穴부 총22획				정	머무를 정	亻=人부 총11획		
1298 5급 店	店					1313 4급 井	井			
점	가게 점	广부 총8획 형성문자				정	우물 정	二부 총4획		
1299 3급 點	點					1314 4급 貞	貞			
점	점 점	黑부 총17획				정	곧을 정	貝부 총9획		
1300 3급 漸	漸					1315 4급 靜	靜			
점	점점 점	氵=水부 총14획				정	고요할 정	靑부 총16획		
1301 3급 占	占					1316 4급 淨	淨			
점	점령할 점	卜부 총5획				정	깨끗할 정	氵=水부 총11획		
1302 6급 接	接					1317 3급 廷	廷			
접	접할 접	扌=手부 총11획 형성문자				정	조정 정	廴부 총7획		
1303 3급 蝶	蝶					1318 3급 訂	訂			
접	나비 접	虫부 총15획				정	바로잡을 정	言부 총9획		
1304 7급 正	正					1319 3급 程	程			
정	바를 정	止부 총5획 회의문자				정	한도 정	禾부 총12획		
1305 7급 政	政					1320 3급 亭	亭			
정	정사 정	攵=攴부 총9획 형성문자				정	정자 정	亠부 총9획		

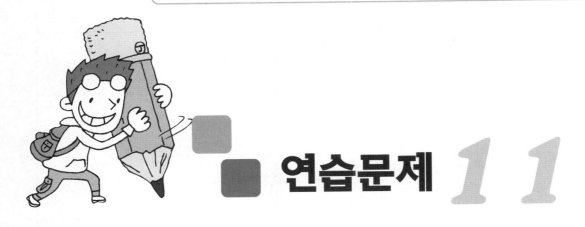

연습문제 11

01-03 다음 한자(漢字)의 부수(部首)는 무엇입니까?

01 爭 : ① 十 ② ⺕ ③ 口 ④ ノ ⑤ ⺥

02 的 : ① 白 ② 勹 ③ 勺 ④ 日 ⑤ 三

03 前 : ① 口 ② 刂 ③ 田 ④ 月 ⑤ 竹

04-06 다음 한자(漢字)의 획수(劃數)는 모두 몇 획입니까?

04 財 : ① 8 ② 9 ③ 10 ④ 11 ⑤ 12

05 長 : ① 5 ② 6 ③ 7 ④ 8 ⑤ 9

06 絶 : ① 10 ② 11 ③ 12 ④ 13 ⑤ 14

07-08 다음 필순(筆順)에 대한 설명에 가장 알맞은 한자 (漢字)는 어느 것입니까?

07 오른쪽 위의 점은 나중에 찍는다.

　　① 正 ② 典 ③ 戰 ④ 赤 ⑤ 丁

08 삐침과 파임이 만날 때에는 삐침을 먼저 쓴다.

　　① 武 ② 情 ③ 低 ④ 貯 ⑤ 定

09-18 다음 한자(漢字)의 음(音)은 무엇입니까?

09 者 : ① 일 ② 재 ③ 작 ④ 자 ⑤ 인

10 章 : ① 장 ② 입 ③ 인 ④ 이 ⑤ 일

11 再 : ① 인 ② 임 ③ 일 ④ 자 ⑤ 재

12 作 : ① 작 ② 잔 ③ 이 ④ 익 ⑤ 적

13 材 : ① 자 ② 인 ③ 전 ④ 일 ⑤ 재

14 電 : ① 적 ② 전 ③ 저 ④ 쟁 ⑤ 정

15 接 : ① 정 ② 절 ③ 전 ④ 접 ⑤ 작

16 忍 : ① 인 ② 연 ③ 의 ④ 음 ⑤ 장

17 任 : ① 인 ② 음 ③ 임 ④ 은 ⑤ 적

18 資 : ① 재 ② 자 ③ 차 ④ 적 ⑤ 접

19-23 다음의 음(音)을 가진 한자(漢字)는 어느 것입니까?

19 자 : ① 日 ② 一 ③ 才 ④ 自 ⑤ 敵

20 적 : ① 爭 ② 田 ③ 典 ④ 赤 ⑤ 全

21 전 : ① 的 ② 前 ③ 政 ④ 定 ⑤ 節

22 정 : ① 栽 ② 適 ③ 錢 ④ 靜 ⑤ 著

23 잔 : ① 姻 ② 資 ③ 殘 ④ 賊 ⑤ 張

24-33 다음 한자(漢字)의 뜻은 무엇입니까?

24 日 : ① 눈　　② 날　　③ 하나
　　　④ 아침　　⑤ 도둑

25 字 : ① 아들　　② 문자　　③ 글자
　　　④ 쓰다　　⑤ 마디

26 在 : ① 없다　　② 받다　　③ 가다
　　　④ 있다　　⑤ 재상

27 才 : ① 쌀　　② 풀　　③ 재주
　　　④ 치다　　⑤ 북방

28 爭 : ① 낮다　　② 파다　　③ 세우다
　　　④ 다투다　　⑤ 훔치다

29 戰 : ① 창　　② 방패　　③ 승리
　　　④ 싸움　　⑤ 과녁

30 全 : ① 접하다　　② 정하다　　③ 점령하다
　　　④ 확실하다　　⑤ 온전하다

31 適 : ① 과녁　　② 맞다　　③ 물방울
　　　④ 대적하다　　⑤ 지나가다

32 障 : ① 글　　② 막다　　③ 베풀다
　　　④ 손바닥　　⑤ 단장하다

33 積 : ① 보물　　② 맞다　　③ 길쌈
　　　④ 쌓다　　⑤ 문서

34-38 다음의 뜻을 가진 한자(漢字)는 어느 것입니까?

34 마디 : ① 展　② 精　③ 節　④ 正　⑤ 認

35 접하다 : ① 絕　② 接　③ 赤　④ 庭　⑤ 入

36 쌓다 : ① 貯　② 財　③ 場　④ 敵　⑤ 長

37 사랑 : ① 將　② 栽　③ 慈　④ 店　⑤ 頂

38 구르다 : ① 訂　② 轉　③ 專　④ 殿　⑤ 抵

39-48 다음 한자어(漢字語)의 음(音)은 무엇입니까?

39 認定 : ① 인정　② 인식　③ 지정　④ 인지　⑤ 작정

40 日常 : ① 일기　② 이상　③ 정상　④ 항상　⑤ 일상

41 登場 : ① 등장　② 장면　③ 등산　④ 공장　⑤ 해장

42 强敵 : ① 강적　② 적수　③ 대적　④ 강약　⑤ 강수

43 發展 : ① 전망　② 전시　③ 발전　④ 전개　⑤ 발견

44 家庭 : ① 교정　② 친정　③ 가정　④ 가구　⑤ 가사

45 政治 : ① 정치　② 정사　③ 정당　④ 선정　⑤ 정쟁

46 停止 : ① 경지　② 인지　③ 정리　④ 저지　⑤ 정지

47 婚姻 : ① 혼미　② 혼란　③ 원인　④ 혼인　⑤ 혼잡

48 複雜 : ① 복잡　② 복장　③ 부적　④ 분석　⑤ 복식

49-50 다음 단어들의 '□'에 공통으로 들어갈 알맞은 한자(漢字)는 어느 것입니까?

49 □選, 流□, □學 :
　　① 人　　② 入　　③ 作　　④ 引　　⑤ 子

50 □達, □說, □來 :
　　① 戰　　② 田　　③ 傳　　④ 全　　⑤ 淨

번호	급수	한자				번호	급수	한자			
1321	3급	征 征				1336	3급	提 提			
정		칠 정	彳부 총8획			제		끌 제	扌=手부 총12획		
1322	3급	整 整				1337	5급	早 早			
정		가지런할 정	攵=攴부 총16획			조		이를 조	日부 총6획 회의문자		
1323	8급	弟 弟				1338	5급	造 造			
제		아우 제	弓부 총7획 상형문자			조		지을 조	辶=辵부 총11획 형성문자		
1324	6급	題 題				1339	7급	鳥 鳥			
제		제목 제	頁부 총18획 회의문자			조		새 조	鳥부 총11획 상형문자		
1325	5급	製 製				1340	6급	調 調			
제		지을 제	衣부 총14획 형성문자			조		고를 조	言부 총15획 형성문자		
1326	5급	第 第				1341	7급	朝 朝			
제		차례 제	竹부 총11획 형성문자			조		아침 조	月부 총12획 회의문자		
1327	4급	除 除				1342	5급	助 助			
제		덜 제	阝=阜부 총10획			조		도울 조	力부 총7획 형성문자		
1328	7급	帝 帝				1343	7급	祖 祖			
제		임금 제	巾부 총9획 상형문자			조		할아비 조	示부 총10획 형성문자		
1329	4급	祭 祭				1344	5급	兆 兆			
제		제사 제	示부 총11획			조		억조 조	儿부 총6획 상형문자		
1330	4급	諸 諸				1345	3급	弔 弔			
제		모두 제	言부 총16획			조		조상할 조	弓부 총4획		
1331	3급	際 際				1346	3급	照 照			
제		즈음 제	阝=阜부 총14획			조		비칠 조	灬=火부 총13획		
1332	3급	堤 堤				1347	3급	租 租			
제		둑 제	土부 총12획			조		조세 조	禾부 총10획		
1333	3급	濟 濟				1348	3급	燥 燥			
제		건널 제	氵=水부 총17획			조		마를 조	火부 총17획		
1334	3급	制 制				1349	3급	組 組			
제		절제할 제	刂=刀부 총8획			조		짤 조	糸부 총11획		
1335	3급	齊 齊				1350	3급	條 條			
제		가지런할 제	齊부 총14획			조		가지 조	木부 총11획		

1351 **3급** 조	操	操				
	잡을 **조**	扌=手部 총16획				
1352 **3급** 조	潮	潮				
	밀물 **조**	氵=水部 총15획				
1353 **9급** 족	足	足				
	발 **족**	足部 총7획 **상형문자**				
1354 **7급** 족	族	族				
	겨레 **족**	方部 총11획 **회의문자**				
1355 **5급** 존	存	存				
	있을 **존**	子部 총6획 **회의문자**				
1356 **4급** 존	尊	尊				
	높을 **존**	寸部 총12획				
1357 **5급** 졸	卒	卒				
	마칠 **졸**	十部 총8획 **회의문자**				
1358 **3급** 졸	拙	拙				
	옹졸할 **졸**	扌=手部 총8획				
1359 **7급** 종	種	種				
	씨 **종**	禾部 총14획 **형성문자**				
1360 **6급** 종	宗	宗				
	으뜸 **종**	宀部 총8획 **회의문자**				
1361 **4급** 종	終	終				
	마칠 **종**	糸部 총11획				
1362 **4급** 종	從	從				
	좇을 **종**	彳部 총11획				
1363 **4급** 종	鐘	鐘				
	쇠북 **종**	金部 총20획				
1364 **3급** 종	縱	縱				
	세로 **종**	糸部 총17획				
1365 **6급** 좌	左	左				
	왼 **좌**	工部 총5획 **회의문자**				

1366 **4급** 좌	坐	坐				
	앉을 **좌**	土部 총7획				
1367 **3급** 좌	佐	佐				
	도울 **좌**	亻=人部 총7획				
1368 **3급** 좌	座	座				
	자리 **좌**	广部 총10획				
1369 **5급** 죄	罪	罪				
	허물 **죄**	罒=网部 총13획 **회의문자**				
1370 **9급** 주	主	主				
	주인 **주**	丶部 총5획 **상형문자**				
1371 **7급** 주	注	注				
	부을 **주**	氵=水部 총8획 **형성문자**				
1372 **7급** 주	住	住				
	살 **주**	亻=人部 총7획 **형성문자**				
1373 **5급** 주	晝	晝				
	낮 **주**	日部 총11획 **회의문자**				
1374 **5급** 주	走	走				
	달릴 **주**	走部 총7획 **회의문자**				
1375 **4급** 주	酒	酒				
	술 **주**	酉部 총10획				
1376 **5급** 주	宙	宙				
	집 **주**	宀部 총8획 **형성문자**				
1377 **4급** 주	朱	朱				
	붉을 **주**	木部 총6획				
1378 **3급** 주	周	周				
	두루 **주**	口部 총8획				
1379 **3급** 주	舟	舟				
	배 **주**	舟部 총6획				
1380 **3급** 주	州	州				
	고을 **주**	川=巛部 총6획				

1381 3급 주	柱	柱			
기둥 주		木部 총9획			
1382 3급 주	株	株			
그루 주		木部 총10획			
1383 3급 주	洲	洲			
물가 주		氵=水部 총9획			
1384 3급 주	奏	奏			
아뢸 주		大部 총9획			
1385 3급 주	珠	珠			
구슬 주		王=玉部 총10획			
1386 3급 주	鑄	鑄			
쇠불릴 주		金部 총22획			
1387 7급 죽	竹	竹			
대 죽		竹部 총6획 상형문자			
1388 3급 준	準	準			
준할 준		氵=水部 총13획			
1389 3급 준	俊	俊			
준걸 준		亻=人部 총9획			
1390 3급 준	遵	遵			
좇을 준		辶=辵部 총16획			
1391 8급 중	中	中			
가운데 중		丨部 총4획 상형문자			
1392 5급 중	衆	衆			
무리 중		血部 총12획 회의문자			
1393 6급 중	重	重			
무거울 중		里部 총9획 형성문자			
1394 3급 중	仲	仲			
버금 중		亻=人部 총6획			
1395 4급 즉	卽	卽			
곧 즉		卩部 총9획			

1396 5급 증	增	增			
더할 증		土部 총15획 형성문자			
1397 4급 증	曾	曾			
일찍 증		曰部 총12획			
1398 4급 증	證	證			
증거 증		言部 총19획			
1399 3급 증	憎	憎			
미울 증		忄=心部 총15획			
1400 3급 증	症	症			
증세 증		疒部 총10획			
1401 3급 증	蒸	蒸			
찔 증		++=艸部 총14획			
1402 3급 증	贈	贈			
줄 증		貝部 총19획			
1403 7급 지	止	止			
그칠 지		止部 총4획 상형문자			
1404 6급 지	知	知			
알 지		矢部 총8획 회의문자			
1405 7급 지	地	地			
따(땅) 지		土部 총6획 회의문자			
1406 7급 지	指	指			
가리킬 지		扌=手部 총9획 형성문자			
1407 6급 지	志	志			
뜻 지		心部 총7획 형성문자			
1408 6급 지	至	至			
이를 지		至部 총6획 지사문자			
1409 7급 지	紙	紙			
종이 지		糸部 총10획 형성문자			
1410 4급 지	只	只			
다만 지		口部 총5획			

1411 5급 지	支	支					1426 3급 진	珍	珍				
	지탱할 **지**	支부 총4획 회의문자						보배 **진**	王=玉부 총9획				
1412 4급 지	枝	枝					1427 3급 진	鎭	鎭				
	가지 **지**	木부 총8획						진압할 **진**	金부 총18획				
1413 4급 지	持	持					1428 3급 진	振	振				
	가질 **지**	扌=手부 총9획						떨칠 **진**	扌=手부 총10획				
1414 4급 지	之	之					1429 3급 진	陳	陳				
	갈 **지**	丿부 총4획						베풀 **진**	阝=阜부 총11획				
1415 3급 지	遲	遲					1430 3급 진	陣	陣				
	더딜 **지**	辶=辵부 총16획						진칠 **진**	阝=阜부 총10획				
1416 3급 지	智	智					1431 3급 진	震	震				
	지혜 **지**	日부 총12획						우레 **진**	雨부 총15획				
1417 3급 지	誌	誌					1432 7급 질	質	質				
	기록할 **지**	言부 총14획						바탕 **질**	貝부 총15획 회의문자				
1418 3급 지	池	池					1433 3급 질	姪	姪				
	못 **지**	氵=水부 총6획						조카 **질**	女부 총9획				
1419 7급 직	直	直					1434 3급 질	疾	疾				
	곧을 **직**	目부 총8획 회의문자						병 **질**	疒부 총10획				
1420 3급 직	職	職					1435 3급 질	秩	秩				
	직분 **직**	耳부 총18획						차례 **질**	禾부 총10획				
1421 3급 직	織	織					1436 7급 집	集	集				
	짤 **직**	糸부 총18획						모을 **집**	隹부 총12획 회의문자				
1422 8급 진	眞	眞					1437 4급 집	執	執				
	참 **진**	目부 총10획 회의문자						잡을 **집**	土부 총11획				
1423 6급 진	進	進					1438 3급 징	徵	徵				
	나아갈 **진**	辶=辵부 총12획 회의문자						부를 **징**	彳부 총15획				
1424 4급 진	辰	辰					1439 3급 징	懲	懲				
	별 **진**/때 신	辰부 총7획						징계할 **징**	心부 총19획				
1425 4급 진	盡	盡					1440 8급 차	次	次				
	다할 **진**	皿부 총14획						버금 **차**	欠부 총6획 회의문자				

연습문제 12

01-03 다음 한자(漢字)의 부수(部首)는 무엇입니까?

01 第 : ① 第　② 竹　③ 十　④ 己　⑤ 二

02 朝 : ① 月　② 卓　③ 日　④ 十　⑤ 日

03 走 : ① 土　② 人　③ 士　④ ㄅ　⑤ 走

04-06 다음 한자(漢字)의 획수(劃數)는 모두 몇 획입니까?

04 終 : ① 10　② 11　③ 12　④ 13　⑤ 14

05 主 : ① 4　② 5　③ 6　④ 7　⑤ 8

06 止 : ① 2　② 3　③ 4　④ 5　⑤ 6

07-08 다음 필순(筆順)에 대한 설명에 가장 알맞은 한자(漢字)는 어느 것입니까?

07 위에서 아래로 쓴다.

　① 朝　② 祖　③ 重　④ 種　⑤ 仲

08 왼쪽에서 오른쪽으로 쓴다.

　① 衆　② 鳥　③ 支　④ 書　⑤ 洲

09-18 다음 한자(漢字)의 음(音)은 무엇입니까?

09 弟 : ① 족　② 조　③ 제　④ 중　⑤ 정

10 早 : ① 졸　② 조　③ 제　④ 존　⑤ 주

11 尊 : ① 존　② 중　③ 조　④ 제　⑤ 족

12 卒 : ① 죄　② 주　③ 종　④ 졸　⑤ 제

13 題 : ① 제　② 조　③ 족　④ 중　⑤ 주

14 衆 : ① 주　② 직　③ 지　④ 집　⑤ 중

15 增 : ① 죽　② 질　③ 증　④ 창　⑤ 진

16 盡 : ① 준　② 진　③ 재　④ 집　⑤ 질

17 制 : ① 정　② 전　③ 제　④ 주　⑤ 좌

18 條 : ① 건　② 제　③ 정　④ 조　⑤ 차

19-23 다음의 음(音)을 가진 한자(漢字)는 어느 것입니까?

19 조 : ① 知　② 存　③ 住　④ 止　⑤ 助

20 족 : ① 終　② 朝　③ 祖　④ 足　⑤ 志

21 중 : ① 至　② 指　③ 地　④ 重　⑤ 紙

22 제 : ① 除　② 整　③ 坐　④ 朱　⑤ 兆

23 종 : ① 織　② 縱　③ 準　④ 陳　⑤ 秩

24-33 다음 한자(漢字)의 뜻은 무엇입니까?

24 造 : ① 돌다   ② 짓다   ③ 가다
      ④ 오다   ⑤ 일찍

25 存 : ① 갔다   ② 아들   ③ 있다
      ④ 주다   ⑤ 증거

26 宗 : ① 집   ② 지역   ③ 으뜸
      ④ 버금   ⑤ 구슬

27 住 : ① 주인   ② 살다   ③ 해치다
      ④ 고르다   ⑤ 물대다

28 地 : ① 땅   ② 물   ③ 바다
      ④ 하늘   ⑤ 대륙

29 中 : ① 셋   ② 둘   ③ 우주
      ④ 준걸   ⑤ 가운데

30 至 : ① 막다   ② 임금   ③ 닳다
      ④ 파다   ⑤ 이르다

31 支 : ① 곧다   ② 가다   ③ 가지다
      ④ 가리키다   ⑤ 지탱하다

32 照 : ① 짜다   ② 잡다   ③ 밀물
      ④ 비치다   ⑤ 경계하다

33 株 : ① 낮   ② 살다   ③ 기둥
      ④ 그루   ⑤ 즈음

34-38 다음의 뜻을 가진 한자(漢字)는 어느 것입니까?

34 겨레 : ① 卒   ② 足   ③ 種   ④ 族   ⑤ 製

35 뜻   : ① 竹   ② 志   ③ 第   ④ 知   ⑤ 鳥

36 고르다 : ① 左   ② 罪   ③ 主   ④ 走   ⑤ 調

37 모두 : ① 證   ② 枝   ③ 執   ④ 諸   ⑤ 帝

38 짜다 : ① 織   ② 堤   ③ 陣   ④ 贈   ⑤ 燥

39-48 다음 한자어(漢字語)의 음(音)은 무엇입니까?

39 曲調 : ① 강조   ② 곡조   ③ 고조   ④ 조화   ⑤ 곡목

40 晝夜 : ① 주간   ② 주야   ③ 백주   ④ 중야   ⑤ 주중

41 禁止 : ① 금지   ② 중지   ③ 폐지   ④ 지행   ⑤ 엄금

42 同志 : ① 지망   ② 지원   ③ 지사   ④ 동지   ⑤ 동향

43 指定 : ① 지명   ② 지정   ③ 지시   ④ 지장   ⑤ 지적

44 表紙 : ① 인지   ② 휴지   ③ 표면   ④ 색지   ⑤ 표지

45 眞實 : ① 진실   ② 천진   ③ 진리   ④ 과실   ⑤ 진정

46 卽時 : ① 적시   ② 정시   ③ 즉시   ④ 감시   ⑤ 즉각

47 症勢 : ① 증거   ② 증여   ③ 증유   ④ 증세   ⑤ 증명

48 秩序 : ① 질병   ② 정서   ③ 순서   ④ 준거   ⑤ 질서

49-50 다음 단어들의 '☐'에 공통으로 들어갈 알맞은 한자(漢字)는 어느 것입니까?

49 ☐目, ☐族, ☐子 :
      ① 題   ② 終   ③ 宗   ④ 種   ⑤ 注

50 ☐步, ☐行, ☐化 :
      ① 至   ② 直   ③ 眞   ④ 進   ⑤ 從

1441 4급 차	此	此				
	이 **차**	止부 총6획				
1442 4급 차	借	借				
	빌릴 **차**	イ=人부 총10획				
1443 4급 차	且	且				
	또 **차**	一부 총5획				
1444 3급 차	差	差				
	다를 **차**	工부 총10획				
1445 5급 착	着	着				
	붙을 **착**	目부 총12획 형성문자				
1446 3급 착	捉	捉				
	잡을 **착**	扌=手부 총10획				
1447 3급 착	錯	錯				
	어긋날 **착**	金부 총16획				
1448 3급 찬	贊	贊				
	도울 **찬**	貝부 총19획				
1449 3급 찬	讚	讚				
	기릴 **찬**	言부 총26획				
1450 6급 찰	察	察				
	살필 **찰**	宀부 총14획 회의문자				
1451 6급 참	參	參				
	참여할 **참**	ㅿ부 총11획 회의문자				
1452 3급 참	慙	慙				
	부끄러울 **참**	心부 총15획				
1453 3급 참	慘	慘				
	참혹할 **참**	忄=心부 총14획				
1454 5급 창	唱	唱				
	부를 **창**	口부 총11획 형성문자				
1455 5급 창	窓	窓				
	창 **창**	穴부 총11획 형성문자				

1456 4급 창	昌	昌				
	창성할 **창**	日부 총8획				
1457 3급 창	創	創				
	비롯할 **창**	刂=刀부 총12획				
1458 3급 창	暢	暢				
	화창할 **창**	日부 총14획				
1459 3급 창	蒼	蒼				
	푸를 **창**	++=艸부 총14획				
1460 3급 창	倉	倉				
	곳집 **창**	人부 총10획				
1461 4급 채	採	採				
	캘 **채**	扌=手부 총11획				
1462 4급 채	菜	菜				
	나물 **채**	++=艸부 총12획				
1463 3급 채	債	債				
	빚 **채**	イ=人부 총13획				
1464 3급 채	彩	彩				
	채색 **채**	彡부 총11획				
1465 5급 책	責	責				
	꾸짖을 **책**	貝부 총11획 형성문자				
1466 6급 책	冊	冊				
	책 **책**	冂부 총5획 상형문자				
1467 3급 책	策	策				
	꾀 **책**	竹부 총12획				
1468 5급 처	處	處				
	곳 **처**	虍부 총11획 회의문자				
1469 4급 처	妻	妻				
	아내 **처**	女부 총8획				
1470 4급 척	尺	尺				
	자 **척**	尸부 총4획				

1471 3급 斥	斥					1486 3급 尖	尖			
척 물리칠 **척**	斤부 총5획					첨 뾰족할 **첨**	小부 총6획			

1472 3급 戚	戚					1487 3급 添	添			
척 친척 **척**	戈부 총11획					첨 더할 **첨**	氵=水부 총11획			

1473 3급 拓	拓					1488 3급 妾	妾			
척 넓힐 **척**	扌=手부 총8획					첩 첩 **첩**	女부 총8획			

1474 8급 千	千					1489 7급 靑	靑			
천 일천 **천**	十부 총3획 지사문자					청 푸를 **청**	靑부 총8획 형성문자			

1475 9급 天	天					1490 6급 淸	淸			
천 하늘 **천**	大부 총4획 회의문자					청 맑을 **청**	氵=水부 총11획 형성문자			

1476 9급 川	川					1491 4급 請	請			
천 내 **천**	川=巛부 총3획 상형문자					청 청할 **청**	言부 총15획			

1477 4급 淺	淺					1492 4급 聽	聽			
천 얕을 **천**	氵=水부 총11획					청 들을 **청**	耳부 총22획			

1478 4급 泉	泉					1493 4급 晴	晴			
천 샘 **천**	水부 총9획					청 갤 **청**	日부 총12획			

1479 3급 薦	薦					1494 3급 廳	廳			
천 천거할 **천**	++=艸부 총17획					청 관청 **청**	广부 총25획			

1480 3급 賤	賤					1495 6급 體	體			
천 천할 **천**	貝부 총15획					체 몸 **체**	骨부 총23획 형성문자			

1481 3급 遷	遷					1496 3급 替	替			
천 옮길 **천**	辶=辵부 총15획					체 바꿀 **체**	日부 총12획			

1482 3급 踐	踐					1497 3급 滯	滯			
천 밟을 **천**	足부 총15획					체 막힐 **체**	氵=水부 총14획			

1483 4급 鐵	鐵					1498 3급 逮	逮			
철 쇠 **철**	金부 총21획					체 잡을 **체**	辶=辵부 총12획			

1484 3급 哲	哲					1499 3급 遞	遞			
철 밝을 **철**	口부 총10획					체 갈릴 **체**	辶=辵부 총14획			

1485 3급 徹	徹					1500 8급 初	初			
철 통할 **철**	彳부 총15획					초 처음 **초**	刀부 총7획 회의문자			

1501 **7급** 초	草	草				
	풀 **초**	++=艸부 총10획 형성문자				
1502 **4급** 초	招	招				
	부를 **초**	扌=手부 총8획				
1503 **3급** 초	抄	抄				
	뽑을 **초**	扌=手 총7획				
1504 **3급** 초	肖	肖				
	닮을 **초**	月=肉 총7획				
1505 **3급** 초	礎	礎				
	주춧돌 **초**	石부 총18획				
1506 **3급** 초	超	超				
	뛰어넘을 **초**	走부 총12획				
1507 **3급** 초	秒	秒				
	분초 **초**	禾부 총9획				
1508 **3급** 촉	促	促				
	재촉할 **촉**	亻=人부 총9획				
1509 **3급** 촉	觸	觸				
	닿을 **촉**	角부 총20획				
1510 **3급** 촉	燭	燭				
	촛불 **촉**	火부 총17획				
1511 **7급** 촌	村	村				
	마을 **촌**	木부 총7획 형성문자				
1512 **6급** 촌	寸	寸				
	마디 **촌**	寸부 총3획 지사문자				
1513 **3급** 총	總	總				
	다 **총**	糸부 총17획				
1514 **3급** 총	聰	聰				
	귀밝을 **총**	耳부 총17획				
1515 **3급** 총	銃	銃				
	총 **총**	金부 총14획				

1516 **5급** 최	最	最				
	가장 **최**	曰부 총12획 회의문자				
1517 **3급** 최	催	催				
	재촉할 **최**	亻=人부 총13획				
1518 **7급** 추	秋	秋				
	가을 **추**	禾부 총9획 회의문자				
1519 **5급** 추	追	追				
	쫓을 **추**	辶=辵부 총10획 형성문자				
1520 **4급** 추	推	推				
	밀 **추(퇴)**	扌=手부 총11획				
1521 **3급** 추	抽	抽				
	뽑을 **추**	扌=手부 총8획				
1522 **3급** 추	醜	醜				
	추할 **추**	酉부 총17획				
1523 **6급** 축	祝	祝				
	빌 **축**	示부 총10획 회의문자				
1524 **4급** 축	丑	丑				
	소 **축**	一부 총4획				
1525 **3급** 축	逐	逐				
	쫓을 **축**	辶=辵부 총11획				
1526 **3급** 축	縮	縮				
	줄일 **축**	糸부 총17획				
1527 **3급** 축	畜	畜				
	짐승 **축**	田부 총10획				
1528 **3급** 축	築	築				
	쌓을 **축**	竹부 총16획				
1529 **3급** 축	蓄	蓄				
	모을 **축**	++=艸부 총14획				
1530 **5급** 춘	春	春				
	봄 **춘**	曰부 총9획 회의문자				

1531 7급 출	出	出					1546 6급 치	致	致				
	날 **출**	니부 총5획 **상형문자**						이를 **치**	至부 총10획 **회의문자**				
1532 7급 충	充	充					1547 7급 치	齒	齒				
	채울 **충**	儿부 총6획 **회의문자**						이 **치**	齒부 총15획 **상형문자**				
1533 6급 충	忠	忠					1548 3급 치	恥	恥				
	충성 **충**	心부 총8획 **형성문자**						부끄러울 **치**	心부 총10획				
1534 6급 충	蟲	蟲					1549 3급 치	値	値				
	벌레 **충**	虫부 총18획 **회의문자**						값 **치**	亻=人부 총10획				
1535 3급 충	衝	衝					1550 3급 치	置	置				
	찌를 **충**	行부 총15획						둘 **치**	罒=网부 총13획				
1536 6급 취	取	取					1551 8급 칙	則	則				
	가질 **취**	又부 총8획 **회의문자**						법칙 **칙**	刂=刀부 총9획 **회의문자**				
1537 4급 취	就	就					1552 6급 친	親	親				
	나아갈 **취**	尢부 총12획						친할 **친**	見부 총16획 **형성문자**				
1538 4급 취	吹	吹					1553 8급 칠	七	七				
	불 **취**	口부 총7획						일곱 **칠**	一부 총2획 **지사문자**				
1539 3급 취	臭	臭					1554 3급 칠	漆	漆				
	냄새 **취**	自부 총10획						옷 **칠**	氵=水부 총14획				
1540 3급 취	趣	趣					1555 4급 침	針	針				
	뜻 **취**	走부 총15획						바늘 **침**	金부 총10획				
1541 3급 취	醉	醉					1556 3급 침	沈	沈				
	취할 **취**	酉부 총15획						잠길 **침**/성 **심**	氵=水부 총7획				
1542 3급 측	側	側					1557 3급 침	侵	侵				
	곁 **측**	亻=人부 총11획						침노할 **침**	亻=人부 총9획				
1543 3급 측	測	測					1558 3급 침	寢	寢				
	헤아릴 **측**	氵=水부 총12획						잘 **침**	宀부 총14획				
1544 3급 층	層	層					1559 3급 침	枕	枕				
	층 **층**	尸부 총15획						베개 **침**	木부 총8획				
1545 6급 치	治	治					1560 3급 침	浸	浸				
	다스릴 **치**	氵=水부 총8획 **형성문자**						잠길 **침**	氵=水부 총10획				

연습문제 13

01-03 다음 한자(漢字)의 부수(部首)는 무엇입니까?

01 責 : ① 十　② 貝　③ 主　④ 目　⑤ 土

02 體 : ① 豆　② 日　③ 口　④ 豊　⑤ 骨

03 最 : ① 最　② 耳　③ 又　④ 取　⑤ 日

04-06 다음 한자(漢字)의 획수(劃數)는 모두 몇 획입니까?

04 村 : ① 6　② 7　③ 8　④ 9　⑤ 10

05 齒 : ① 14　② 15　③ 16　④ 17　⑤ 18

06 則 : ① 8　② 9　③ 10　④ 11　⑤ 12

07-08 다음 필순(筆順)에 대한 설명에 가장 알맞은 한자 (漢字)는 어느 것입니까?

07 왼쪽과 오른쪽의 모양이 같을 때에는 가운데 획을 먼저 쓴다.
　① 寸　② 出　③ 天　④ 致　⑤ 倉

08 왼쪽에서 오른쪽으로 쓴다.
　① 靑　② 千　③ 臭　④ 草　⑤ 川

09-18 다음 한자(漢字)의 음(音)은 무엇입니까?

09 着 : ① 주　② 참　③ 진　④ 지　⑤ 착

10 察 : ① 중　② 주　③ 찰　④ 착　⑤ 차

11 參 : ① 증　② 직　③ 지　④ 참　⑤ 찰

12 請 : ① 체　② 천　③ 책　④ 청　⑤ 취

13 秋 : ① 취　② 초　③ 충　④ 촌　⑤ 추

14 祝 : ① 춘　② 축　③ 최　④ 추　⑤ 처

15 春 : ① 최　② 출　③ 충　④ 춘　⑤ 척

16 招 : ① 소　② 청　③ 추　④ 초　⑤ 체

17 差 : ① 자　② 차　③ 초　④ 착　⑤ 청

18 創 : ① 차　② 장　③ 정　④ 축　⑤ 창

19-23 다음의 음(音)을 가진 한자(漢字)는 어느 것입니까?

19 체 : ① 天　② 唱　③ 體　④ 窓　⑤ 責

20 촌 : ① 忠　② 村　③ 草　④ 出　⑤ 川

21 최 : ① 寸　② 治　③ 千　④ 最　⑤ 靑

22 취 : ① 聽　② 推　③ 就　④ 蟲　⑤ 冊

23 철 : ① 踐　② 哲　③ 逮　④ 贊　⑤ 肖

24-33 다음 한자(漢字)의 뜻은 무엇입니까?

24 唱 : ① 부르다　② 기리다　③ 푸르다
　　　④ 춤추다　⑤ 창성하다

25 窓 : ① 창　② 등불　③ 가을
　　　④ 공기　⑤ 마을

26 淸 : ① 빌다　② 맑다　③ 푸르다
　　　④ 청하다　⑤ 살피다

27 草 : ① 풀　② 몸　③ 내
　　　④ 가을　⑤ 냄새

28 治 : ① 이르다　② 흐르다　③ 부르다
　　　④ 채우다　⑤ 다스리다

29 寸 : ① 처음　② 마디　③ 마을
　　　④ 가장　⑤ 채색

30 靑 : ① 재다　② 맑다　③ 청하다
　　　④ 푸르다　⑤ 옮기다

31 推 : ① 쫓다　② 뽑다　③ 밀다
　　　④ 부르다　⑤ 추하다

32 縮 : ① 쌓다　② 줄이다　③ 머물다
　　　④ 채우다　⑤ 재촉하다

33 値 : ① 값　② 두다　③ 이르다
　　　④ 다스리다　⑤ 참여하다

34-38 다음의 뜻을 가진 한자(漢字)는 어느 것입니까?

34 가지다 : ① 村　② 齒　③ 則　④ 親　⑤ 取

35 청하다 : ① 請　② 致　③ 初　④ 體　⑤ 七

36 채우다 : ① 責　② 察　③ 充　④ 川　⑤ 着

37 창성하다 : ① 探　② 借　③ 泉　④ 昌　⑤ 晴

38 헤아리다 : ① 趣　② 測　③ 觸　④ 沈　⑤ 超

39-48 다음 한자어(漢字語)의 음(音)은 무엇입니까?

39 重責 : ① 문책　② 중책　③ 책망　④ 자책　⑤ 중임

40 請願 : ① 청원　② 소원　③ 신청　④ 초청　⑤ 청중

41 淸算 : ① 청풍　② 청명　③ 계산　④ 청결　⑤ 청산

42 物體 : ① 정체　② 물체　③ 인체　④ 고체　⑤ 물건

43 始初 : ① 초기　② 시발　③ 초대　④ 시초　⑤ 시도

44 最近 : ① 최고　② 최신　③ 원근　④ 최근　⑤ 최적

45 春秋 : ① 춘풍　② 추수　③ 춘추　④ 만추　⑤ 춘절

46 借用 : ① 착용　② 채용　③ 적용　④ 차용　⑤ 선용

47 錯覺 : ① 착실　② 착석　③ 찬성　④ 지각　⑤ 착각

48 趣味 : ① 취재　② 취기　③ 취미　④ 찬미　⑤ 추월

49-50 다음 단어들의 '□'에 공통으로 들어갈 알맞은 한자(漢字)는 어느 것입니까?

49 □得, □材, □消 :
　　① 靑　② 取　③ 治　④ 出　⑤ 促

50 □富, □誠, 景□ :
　　① 致　② 淸　③ 千　④ 天　⑤ 畜

1561 3급	稱	稱					1576 3급	奪	奪				
칭	일컬을 **칭**	禾부 총14획					탈	빼앗을 **탈**	大부 총14획				

1562 5급	快	快					1577 4급	探	探				
쾌	쾌할 **쾌**	忄=心부 총7획 **형성문자**					탐	찾을 **탐**	扌=手부 총11획				

1563 5급	打	打					1578 3급	貪	貪				
타	칠 **타**	扌=手부 총5획 **회의문자**					탐	탐낼 **탐**	貝부 총11획				

1564 4급	他	他					1579 3급	塔	塔				
타	다를 **타**	亻=人부 총5획					탑	탑 **탑**	土부 총13획				

1565 3급	墮	墮					1580 3급	湯	湯				
타	떨어질 **타**	土부 총15획					탕	끓을 **탕**	氵=水부 총12획				

1566 3급	妥	妥					1581 8급	太	太				
타	온당할 **타**	女부 총7획					태	클 **태**	大부 총4획 **지사문자**				

1567 3급	托	托					1582 4급	泰	泰				
탁	맡길 **탁**	扌=手부 총6획					태	클 **태**	水부 10획				

1568 3급	濁	濁					1583 3급	怠	怠				
탁	흐릴 **탁**	氵=水부 총16획					태	게으를 **태**	心부 총9획				

1569 3급	濯	濯					1584 3급	殆	殆				
탁	씻을 **탁**	氵=水부 총17획					태	거의 **태**	歹부 총9획				

1570 3급	卓	卓					1585 3급	態	態				
탁	높을 **탁**	十부 총8획					태	모습 **태**	心부 총14획				

1571 3급	歎	歎					1586 6급	宅	宅				
탄	탄식할 **탄**	欠부 총15획					택	집 **택(댁)**	宀부 총6획 **형성문자**				

1572 3급	彈	彈					1587 3급	澤	澤				
탄	탄알 **탄**	弓부 총15획					택	못 **택**	氵=水부 총16획				

1573 3급	炭	炭					1588 3급	擇	擇				
탄	숯 **탄**	火부 총9획					택	가릴 **택**	扌=手부 총16획				

1574 3급	誕	誕					1589 9급	土	土				
탄	낳을 **탄**	言부 총14획					토	흙 **토**	土부 총3획 **상형문자**				

1575 4급	脫	脫					1590 3급	討	討				
탈	벗을 **탈**	月=肉부 총11획					토	칠 **토**	言부 총10획				

1591 3급 토	吐	吐				
	토할 **토**	口부 총6획				
1592 6급 통	通	通				
	통할 **통**	辶=辵부 총11획 형성문자				
1593 6급 통	統	統				
	거느릴 **통**	糸부 총12획 형성문자				
1594 3급 통	痛	痛				
	아플 **통**	疒부 총12획				
1595 5급 퇴	退	退				
	물러날 **퇴**	辶=辵부 총10획 회의문자				
1596 4급 투	投	投				
	던질 **투**	扌=手부 총7획				
1597 3급 투	鬪	鬪				
	싸움 **투**	鬥부 총20획				
1598 3급 투	透	透				
	사무칠 **투**	辶=辵부 총11획				
1599 6급 특	特	特				
	특별할 **특**	牛부 총10획 회의문자				
1600 6급 파	波	波				
	물결 **파**	氵=水부 총8획 형성문자				
1601 4급 파	破	破				
	깨뜨릴 **파**	石부 총10획				
1602 3급 파	播	播				
	뿌릴 **파**	扌=手부 총15획				
1603 3급 파	罷	罷				
	마칠 **파**	罒=网부 총15획				
1604 3급 파	派	派				
	갈래 **파**	氵=水부 총9획				
1605 3급 파	頗	頗				
	자못 **파**	頁부 총14획				

1606 3급 파	把	把				
	잡을 **파**	扌=手부 총7획				
1607 5급 판	判	判				
	판단할 **판**	刂=刀부 총7획 형성문자				
1608 3급 판	販	販				
	팔 **판**	貝부 총11획				
1609 3급 판	版	版				
	판목 **판**	片부 총8획				
1610 3급 판	板	板				
	널 **판**	木부 총8획				
1611 8급 팔	八	八				
	여덟 **팔**	八부 총2획 지사문자				
1612 5급 패	敗	敗				
	패할 **패**	攵=攴부 총11획 회의문자				
1613 5급 패	貝	貝				
	조개 **패**	貝부 총7획 상형문자				
1614 7급 편	便	便				
	편할 **편**	亻=人부 총9획 회의문자				
1615 4급 편	篇	篇				
	책 **편**	竹부 총15획				
1616 6급 편	片	片				
	조각 **편**	片부 총4획 상형문자				
1617 3급 편	編	編				
	엮을 **편**	糸부 총15획				
1618 3급 편	遍	遍				
	두루 **편**	辶=辵부 총13획				
1619 3급 편	偏	偏				
	치우칠 **편**	亻=人부 총11획				
1620 7급 평	平	平				
	평평할 **평**	干부 총5획 상형문자				

1621 3급 평	評	評			
	평할 **평**	言부 총12획			

1622 4급 폐	閉	閉			
	닫을 **폐**	門부 총11획			

1623 3급 폐	幣	幣			
	화폐 **폐**	巾부 총15획			

1624 3급 폐	廢	廢			
	폐할 **폐**	广부 총15획			

1625 3급 폐	弊	弊			
	해질 **폐**	廾부 총15획			

1626 3급 폐	肺	肺			
	허파 **폐**	月=肉부 총8획			

1627 3급 폐	蔽	蔽			
	덮을 **폐**	++=艸부 총16획			

1628 4급 포	布	布			
	베 **포**	巾부 총5획			

1629 4급 포	抱	抱			
	안을 **포**	扌=手부 총8획			

1630 3급 포	胞	胞			
	세포 **포**	月=肉부 총9획			

1631 3급 포	包	包			
	쌀 **포**	勹부 총5획			

1632 3급 포	浦	浦			
	물가 **포**	氵=水부 총10획			

1633 3급 포	飽	飽			
	배부를 **포**	食부 총14획			

1634 3급 포	捕	捕			
	잡을 **포**	扌=手부 총10획			

1635 4급 폭	暴	暴			
	사나울 **폭**	日부 총15획			

1636 3급 폭	幅	幅			
	폭 **폭**	巾부 총12획			

1637 3급 폭	爆	爆			
	불터질 **폭**	火부 총19획			

1638 8급 표	表	表			
	겉 **표**	衣부 총8획 회의문자			

1639 3급 표	標	標			
	표할 **표**	木부 총15획			

1640 3급 표	票	票			
	표 **표**	示부 총11획			

1641 3급 표	漂	漂			
	떠다닐 **표**	氵=水부 총14획			

1642 7급 품	品	品			
	물건 **품**	口부 총9획 회의문자			

1643 8급 풍	風	風			
	바람 **풍**	風부 총9획 회의문자			

1644 6급 풍	豊	豊			
	풍성할 **풍**	豆부 총13획 상형문자			

1645 5급 피	皮	皮			
	가죽 **피**	皮부 총5획 회의문자			

1646 4급 피	彼	彼			
	저 **피**	彳부 총8획			

1647 3급 피	被	被			
	입을 **피**	衤=衣부 총10획			

1648 3급 피	避	避			
	피할 **피**	辶=辵부 총17획			

1649 3급 피	疲	疲			
	피곤할 **피**	疒부 총10획			

1650 7급 필	必	必			
	반드시 **필**	心부 총5획 회의문자			

1651 **6급** 필	筆	筆			
	붓 **필**	竹부 총12획 회의문자			
1652 **4급** 필	匹	匹			
	짝 **필**	匚부 총4획			
1653 **3급** 필	畢	畢			
	마칠 **필**	田부 총11획			
1654 **8급** 하	下	下			
	아래 **하**	一부 총3획 지사문자			
1655 **7급** 하	夏	夏			
	여름 **하**	夊부 총10획 회의문자			
1656 **5급** 하	河	河			
	물 **하**	氵=水부 총8획 형성문자			
1657 **4급** 하	何	何			
	어찌 **하**	亻=人부 총7획			
1658 **4급** 하	賀	賀			
	하례할 **하**	貝부 총12획			
1659 **3급** 하	荷	荷			
	멜 **하**	++=艸부 총11획			
1660 **7급** 학	學	學			
	배울 **학**	子부 총16획 회의문자			
1661 **3급** 학	鶴	鶴			
	학 **학**	鳥부 총21획			
1662 **4급** 한	寒	寒			
	찰 **한**	宀부 총12획			
1663 **6급** 한	韓	韓			
	한국 **한**	韋부 총17획 형성문자			
1664 **6급** 한	漢	漢			
	한수 **한**	氵=水부 총14획 형성문자			
1665 **5급** 한	限	限			
	한할 **한**	阝=阜부 총9획 형성문자			

1666 **4급** 한	恨	恨			
	한 **한**	忄=心부 총9획			
1667 **4급** 한	閑	閑			
	한가할 **한**	門부 총12획			
1668 **3급** 한	旱	旱			
	가물 **한**	日부 총7획			
1669 **3급** 한	汗	汗			
	땀 **한**	氵=水부 총6획			
1670 **3급** 할	割	割			
	벨 **할**	刂=刀부 총12획			
1671 **3급** 함	含	含			
	머금을 **함**	口부 총7획			
1672 **3급** 함	咸	咸			
	다 **함**	口부 총9획			
1673 **3급** 함	陷	陷			
	빠질 **함**	阝=阜부 총11획			
1674 **8급** 합	合	合			
	합할 **합**	口부 총6획 회의문자			
1675 **4급** 항	恒	恒			
	항상 **항**	忄=心부 총9획			
1676 **3급** 항	巷	巷			
	거리 **항**	己부 총9획			
1677 **3급** 항	港	港			
	항구 **항**	氵=水부 총12획			
1678 **3급** 항	航	航			
	배 **항**	舟부 총10획			
1679 **3급** 항	抗	抗			
	겨룰 **항**	扌=手부 총7획			
1680 **3급** 항	項	項			
	항목 **항**	頁부 총12획			

연습문제 14

01-03 다음 한자(漢字)의 부수(部首)는 무엇입니까?

01 太 : ① 太   ② 、   ③ 人   ④ 一   ⑤ 大

02 特 : ① 寺   ② 寸   ③ 士   ④ 牛   ⑤ 手

03 下 : ① 下   ② 、   ③ 一   ④ 丨   ⑤ 二

04-06 다음 한자(漢字)의 획수(劃數)는 모두 몇 획입니까?

04 波 : ① 7   ② 8   ③ 9   ④ 10   ⑤ 11

05 豊 : ① 11   ② 12   ③ 13   ④ 14   ⑤ 15

06 表 : ① 6   ② 7   ③ 8   ④ 9   ⑤ 10

07-08 다음 필순(筆順)에 대한 설명에 가장 알맞은 한자 (漢字)는 어느 것입니까?

07 가로획과 세로획이 교차할 때는 가로획을 먼저 쓴다.

① 土   ② 統   ③ 品   ④ 他   ⑤ 票

08 위에서 아래로 쓴다.

① 打   ② 敗   ③ 合   ④ 河   ⑤ 討

09-18 다음 한자(漢字)의 음(音)은 무엇입니까?

09 快 : ① 칠   ② 쾌   ③ 친   ④ 카   ⑤ 칭

10 打 : ① 태   ② 택   ③ 타   ④ 탁   ⑤ 통

11 通 : ① 통   ② 토   ③ 특   ④ 타   ⑤ 쾌

12 退 : ① 택   ② 태   ③ 진   ④ 퇴   ⑤ 타

13 波 : ① 패   ② 팔   ③ 파   ④ 판   ⑤ 택

14 夏 : ① 합   ② 한   ③ 학   ④ 토   ⑤ 하

15 限 : ① 학   ② 합   ③ 한   ④ 형   ⑤ 탈

16 片 : ① 판   ② 편   ③ 파   ④ 폐   ⑤ 피

17 濁 : ① 독   ② 택   ③ 학   ④ 탈   ⑤ 탁

18 態 : ① 능   ② 타   ③ 태   ④ 탄   ⑤ 포

19-23 다음의 음(音)을 가진 한자(漢字)는 어느 것입니까?

19 패 : ① 敗   ② 便   ③ 宅   ④ 八   ⑤ 表

20 필 : ① 土   ② 合   ③ 必   ④ 統   ⑤ 品

21 학 : ① 風   ② 太   ③ 河   ④ 學   ⑤ 寒

22 폭 : ① 閉   ② 何   ③ 恨   ④ 暴   ⑤ 被

23 투 : ① 肺   ② 巷   ③ 怠   ④ 貪   ⑤ 透

24-33 다음 한자(漢字)의 뜻은 무엇입니까?

24 他 : ① 닦다　② 치다　③ 다르다
　　　④ 바르다　⑤ 피하다

25 統 : ① 차다　② 입다　③ 거세다
　　　④ 세차다　⑤ 거느리다

26 品 : ① 입　② 물건　③ 소문
　　　④ 구설수　⑤ 반드시

27 寒 : ① 겨울　② 공항　③ 차다
　　　④ 열다　⑤ 덥다

28 合 : ① 뭉치다　② 합하다　③ 가리다
　　　④ 해하다　⑤ 평평하다

29 漢 : ① 한수　② 황하　③ 가죽
　　　④ 한강　⑤ 시냇물

30 限 : ① 내용　② 지나다　③ 한하다
　　　④ 돌리다　⑤ 떠다니다

31 判 : ① 다르다　② 깨뜨리다　③ 판단하다
　　　④ 특별하다　⑤ 탄식하다

32 被 : ① 입다　② 피하다　③ 빠지다
　　　④ 마치다　⑤ 피곤하다

33 割 : ① 베다　② 한하다　③ 해하다
　　　④ 갖추다　⑤ 배부르다

34-38 다음의 뜻을 가진 한자(漢字)는 어느 것입니까?

34 평평하다 : ① 平　② 表　③ 風　④ 敗　⑤ 韓

35 편하다 : ① 豊　② 便　③ 宅　④ 筆　⑤ 特

36 여덟 : ① 土　② 夏　③ 下　④ 打　⑤ 八

37 벗다 : ① 脫　② 探　③ 投　④ 布　⑤ 賀

38 빠지다 : ① 販　② 罷　③ 陷　④ 炭　⑤ 廢

39-48 다음 한자어(漢字語)의 음(音)은 무엇입니까?

39 太半 : ① 태평　② 태반　③ 수평　④ 호평　⑤ 태형

40 統計 : ① 전설　② 통계　③ 전통　④ 통치　⑤ 통산

41 特命 : ① 특사　② 특명　③ 엄명　④ 수명　⑤ 특수

42 名筆 : ① 명필　② 필기　③ 필자　④ 명저　⑤ 명작

43 夏期 : ① 춘하　② 입하　③ 하서　④ 하계　⑤ 하기

44 寒氣 : ① 한기　② 한류　③ 감기　④ 냉기　⑤ 온기

45 合理 : ① 추리　② 합성　③ 논리　④ 합리　⑤ 합체

46 投宿 : ① 합숙　② 투자　③ 추진　④ 투숙　⑤ 투척

47 荷物 : ① 가문　② 하례　③ 하물　④ 한가　⑤ 하자

48 抗議 : ① 회의　② 의의　③ 항해　④ 투항　⑤ 항의

49-50 다음 단어들의 '□'에 공통으로 들어갈 알맞은 한자(漢字)는 어느 것입니까?

49 住□, □內, 自□ :
　　① 敗　② 七　③ 宅　④ 品　⑤ 包

50 □口, □川, 運□ :
　　① 通　② 風　③ 必　④ 項　⑤ 河

1681 7급	海	海			1696 4급	許	許		
해	바다 **해**	氵=水부 총10획 **형성문자**			허	허락할 **허**	言부 총11획		
1682 6급	解	解			1697 3급	軒	軒		
해	풀 **해**	角부 총13획 **회의문자**			헌	집 **헌**	車부 총10획		
1683 5급	害	害			1698 3급	憲	憲		
해	해할 **해**	宀부 총10획 **회의문자**			헌	법 **헌**	心부 총16획		
1684 4급	亥	亥			1699 3급	獻	獻		
해	돼지 **해**	亠부 총6획			헌	드릴 **헌**	犬부 총20획		
1685 3급	奚	奚			1700 3급	險	險		
해	어찌 **해**	大부 총10획			험	험할 **험**	阝=阜부 총16획		
1686 3급	該	該			1701 3급	驗	驗		
해	갖출 **해**	言부 총13획			험	시험 **험**	馬부 총23획		
1687 3급	核	核			1702 5급	革	革		
핵	씨 **핵**	木부 총10획			혁	가죽 **혁**	革부 총9획 **상형문자**		
1688 9급	行	行			1703 6급	現	現		
행	다닐 **행**	行부 총6획 **상형문자**			현	나타날 **현**	王=玉부 총11획 **형성문자**		
1689 8급	幸	幸			1704 4급	賢	賢		
행	다행 **행**	干부 총8획 **회의문자**			현	어질 **현**	貝부 총15획		
1690 7급	香	香			1705 3급	顯	顯		
향	향기 **향**	香부 총9획 **회의문자**			현	나타날 **현**	頁부 총23획		
1691 6급	鄕	鄕			1706 3급	懸	懸		
향	시골 **향**	阝=邑부 총13획 **회의문자**			현	매달 **현**	心부 총20획		
1692 6급	向	向			1707 3급	玄	玄		
향	향할 **향**	口부 총6획 **회의문자**			현	검을 **현**	玄부 총5획		
1693 3급	響	響			1708 3급	縣	縣		
향	울릴 **향**	音부 총22획			현	고을 **현**	糸부 총16획		
1694 3급	享	享			1709 3급	絃	絃		
향	누릴 **향**	亠부 총8획			현	줄 **현**	糸부 총11획		
1695 4급	虛	虛			1710 7급	血	血		
허	빌 **허**	虍부 총12획			혈	피 **혈**	血부 총6획 **상형문자**		

1711 **3급** 혈	穴	穴 구멍 **혈**	穴부 총5획			1726 **5급** 호	湖	湖 호수 **호**	氵=水부 총12획 형성문자		
1712 **3급** 혐	嫌	嫌 싫어할 **혐**	女부 총13획			1727 **4급** 호	乎	乎 어조사 **호**	丿부 총5획		
1713 **5급** 협	協	協 화합할 **협**	十부 총8획 회의문자			1728 **5급** 호	虎	虎 범 **호**	虍부 총8획 상형문자		
1714 **3급** 협	脅	脅 위협할 **협**	月=肉부 총10획			1729 **4급** 호	戶	戶 집 **호**	戶부 총4획		
1715 **8급** 형	兄	兄 형 **형**	儿부 총5획 회의문자			1730 **4급** 호	呼	呼 부를 **호**	口부 총8획		
1716 **7급** 형	形	形 형상 **형**	彡부 총7획 형성문자			1731 **3급** 호	毫	毫 터럭(털) **호**	毛부 총11획		
1717 **4급** 형	刑	刑 형벌 **형**	刂=刀부 총6획			1732 **3급** 호	互	互 서로 **호**	二부 총4획		
1718 **3급** 형	亨	亨 형통할 **형**	亠부 총7획			1733 **3급** 호	浩	浩 넓을 **호**	氵=水부 총10획		
1719 **3급** 형	螢	螢 반딧불 **형**	虫부 총16획			1734 **3급** 호	胡	胡 오랑캐 **호**	月=肉부 총9획		
1720 **3급** 형	衡	衡 저울대 **형**	行부 총16획			1735 **3급** 호	豪	豪 호걸 **호**	豕부 총14획		
1721 **6급** 혜	惠	惠 은혜 **혜**	心부 총12획 회의문자			1736 **3급** 호	護	護 도울 **호**	言부 총21획		
1722 **3급** 혜	慧	慧 슬기로울 **혜**	心부 총15획			1737 **4급** 혹	或	或 혹 **혹**	戈부 총8획		
1723 **3급** 혜	兮	兮 어조사 **혜**	八부 총4획			1738 **3급** 혹	惑	惑 미혹할 **혹**	心부 총12획		
1724 **5급** 호	好	好 좋을 **호**	女부 총6획 회의문자			1739 **5급** 혼	婚	婚 혼인할 **혼**	女부 총11획 형성문자		
1725 **6급** 호	號	號 이름 **호**	虍부 총13획 회의문자			1740 **4급** 혼	混	混 섞을 **혼**	氵=水부 총11획		

1741 3급	昏	昏			
혼	어두울 **혼**	日부 총8획			

1742 3급	魂	魂			
혼	넋 **혼**	鬼부 총14획			

1743 3급	忽	忽			
홀	갑자기 **홀**	心부 총8획			

1744 4급	紅	紅			
홍	붉을 **홍**	糸부 총9획			

1745 3급	洪	洪			
홍	넓을 **홍**	氵=水부 총9획			

1746 3급	弘	弘			
홍	클 **홍**	弓부 총5획			

1747 3급	鴻	鴻			
홍	기러기 **홍**	鳥부 총17획			

1748 9급	火	火			
화	불 **화**	火부 총4획 **상형문자**			

1749 7급	化	化			
화	될 **화**	匕부 총4획 **회의문자**			

1750 7급	花	花			
화	꽃 **화**	++=艸부 총8획 **형성문자**			

1751 7급	和	和			
화	화할 **화**	口부 총8획 **형성문자**			

1752 7급	話	話			
화	말씀 **화**	言부 총13획 **회의문자**			

1753 5급	貨	貨			
화	재물 **화**	貝부 총11획 **형성문자**			

1754 7급	畫	畫			
화	그림 **화**/그을 **획**	田부 총13획 **회의문자**			

1755 4급	華	華			
화	빛날 **화**	++=艸부 총12획			

1756 3급	禾	禾			
화	벼 **화**	禾부 총5획			

1757 3급	禍	禍			
화	재앙 **화**	示부 총14획			

1758 3급	擴	擴			
확	넓힐 **확**	扌=手부 총18획			

1759 3급	確	確			
확	굳을 **확**	石부 총15획			

1760 3급	穫	穫			
확	거둘 **확**	禾부 총19획			

1761 5급	患	患			
환	근심 **환**	心부 총11획 **형성문자**			

1762 4급	歡	歡			
환	기쁠 **환**	欠부 총22획			

1763 3급	還	還			
환	돌아올 **환**	辶=辵부 총17획			

1764 3급	環	環			
환	고리 **환**	王=玉부 총17획			

1765 3급	丸	丸			
환	둥글 **환**	丶부 총3획			

1766 3급	換	換			
환	바꿀 **환**	扌=手부 총12획			

1767 7급	活	活			
활	살 **활**	氵=水부 총9획 **형성문자**			

1768 6급	黃	黃			
황	누를 **황**	黃부 총12획 **상형문자**			

1769 5급	皇	皇			
황	임금 **황**	白부 총9획 **상형문자**			

1770 3급	荒	荒			
황	거칠 **황**	++=艸부 총10획			

1771 **3급** 황	況	況			
	상황 **황**	⺡=水부 총8획			
1772 **8급** 회	回	回			
	돌아올 **회**	口부 총6획 **상형문자**			
1773 **6급** 회	會	會			
	모일 **회**	曰부 총13획 **회의문자**			
1774 **3급** 회	悔	悔			
	뉘우칠 **회**	⺖=心부 총10획			
1775 **3급** 회	懷	懷			
	품을 **회**	⺖=心부 총19획			
1776 **3급** 획	獲	獲			
	얻을 **획**	⺨=犬부 총17획			
1777 **3급** 획	劃	劃			
	그을 **획**	⺉=刀부 총14획			
1778 **3급** 횡	橫	橫			
	가로 **횡**	木부 총16획			
1779 **6급** 효	孝	孝			
	효도 **효**	子부 총7획 **회의문자**			
1780 **6급** 효	效	效			
	본받을 **효**	攵=攴부 총10획 **형성문자**			
1781 **3급** 효	曉	曉			
	새벽 **효**	日부 총16획			
1782 **7급** 후	後	後			
	뒤 **후**	彳부 총9획 **회의문자**			
1783 **4급** 후	厚	厚			
	두터울 **후**	厂부 총9획			
1784 **3급** 후	侯	侯			
	제후 **후**	亻=人부 총9획			
1785 **3급** 후	候	候			
	기후 **후**	亻=人부 총10획			

1786 **6급** 훈	訓	訓			
	가르칠 **훈**	言부 총10획 **형성문자**			
1787 **3급** 훼	毁	毁			
	헐 **훼**	殳부 총13획			
1788 **3급** 휘	輝	輝			
	빛날 **휘**	車부 총15획			
1789 **3급** 휘	揮	揮			
	휘두를 **휘**	扌=手부 총12획			
1790 **6급** 휴	休	休			
	쉴 **휴**	亻=人부 총6획 **회의문자**			
1791 **3급** 휴	携	携			
	이끌 **휴**	扌=手부 총13획			
1792 **5급** 흉	凶	凶			
	흉할 **흉**	凵부 총4획 **지사문자**			
1793 **4급** 흉	胸	胸			
	가슴 **흉**	月=肉부 총10획			
1794 **4급** 흑	黑	黑			
	검을 **흑**	黑부 총12획			
1795 **3급** 흡	吸	吸			
	마실 **흡**	口부 총7획			
1796 **6급** 흥	興	興			
	일 **흥**	臼부 총16획 **회의문자**			
1797 **4급** 희	喜	喜			
	기쁠 **희**	口부 총12획			
1798 **6급** 희	希	希			
	바랄 **희**	巾부 총7획 **회의문자**			
1799 **3급** 희	稀	稀			
	드물 **희**	禾부 총12획			
1800 **3급** 희	戲	戲			
	놀이 **희**	戈부 총16획			

연습문제 15

01-03 다음 한자(漢字)의 부수(部首)는 무엇입니까?

01 畫 : ① ⺆　② 十　③ 聿　④ 田　⑤ 二

02 和 : ① 口　② 禾　③ 十　④ 一　⑤ 木

03 黃 : ① 田　② 八　③ 十　④ ⺾　⑤ 黃

04-06 다음 한자(漢字)의 획수(劃數)는 모두 몇 획입니까?

04 解 : ① 10　② 11　③ 12　④ 13　⑤ 14

05 賢 : ① 13　② 14　③ 15　④ 16　⑤ 17

06 協 : ① 7　② 8　③ 9　④ 10　⑤ 11

07-08 다음 필순(筆順)에 대한 설명에 가장 알맞은 한자(漢字)는 어느 것입니까?

07 안과 바깥쪽이 있을 때에는 바깥쪽을 먼저 쓴다.

　　① 漢　② 合　③ 向　④ 現　⑤ 和

08 왼쪽에서 오른쪽으로 쓴다.

　　① 行　② 寒　③ 害　④ 幸　⑤ 禾

09-18 다음 한자(漢字)의 음(音)은 무엇입니까?

09 協 : ① 해　② 행　③ 협　④ 향　⑤ 확

10 害 : ① 학　② 행　③ 효　④ 하　⑤ 해

11 血 : ① 혈　② 합　③ 해　④ 혜　⑤ 효

12 幸 : ① 해　② 호　③ 형　④ 행　⑤ 핵

13 解 : ① 해　② 학　③ 한　④ 혈　⑤ 현

14 婚 : ① 홍　② 혹　③ 호　④ 혼　⑤ 형

15 話 : ① 확　② 화　③ 환　④ 황　⑤ 혹

16 虛 : ① 노　② 해　③ 학　④ 허　⑤ 혜

17 核 : ① 해　② 각　③ 환　④ 행　⑤ 핵

18 險 : ① 헌　② 검　③ 험　④ 혁　⑤ 화

19-23 다음의 음(音)을 가진 한자(漢字)는 어느 것입니까?

19 해 : ① 兄　② 海　③ 貨　④ 行　⑤ 鄕

20 현 : ① 花　② 孝　③ 賢　④ 漢　⑤ 興

21 형 : ① 黑　② 向　③ 現　④ 休　⑤ 形

22 형 : ① 刑　② 或　③ 皇　④ 革　⑤ 凶

23 호 : ① 洪　② 浩　③ 懸　④ 擴　⑤ 確

24-33 다음 한자(漢字)의 뜻은 무엇입니까?

24 行 : ① 가다　② 오다　③ 다니다
　　　④ 통하다　⑤ 화하다

25 現 : ① 보다　② 구슬　③ 향하다
　　　④ 사라지다　⑤ 나타나다

26 惠 : ① 은혜　② 바다　③ 하늘
　　　④ 감사　⑤ 사랑

27 向 : ① 남쪽　② 밀다　③ 바라다
　　　④ 향하다　⑤ 빛나다

28 喜 : ① 기쁘다　② 슬프다　③ 바라다
　　　④ 희롱하다　⑤ 휘두르다

29 黑 : ① 연탄　② 검다　③ 흑연
　　　④ 누르다　⑤ 누리다

30 孝 : ① 효도　② 아들　③ 노인
　　　④ 늙음　⑤ 즐기다

31 許 : ① 비다　② 던지다　③ 깨뜨리다
　　　④ 나타나다　⑤ 허락하다

32 護 : ① 돕다　② 줄이다　③ 이름
　　　④ 어렵다　⑤ 거칠다

33 弘 : ① 참다　② 섞다　③ 크다
　　　④ 쏘다　⑤ 어둡다

34-38 다음의 뜻을 가진 한자(漢字)는 어느 것입니까?

34 좋다　: ① 湖　② 好　③ 訓　④ 黃　⑤ 後

35 살다　: ① 活　② 火　③ 希　④ 香　⑤ 化

36 본받다 : ① 回　② 患　③ 效　④ 會　⑤ 號

37 섞다　: ① 歡　② 呼　③ 戶　④ 紅　⑤ 混

38 바꾸다 : ① 還　② 護　③ 獻　④ 換　⑤ 獲

39-48 다음 한자어(漢字語)의 음(音)은 무엇입니까?

39 花園 : ① 화초　② 개화　③ 화원　④ 정원　⑤ 공원

40 話題 : ① 화제　② 화두　③ 화술　④ 문제　⑤ 난제

41 貨物 : ① 재화　② 금화　③ 화물　④ 건물　⑤ 하물

42 宿患 : ① 숙제　② 환난　③ 병환　④ 숙환　⑤ 내환

43 回想 : ① 회상　② 회답　③ 상상　④ 사상　⑤ 회신

44 無效 : ① 효과　② 무극　③ 유효　④ 효능　⑤ 무효

45 後退 : ① 후손　② 전후　③ 후퇴　④ 진퇴　⑤ 용퇴

46 歡迎 : ① 환자　② 환영　③ 황제　④ 화려　⑤ 환각

47 提携 : ① 제재　② 제한　③ 제휴　④ 제창　⑤ 지참

48 稀貴 : ① 희극　② 희망　③ 희귀　④ 후회　⑤ 희소

49-50 다음 단어들의 '□'에 공통으로 들어갈 알맞은 한자(漢字)는 어느 것입니까?

49 □合, 平□, □解 :
　　① 湖　② 和　③ 花　④ 化　⑤ 絃

50 家□, □練, 校□ :
　　① 訓　② 孝　③ 話　④ 希　⑤ 厚

memo

CHAPTER

03

기타 출제 유형별 정리

앞에서 익힌 한자들을 이용하여

출제 유형에 맞게

반대자, 반의어 · 상대어, 동음이의어,

일자다음자, 사자성어로

나누어 정리하였다.

앞에서와는 다른 각도로 한자들을 들여다보며

반복 학습해보자.

반대 한자도 출제 유형에 포함된다. 그리고 비중이 큰 반의어·상대어를 익히는데도 도움이 되므로 잘 익혀두자.

假(거짓 가) ◀▶ 眞(참 진)	古(예 고) 舊(예 구) 昔(옛 석) ◀▶ 今(이제 금) 新(새 신)	內(안 내) ◀▶ 外(바깥 외)
加(더할 가) 益(더할 익) 增(더할 증) ◀▶ 減(덜 감) 省(덜 생) 除(덜 제)	高(높을 고) 崇(높을 숭) 尊(높을 존) ◀▶ 低(낮을 저)	朝(아침 조) ◀▶ 夕(저녁 석)
可(옳을 가) ◀▶ 否(아닐 부)		短(짧을 단) ◀▶ 長(길 장)
甘(달 감) 樂(즐길 락) ◀▶ 苦(쓸 고)	曲(굽을 곡) ◀▶ 貞(곧을 정) 直(곧을 직)	絶(끊을 절) ◀▶ 連(이을 련) 續(이을 속) 承(이을 승) 接(접할 접)
江(강 강) ◀▶ 山(메 산)	空(빌 공) 虛(빌 허) ◀▶ 滿(찰 만)	答(대답 답) ◀▶ 問(물을 문)
降(내릴 강) ◀▶ 登(오를 등)	公(공평할 공) ◀▶ 私(사사 사)	冬(겨울 동) ◀▶ 夏(여름 하)
康(편안 강) 安(편안 안) ◀▶ 危(위태할 위)	少(적을 소) ◀▶ 多(많을 다)	同(한가지 동) ◀▶ 異(다를 이)
强(강할 강) ◀▶ 弱(약할 약)	執(잡을 집) ◀▶ 放(놓을 방)	東(동녘 동) ◀▶ 西(서녘 서)
開(열 개) ◀▶ 閉(닫을 폐)	徒(무리 도) 等(무리 등) 衆(무리 중) ◀▶ 獨(홀로 독)	明(밝을 명) 洞(밝을 통) ◀▶ 冥(어두울 명) 暗(어두울 암) 昏(어두울 혼)
皆(다 개) ◀▶ 個(낱 개)	君(임금 군) ◀▶ 臣(신하 신)	動(움직일 동) ◀▶ 靜(고요할 정)
客(손 객) ◀▶ 主(주인 주)	困(곤할 곤) 貧(가난할 빈) ◀▶ 富(부자 부)	頭(머리 두) 首(머리 수) ◀▶ 尾(꼬리 미)
巨(클 거) 大(큰 대) 偉(클 위) 泰(클 태) 太(클 태) ◀▶ 小(작을 소)	勝(이길 승) ◀▶ 敗(패할 패)	得(얻을 득) ◀▶ 失(잃을 실)
	近(가까울 근) ◀▶ 遠(멀 원)	去(갈 거) 往(갈 왕) ◀▶ 來(올 래)
乾(하늘 건) ◀▶ 坤(땅 곤)	給(줄 급) 授(줄 수) 與(줄 여) ◀▶ 受(받을 수)	老(늙을 로) ◀▶ 少(적을 소)
天(하늘 천) ◀▶ 地(땅 지)	起(일어날 기) ◀▶ 伏(엎드릴 복)	勞(일할 로) ◀▶ 使(하여금 사)
結(맺을 결) ◀▶ 解(풀 해)	吉(길할 길) ◀▶ 凶(흉할 흉)	末(끝 말) 終(마칠 종) ◀▶ 始(비로소 시) 初(처음 초)
京(서울 경) ◀▶ 鄕(시골 향)	暖(따뜻할 난) 溫(따뜻할 온) ◀▶ 冷(찰 랭) 寒(찰 한)	陸(뭍 륙) ◀▶ 海(바다 해)
輕(가벼울 경) ◀▶ 重(무거울 중)	難(어려울 난) ◀▶ 易(쉬울 이)	利(이로울 리) ◀▶ 害(해할 해)
競(다툴 경) ◀▶ 和(화할 화) 協(화합할 협)	男(사내 남) ◀▶ 女(계집 녀)	莫(없을 막) ◀▶ 在(있을 재) 存(있을 존)

民(백성 민) ◀▶ 官(벼슬 관)	夫(지아비 부) ◀▶ 婦(지어미 부) / 妻(아내 처)	我(나 아) / 余(나 여) / 吾(나 오) ◀▶ 汝(너 여)
無(없을 무) ◀▶ 有(있을 유)	北(북녘 북) ◀▶ 南(남녘 남)	惡(미워할 오) ◀▶ 愛(사랑 애) / 慈(사랑 자) / 好(좋을 호)
散(흩을 산) ◀▶ 集(모을 집) / 會(모일 회)	悲(슬플 비) / 哀(슬플 애) ◀▶ 悅(기쁠 열) / 歡(기쁠 환) / 喜(기쁠 희)	午(낮 오) / 晝(낮 주) ◀▶ 夜(밤 야)
忙(바쁠 망) ◀▶ 閑(한가할 한)	客(손 객) ◀▶ 主(주인 주)	雨(비 우) ◀▶ 晴(갤 청)
亡(없을 망) ◀▶ 盛(성할 성) / 興(일 흥)	死(죽을 사) / 殺(죽일 살) ◀▶ 生(날 생) / 活(살 활)	陰(그늘 음) ◀▶ 陽(볕 양)
賣(팔 매) ◀▶ 買(살 매)	上(윗 상) ◀▶ 下(아래 하)	引(끌 인) ◀▶ 推(밀 추)
消(사라질 소) ◀▶ 著(나타날 저) / 現(나타날 현)	暑(더울 서) / 熱(더울 열) ◀▶ 冷(찰 랭) / 涼(서늘할 량) / 寒(찰 한)	因(인할 인) ◀▶ 果(열매 과)
鳴(울 명) / 泣(울 읍) ◀▶ 笑(웃음 소)	先(먼저 선) ◀▶ 後(뒤 후)	入(들 입) ◀▶ 出(날 출)
母(어미 모) ◀▶ 父(아비 부)	善(착할 선) ◀▶ 惡(악할 악)	自(스스로 자) ◀▶ 他(다를 타)
伐(칠 벌) / 打(칠 타) ◀▶ 防(막을 방) / 保(지킬 보) / 守(지킬 수)	成(이룰 성) ◀▶ 敗(패할 패)	前(앞 전) ◀▶ 後(뒤 후)
分(나눌 분) ◀▶ 合(합할 합)	水(물 수) ◀▶ 火(불 화)	左(왼 좌) ◀▶ 右(오른쪽 우)
白(흰 백) / 素(흴 소) ◀▶ 黑(검을 흑)	手(손 수) ◀▶ 足(발 족)	朝(아침 조) ◀▶ 夕(저녁 석)
別(다를 별) / 異(다를 이) ◀▶ 若(같을 약) / 如(같을 여)	順(순할 순) ◀▶ 逆(거스를 역)	進(나아갈 진) ◀▶ 退(물러날 퇴)
兵(병사 병) ◀▶ 將(장수 장)	身(몸 신) / 體(몸 체) ◀▶ 心(마음 심)	投(던질 투) ◀▶ 打(칠 타)
		兄(형 형) ◀▶ 弟(아우 제)

반의어·상대어는 출제 비중이 높은 부분이다. 일상에 많이 사용되는 한자어들로 정리하였으므로 집중적으로 공부해야 한다.

可決(가결) ◀▶ 否決(부결)	光明(광명) ◀▶ 暗黑(암흑)	否認(부인) ◀▶ 是認(시인)
假名(가명) ◀▶ 實名(실명)	求心(구심) ◀▶ 遠心(원심)	分散(분산) ◀▶ 集中(집중)
加入(가입) ◀▶ 脫退(탈퇴)	君子(군자) ◀▶ 小人(소인)	不運(불운) ◀▶ 幸運(행운)
加重(가중) ◀▶ 輕減(경감)	君主(군주) ◀▶ 臣下(신하)	非番(비번) ◀▶ 當番(당번)
減産(감산) ◀▶ 增産(증산)	卷頭(권두) ◀▶ 卷末(권말)	非凡(비범) ◀▶ 平凡(평범)
減少(감소) ◀▶ 增加(증가)	權利(권리) ◀▶ 義務(의무)	悲哀(비애) ◀▶ 歡喜(환희)
感情(감정) ◀▶ 理性(이성)	近視(근시) ◀▶ 遠視(원시)	不法化(불법화) ◀▶ 合法化(합법화)
强大(강대) ◀▶ 弱小(약소)	急增(급증) ◀▶ 急減(급감)	私的(사적) ◀▶ 公的(공적)
强勢(강세) ◀▶ 弱勢(약세)	旣決(기결) ◀▶ 未決(미결)	死後(사후) ◀▶ 生前(생전)
個別(개별) ◀▶ 全體(전체)	吉兆(길조) ◀▶ 凶兆(흉조)	先天(선천) ◀▶ 後天(후천)
開會(개회) ◀▶ 閉會(폐회)	樂觀(낙관) ◀▶ 悲觀(비관)	生食(생식) ◀▶ 火食(화식)
客觀(객관) ◀▶ 主觀(주관)	落第(낙제) ◀▶ 及第(급제)	善用(선용) ◀▶ 惡用(악용)
客體(객체) ◀▶ 主體(주체)	暖流(난류) ◀▶ 寒流(한류)	成功(성공) ◀▶ 失敗(실패)
巨富(거부) ◀▶ 極貧(극빈)	內容(내용) ◀▶ 形式(형식)	收入(수입) ◀▶ 支出(지출)
輕視(경시) ◀▶ 重視(중시)	多元(다원) ◀▶ 一元(일원)	順行(순행) ◀▶ 逆行(역행)
高價(고가) ◀▶ 低價(저가)	短篇(단편) ◀▶ 長篇(장편)	勝利(승리) ◀▶ 敗北(패배)
高空(고공) ◀▶ 低空(저공)	對話(대화) ◀▶ 獨白(독백)	相對的(상대적) ◀▶ 絕對的(절대적)
高利(고리) ◀▶ 低利(저리)	得勢(득세) ◀▶ 失勢(실세)	暗示(암시) ◀▶ 明示(명시)
高速(고속) ◀▶ 低速(저속)	得意(득의) ◀▶ 失意(실의)	溫暖(온난) ◀▶ 寒冷(한랭)
故意(고의) ◀▶ 過失(과실)	登場(등장) ◀▶ 退場(퇴장)	完備(완비) ◀▶ 未備(미비) / 不備(불비)
固定(고정) ◀▶ 流動(유동)	名目(명목) ◀▶ 實質(실질)	
高調(고조) ◀▶ 低調(저조)	無能(무능) ◀▶ 有能(유능)	往復(왕복) ◀▶ 片道(편도)
苦痛(고통) ◀▶ 平安(평안)	文明(문명) ◀▶ 原始(원시)	遠洋(원양) ◀▶ 近海(근해)
故鄉(고향) ◀▶ 他鄉(타향)	文語(문어) ◀▶ 口語(구어)	原因(원인) ◀▶ 結果(결과)
困難(곤란) / 難解(난해) ◀▶ 容易(용이)	物質(물질) ◀▶ 精神(정신)	遺失(유실) ◀▶ 拾得(습득)
	密集(밀집) ◀▶ 散在(산재)	恩惠(은혜) ◀▶ 怨恨(원한)
空想(공상) ◀▶ 現實(현실)	別居(별거) ◀▶ 同居(동거)	陰地(음지) ◀▶ 陽地(양지)
過去(과거) ◀▶ 未來(미래)	保守(보수) ◀▶ 革新(혁신) / 進步(진보)	理性(이성) ◀▶ 感性(감성) / 感情(감정)

依支(의지)	◀▶	自立(자립)	敵對(적대)	◀▶	友好(우호)	平和(평화)	◀▶	戰爭(전쟁)

依支(의지) ◀▶ 自立(자립)
異例(이례) ◀▶ 通例(통례)
異性(이성) ◀▶ 同性(동성)
異議(이의) ◀▶ 同議(동의)
引上(인상) ◀▶ 引下(인하)
人爲(인위) ◀▶ 自然(자연)
人造(인조) ◀▶ 天然(천연)
立體(입체) ◀▶ 平面(평면)
唯物論(유물론) ◀▶ 唯心論(유심론)
自動(자동) ◀▶ 手動(수동) / 他動(타동)
自意(자의) ◀▶ 他意(타의)
子正(자정) ◀▶ 正午(정오)
低俗(저속) ◀▶ 高尙(고상)
敵軍(적군) ◀▶ 我軍(아군)

敵對(적대) ◀▶ 友好(우호)
絶對(절대) ◀▶ 相對(상대)
絶望(절망) ◀▶ 希望(희망)
定說(정설) ◀▶ 異說(이설)
定着(정착) ◀▶ 流浪(유랑)
造花(조화) ◀▶ 生花(생화)
中止(중지) ◀▶ 續行(속행)
增進(증진) ◀▶ 減退(감퇴)
進步(진보) ◀▶ 退步(퇴보)
進化(진화) ◀▶ 退化(퇴화)
質問(질문) ◀▶ 對答(대답)
集合(집합) ◀▶ 解散(해산)
最低(최저) ◀▶ 最高(최고)
出勤(출근) ◀▶ 退勤(퇴근)

平和(평화) ◀▶ 戰爭(전쟁)
豊年(풍년) ◀▶ 凶年(흉년)
豊作(풍작) ◀▶ 凶作(흉작)
豊足(풍족) ◀▶ 不足(부족)
合法(합법) ◀▶ 不法(불법)
合成(합성) ◀▶ 分解(분해)
向上(향상) ◀▶ 低下(저하)
虛勢(허세) ◀▶ 實勢(실세)
好感(호감) ◀▶ 反感(반감)
好材(호재) ◀▶ 惡材(악재)
歡待(환대) ◀▶ 冷待(냉대)
歡迎(환영) ◀▶ 歡送(환송)

한자어의 음은 같으나 뜻이 다른 한자어들이다. 이 부분도 비중이 아주 높다. 앞에서 배운
한자를 복습하며 공부해 보자.

가산 ▶	加算	보탬. 더하기
	家産	한 집안의 재산
가세 ▶	加勢	힘을 보탬.
	家勢	집안 살림 살이의 형세
가옥 ▶	假屋	임시로 지은 허술한 집
	家屋	사람이 사는 집
가정 ▶	家庭	한 가족이 살림하고 있는 집 안
	假定	임시로 정함.
각색 ▶	各色	갖가지 빛깔. 여러 가지
	脚色	소설·시 등을 각본으로 만듦.
간지 ▶	干支	천간과 지지
	間紙	장정이 접어서 된 책의 종이가 얇아 힘이 없을 때, 접은 각 장 속에 넣어 받치는 종이
감상 ▶	感想	마음 속에 느끼어 일어나는 생각
	感傷	하찮은 사물에도 쉽게 슬픔을 느끼는 마음
	感賞	마음 속에 깊이 느끼어 칭찬함.
강하 ▶	降下	위에서 아래로 내림, 내려감. 높은 데서 낮은 데로 내려감, 내려옴.
	江河	강과 큰 내
강화 ▶	講和	전쟁 상태에 있던 나라가 전투를 중지하고, 평화로운 상태로 돌아가는 일
	強化	모자라는 점을 보완하여 보다 더 튼튼하게 함, 또는 튼튼하여짐.
개량 ▶	改良	고치어 좋게 함.
	改量	토지를 다시 측량함.
개명 ▶	改名	이름을 고침, 또는 그 고친 이름
	開明	사람의 지혜가 열리고 문화가 발달함.
개정 ▶	改正	바르게 고침.
	改定	다시 고치어 정함.
결의 ▶	決意	뜻을 정하여 굳게 가짐, 또는 그 뜻
	結義	남남끼리 의리로써 형제·자매와 같은 관계를 맺음.
경기 ▶	景氣	매매나 거래 따위에 나타난 경제 활동의 상황
	競技	기술의 낫고 못함을 서로 겨루는 일
경로 ▶	敬老	노인을 공경함.
	經路	지나는 길

경시 ▶	輕視	대상을 얕잡아 봄.
	競試	경쟁 시험의 줄임말
고가 ▶	古家	지은 지 퍽 오래된 집
	高價	값이 비쌈. 비싼 값
고대 ▶	古代	먼 옛날
	苦待	몹시 기다림.
고소 ▶	高所	높은 곳
	苦笑	쓴 웃음
고수 ▶	固守	굳게 지킴.
	高手	수가 높음, 또는 그 사람
고지 ▶	高地	평지보다 높은 땅
	告知	알림.
공과 ▶	公課	국가나 지방자치단체에서 국민에게 부과하는 세금
	工科	공학에 관한 학과
공동 ▶	共同	두 사람 이상이 일을 같이 함.
	空洞	텅빈 굴. 동굴
공론 ▶	公論	여럿이 의논함.
	空論	헛된 논의를 함.
공명 ▶	公明	사사로움이나 편벽됨이 없이 공정하고 명백함.
	功名	공을 세워 널리 알려진 이름
	共鳴	남의 사상이나 의견 따위에 동감함.
공사 ▶	公使	외교관의 하나
	公私	공적인 일과 사사로운 일
	工事	토목이나 건축 등에 관한 일
공약 ▶	公約	어떤 일에 대해 국민에게 하는 약속
	空約	헛된 약속
공용 ▶	公用	공공의 목적으로 사용함.
	共用	공동으로 씀.
공인 ▶	公人	국가, 사회에 영향을 끼치는 사람
	公認	국가나 사회 또는 공공 단체가 어떤 행위나 물건에 대해 인정함.
	公印	관공서나 어떤 단체에서 공적인 일에 쓰는 도장
공중 ▶	公衆	사회의 여러 사람
	空中	하늘과 땅 사이의 빈 곳

공해 ▶	空海	하늘처럼 끝없는 바다
	公海	어느 나라의 주권에도 속하지 않아 모든 나라가 공통으로 사용할 수 있는 바다
	公害	산업이나 교통의 발달에 따라 사람이나 생물이 입게 되는 여러 가지 피해

| 과거 ▶ | 科擧 | 벼슬아치를 뽑기 위하여 보이던 시험 |
| | 過去 | 지나간 때 |

| 과실 ▶ | 果實 | 열매. 과일 |
| | 過失 | 잘못이나 허물 |

| 과장 ▶ | 課長 | 관청, 회사 등의 한 과의 장 |
| | 科場 | 옛날 과거 시험을 치르던 곳 |

| 교정 ▶ | 校庭 | 학교의 마당, 또는 운동장 |
| | 校正 | 글자의 잘못된 것을 대조하여 바로 잡음. |

| 교훈 ▶ | 敎訓 | 사람으로서 나아갈 길을 그르치지 않도록 가르치고 깨우침, 또는 그 가르침 |
| | 校訓 | 그 학교의 교육 이념을 간명하게 표현한 말 |

| 구도 ▶ | 求道 | 종교적 깨달음이나 진리를 추구함. |
| | 舊都 | 옛 도읍 |

| 구명 ▶ | 救命 | 사람의 목숨을 구함. |
| | 究明 | 사리나 원인 따위를 깊이 연구하여 밝힘. |

| 구전 ▶ | 口傳 | 말로 전함, 혹은 말로 전해져 옴. |
| | 口錢 | 흥정을 붙여주고 보수로 받는 돈 |

| 국사 ▶ | 國事 | 나라의 중대한 일. 나라 전체에 관련되는 일 |
| | 國史 | 나라의 역사 |

| 군민 ▶ | 郡民 | 행정 구역의 하나인 군 안에 사는 사람 |
| | 軍民 | 군인과 민간인 |

| 군신 ▶ | 君臣 | 임금과 신하 |
| | 軍神 | 군인의 무운을 지켜준다는 신 |

| 귀중 ▶ | 貴中 | 편지나 물품을 받을 단체의 이름 다음에 쓰는 경어 |
| | 貴重 | 매우 소중함. |

단가 ▶	短歌	짧은 노래. 짧은 형식의 시가
	單價	각 단위마다의 값
	團歌	어떤 단체가 제정하여 부르는 노래

| 단신 ▶ | 單身 | 혼자의 몸 |
| | 短信 | 짤막한 보도 |

| 대가 ▶ | 大家 | 학문이나 기예 등 전문 분야에 조예가 깊은 사람 |
| | 代價 | 물건을 산 값으로 치르는 돈 |

대비 ▶	對比	서로 맞대어 비교함.
	對備	무엇에 대응하기 위하여 미리 준비하는 것
	大悲	부처의 큰 자비

대사 ▶	大事	큰 일
	大師	덕이 높은 선사에게 내려주는 이름
	大使	다른 나라에 파견되어 외교를 맡아보는 최고 직급 또는 그런 일을 하는 사람

| 대상 ▶ | 大商 | 큰 상인 |
| | 大賞 | 가장 큰 상 |

| 대서 ▶ | 大書 | 드러나게 크게 쓰는 것 |
| | 大暑 | 몹시 심한 더위 |

| 대신 ▶ | 代身 | 대리자 |
| | 大臣 | 군주 국가에서 장관을 이르는 말 |

| 대풍 ▶ | 大豊 | 곡식이 썩 잘된 풍작, 또는 그러한 일 |
| | 大風 | 큰 바람 |

독자 ▶	獨子	외아들
	獨自	저 혼자
	讀者	책, 신문 등 출판물을 읽는 사람

동기 ▶	同氣	형제, 자매의 총칭
	同期	같은 시기
	冬期	겨울철

| 동문 ▶ | 同門 | 같은 학교에서 배운 사람 |
| | 東門 | 동쪽에 있는 문 |

| 동산 ▶ | 動産 | 모양이나 성질을 변하지 않게 하여 옮길 수 있는 재물 |
| | 東山 | 동쪽에 있는 산 |

| 동정 ▶ | 動靜 | 행동, 상황 등이 변화되어 가는 상태 |
| | 同情 | 남의 불행, 슬픔 따위를 가슴 아파하고 위로함. |

| 동지 ▶ | 冬至 | 24절기의 하나. 연중 밤이 가장 긴 날 |
| | 同志 | 뜻을 같이 하는 일, 또는 그런 사람 |

동향 ▶	同鄕	같은 고향
	東向	동쪽을 향함.
	動向	정세, 행동 등이 움직이는 방향

동화 ▶	同化	서로 다른 것이 닮아서 같게 됨.
	同和	같이 화합함.
	童話	어린이를 상대로 하고 동심을 바탕으로 지은 이야기

| 명명 ▶ | 明明 | 매우 밝음. 분명하여 의심할 여지가 없음. |
| | 命名 | 이름을 지어 붙임. |

무사 ▶	武士	지난날 무도를 닦아서 전쟁이나 군대 등에 종사하던 사람
	無事	아무 일이 없음.
	無死	야구에서 아직 아웃된 사람이 한 사람도 없는 상황

무성 ▶	無性	암수 구별이 없음.
	無聲	소리가 없음.
	茂盛	초목이 많이 나서 우거짐.

| 무용 ▶ | 武勇 | 무예와 용맹 |
| | 無用 | 소용이 없음. 쓸모 없음. |

| 미명 ▶ | 美名 | 그럴듯하게 내세운 이름 |
| | 未明 | 날이 채 밝기 전 |

미식 ▶	美食	맛있는 음식을 먹음.
	美式	미국의 형식
	米食	쌀밥을 주식으로 함.

| 반감 ▶ | 反感 | 반발하는 마음 |
| | 半減 | 절반으로 덜거나 줄어드는 것 |

| 발전 ▶ | 發電 | 전기를 일으킴. |
| | 發展 | 세력 따위가 성하게 뻗어나감. |

| 방면 ▶ | 放免 | 육체적·정신적으로 얽매인 상태에 있던 것을 풀어 줌. |
| | 方面 | 어떤 장소나 지역이 있는 방향 |

| 방문 ▶ | 訪問 | 남을 찾아봄. |
| | 房門 | 방으로 드나드는 문 |

| 방한 ▶ | 防寒 | 추위를 막음. |
| | 訪韓 | 한국을 방문함. |

| 병력 ▶ | 兵力 | 병사·병기 등의 총체로서의 군대의 힘 |
| | 病歷 | 이제까지 걸렸던 병의 경력 |

| 병사 ▶ | 病死 | 병에 걸려 죽음. |
| | 兵士 | 군사 |

| 보도 ▶ | 步道 | 사람이 다니는 길 |
| | 報道 | 새로운 소식을 널리 알림. |

| 보안 ▶ | 保安 | 안전을 유지함. |
| | 保眼 | 눈을 보호함. |

| 본성 ▶ | 本姓 | 본디의 성 |
| | 本性 | 본디의 성질. 타고난 성질 |

| 부양 ▶ | 扶養 | 생활 능력이 없는 사람의 생활을 돌봄. |
| | 浮揚 | 가라앉은 것이 떠오름. |

부인 ▶	否認	옳다고 인정하지 않음.
	夫人	남의 아내의 높임말
	婦人	결혼한 여자

| 부자 ▶ | 富者 | 살림이 넉넉한 사람 |
| | 父子 | 아버지와 아들 |

부정 ▶	不正	바르지 않음.
	不定	일정하지 않음.
	不貞	정조를 지키지 않음.
	不淨	깨끗하지 못함.
	父情	자식에 대한 아버지로서의 정
	否定	그렇지 않다고 함.

| 비명 ▶ | 非命 | 재해나 사고 따위로 죽는 일 |
| | 悲鳴 | 몹시 놀라거나 다급할 때 지르는 소리 |

| 비보 ▶ | 飛報 | 급한 통지. 급보 |
| | 悲報 | 슬픈 소식 |

| 비행 ▶ | 非行 | 도리나 도덕 또는 법규에 어긋나는 행위 |
| | 飛行 | 항공기 따위가 하늘을 날아다님. |

| 사고 ▶ | 事故 | 뜻밖에 일어난 사건이나 탈 |
| | 思考 | 생각하고 궁리함. |

| 사기 ▶ | 士氣 | 의욕이나 자신감 등으로 가득차서 굽힐 줄 모르는 의기 |
| | 史記 | 역사적 사실을 적은 책 |

| 사료 ▶ | 史料 | 역사 기술의 소재가 되는 문헌이나 유물 따위 자료 |
| | 思料 | 생각하여 헤아림. |

사상 ▶	史上	역사상
	死傷	죽거나 다침.
	思想	사고 작용의 결과로 얻은 체계적 의식 내용

| 사수 ▶ | 射手 | 총포나 활 따위를 쏘는 사람 |
| | 死守 | 목숨을 걸고 지킴. |

| 사신 ▶ | 四神 | 천지의 사방을 다스린다는 신 |
| | 使臣 | 임금이나 국가의 명령으로 외국에 심부름을 가는 신하 |

| 사유 ▶ | 私有 | 개인의 소유 |
| | 事由 | 일의 까닭 |

| 사은 ▶ | 師恩 | 스승의 은혜 |
| | 謝恩 | 은혜를 감사히 여겨 사례함. |

사인 ▶	死人	죽은 사람
	死因	사망의 원인
	私人	사적 자격으로서의 개인

| 사정 ▶ | 私情 | 개인의 사사로운 정 |
| | 事情 | 일의 형편이나 까닭 |

| 사제 ▶ | 私製 | 개인이 만듦. |
| | 師弟 | 스승과 제자 |

| 사지 ▶ | 死地 | 죽을 지경의 매우 위험한 곳 |
| | 私地 | 개인 소유의 땅 |

| 사후 ▶ | 事後 | 일이 끝난 뒤 |
| | 死後 | 죽은 뒤 |

| 산수 ▶ | 山水 | 경치 |
| | 算數 | 수를 계산함. 기초적인 셈법 |

| 산출 ▶ | 算出 | 계산해 냄. |
| | 産出 | 물건이 생산되어 나오거나 물건을 생산해 냄. |

| 상가 ▶ | 喪家 | 초상난 집 |
| | 商街 | 상점이 많이 늘어서 있는 거리 |

상도 ▶	常度	정상적인 법도
	常道	항상 지켜야 할 도리
	商道	상도덕

| 선두 ▶ | 先頭 | 첫머리 |
| | 船頭 | 배의 앞머리 |

| 성명 ▶ | 姓名 | 성과 이름 |
| | 聲明 | 일정한 사항에 관한 견해나 태도를 여러 사람에게 공개하여 발표하는 일 |

| 성인 ▶ | 成人 | 자라서 어른이 됨. |
| | 聖人 | 지혜와 덕이 뛰어나 우러러 본받을 만한 사람 |

| 성전 ▶ | 聖典 | 신앙의 최고 법전이 되는 책 |
| | 聖戰 | 신성한 전쟁 |

| 세수 ▶ | 稅收 | 조세로 얻는 수입 |
| | 洗手 | 얼굴을 씻음. |

| 세입 ▶ | 歲入 | 한 회계연도 안의 총수입 |
| | 稅入 | 조세의 수입 |

| 소재 ▶ | 素材 | 어떤 것을 만드는데 바탕이 되는 자료 |
| | 所在 | 어떤 곳에 있음. |

| 소화 ▶ | 消火 | 붙은 불을 끔. |
| | 消化 | 먹은 음식물을 소화시킴. |

| 속행 ▶ | 速行 | 빨리 감. |
| | 續行 | 계속하여 행함. |

수도 ▶	修道	도를 닦음.
	水道	상수도의 준말. 상수도와 하수도를 두루 일컫는 말
	首都	한 나라의 중앙 정부가 있는 도시

수리 ▶	數理	수학의 이론이나 이치
	修理	고장나거나 허름한 데를 손보아 고침.
	受理	서류를 받아서 처리함.

수상 ▶	授賞	상을 줌.
	首相	내각의 우두머리
	水上	물 위
	受賞	상을 받음.

| 수석 ▶ | 首席 | 맨 윗자리 |
| | 水石 | 물과 돌. 물과 돌로 이루어진 경치 |

| 수세 ▶ | 守勢 | 적을 맞아 지키는 태세, 또는 힘이 부쳐서 밀리는 형세 |
| | 水洗 | 물로 씻음. |

| 수습 ▶ | 收拾 | 흩어진 물건을 주워 거둠. |
| | 修習 | 학업이나 실무 따위를 배워 익힘. |

수신 ▶	水神	물을 다스리는 신
	受信	우편, 전보 등의 통신을 받음.
	修身	마음과 행실을 닦아 수양함.
	守身	자기의 본분을 지켜 불의에 빠지지 않도록 함.

| 수양 ▶ | 收養 | 남의 자식을 맡아 기름. |
| | 修養 | 몸과 마음을 단련하여 품성, 지혜, 도덕을 닦음. |

수업 ▶	修業	학업이나 기예를 닦음.
	授業	학교 같은 데서 학업이나 기술을 가르쳐 줌.
	受業	학업이나 기술의 가르침을 받음.

| 수학 ▶ | 數學 | 수량 및 도형의 성질이나 관계를 연구하는 학문 |
| | 修學 | 학업을 닦음. |

| 숙원 ▶ | 宿怨 | 오래 묵은 원한 |
| | 宿願 | 오랫동안 품어온 바램이나 소원 |

| 순종 ▶ | 順從 | 순순히 복종함. |
| | 純種 | 딴 계통과 섞이지 않은 순수한 종 |

| 습득 ▶ | 拾得 | 주워서 얻음. |
| | 習得 | 배워서 자기 것으로 함. |

시가 ▶	市價	상품이 시장에서 팔리는 값
	詩歌	시
	市街	도시의 큰 거리, 또는 번화한 거리
	時價	가격이 바뀌는 상품을 거래할 때의 가격

| 시계 ▶ | 時計 | 시간을 재거나 시각을 나타내는 장치나 기계 |
| | 視界 | 시야 |

| 시공 ▶ | 施工 | 공사를 시행함. |
| | 時空 | 시간과 공간 |

| 시급 ▶ | 時急 | 시간적으로 매우 급함. |
| | 時給 | 시간급의 준말. 일의 양에 따르지 않고 임금을 시간당 얼마씩으로 정하여 일한 시간에 따라 계산해 주는 일 |

| 시상 ▶ | 施賞 | 상장이나 상품, 상금 따위를 줌. |
| | 詩想 | 시의 구상 |

| 시인 ▶ | 是認 | 옳다고, 또는 그러하다고 인정함 |
| | 詩人 | 시를 짓는 사람 |

| 시장 ▶ | 市場 | 여러 가지 상품을 사고파는 장소 |
| | 市長 | 시를 대표하고 시의 행정을 관장하는 직, 또는 그 직에 있는 사람 |

| 식수 ▶ | 植樹 | 나무를 심음. |
| | 食水 | 식용으로 쓰는 물 |

신고 ▶	新古	새것과 헌것
	申告	국민이 행정 관청에 일정한 사실을 진술, 보고하는 일
	辛苦	어려운 일을 당하여 몹시 애씀.

| 신선 ▶ | 神仙 | 선도를 닦아 신통력을 얻은 사람 |
| | 新鮮 | 새롭고 산뜻함. 채소나 생선 따위가 싱싱함. |

| 실례 ▶ | 失禮 | 언행이 예의에 어긋남. |
| | 實例 | 실제의 예 |

| 실명 ▶ | 失明 | 눈이 어두워짐. 시력을 잃음. |
| | 實名 | 실제의 이름 |

| 실수 ▶ | 失手 | 부주의로 잘못을 저지름. |
| | 實數 | 실제의 수효. 유리수와 무리수의 총칭 |

| 실정 ▶ | 失政 | 정치를 잘못함. |
| | 實情 | 실제의 사정 |

| 심산 ▶ | 心算 | 속셈 |
| | 深山 | 깊은 산 |

양식 ▶	洋式	서양식
	洋食	서양 요리
	良識	건전한 식견

| 양자 ▶ | 養子 | 입양으로 아들이 된 사람 |
| | 兩者 | 두 사람, 또는 두 사물 |

| 역설 ▶ | 力說 | 힘써 말함. |
| | 逆說 | 일반적으로 진리라고 인정되는 것에 반하는 설 |

| 우수 ▶ | 憂愁 | 근심과 걱정 |
| | 雨水 | 빗물. 24절기의 하나 |

| 유명 ▶ | 遺命 | 임금이나 부모 등이 임종할 때 내리는 분부 |
| | 有名 | 이름이 있음. 이름이 알려져 있음. |

| 유언 ▶ | 流言 | 근거없이 떠도는 말 |
| | 遺言 | 죽음에 이르러 남기는 말 |

| 유전 ▶ | 油田 | 석유가 나는 곳 |
| | 遺傳 | 물려받아 내려옴. 또는 그렇게 전해짐. |

| 유지 ▶ | 有志 | 마을이나 지역에서 명망있고 영향력을 가진 사람 |
| | 遺志 | 죽은 사람의 생전의 뜻 |

| 육성 ▶ | 肉聲 | 사람의 입에서 직접 나오는 소리 |
| | 育成 | 길러 냄. |

의사 ▶	醫師	의술과 약으로 병을 고치는 직업에 종사하는 사람
	義士	의리와 지조를 굳게 지키는 사람. 나라와 민족을 위해 의로운 행동으로 목숨을 바친 사람
	意思	무엇을 하려고 하는 생각이나 마음

| 의식 ▶ | 衣食 | 의복과 음식 |
| | 意識 | 각성하여 정신이 든 상태에서 사물을 깨닫는 일체의 작용 |

이성 ▶	異性	남성과 여성
	異姓	다른 성 (김, 이, 박...)
	理性	사물의 이치를 생각하는 능력

| 이해 ▶ | 利害 | 이익과 손해 |
| | 理解 | 사리를 분별하여 앎. 말이나 글의 뜻을 깨쳐 앎. |

| 인도 ▶ | 印度 | 인디아의 한자 표기 |
| | 人道 | 인간으로서 마땅히 지켜야할 도리, 사람이 다니는 길 |

| 인상 ▶ | 人相 | 사람의 얼굴 생김새 |
| | 引上 | 끌어 올림. 값을 올림. |

인정 ▶	仁政	어진 정치
	人情	사람이 본디 지니고 있는 온갖 감정
	認定	옳다고 믿고 정함.

| 인지 ▶ | 印紙 | 세입금 징수의 한 수단으로서 정부가 발행하는 증표 |
| | 認知 | 어떤 사실을 분명히 인정하여 앎. |

| 일일 ▶ | 一日 | 하루 |
| | 日日 | 매일 |

| 입신 ▶ | 入神 | 신의 경지에 이른다는 뜻으로 지혜나 기술이 신묘한 지경에 이름. |
| | 立身 | 사회적으로 인정을 받고 높이 됨. 사회적으로 기반을 닦고 출세함. |

| 자신 ▶ | 自信 | 자기의 값어치나 능력을 믿음, 또는 그런 마음 |
| | 自身 | 제 몸 |

| 장관 ▶ | 壯觀 | 훌륭한 광경 |
| | 長官 | 국무를 맡아보는 행정 각부의 장 |

| 저속 ▶ | 低俗 | 성질, 취미 등이 낮고 속됨. |
| | 低速 | 느린 속도 |

| 전경 ▶ | 全景 | 전체의 경치 |
| | 前景 | 눈 앞에 보이는 경치 |

전기 ▶	前期	한 기간을 몇 개로 나눈 첫 시기
	傳記	어떤 인물의 생애와 활동을 적은 기록
	電氣	전자의 이동으로 생기는 에너지의 한 형태

전력 ▶	全力 가지고 있는 모든 힘
	電力 전기의 힘
	前歷 과거의 경력
	戰力 전투나 경기 따위를 할 수 있는 능력

전사 ▶	戰死 전쟁터에서 싸우다가 죽음.
	戰士 싸우는 사람
	戰史 전쟁의 사적을 기록한 역사

전승 ▶	全勝 한 번도 지지 않고 모조리 이김.
	傳承 계통을 전하여 계승함.
	戰勝 싸움에 이김.

| 전시 ▶ | 展示 물품을 늘어놓아 보임. |
| | 戰時 전쟁이 벌어진 때 |

| 절세 ▶ | 絶世 세상에 비길 데가 없을 만큼 뛰어남. |
| | 節稅 적법하게 세금을 되도록 덜 내는 일 |

| 정도 ▶ | 精度 정밀도의 줄임말 |
| | 正道 올바른 길. 바른 도리 |

정사 ▶	正史 정확한 사실을 바탕으로 한 역사
	政事 정치에 관한 일
	情史 남녀의 애정에 관한 기록. 연애를 다룬 소설
	情事 남녀 간의 사랑에 관한 일

| 정세 ▶ | 政勢 정치상의 형세 |
| | 情勢 일이 되어가는 사정과 형세 |

정식 ▶	定式 일정한 방식
	正式 규정대로의 바른 방식
	定食 식당이나 음식점 따위에서 일정한 식단에 따라 차리는 음식

| 정전 ▶ | 停電 전기가 한 때 끊어짐. |
| | 停戰 전쟁 중인 두 편이 한 때 전투 행위를 중지함. |

| 조선 ▶ | 造船 선박을 건조함. |
| | 朝鮮 우리나라의 옛 이름 |

| 조어 ▶ | 助語 문장에 어구를 보태어 넣는 것 |
| | 造語 새로 말을 만드는 것 |

조화 ▶	造花 인공으로 만든 꽃
	造化 천지자연의 이치
	調和 서로 고르게 잘 어울림.

| 주의 ▶ | 主義 사상, 학설 또는 사물의 처리 방법 따위에서 변하지 않는 일정한 이론이나 태도, 또는 방침이나 주장 |
| | 注意 마음에 새겨 조심함. |

| 중세 ▶ | 重稅 부담이 큰 조세 |
| | 中世 고대와 근대의 중간 시대 |

중지 ▶	中止 중도에서 그만 둠.
	中指 가운데 손가락
	衆志 많은 사람의 생각이나 의지

| 지대 ▶ | 至大 더없이 큼. |
| | 地代 남의 토지를 이용하는 사람이 지주에게 무는 세 |

지사 ▶	志士 크고 높은 뜻을 가진 사람
	指事 사물을 가리켜 보임.
	知事 도지사의 줄임말

| 지성 ▶ | 知性 사물을 알고 생각하고 판단하는 능력 |
| | 至誠 정성이 지극함. |

| 직선 ▶ | 直線 곧은 줄 |
| | 直選 직접 선거 |

| 청산 ▶ | 靑山 풀, 나무가 무성한 푸른 산 |
| | 淸算 상호간에 채권, 채무 관계를 셈하여 깨끗이 정리함. |

| 초대 ▶ | 招待 손님을 불러서 대접함. |
| | 初代 어떤 계통의 첫 번째 사람 |

| 최고 ▶ | 最古 가장 오래됨. |
| | 最高 가장 높음. |

| 축전 ▶ | 祝電 축하의 전보 |
| | 祝典 축하하는 의식이나 행사 |

| 타자 ▶ | 打字 타자기로 종이 위에 글자를 찍음. |
| | 打者 야구에서 상대편 투수의 공을 치는 공격진의 선수 |

| 통화 ▶ | 通貨 한 나라에서 통용되는 화폐의 총칭 |
| | 通話 말을 서로 주고받음. |

| 표결 ▶ | 表決 의안에 대하여 가부의 의사를 표시하여 결정함. |
| | 票決 투표로서 결정함. |

| 풍속 ▶ | 風俗 예로부터 그 사회에 전해오는 생활에 관한 습관 |
| | 風速 바람이 부는 속도 |

| 해산 ▶ | 解産 아이를 낳음. |
| | 解散 모인 사람이 흩어짐. |

| 향수 ▶ | 香水 향이 나는 액체 화장품 |
| | 鄕愁 고향을 그리워하는 마음이나 시름 |

| 회기 ▶ | 回期 돌아올 시기 |
| | 會期 집회나 회의가 열리는 시기 |

| 회의 ▶ | 會議 여럿이 모여 의논함, 또는 그 모임 |
| | 會意 한자 육서의 하나. 둘 이상의 한자를 뜻으로 결합시켜 새 글자를 만든 방법 |

한 글자의 음이 두 가지 이상으로 발음되는 경우이다. 비중이 낮고 4급과 3급에만 해당되는 문제이므로 시간이 없다면 4급과 3급 한자에 해당되는 일자다음자만 공부하자.

降 ▶ 내릴 강 降雨量 강우량, 降雪 강설
　　　항복할 항 降伏 항복, 投降 투항

更 ▶ 다시 갱 更新 갱신, 更生 갱생
　　　고칠 경 變更 변경, 更新 경신

車 ▶ 수레 거 自轉車 자전거, 人力車 인력거
　　　수레 차 乘用車 승용차, 電車 전차

見 ▶ 볼 견 見聞 견문, 見學 견학
　　　뵈올 현 謁見 알현

龜 ▶ 거북 귀 龜鑑 귀감, 龜甲 귀갑
　　　터질 균 龜手 균수, 龜裂 균열

金 ▶ 쇠 금 金銀 금은, 金屬 금속
　　　성(姓) 김 金氏 김씨

奈 ▶ 어찌 내 奈何 내하
　　　어찌 나 奈落 나락

茶 ▶ 차 다 茶道 다도, 茶園 다원
　　　차 차 綠茶 녹차, 紅茶 홍차

糖 ▶ 엿 당 製糖 제당
　　　사탕 탕 雪糖 설탕

宅 ▶ 집 댁 宅內 댁내, 貴宅 귀댁
　　　집 택 家宅 가택, 自宅 자택

度 ▶ 법도 도 角度 각도, 溫度 온도
　　　헤아릴 탁 度支部 탁지부, 度地 탁지

讀 ▶ 읽을 독 讀書 독서, 讀者 독자
　　　구절 두 句讀點 구두점, 吏讀 이두

洞 ▶ 골 동 洞口 동구, 洞里 동리
　　　밝을 통 洞察 통찰, 洞燭 통촉

樂 ▶ 즐길 락 快樂 쾌락, 歡樂 환락
　　　노래 악 音樂 음악, 樂譜 악보
　　　좋아할 요 樂山樂水 요산요수

率 ▶ 비율 률 比率 비율
　　　거느릴 솔 統率 통솔, 率直 솔직

復 ▶ 회복할 복 光復 광복, 回復 회복
　　　다시 부 復興 부흥, 復活 부활

不 ▶ 아닐 부 不定 부정, 不正 부정
　　　아닐 불 不潔 불결, 不吉 불길

北 ▶ 북녘 북 北韓 북한, 南北 남북
　　　달아날 배 敗北 패배

殺 ▶ 죽일 살 殺人 살인, 殺生 살생
　　　감할 쇄 相殺 상쇄, 殺到 쇄도

狀 ▶ 형상 상 形狀 형상, 狀態 상태
　　　문서 장 賞狀 상장, 答狀 답장

塞 ▶ 변방 새 要塞 요새, 塞翁之馬 새옹지마
　　　막을 색 拔本塞源 발본색원

索 ▶ 찾을 색 索引 색인, 索出 색출
　　　새끼줄 삭 索莫 삭막

說 ▶ 말씀 설 說明 설명, 解說 해설
　　　달랠 세 遊說 유세

省 ▶ 살필 성 反省 반성, 自省 자성
　　　덜 생 省略 생략

宿 ▶ 잘 숙 宿題 숙제, 宿食 숙식
　　　별자리 수 星宿 성수

拾 ▶ 주울 습 拾得 습득, 收拾 수습
　　　열 십 參拾 삼십

識 ▶ 알 식 認識 인식, 智識 지식
　　　기록할 지 標識 표지

惡 ▶ 악할 악 善惡 선악, 惡毒 악독
　　　미워할 오 憎惡 증오

於 ▶ 어조사 어 於中間 어중간, 於此彼 어차피
　　　감탄사 오 於乎 오호

若 ▶ 같을 약 若干 약간, 萬若 만약
　　　반야 야 般若 반야

易 ▶ 바꿀 역 貿易 무역, 交易 교역
　　　쉬울 이 平易 평이, 難易度 난이도

刺 ▶ 찌를 자 刺客 자객
　　　찌를 척 刺殺 척살
　　　수라 라 水刺 수라

切 ▶ 끊을 절 一切 일절, 切實 절실
　　　온통 체 一切 일체

辰 ▶ 별 진 辰宿 진수
　　　때 신 生辰 생신

| 徵 ▶ | 부를 징 | 徵收 징수 |
| | 가락 치 | 宮商角徵羽 궁상각치우 |

| 參 ▶ | 참가할 참 | 參席 참석, 參加 참가 |
| | 석 삼 | 參拾 삼십 |

| 則 ▶ | 법칙 칙 | 法則 법칙, 規則 규칙 |
| | 곧 즉 | 然則 연즉 |

| 沈 ▶ | 잠길 침 | 沈默 침묵, 沈水 침수 |
| | 성(姓) 심 | 沈淸傳 심청전 |

| 布 ▶ | 펼 포 | 布告 포고, 布敎 포교 |
| | 보시 보 | 布施 보시 |

| 暴 ▶ | 사나울 폭 | 暴擧 폭거, 暴動 폭동 |
| | 모질 포 | 暴惡 포악 |

| 便 ▶ | 편할 편 | 便安 편안, 便利 편리 |
| | 똥오줌 변 | 便所 변소 |

| 行 ▶ | 다닐 행 | 行動 행동, 言行 언행 |
| | 항렬 항 | 行列 항렬 |

사자성어가 이 시험에서 가장 어렵지만 비중이 높은 부분이다. 이제 마지막 부분이므로 조금만 참고 끝까지 최선을 다하자.

各人各色
각인각색
사람마다 각기 다름.

角者無齒
각자무치
뿔이 있는 짐승은 이가 없다. 한 사람이 여러 가지 재주나 복을 다 가질 수 없다는 말

甘言利說
감언이설
비위를 맞추는 달콤한 말

感之德之
감지덕지
분에 넘치는 듯 싶어 매우 고맙게 여기는 모양

甲男乙女
갑남을녀
갑이란 남자를 뜻하고 을이란 여자를 뜻하므로, 평범한 사람들을 이르는 말

居安思危
거안사위
편안하게 있을 때 위태로움을 생각하라. 근심 걱정이 없을 때 미리 준비하고 대비하라는 뜻

見利忘義
견리망의
이익을 보면 의리를 잊음.

見利思義
견리사의
이익을 보면 의를 먼저 생각함.

犬馬之勞
견마지로
신하가 임금 앞에 자신의 노력을 낮춤.

見物生心
견물생심
어떠한 실물을 보게 되면 그것을 가지고 싶은 욕심이 생김.

決死反對
결사반대
죽기를 각오하고 있는 힘을 다하여 반대함.

結者解之
결자해지
맺은 사람이 풀어야 한다. 처음에 일을 벌여 놓은 사람이 끝을 맺어야 한다는 말

結草報恩
결초보은
죽어 혼령이 되어서도 은혜를 잊지 않고 갚음.

敬而遠之
경이원지
겉으로는 존경하는 체하면서 속으로는 멀리함.

驚天動地
경천동지
하늘을 놀라게 하고 땅을 뒤흔든다는 뜻으로, 세상을 몹시 놀라게 함.

敬天愛人
경천애인
하늘을 숭배하고 인간을 사랑함.

鷄卵有骨
계란유골
달걀에도 뼈가 있다. 운수가 나쁜 사람은 좋은 기회를 만나도 일이 잘 안됨을 이르는 말

苦盡甘來
고진감래
쓴 것이 다하면 단 것이 온다는 뜻으로, 고생 끝에 즐거움이 옴을 이르는 말

骨肉相爭
골육상쟁
가까운 혈족끼리 서로 싸움.

公明正大
공명정대
하는 일이나 태도가 사사로움이나 그릇됨이 없이 아주 정당하고 떳떳함.

空前絕後
공전절후
전에도 없었고 앞으로도 없음.

空卽是色
공즉시색
세상의 모든 사물은 실체가 아니지만 인연에 의해 임시적 존재로 존재한다.

公平無私
공평무사
공평하여 사사로움이 없음.

敎外別傳
교외별전
석가의 설교 외에 석가가 마음으로써 따로 깊은 뜻을 전함.

交友以信
교우이신
친구를 믿음으로써 사귐.

敎學相長
교학상장
가르치는 사람과 배우는 사람이 서로의 학업을 증진시킴.

九死一生
구사일생
아홉 번 죽을 뻔하다 한 번 살아난다. 죽을 고비를 여러 차례 넘기고 겨우 살아남.

九牛一毛
구우일모
많은 양 중에서 극히 적은 양

國泰民安	국태민안 나라가 태평하고 백성이 편안함.
君臣有義	군신유의 임금과 신하 사이의 도리는 의리에 있음.
權不十年	권불십년 권세는 십 년을 가지 못한다는 뜻으로, 아무리 높은 권세라도 오래가지 못함.
極惡無道	극악무도 더할 나위없이 악하고 도리에 완전히 어긋나 있음.
今昔之感	금석지감 예와 지금의 차이가 심하여 느끼는 감정.
金石之交	금석지교 쇠와 돌처럼 굳은 사귐.
今時初聞	금시초문 바로 지금 처음으로 들음.
金枝玉葉	금지옥엽 불면 꺼질까 쥐면 터질까 아주 귀한 집안의 소중한 자식
起死回生	기사회생 거의 죽을 뻔하다가 도로 살아남.
旣往之事	기왕지사 이미 지나간 일
落落長松	낙락장송 가지가 길게 축축 늘어진 키가 큰 소나무
落木寒天	낙목한천 나뭇잎이 다 떨어진 겨울의 춥고 쓸쓸한 풍경, 또는 그런 계절
落花流水	낙화유수 떨어지는 꽃과 흐르는 물이라는 뜻으로, 가는 봄의 경치를 이르는 말
難兄難弟	난형난제 서로 엇비슷함. 막상막하
南男北女	남남북녀 우리 나라에서 남자는 남쪽 지방이 잘나고 여자는 북쪽 지방이 고움을 이르는 말
男女老少	남녀노소 남자와 여자, 늙은이와 젊은이란 뜻. 모든 사람을 이르는 말

男女有別	남녀유별 유교에서 남자와 여자 사이에 분별이 있어야 함을 이르는 말
內憂外患	내우외환 나라 안팎의 여러 가지 어려움
怒發大發	노발대발 몹시 노하여 펄펄 뛰며 성을 냄.
論功行賞	논공행상 공적의 크고 작음 따위를 논의하여 그에 알맞은 상을 줌.
能小能大	능소능대 모든 일에 두루 능함.
多多益善	다다익선 많을수록 더욱 좋음.
多事多難	다사다난 여러 가지 일도 많고 어려움이나 탈도 많음.
多才多能	다재다능 재주와 능력이 여러 가지로 많음.
多情多感	다정다감 정이 많고 감정이 풍부함.
單刀直入	단도직입 혼자서 칼 한 자루를 들고 적진으로 곧장 쳐들어간다. 여러 말을 늘어놓지 않고 바로 요점이나 본문제를 말함.
大驚失色	대경실색 몹시 놀라 얼굴빛이 하얗게 질림.
代代孫孫	대대손손 오래도록 내려오는 여러 대
大同小異	대동소이 큰 차이 없이 거의 같음.
大明天地	대명천지 아주 환하게 밝은 세상
大言壯語	대언장어 주제에 맞지 않게 큰 소리침.
獨不將軍	독불장군 무슨 일이든 자기 생각대로 혼자서 처리하는 사람

讀書三到	독서삼도 독서하는 데는 눈으로 보고, 입으로 읽고, 마음으로 깨우쳐야 함.
獨也靑靑	독야청청 남들이 모두 절개를 꺾는 상황 속에서도 홀 로 절개를 굳세게 지키고 있음.
同苦同樂	동고동락 괴로움도 즐거움도 함께 함.
東問西答	동문서답 물음과는 전혀 상관없는 엉뚱한 대답
東西古今	동서고금 동양과 서양, 옛날과 지금을 통틀어 이르 는 말
東西南北	동서남북 동쪽, 서쪽, 남쪽, 북쪽이라는 뜻으로, 모든 방향을 이르는 말
同姓同本	동성동본 성(姓)과 본관이 모두 같음.
同時多發	동시다발 같은 때나 시기에 많이 발생함.
冬溫夏淸	동온하청 부모에게 효도함. 겨울은 따뜻하게 여름은 시원하게 해드림.
燈下不明	등하불명 등잔 밑이 어둡다는 뜻으로, 가까이에 있는 물건이나 사람을 잘 찾지 못함.
燈火可親	등화가친 가을이 되어 독서하기에 좋음.
馬耳東風	마이동풍 남의 말을 대충 들음.
莫逆之友	막역지우 아주 허물 없는 벗. 서로 거역하지 아니하 는 친구. 아주 허물없는 사이
萬古不變	만고불변 아주 오랜 세월 동안 변하지 아니함.
萬古常靑	만고상청 오랜 세월을 두고 변함없이 늘 푸름.
萬里長天	만리장천 아득히 높고 먼 하늘

名山大川	명산대천 이름난 산과 큰 내
明若觀火	명약관화 불을 보듯 뻔함.
目不忍見	목불인견 눈앞에 벌어진 상황 따위를 눈뜨고는 차마 볼 수 없음.
無不通知	무불통지 무슨 일이든지 환히 통하여 모르는 것이 없음.
無所不爲	무소불위 하지 못하는 일이 없음.
無用之物	무용지물 쓸모없는 물건이나 사람
無爲徒食	무위도식 하는 일 없이 놀고 먹음.
聞一知十	문일지십 하나를 듣고 열을 앎.
門前成市	문전성시 찾아오는 사람이 많아 문 앞이 시장을 이루 다시피 함.
物外閑人	물외한인 세상에 욕심이 없고 한가하게 지내는 사람
百家爭鳴	백가쟁명 많은 학자나 문인 등이 자기의 학설이나 주장 을 자유롭게 발표하여, 논쟁하고 토론하는 일
白骨難忘	백골난망 죽어서 백골이 되어도 잊을 수 없다는 뜻. 남에게 큰 은덕을 입었을 때 고마움의 뜻으 로 이르는 말
百年佳約	백년가약 남녀가 부부가 되어 평생을 함께 하겠다는 아름다운 언약
百年大計	백년대계 먼 앞날까지 미리 내다보고 세우는 크고 중 요한 계획
百年河淸	백년하청 시간이 가도 해결의 기미가 없음.
百萬長者	백만장자 재산이 매우 많은 사람, 또는 아주 큰 부자

白面書生	백면서생 오직 글만 읽고 세상사에 경험이 없는 사람	不問可知	불문가지 묻지 아니하여도 알 수 있음.
百發百中	백발백중 백번 쏘아 백번을 맞힌다. 총이나 활 따위를 쏠 때마다 겨눈 공에 다 맞음.	不問曲直	불문곡직 잘잘못을 묻지 않고 함부로 행함.
白衣民族	백의민족 흰옷을 입은 민족이라는 뜻으로, '한민족'을 이르는 말	不遠千里	불원천리 천리길도 멀다고 여기지 않음.
百戰老將	백전노장 많은 전투를 치른 노련한 병사. 세상 일을 많이 치러서 모든 일에 노련한 사람	朋友有信	붕우유신 벗 사이에는 믿음이 있어야 함을 이름.
百戰百勝	백전백승 싸울 때마다 다 이김.	非一非再	비일비재 같은 현상이나 일이 한두 번이나 한둘이 아니고 많음.
百害無益	백해무익 해롭기만 하고 하나도 이로운 바가 없음.	士農工商	사농공상 예전에, 백성을 나누던 네 가지 계급으로 선비, 농부, 공장(工匠), 상인
別有天地	별유천지 우리가 살고 있는 이 세상 밖의 다른 세상. 특별히 경치가 좋거나 분위기가 좋은 곳	四面春風	사면춘풍 누구에게나 좋게 대하는 일, 또는 그런 사람을 비유적으로 이르는 말
兵家常事	병가상사 전쟁에서 이기고 지는 일은 흔히 있는 일임. 실패하는 일은 흔히 있으므로 낙심할 것이 없다는 말	四方八方	사방팔방 여기저기 모든 방향이나 방면
夫婦有別	부부유별 남편과 아내 사이의 도리는 서로 침범하지 않음을 이름.	事親以孝	사친이효 어버이를 섬김에 효도로써 함.
父子有親	부자유친 아버지와 아들 사이에는 친애해야 함을 이르는 말	四通八達	사통팔달 도로나 교통망, 통신망 따위가 이리저리 사방으로 통함.
父傳子傳	부전자전 아버지가 아들에게 대대로 전함.	四海兄弟	사해형제 온 세상 사람이 모두 형제와 같다는 뜻으로, 친밀함을 이르는 말
北窓三友	북창삼우 거문고, 술, 시(詩)를 아울러 이르는 말	山戰水戰	산전수전 산에서도 싸우고 물에서도 싸웠다. 세상의 온갖 고생과 어려움
不可思議	불가사의 사람의 생각으로는 미루어 헤아릴 수 없이 이상하고 야릇함.	山川草木	산천초목 산과 내와 풀과 나무라는 뜻으로, 자연을 이르는 말
不勞所得	불로소득 직접 일을 하지 아니하고 얻는 수익	殺身成仁	살신성인 자기의 몸을 희생하여 인(仁)을 이룸.
不老長生	불로장생 늙지 아니하고 오래 삶.	三三五五	삼삼오오 서너 사람 또는 대여섯 사람이 떼를 지어 다니거나 무슨 일을 함, 또는 그런 모양
不立文字	불립문자 문자나 말로써 도를 전하지 아니함. 불가의 뜻이 마음에서 마음으로 전해짐.	三餘之功	삼여지공 독서하기에 가장 좋은 겨울, 밤, 음우(陰雨)를 일컬음.

三人成虎	삼인성호 세 사람이 짜면 거리에 범이 나왔다는 거짓 말도 꾸밀 수 있다. 근거 없는 말이라도 여 러 사람이 말하면 곧이듣게 됨.	是是非非	시시비비 여러 가지의 잘잘못을 옳고 그름을 따지며 다툼.
三從之道	삼종지도 예전에, 여자가 따라야 할 세 가지 도리. 어려 서는 아버지를, 결혼해서는 남편을, 남편이 죽 은 후에는 자식을 따라야 함.	始終如一	시종여일 처음부터 끝까지 변함없이 한결같음.
三尺童子	삼척동자 키가 석 자 정도밖에 되지 않는 어린 아이 철없는 어린 아이를 이름.	識字憂患	식자우환 학식이 있는 것이 오히려 근심을 사게 됨.
三寒四溫	삼한사온 아시아의 동부, 북부에서 나타나는 겨울 기 온의 변화. 7일을 주기로 사흘 동안 춥고 나흘 동안 따뜻함.	身言書判	신언서판 사람됨을 판단하는 네 가지 기준, 즉 몸, 말, 글, 판단력
相思不忘	상사불망 서로 그리워하여 잊지 못함.	實事求是	실사구시 사실에 토대를 두어 진리를 탐구하는 일
生老病死	생로병사 사람이 나고 늙고 병들고 죽는 네 가지 고통	心心相印	심심상인 마음과 마음으로 뜻을 전함.
生面不知	생면부지 서로 한 번도 만난 적이 없어서 전혀 알지 못하는 사람, 또는 그런 관계	十伐之木	십벌지목 열 번 찍어 안 넘어가는 나무 없음.
生死苦樂	생사고락 삶과 죽음, 괴로움과 즐거움을 통틀어 이르 는 말	十中八九	십중팔구 열 가운데 여덟이나 아홉 정도로 거의 대부 분이거나 틀림없음.
先見之明	선견지명 어떤 일이 일어나기 전에 미리 앞을 내다보 고 아는 지혜	我田引水	아전인수 제 논에 물대기. 자기에게만 이롭게 함.
先公後私	선공후사 공적인 것을 앞세우고 사적인 것은 뒤로 함.	安分知足	안분지족 편안한 마음으로 제 분수를 지키며 만족할 줄을 앎.
善男善女	선남선녀 착하고 어진 사람들	安貧樂道	안빈낙도 가난한 생활을 하면서도 편안한 마음으로 도를 즐겨 지킴.
雪上加霜	설상가상 눈 위에 서리가 덮인 격으로, 불행한 일이 연거푸 일어남.	眼下無人	안하무인 방자하고 교만하여 사람을 모두 얕잡아 봄.
說往說來	설왕설래 서로 변론을 주고받으며 옥신각신함, 또는 말이 오고 감.	愛國愛族	애국애족 자기 나라와 겨레를 사랑함.
世上萬事	세상만사 세상에서 일어나는 온갖 일	哀而不悲	애이불비 속으로는 슬프지만 겉으로는 슬픔을 나타 내지 아니함.
送舊迎新	송구영신 묵은 해를 보내고 새해를 맞음.	哀而不傷	애이불상 슬퍼하되 도를 넘지 아니함.
水魚之交	수어지교 고기와 물과의 관계처럼 떨어질 수 없는 특 별한 친분	愛之重之	애지중지 매우 사랑하고 소중히 여기는 모양

藥房甘草	약방감초 무슨 일이나 빠짐없이 낌. 반드시 끼어야 할 사물
弱肉强食	약육강식 약한 자가 강한 자에게 먹힌다. 강한 자가 약한 자를 희생시켜서 번영하거나, 약한 자가 강한 자에게 끝내는 멸망됨.
良藥苦口	양약고구 좋은 약은 입에 쓰나 병에 이롭다. 충언(忠言)은 귀에 거슬리나 자신에게 이로움.
魚東肉西	어동육서 제사상을 차릴 때, 생선 반찬은 동쪽에 놓고 고기 반찬은 서쪽에 놓는 일
魚頭肉尾	어두육미 물고기는 머리 쪽이 맛이 있고, 짐승 고기는 꼬리 쪽이 맛이 있음.
漁父之利	어부지리 조개와 도요새가 서로 버티는 통에 어부가 둘을 다잡아 이득을 봄.
語不成說	어불성설 말이 조금도 사리에 맞지 아니함.
言中有骨	언중유골 말 속에 뼈가 있다는 뜻으로, 예사로운 말 속에 단단한 속뜻이 들어 있음.
言行一致	언행일치 말과 행동이 서로 같음, 또는 말한 대로 실행함.
女必從夫	여필종부 아내는 반드시 남편을 따라야 한다는 옛날의 여자의 도리.
易地思之	역지사지 처지를 바꾸어서 생각하여 봄.
五穀百果	오곡백과 온갖 곡식과 과실
吾鼻三尺	오비삼척 내 코가 석자. 자기 사정이 급하여 남을 돌볼 겨를이 없음.
玉骨仙風	옥골선풍 살빛이 희고 고결하여 신선과 같은 풍채
溫故知新	온고지신 옛것을 익혀서 그것으로 미루어 새 것을 깨달음.
曰可曰否	왈가왈부 어떤 일에 대하여 옳거니 옳지 아니하거니 하고 말함.

樂山樂水	요산요수 산수(山水)의 자연을 즐기고 좋아함.
勇氣百倍	용기백배 격려나 응원 따위에 자극을 받아 힘이나 용기를 더 냄.
愚公移山	우공이산 어리석은 사람이 산을 옮김. 마음만 단단히 먹으면 큰 일도 이룸.
右往左往	우왕좌왕 이리저리 왔다갔다 하며 일이나 나아가는 방향을 종잡지 못함.
牛耳讀經	우이독경 쇠귀에 경 읽기. 아무리 가르치고 일러 주어도 알아듣지 못함.
月下老人	월하노인 부부의 인연을 맺어 준다는 전설상의 늙은이
有口無言	유구무언 입이 있어도 할 말이 없음. 변명을 못함.
有名無實	유명무실 이름만 그럴듯하고 실속은 없음.
有備無患	유비무환 미리 준비가 되어 있으면 걱정할 것이 없음.
唯我獨尊	유아독존 세상에서 자기 혼자 잘났다고 뽐내는 태도
有終之美	유종지미 한번 시작한 일을 끝까지 잘하여 끝맺음이 좋음.
異口同聲	이구동성 입은 다르나 목소리는 같다. 여러 사람의 말이 한결같음.
以卵投石	이란투석 계란으로 바위 치기. 아주 약한 것으로 강한 것에 대항하려는 어리석음
耳目口鼻	이목구비 귀·눈·입·코를 아울러 이르는 말. 귀·눈·입·코를 중심으로 한 얼굴의 생김새
以心傳心	이심전심 말이나 글로 전하지 않고 마음에서 마음으로 전함.
以熱治熱	이열치열 열은 열로써 다스림. 힘은 힘으로 물리침.

利用厚生	이용후생 기구를 편리하게 쓰고 먹을 것과 입을 것을 넉넉하게 하여, 국민의 생활을 나아지게 함.
二八靑春	이팔청춘 16세 무렵의 꽃다운 청춘, 또는 혈기 왕성한 젊은 시절
因果應報	인과응보 과거 또는 전생의 선악의 인연에 따라 뒷날의 길흉화복을 받음.
人命在天	인명재천 사람의 목숨은 하늘에 달려 있다. 목숨의 길고 짧음은 사람의 힘으로 어쩔 수 없음.
人事不省	인사불성 제 몸에 벌어지는 일을 모를 만큼 정신을 잃은 상태
人山人海	인산인해 사람이 산을 이루고 바다를 이루었다. 사람이 수없이 많이 모인 상태
一擧兩得	일거양득 한 가지 일로 두 가지 이득을 취함.
一口二言	일구이언 한 입으로 두 말을 한다. 한 가지 일에 대하여 말을 이랬다저랬다 함.
一問一答	일문일답 한 번 물음에 대하여 한 번 대답함.
一石二鳥	일석이조 돌 한 개를 던져 새 두 마리를 잡는다는 뜻으로, 동시에 두 가지 이득을 봄.
一心同體	일심동체 한마음 한 몸이라는 뜻으로, 서로 굳게 결합함을 이르는 말
一言半句	일언반구 한 마디 말과 반 구절이라는 뜻으로, 아주 짧은 말을 이르는 말
一日三省	일일삼성 매일 세 번 자신을 반성함.
一日三秋	일일삼추 하루가 삼 년 같다는 뜻으로, 몹시 애태우며 기다림을 이르는 말
一字無識	일자무식 글자를 한 자도 모를 정도로 무식함, 또는 그런 사람
一長一短	일장일단 일면의 장점과 다른 일면의 단점을 통틀어 이르는 말
一朝一夕	일조일석 하루 아침과 하루 저녁이란 뜻으로, 짧은 시일을 이르는 말
一進一退	일진일퇴 한 번 앞으로 나아갔다 한 번 뒤로 물러섰다함.
日就月將	일취월장 날로 달로 나아감. 학문이 날로 달로 나아감.
一波萬波	일파만파 금새 사방으로 번져 나감.
一片丹心	일편단심 한 조각의 붉은 마음이라는 뜻으로, 진심에서 우러나오는 변치 않는 마음
一喜一悲	일희일비 한편으로는 기뻐하고 한편으로는 슬퍼함. 또는 기쁨과 슬픔이 번갈아 일어남.
立身揚名	입신양명 출세하여 이름을 세상에 떨침.
自給自足	자급자족 필요한 물자를 스스로 생산하여 충당함.
自問自答	자문자답 스스로 묻고 스스로 대답함.
子孫萬代	자손만대 오래도록 내려오는 여러 대
自手成家	자수성가 물려받은 재산이 없이 자기 혼자의 힘으로 집안을 일으키고 재산을 모음.
自業自得	자업자득 자기가 저지른 일의 결과를 자기가 받음.
自由自在	자유자재 거침없이 자기 마음대로 할 수 있음.
自初至終	자초지종 처음부터 끝까지의 과정
作心三日	작심삼일 단단히 먹은 마음이 사흘을 가지 못한다는 뜻으로, 결심이 굳지 못함을 이름.
赤手空拳	적수공권 맨손과 맨주먹이라는 뜻으로, 아무것도 가진 것이 없음을 이르는 말

適材適所	적재적소 알맞은 인재를 알맞은 자리에 씀.
電光石火	전광석화 번갯불이나 부싯돌의 불이 번쩍거리는 것과 같이 짧은 시간이나 재빠른 움직임
前代未聞	전대미문 이제까지 들어본 적이 없는 일
前無後無	전무후무 전에도 없었고 앞으로도 없음.
全心全力	전심전력 온 마음과 온 힘
朝變夕改	조변석개 아침 저녁으로 뜯어 고침.
鳥足之血	조족지혈 새 발의 피라는 뜻으로, 매우 적은 분량을 비유적으로 이르는 말
足脫不及	족탈불급 맨발로 뛰어도 따라가지 못한다. 능력, 역량, 재질 따위가 두드러져 도저히 다른 사람이 따라가지 못할 정도
存亡之秋	존망지추 존속과 멸망, 또는 생존과 사망이 결정되는 아주 절박한 경우나 시기
左之右之	좌지우지 이리저리 제 마음대로 휘두르거나 다룸.
主客一體	주객일체 주체와 객체가 하나가 됨.
晝耕夜讀	주경야독 낮에는 밭을 갈고 밤에는 책을 읽음.
晝夜長川	주야장천 밤낮으로 쉬지 아니하고 연달음.
竹馬故友	죽마고우 어릴 때, 대나무말을 타고 놀며 같이 자란 친구
衆口難防	중구난방 여러 사람의 말을 막기가 어려움.
地上天國	지상천국 천국은 하늘에서 찾을 것이 아니라 이 현실 사회에서 세워야 한다는 완전한 이상 세계

至誠感天	지성감천 정성이 지극하면 하늘도 감동함. 어떤 일을 정성껏 하면 좋은 결과를 맺음.
指呼之間	지호지간 손짓하여 부를 만한 가까운 거리
盡忠報國	진충보국 충성을 다하여 나라의 은혜를 갚음.
進退兩難	진퇴양난 앞으로 나아가기도 어렵고 뒤로 물러나기도 어려움.
此日彼日	차일피일 이날저날 미룸.
千萬多幸	천만다행 아주 다행함.
千辛萬苦	천신만고 천 가지 매운 것과 만 가지 쓴 것. 온갖 어려운 고비를 다 겪으며 심하게 고생함.
天人共怒	천인공노 하늘과 사람이 함께 분노한다는 뜻으로 누구나 분노하고 도저히 용납할 수 없음.
天下第一	천하제일 세상에 견줄 만한 것이 없이 최고임.
靑山流水	청산유수 산에 맑은 물이라는 뜻으로, 막힘없이 썩 잘하는 말을 비유적으로 이르는 말
靑天白日	청천백일 하늘이 맑게 갠 대낮. 혐의가 풀리어 무죄가 됨.
淸風明月	청풍명월 맑은 바람과 밝은 달
草綠同色	초록동색 풀빛과 녹색은 같다. 같은 처지의 사람과 어울리거나 기우는 것.
寸鐵殺人	촌철살인 간단한 말로 핵심을 찔러 감동시킴.
秋風落葉	추풍낙엽 가을 바람에 떨어지는 나뭇잎. 어떤 형세나 세력이 갑자기 기울어지거나 헤어져 흩어지는 모양
出告反面	출곡반면 부모님께 밖에 나갈 때 가는 곳을 반드시 아뢰고, 되돌아와서는 반드시 얼굴을 보여 드림.

七去之惡	칠거지악 예전에, 아내를 내쫓을 수 있는 이유가 되었던 일곱 가지 허물
他山之石	타산지석 다른 산에서 나는 작은 돌로도 자신의 구슬을 갈 수 있다. 남의 하찮은 언행일지라도 자신의 품성을 높이는 데 교훈으로 삼을 수 있음.
泰山北斗	태산북두 존경받는 인물
太平聖代	태평성대 태평스런 시절
破顔大笑	파안대소 매우 즐거운 표정으로 활짝 웃음.
破竹之勢	파죽지세 대를 쪼개는 기세라는 뜻으로, 적을 거침없이 물리치고 쳐들어가는 기세
八道江山	팔도강산 팔도의 강산이라는 뜻으로, 우리 나라 전체의 강산을 이르는 말
八方美人	팔방미인 어느 모로 보나 아름다운 사람. 여러 방면에 능통한 사람을 비유적으로 이르는 말
敗家亡身	패가망신 집안의 재산을 다 써 없애고 몸을 망침.
風前燈火	풍전등화 바람 앞에 놓인 등불, 사물이 매우 위태로운 처지에 놓여 있음을 비유하는 말
皮骨相接	피골상접 살가죽과 뼈가 맞붙을 정도로 몹시 마름.
匹夫之勇	필부지용 깊은 생각 없이 혈기만 믿고 함부로 부리는 소인의 용기
匹夫匹婦	필부필부 평범한 남녀
行方不明	행방불명 곳이나 방향을 모름.
虛送歲月	허송세월 하는 일 없이 세월만 헛되이 보냄.
賢母良妻	현모양처 어진 어머니이면서 착한 아내
形形色色	형형색색 형상과 빛깔 따위가 서로 다른 여러 가지
好衣好食	호의호식 좋은 옷을 입고 좋은 음식을 먹음.
花朝月夕	화조월석 경치 좋은 시절, 즉 봄과 가을
凶惡無道	흉악무도 성질이 거칠고 사나우며 도의심이 없음.
興亡盛衰	흥망성쇠 흥하고 망함과 성하고 쇠함.
興盡悲來	흥진비래 즐거운 일이 다하면 슬픈 일이 닥쳐온다. 세상 일은 순환되는 것임을 이르는 말
喜怒哀樂	희로애락 기쁨과 노여움과 슬픔과 즐거움

모의고사 및
정답

지금까지 배운 한자를 총복습하고,
시험의 패턴을 익히는 목적으로 차분히 풀어보자.

제1영역

漢 字

01-02 다음 한자(漢字)의 부수(部首)는 무엇입니까?

01 日 : ① 三　② 口　③ 日　④ 一　⑤ 二

02 難 : ① 堇　② 艹　③ 大　④ 口　⑤ 隹

03-04 다음 한자(漢字)의 획수(劃數)는 모두 몇 획입니까?

03 弓 : ① 1　② 2　③ 3　④ 4　⑤ 5

04 造 : ① 9　② 10　③ 11　④ 12　⑤ 13

05-06 다음 필순(筆順)에 대한 설명에 가장 알맞은 한자(漢字)는 어느 것입니까?

05 글자를 꿰뚫는 획은 나중에 긋는다.
　　① 射　② 處　③ 罪　④ 事　⑤ 湖

06 삐침과 파임이 교차할 때 삐침을 먼저 쓴다.
　　① 文　② 存　③ 氏　④ 氷　⑤ 兄

07-08 다음 한자(漢字)와 그 조자(造字)의 방식이 같은 한자는 어느 것입니까?

＜보기＞ 日 : ① 山　② 休　③ 下　④ 江
＜보기＞에 제시된 한자 '日(해의 모습을 본떠서 만들었음)' 처럼 구체적인 사물의 모습을 본떠서 만든 상형자(象形字)는 '山(산의 모습을 본떠서 만들었음)' 이다. 따라서 정답 ①을 골라 답란에 표기하면 된다.

07 上 : ① 斗　② 怒　③ 夜　④ 硏　⑤ 本

08 犬 : ① 耳　② 防　③ 夜　④ 硏　⑤ 故

09-14 다음 한자(漢字)의 음(音)은 무엇입니까?

09 勤 : ① 검　② 권　③ 건　④ 륵　⑤ 근

10 權 : ① 가　② 간　③ 권　④ 근　⑤ 각

11 氷 : ① 천　② 영　③ 수　④ 일　⑤ 빙

12 勝 : ① 손　② 수　③ 승　④ 추　⑤ 순

13 遺 : ① 귀　② 견　③ 수　④ 유　⑤ 추

14 着 : ① 준　② 절　③ 착　④ 발　⑤ 차

15-19 다음의 음(音)을 가진 한자는 어느 것입니까?

15 가 : ① 連　② 街　③ 廣　④ 等　⑤ 久

16 변 : ① 變　② 判　③ 復　④ 藝　⑤ 郡

17 주 : ① 支　② 禁　③ 浴　④ 走　⑤ 難

18 기 : ① 到　② 洞　③ 兆　④ 的　⑤ 基

19 료 : ① 讀　② 料　③ 打　④ 比　⑤ 早

20-24 다음 한자(漢字)와 음(音)이 같은 한자는 어느 것입니까?

20 個 : ① 改　② 犬　③ 季　④ 烏　⑤ 素

21 丹 : ① 根　② 街　③ 寺　④ 雪　⑤ 短

22 射 : ① 殺　② 使　③ 識　④ 視　⑤ 奉

23 守 : ① 收　② 兵　③ 律　④ 圖　⑤ 世

24 夏 : ① 應　② 若　③ 算　④ 河　⑤ 備

25-30 다음 한자(漢字)의 뜻은 무엇입니까?

25 勞 : ① 어렵다　② 일하다　③ 성내다
　　　④ 뜨겁다　⑤ 사귀다

26 短 : ① 콩　② 팥　③ 짧다
　　　④ 길다　⑤ 굽다

27 量 : ① 잡다　② 무겁다　③ 멀다
　　　④ 가깝다　⑤ 헤아리다

28 施 : ① 막다　② 아쉽다　③ 떠밀다
　　　④ 베풀다　⑤ 갖추다

29 助 : ① 버티다　② 돕다　③ 빌리다
　　　④ 먹다　⑤ 주다

30 地：① 집　　② 땅　　③ 별
　　　④ 달　　⑤ 하늘

31-35 다음의 뜻을 가진 한자(漢字)는 어느 것입니까?

31 춤추다 ：① 射　② 舞　③ 製　④ 畫　⑤ 唱
32 뿌리 ：① 堂　② 質　③ 近　④ 根　⑤ 充
33 군사 ：① 走　② 卒　③ 街　④ 兆　⑤ 追
34 다스리다 ：① 容　② 鮮　③ 勤　④ 民　⑤ 治
35 머리 ：① 革　② 凶　③ 不　④ 末　⑤ 頭

36-40 다음 한자(漢字)와 뜻이 비슷한 한자는 어느 것입니까?

36 加：① 星　② 益　③ 恩　④ 育　⑤ 業
37 往：① 元　② 以　③ 去　④ 烏　⑤ 位
38 體：① 仙　② 身　③ 易　④ 藥　⑤ 花
39 晝：① 調　② 平　③ 片　④ 血　⑤ 午
40 殺：① 商　② 次　③ 幸　④ 死　⑤ 貝

<table>
<tr><td>제 2영역</td><td>語 彙</td></tr>
</table>

41-45 다음 한자어(漢字語)와 발음(發音)이 같은 한자어는 어느 것입니까?

41 人情：① 協定 ② 定婚 ③ 仁政 ④ 合唱 ⑤ 非行
42 空氣：① 觀光 ② 內面 ③ 工期 ④ 同樂 ⑤ 線路
43 事故：① 例文 ② 思考 ③ 每日 ④ 言語 ⑤ 所重
44 不可：① 穀價 ② 佛家 ③ 虛假 ④ 妻家 ⑤ 適當
45 公布：① 空胞 ② 恐動 ③ 帳簿 ④ 幹部 ⑤ 努力

46-47 다음 한자어(漢字語)들 중 괄호 안의 한자(漢字)의 발음(發音)이 다른 한자어는 어느 것입니까?

46 ① (見)責 ② 謁(見) ③ (見)解 ④ 所(見) ⑤ 發(見)
47 ① 檢(索) ② (索)引 ③ (索)出 ④ (索)莫 ⑤ 思(索)

48-57 다음 단어들의 '□'에 공통으로 들어갈 알맞은 한자(漢字)는 어느 것입니까?

48 □入, □國, 進□：
　① 席　② 母　③ 出　④ 治　⑤ 然
49 孝□, □愛, 兩□：
　① 行　② 河　③ 滿　④ 者　⑤ 親
50 命□, □心, □間：
　① 美　② 表　③ 忠　④ 中　⑤ 位
51 來□, □齒, 幼□：
　① 感　② 老　③ 年　④ 大　⑤ 移
52 有□, 原□, □過：
　① 水　② 賣　③ 變　④ 罪　⑤ 晝
53 希□, 願□, □月：
　① 求　② 望　③ 將　④ 退　⑤ 敗
54 □事, □決, □明：
　① 判　② 到　③ 病　④ 度　⑤ 獨
55 □體, □武, □理：
　① 問　② 文　③ 聞　④ 門　⑤ 間
56 □遇, 期□, 冷□：
　① 困　② 約　③ 待　④ 乘　⑤ 暑
57 □端, □銳, □塔：
　① 牙　② 妾　③ 損　④ 績　⑤ 尖

58-65 다음 한자어(漢字語)와 뜻이 반대(反對)이거나 상대(相對)되는 한자어는 어느 것입니까?

58 前方：① 後進 ② 前進 ③ 前後 ④ 後方 ⑤ 四方
59 公衆：① 小數 ② 個人 ③ 大衆 ④ 記入 ⑤ 每事
60 失敗：① 原告 ② 原罪 ③ 結果 ④ 成功 ⑤ 初步
61 進步：① 下落 ② 同感 ③ 退步 ④ 增加 ⑤ 算出
62 禁止：① 證人 ② 凡人 ③ 故人 ④ 許可 ⑤ 密集
63 平凡：① 平行 ② 平常 ③ 非凡 ④ 特惠 ⑤ 認識
64 上昇：① 下降 ② 下流 ③ 沒世 ④ 落石 ⑤ 單純
65 質疑：① 鮮明 ② 應答 ③ 貯蓄 ④ 鈍濁 ⑤ 複雜

다음 성어(成語)에서 '□'에 들어갈 알맞은 한자(漢字)는 어느 것입니까?

66 君子三□ : ① 入 ② 樂 ③ 行 ④ 得 ⑤ 訓

67 見□思義 : ① 利 ② 金 ③ 大 ④ 千 ⑤ 應

68 □故知新 : ① 樹 ② 訓 ③ 恩 ④ 只 ⑤ 溫

69 □口無言 : ① 牛 ② 有 ③ 末 ④ 亡 ⑤ 快

70 生□不知 : ① 千 ② 天 ③ 面 ④ 宅 ⑤ 效

71-75 다음 성어(成語)의 뜻풀이로 적절한 것은 어느 것입니까?

71 多多益善
　① 너무 싼 물건은 좋지 않다.
　② 많으면 많을수록 더욱 좋다.
　③ 착한 일을 많이 하면 복을 받는다.
　④ 재산이 많으면 착한 일 하기 어렵다.
　⑤ 자기의 욕심을 누르고 예의범절을 따름

72 白面書生
　① 나태한 사람
　② 학식이 높은 사람
　③ 추운 지역에 사는 사람
　④ 몹시 놀라 얼굴빛이 하얗게 질림
　⑤ 세상일에 조금도 경험이 없는 사람

73 一擧兩得
　① 등잔 밑이 어둡다.
　② 지나침은 모자람과 같다.
　③ 어버이에게 효도하는 사람
　④ 한가지 일로 두가지 이득을 취함.
　⑤ 눈앞에 벌어진 상황 따위를 눈뜨고는 차마 볼수 없음

74 作心三日
　① 뇌물을 함부로 받다.
　② 공적인 일에 사적인 감정을 드러내다.
　③ 모든 일에 대해 정성을 다하여 임하다.
　④ 결심이 얼마되지 않아 흐지부지되다

　⑤ 자기가 한 일에 대하여 스스로 미흡하게 여기는 마음

75 前代未聞
　① 이날 저날 미룸.
　② 하늘이 정하여 준 연분
　③ 호화로운 술잔치
　④ 주체와 객체가 하나가 됨.
　⑤ 이제까지 들어본 적이 없는 일

76-80 다음의 뜻을 가장 잘 나타낸 성어(成語)는 어느 것입니까?

76 날마다 여러 가지 면에서 자신에 대해 반성하다.
　① 多才多能　② 一日三省　③ 三日天下
　④ 殺身成仁　⑤ 靑山流水

77 어릴 때부터 가까이 지내며 자란 친구
　① 益者三友　② 言中有骨　③ 東問西答
　④ 竹馬故友　⑤ 是是非非

78 불을 보듯 뻔함
　① 明若觀火　② 難兄難弟　③ 一長一短
　④ 以心傳心　⑤ 自手成家

79 아주 다행함
　① 有名無實　② 四通八達　③ 人命在天
　④ 樂山樂水　⑤ 千萬多幸

80 이익을 보면 의를 먼저 생각함
　① 一言半句　② 一長一短　③ 見利思義
　④ 一石二鳥　⑤ 自業自得

제 3영역　　　　　**讀 解**

81-86 다음 문장에서 밑줄 친 한자어(漢字語)의 음(音)은 무엇입니까?

81 저 가수는 歌唱력이 뛰어나다.
　① 창조　② 모창　③ 집중　④ 친화　⑤ 가창

82 저 상점의 물건들은 품질이 良好하다.

① 우수　② 적당　③ 상당　④ 양호　⑤ 불량

83 이러한 사고의 재발 <u>防止</u>을(를) 약속해 주십시오.
　① 방지　② 금지　③ 저지　④ 방법　⑤ 처방

84 이 연극의 등장 인물로는 <u>神仙</u>, 나뭇꾼, 선녀 등이 있다.
　① 임금　② 신하　③ 귀신　④ 신선　⑤ 신령

85 <u>勇氣</u> 있는 사람만이 사랑을 쟁취할 수 있다.
　① 의기　② 신용　③ 용기　④ 신념　⑤ 의거

86 냉장고에 더 이상 남은 <u>飮食</u>이 없다.
　① 음식　② 반찬　③ 식량　④ 부식　⑤ 주식

87-92 다음 문장에서 밑줄 친 한자어(漢字語)의 뜻풀이로 적절한 것은 어느 것입니까?

87 여러분 개인의 <u>權益</u>을 보호하기 위해 최선을 다하겠습니다.
　① 재산을 증대 시킴
　② 놓치지 않고 꽉 잡음
　③ 권리와 그에 따르는 이익
　④ 사회적으로 주어지는 의무
　⑤ 돈이나 물건 따위를 받음

88 우리 국민의 평균 <u>勞動</u>시간이 점차 줄어들고 있다고 합니다.
　① 노력을 지나치게 기울임
　② 재료를 써서 물건을 만듦
　③ 양이나 수치가 급격하게 줄어듦
　④ 유용한 곳에 쓰기 위해 자신의 몸 속에 에너지를 충분히 모아 둠
　⑤ 생활에 필요한 물자를 얻기 위해 육체적·정신적 노력을 들이는 행위

89 정해진 계좌에 <u>送金</u>하신 뒤에 다시 연락해 주세요.
　① 금을 판매함　　② 돈을 모아 둠
　③ 살아갈 방도　　④ 돈이 갑자기 생김
　⑤ 돈을 부쳐보냄

90 학교까지 <u>往復</u> 한 시간이 걸립니다.
　① 갔다가 돌아옴
　② 법을 지키지 않는 행위
　③ 남에게 덧붙어서 사는 일

④ 남을 지배하고 억누르려는 마음
⑤ 어떤 이익을 주장할 수 있는 법률상의 조건

91 올 해 수출 실적은 2,000년 이후 사상 <u>最高</u>를 기록했다.
　① 가장 높음
　② 비밀이 새어 나감
　③ 정보를 서로 주고받음
　④ 부드럽고 무르며 연한 성질
　⑤ 여러 사람이 협력하여 일을 함

92 언제쯤이면 <u>宇宙</u>여행이 가능해지겠습니까?
　① 눈여겨 봄
　② 일을 마침
　③ 살고 있는 곳
　④ 어떤 일에 주장이 되어 행동함
　⑤ 무한한 시간과 만물을 포함하고 있는 끝없는 공간의 총체

93-95 다음 문장에서 빈칸에 들어갈 가장 적절한 한자어(漢字語)는 어느 것입니까?

93 시위대가 ☐☐(으)로 진출하는 것을 막아 주십시오.
　① 角度　② 病室　③ 家口　④ 街頭　⑤ 記入

94 소화제를 ☐☐ 섭취하는 것은 좋지 않습니다.
　① 多量　② 定量　③ 多數　④ 定數　⑤ 否定

95 철수는 오늘부터 우리 부서에서 ☐☐하게 되었다.
　① 訪問　② 勤務　③ 休學　④ 課業　⑤ 取得

96-98 다음 문장에서 밑줄 친 한자어(漢字語)의 한자 표기(漢字表記)가 바르지 않은 것은 어느 것입니까?

96 ①<u>先生</u>의 ②<u>死後</u>에 ③<u>國加</u>에서 그의 ④<u>夫人</u>과 ⑤<u>家族</u>을 돌봐주었다.

97 ①<u>金年</u>부터 ②<u>卒業</u>식은 ③<u>學校</u> ④<u>運動</u>장에서 ⑤<u>擧行</u> 하기로 하였습니다.

98 선생님의 ①<u>證明</u>을 잘 듣고 ②<u>課題</u>와 ③<u>復習</u>을 ④<u>自臣</u>이 알아서 ⑤<u>每日</u>하도록 하세요.

99-101 다음 문장에서 밑줄 친 단어(單語)를 한자(漢字)로 바르게 쓴 것은 어느 것입니까?

99 여러분들이 <u>자율</u>적으로 주변을 정리해 주십시오.

① 者性 ② 自律 ③ 者律 ④ 自性 ⑤ 自動

100 저 사람은 뛰어난 <u>실력</u>을 가졌다.

① 失歷 ② 實力 ③ 失力 ④ 實歷 ⑤ 室力

101 일의 <u>형세</u>를 잘 보고 판단하시기 바랍니다.

① 現勢 ② 現世 ③ 形勢 ④ 形世 ⑤ 兄勢

102-104 다음 문장에서 밑줄 친 단어(單語)나 어구(語句)의 뜻을 가장 잘 나타낸 한자(漢字) 또는 한자어(漢字語)는 어느 것입니까?

102 어제의 회의에서는 세 가지 안건을 모두 그 자리에서 처리하지 않고 나중으로 <u>미루어 두었다</u>

① 在席 ② 後日 ③ 處理 ④ 保留 ⑤ 飛行

103 그 연극은 무대장치와 등장인물들이 <u>서로 잘 어울린다</u>

① 調和 ② 相好 ③ 朝會 ④ 信用 ⑤ 合同

104 이 분야에는 <u>새로이 등장한</u> 세력들이 적극적으로 참여합니다.

① 市長 ② 節電 ③ 新進 ④ 皇帝 ⑤ 改善

105-110 다음 글을 읽고 물음에 답하시오.

박선생님은 유독 ㉠<u>분교</u> 근무를 선택한다. "저도 강원도 산골 출신이지요. 그런 까닭인지 ㉡<u>시골</u> 학교에 대한 애착이 남다른 것 같아요." 그래서인지 13년 교직 생활 중 절반을 분교에서만 아이들을 가르쳤다.
10년 전 처음 농촌 학교에 부임하면서 선생님이 정성을 기울인 것은 정보화 교육이었다. 한 기업의 후원을 받아 ㉢<u>주간</u>에는 아이들을 위한 무료 컴퓨터 ⓐ<u>교육</u>을 실시했고, ㉣<u>야간</u>에는 지역 주민들을 위한 컴퓨터 ⓑ<u>교실</u>을 열었다. ㉤<u>最近</u>에는 이 학교 ㉥<u>동창생</u>들이 모여서 컴퓨터 봉사 모임을 만들기까지 했다고 한다.

105 ㉠ '분교' 의 한자 표기가 바른 것은?

① 合校 ② 合交 ③ 分校 ④ 分交 ⑤ 分敎

106 ㉡ '시골' 의 뜻을 가진 것은?

① 形 ② 鄕 ③ 向 ④ 香 ⑤ 番

107 ㉢ '주' 와 ㉣ '야' 의 한자 표기를 바르게 짝지은 것은?

① 走 - 弱 ② 晝 - 夜 ③ 晝 - 弱
④ 走 - 夜 ⑤ 走 - 野

108 ⓐ '교육' 과 ⓑ '교실' 에 공통으로 쓰이는 '교' 의 한자 표기가 바른 것은?

① 究 ② 校 ③ 考 ④ 敎 ⑤ 交

109 ㉤ '最近' 의 독음이 바른 것은?

① 원근 ② 최신 ③ 최근 ④ 부근 ⑤ 최초

110 ㉥ '동창생' 의 한자 표기가 바른 것은?

① 東窓生 ② 東唱生 ③ 同窓生
④ 同唱生 ⑤ 同昌生

111-115 다음 글을 읽고 물음에 답하시오.

마을 뒷산의 생김새가 봉황이 ㉠<u>엎드린</u> 꼴을 닮아 봉곡마을로 불리던 이 아담한 농촌마을에는 42가구 70여 주민이 농사를 지으며 산다. 봄에는 파릇파릇한 ⓐ<u>보리</u>와 노란 배추꽃이 ㉡<u>茂盛</u>하다. 여름 저녁이면 아름다운 노을에 붉게 물드는 6만여 평의 방죽, 가을에는 황금물결을 이룬 뚝방길을 따라 ㉢<u>서늘한</u> 바람을 맞으며 자전거 하이킹을 즐길 수 있는 영산나루터. 비가 ㉣<u>갠</u> 뒤에는 맑은 하늘 아래 싱그러운 ⓑ<u>채소</u>밭과 강변을 따라 한없이 이어지는 갈대밭이 어우러져 색다른 겨울풍경을 자아낸다.

111 ㉠ '엎드린' 의 뜻을 가진 것은?

① 伏 ② 服 ③ 復 ④ 均 ⑤ 代

112 ⓐ '보리' 와 ⓑ '채소' 의 뜻을 가진 한자를 바르게 짝지은 것은?

① 來 - 菜 ② 麥 - 草 ③ 穀 - 菜
④ 穀 - 草 ⑤ 麥 - 菜

113 ㉡ '茂盛' 의 독음이 바른 것은?

① 풍성 ② 무성 ③ 번성 ④ 융성 ⑤ 확성

114 ㉢ '서늘한' 의 뜻을 가진 것은?

① 凉 ② 深 ③ 尤 ④ 陰 ⑤ 炎

115 ㄹ '갠' 의 뜻을 가진 것은?

① 晴　②青　③清　④情　⑤精

116-120　**다음 글을 읽고 물음에 답하시오.**

세계최초의 어린이㉠박물관은 1899년 문을 연 미국 뉴욕시 브루클린 어린이박물관이다. 매년 25만 명 이상의 어린이와 가족들이 이곳을 찾는다. 이 박물관은 2만 7000여점의 영구 소장품은 물론 다양한 체험전시로 ㉡全世界 어린이박물관의 ㉢모범이 되고 있다.
이 박물관의 캐럴 엔세키 관장은 "어린이 박물관은 가족들이 함께 배우는 곳"이라면서 "단지 성인 박물관의 축소판으로 설계되어서는 안 된다."고 말했다. 특히 유년기와 청년기의 핵심은 '활동'이기 때문에 탐색하고, 기어오르고, 만지고 조사하며 활동의 주체가 될 수 있는 ㉣공간이어야 하며 어린이들과 ㉤격리된 공간이어서는 안 된다고 설명하고 있다.

116 ㉠'박물관'의 한자 표기가 바른 것은?

① 博勿館　② 薄物館　③ 薄勿館
④ 博物館　⑤ 拍勿館

117 ㉡'全世界'의 '全'과 독음이 **다른** 것은?

① 專　② 殿　③ 團　④ 錢　⑤ 轉

118 ㉢'모범'의 한자 표기가 바른 것은?

① 模範　② 莫範　③ 莫犯　④ 模犯　⑤ 慕犯

119 ㉣'공간'의 '공'과 같은 한자를 사용한 것은?

① 公法　② 提供　③ 貢獻　④ 空白　⑤ 毛孔

120 ㉤'격리'의 한자 표기가 바른 것은?

① 隔離　② 格離　③ 隔移　④ 格移　⑤ 激移

제 1영역
漢 字

01-02 다음 한자(漢字)의 부수(部首)는 무엇입니까?

01 校 : ① 人　② 交　③ 六　④ 八　⑤ 木

02 動 : ① 重　② 千　③ 里　④ 力　⑤ 十

03-04 다음 한자(漢字)의 획수(劃數)는 모두 몇 획입니까?

03 四 : ① 4　② 5　③ 6　④ 7　⑤ 8

04 可 : ① 3　② 4　③ 5　④ 6　⑤ 7

05-06 다음 필순(筆順)에 대한 설명에 가장 알맞은 한자(漢字)는 어느 것입니까?

05 왼쪽에서 오른쪽으로 쓴다.
　① 力　② 言　③ 完　④ 川　⑤ 犬

06 좌우의 모양이 같을 때에는 가운데를 먼저 쓴다.
　① 水　② 木　③ 大　④ 女　⑤ 己

07-08 다음 한자(漢字)와 그 조자(造字)의 방식이 같은 한자는 어느 것입니까?

> **예** 한자 '日'은 그 조자(造字)의 방식이 구체적인 사물의 모습을 본떠서 만든 상형자(象形字)이다. 이와 비슷한 한자로는 '山'이 있다.

07 林 : ① 夕　② 大　③ 耳　④ 獨　⑤ 敬

08 上 : ① 角　② 客　③ 目　④ 公　⑤ 本

09-14 다음 한자(漢字)의 음(音)은 무엇입니까?

09 京 : ① 취　② 경　③ 흠　④ 각　⑤ 고

10 備 : ① 비　② 간　③ 양　④ 고　⑤ 배

11 始 : ① 백　② 수　③ 혈　④ 시　⑤ 소

12 充 : ① 충　② 윤　③ 류　④ 실　⑤ 주

13 訓 : ① 지　② 천　③ 식　④ 소　⑤ 훈

14 黃 : ① 토　② 황　③ 상　④ 구　⑤ 앙

15-19 다음의 음(音)을 가진 한자는 어느 것입니까?

15 한 : ① 太　② 漢　③ 湖　④ 研　⑤ 單

16 억 : ① 業　② 邑　③ 漁　④ 億　⑤ 良

17 암 : ① 暗　② 音　③ 案　④ 仁　⑤ 消

18 주 : ① 由　② 安　③ 宙　④ 油　⑤ 位

19 관 : ① 列　② 取　③ 淸　④ 官　⑤ 課

20-24 다음 한자(漢字)와 음(音)이 같은 한자는 어느 것입니까?

20 仕 : ① 示　② 浴　③ 榮　④ 是　⑤ 寺

21 會 : ① 回　② 增　③ 展　④ 的　⑤ 集

22 早 : ① 市　② 祖　③ 限　④ 次　⑤ 爭

23 引 : ① 逆　② 黑　③ 雪　④ 認　⑤ 藝

24 新 : ① 飮　② 元　③ 如　④ 臣　⑤ 夜

25-30 다음 한자(漢字)의 뜻은 무엇입니까?

25 慶 : ① 일하다　② 즐기다　③ 농사　④ 슬프다　⑤ 경사

26 最 : ① 취하다　② 말하다　③ 젊다　④ 가장　⑤ 늦다

27 屋 : ① 집　② 이르다　③ 빠르다　④ 화살　⑤ 다다르다

28 考 : ① 치다　② 막다　③ 생각하다　④ 아끼다　⑤ 섞이다

29 陽 : ① 볕   ② 바꾸다   ③ 그늘
         ④ 응하다   ⑤ 마당

30 靑 : ① 푸르다   ② 채소   ③ 살다
         ④ 개다   ⑤ 맑다

46-47 다음 한자어(漢字語)들 중 괄호 안의 한자(漢字)의 발음(發音)이 다른 한자어는 어느 것입니까?

46 ① (更)生   ② 變(更)   ③ (更)正
    ④ (更)張   ⑤ 初(更)

47 ① 開(拓)   ② 干(拓)   ③ (拓)本
    ④ (拓)植   ⑤ (拓)地

31-35 다음의 뜻을 가진 한자(漢字)는 어느 것입니까?

31 이 : ① 致 ② 表 ③ 治 ④ 元 ⑤ 齒
32 어제 : ① 夕 ② 古 ③ 送 ④ 昨 ⑤ 歲
33 낮 : ① 午 ② 南 ③ 景 ④ 光 ⑤ 計
34 부르다 : ① 唱 ② 必 ③ 移 ④ 頭 ⑤ 番
35 벗 : ① 季 ② 談 ③ 用 ④ 友 ⑤ 丹

36-40 다음 한자(漢字)와 뜻이 비슷한 한자는 어느 것입니까?

36 卒 : ① 現 ② 作 ③ 終 ④ 技 ⑤ 念
37 加 : ① 問 ② 來 ③ 文 ④ 尋 ⑤ 益
38 衆 : ① 等 ② 然 ③ 長 ④ 助 ⑤ 造
39 巨 : ① 橋 ② 順 ③ 太 ④ 初 ⑤ 河
40 給 : ① 章 ② 眞 ③ 義 ④ 授 ⑤ 習

48-57 다음 단어들의 '□'에 공통으로 들어갈 알맞은 한자(漢字)는 어느 것입니까?

48 男□, □利, □安 :
    ① 女 ② 有 ③ 便 ④ 平 ⑤ 貴

49 同□, □情, 好□ :
    ① 席 ② 族 ③ 列 ④ 落 ⑤ 感

50 再□, □造, □物 :
    ① 木 ② 建 ③ 魚 ④ 修 ⑤ 冷

51 □助, □出, □命 :
    ① 兩 ② 相 ③ 運 ④ 家 ⑤ 救

52 尊□, 品□, □重 :
    ① 對 ② 性 ③ 質 ④ 貴 ⑤ 都

53 才□, □力, 萬□ :
    ① 天 ② 英 ③ 能 ④ 一 ⑤ 君

54 回□, □禮, 正□ :
    ① 答 ② 信 ③ 敬 ④ 視 ⑤ 星

55 □用, □打, 年□ :
    ① 登 ② 使 ③ 代 ④ 次 ⑤ 稅

56 哀□, □待, □聲 :
    ① 願 ② 歡 ③ 期 ④ 肉 ⑤ 讓

57 □入, 仲□, □意 :
    ① 加 ② 媒 ③ 好 ④ 介 ⑤ 謁

제 2영역   **語 彙**

41-45 다음 한자어(漢字語)와 발음(發音)이 같은 한자어는 어느 것입니까?

41 冬至 : ① 藥指 ② 間紙 ③ 米質 ④ 理由 ⑤ 同志
42 力士 : ① 力作 ② 歷史 ③ 恩師 ④ 進士 ⑤ 根本
43 病死 : ① 道士 ② 自殺 ③ 兵事 ④ 無事 ⑤ 別世
44 妻兄 : ① 處刑 ② 舊形 ③ 求刑 ④ 姉兄 ⑤ 危急
45 監司 : ① 劍士 ② 感謝 ③ 弔辭 ④ 照射 ⑤ 銳敏

다음 한자어(漢字語)와 뜻이 반대(反對)이거나 상대(相對)되는 한자어는 어느 것입니까?

58 內容 : ① 內面 ② 形式 ③ 美容 ④ 形體 ⑤ 兩分

59 可決 : ① 對決 ② 解決 ③ 終決 ④ 先決 ⑤ 否決

60 希望 : ① 責望 ② 絕望 ③ 志望 ④ 野望 ⑤ 所望

61 保守 : ① 留保 ② 固守 ③ 退步 ④ 進步 ⑤ 死守

62 寒流 : ① 海流 ② 氣流 ③ 暖流 ④ 急流 ⑤ 物流

63 當番 : ① 非番 ② 順番 ③ 每番 ④ 宿直 ⑤ 充當

64 濕性 : ① 油性 ② 彈性 ③ 硬性 ④ 耐性 ⑤ 乾性

65 滿潮 : ① 思潮 ② 干潮 ③ 高潮 ④ 順潮 ⑤ 風潮

66-70 다음 성어(成語)에서 '□'에 들어갈 알맞은 한자(漢字)는 어느 것입니까?

66 先公後□ : ① 正 ② 事 ③ 政 ④ 私 ⑤ 立

67 □故知新 : ① 用 ② 往 ③ 容 ④ 論 ⑤ 溫

68 □明正大 : ① 公 ② 母 ③ 丹 ④ 食 ⑤ 失

69 各人各□ : ① 成 ② 亡 ③ 色 ④ 仕 ⑤ 止

70 大明□地 : ① 吉 ② 天 ③ 達 ④ 例 ⑤ 夫

71-75 다음 성어(成語)의 뜻풀이로 적절한 것은 어느 것입니까?

71 聞一知十
　① 아는 것이 많다.
　② 들은 것이 많다.
　③ 매우 총명하다.
　④ 주의력이 산만하다.
　⑤ 태도가 바르다.

72 門前成市
　① 찾아오는 사람이 많다.
　② 찾아오는 사람을 거절하다.
　③ 집 근처에서 장사를 하다.
　④ 집 근처에 편의 시설이 있다.
　⑤ 집 앞에 시장이 있다.

73 九死一生
　① 엎치락뒤치락하다.
　② 엎친 데 덮치다.
　③ 부질없이 거듭하다.
　④ 같은 값이면 다홍치마이다.
　⑤ 죽을 고비를 여러 번 넘기고 살아나다.

74 起死回生
　① 화를 이기지 못하다.
　② 의욕이 사라지다.
　③ 놀이에 푹 빠지다.
　④ 죽을 뻔하다 도로 살아나다.
　⑤ 열심히 공부하다.

75 靑山流水
　① 거침없이 넓고 큰 기개.
　② 겉과 속이 다름.
　③ 막힘없이 말을 잘하다.
　④ 두 편이 서로 같음.
　⑤ 분하고 원통한 마음을 품다.

76-80 다음의 뜻을 가장 잘 나타낸 성어(成語)는 어느 것입니까?

76 온갖 일을 다 겪다.
　① 山戰水戰　② 富貴在天　③ 坐不安席
　④ 多多益善　⑤ 好衣好食

77 동작이 재빠르다.
　① 九牛一毛　② 難兄難弟　③ 電光石火
　④ 一舉兩得　⑤ 形形色色

78 여러 가지 일도 많고 어려움이나 탈도 많음.
　① 右往左往　② 多事多難　③ 多才多能
　④ 三人成虎　⑤ 男女有別

79 남의 말을 대충 들음
　① 無所不爲　② 非一非再　③ 四面春風
　④ 馬耳東風　⑤ 論功行賞

80 거침없이 자기 마음대로 할 수 있음.
　① 人山人海　② 月下老人　③ 一口二言
　④ 十中八九　⑤ 自由自在

81-86 다음 문장에서 밑줄 친 한자어(漢字語)의 음(音)은 무엇입니까?

81 서구화된 음식 습관과 운동 부족 등으로 초등학생 비만율이 10년만에 4배 가까이 <u>增加</u>한 것으로 나타났다.
① 배가 ② 증가 ③ 누가 ④ 첨가 ⑤ 경과

82 농구는 공격과 수비의 전환이 빠르게 진행되는 <u>競技</u>이다.
① 운동 ② 구기 ③ 기술 ④ 경기 ⑤ 종목

83 한복에서 두드러지는 것은 부드럽고 우아한 <u>曲線</u>의 미이다.
① 직선 ② 전아 ③ 축적 ④ 유종 ⑤ 곡선

84 망망대해에서 15일 동안이나 표류하다 드디어 저 멀리 <u>陸地</u>의 한 자락을 보게 되었다.
① 토지 ② 능지 ③ 육지 ④ 국지 ⑤ 행지

85 <u>勤勉</u>과 성실이 우리 집의 가훈이다.
① 은근 ② 근면 ③ 노력 ④ 근검 ⑤ 성실

86 나의 꿈은 국제적인 <u>園藝</u> 사업가가 되는 것이다.
① 원예 ② 연예 ③ 도예 ④ 곡예 ⑤ 수예

87-92 다음 문장에서 밑줄 친 한자어(漢字語)의 뜻풀이로 적절한 것은 어느 것입니까?

87 내일은 바람이 <u>多少</u> 강하게 불겠습니다.
① 매우 ② 조금 ③ 다시 ④ 아직 ⑤ 많이

88 그는 <u>木石</u>같아서 내가 아무리 애원해도 거들떠보지도 않았다.
① 마음이 약함
② 마음이 단단함
③ 의지가 굳음
④ 뻔뻔스러움
⑤ 감정이 없음

89 그는 <u>靑雲</u>의 꿈을 안고 유학을 떠났다.
① 헛됨 ② 사랑 ③ 출세 ④ 알참 ⑤ 원망

90 결혼은 남자와 여자의 <u>結合</u>이다.
① 막연함 ② 소원함 ③ 도와줌
④ 잘 통함 ⑤ 합쳐짐

91 다음 주에 <u>冬季</u> 올림픽이 열린다.
① 봄철 ② 겨울철 ③ 가을철
④ 여름철 ⑤ 아주 작음

92 기차가 <u>線路</u>를 이탈했다.
① 궤도 ② 지름길 ③ 곧은 선
④ 굽은 선 ⑤ 다니는 길

93-95 다음 문장에서 빈칸에 들어갈 가장 적절한 한자어(漢字語)는 어느 것입니까?

93 체육 시간에 학생들이 운동장에 □□하였다.
① 收集 ② 合力 ③ 同居 ④ 集合 ⑤ 先頭

94 가진 것을 나눌수록 즐겁고 □□해집니다.
① 平和 ② 幸福 ③ 快樂 ④ 希望 ⑤ 安樂

95 민주 □□에서는 국가의 중요 정책을 결정할 때에 항상 국민의 요구와 의견을 존중한다.
① 道德 ② 家庭 ③ 政治 ④ 法庭 ⑤ 事業

96-98 다음 문장에서 밑줄 친 한자어(漢字語)의 한자 표기(漢字表記)가 바르지 않은 것은 어느 것입니까?

96 민요는 ① <u>民族</u>의 노래요, ② <u>大衆</u>의 노래이며, 우리의 ③ <u>所重</u>한 ④ <u>傳統</u> ⑤ <u>文花</u> 유산이다.

97 기름진 ① <u>飮食</u>과 당분이 많은 ② <u>食品</u>은 ③ <u>熱量</u>이 높고 ④ <u>過食</u>하기 쉽기 때문에 이런 음식은 ⑤ <u>可能</u>한 줄여야 한다.

98 그는 ① <u>物利學</u> ② <u>分野</u>에서 ③ <u>世界的</u>으로 ④ <u>有名</u>한 ⑤ <u>人物</u>이다.

99-101 다음 문장에서 밑줄 친 단어(單語)를 한자(漢字)로 바르게 쓴 것은 어느 것입니까?

99 나는 <u>숙제</u>를 거의 다 하였습니다.
① 課題 ② 話題 ③ 題材 ④ 宿題 ⑤ 主題

100 사람들의 입에서 입으로 <u>소문</u>이 널리 퍼졌습니다.
① 所聞 ② 小聞 ③ 所問 ④ 小問 ⑤ 所聞

101 <u>동화</u>가 퍽 재미있었습니다.
① 動話 ② 童話 ③ 動和 ④ 童和 ⑤ 冬話

102-104 다음 문장에서 밑줄 친 단어(單語)나 어구(語句)의 뜻을 가장 잘 나타낸 한자(漢字) 또는 한자어(漢字語)는 어느 것입니까?

102 황희는 1363년 지금의 황해도 개성에서 <u>태어났습니다</u>
① 生長 ② 生成 ③ 出生 ④ 出産 ⑤ 出身

103 토끼는 함정이 있는 곳에 <u>이르렀습니다</u>
① 來訪 ② 下達 ③ 到來 ④ 以來 ⑤ 到達

104 용돈을 <u>아껴 쓰면</u> 급한 일로 돈이 필요할 때 요긴하게 잘 쓸 수 있습니다.
① 愛用 ② 節約 ③ 要約 ④ 有用 ⑤ 利用

105-110 다음 글을 읽고 물음에 답하시오.

우리 나라는 ㉠<u>사계절</u>이 ㉡<u>뚜렷합니다</u>. 봄에는 새싹이 파릇파릇 돋아납니다. ㉢<u>여름</u>에는 푸른 잎이 시원한 그늘을 만들어 줍니다. 가을에는 울긋불긋한 단풍이 ㉣<u>산</u>을 뒤덮습니다. 그리고 ㉤<u>겨울</u>에는 ㉥<u>하얀</u> 눈이 앙상한 가지를 포근히 덮어 줍니다.

105 ㉠의 한자 표기가 바른 것은?
① 四季絶 ② 仕季節 ③ 四界絶
④ 四界節 ⑤ 四季節

106 ㉡의 뜻을 가장 잘 나타낸 것은?
① 分明 ② 分化 ③ 淸明 ④ 生動 ⑤ 光明

107 ㉢의 뜻을 가진 것은?
① 冬 ② 秋 ③ 夏 ④ 春 ⑤ 年

108 ㉣의 한자 표기가 바른 것은?
① 天 ② 地 ③ 川 ④ 山 ⑤ 寺

109 ㉤의 뜻을 가진 것은?
① 冬 ② 氷 ③ 方 ④ 永 ⑤ 春

110 ㉥의 뜻을 가장 잘 나타낸 것은?
① 白眼 ② 白雲 ③ 白雪 ④ 白雨 ⑤ 白月

111-115 다음 글을 읽고 물음에 답하시오.

인물화는 인물을 대상으로 하여 그 인물이 지닌 표정이나 자세, 분위기 등을 나타낸 그림이다.
인물을 대할 때 먼저 눈에 띄는 것은 눈, ㉠<u>코</u>, 입 등의 생김새로, 얼굴의 ㉡<u>比例</u>와(과) 기울기를 어떻게 잡아 표현하느냐에 따라 그 느낌이 달라진다.
인물을 표현할 때에는 사실적으로 표현하기도 하지만, 자신의 ㉢<u>主觀</u>에 따라 단순화하거나 ㉣<u>變形</u>시켜 표현하기도 한다. ㉤<u>人物</u>의 ㉥<u>細部</u> 묘사보다는 자세와 ㉦<u>表精</u>의 특징을 ㉧<u>찾아내어</u> 자기가 받은 느낌을 ㉨<u>개성적</u>으로 나타내는 것이 좋다.

111 ㉠의 뜻을 가진 것은?
① 眼 ② 鼻 ③ 尺 ④ 官 ⑤ 甲

112 ㉡의 독음이 바른 것은?
① 비례 ② 비열 ③ 차례 ④ 차열 ⑤ 비루

113 ㉢~㉦ 중 한자 표기가 바르지 않은 것은?
① ㉢主觀 ② ㉣變形 ③ ㉤人物
④ ㉥細部 ⑤ ㉦表精

114 ㉧의 뜻을 가장 잘 나타낸 것은?
① 投 ② 他 ③ 探 ④ 布 ⑤ 且

115 ㉨의 '개' 자의 한자 표기가 바른 것은?
① 開 ② 改 ③ 個 ④ 皆 ⑤ 假

116-120 다음 글을 읽고 물음에 답하시오.

아프리카, 동남 아시아, 오스트레일리아의 ㉠열대림에는 베짜기개미가 서식한다. 베짜기개미들은 여럿이 힘을 합해 한 나뭇가지에 달려 있는 여러 ㉡잎들을 끌어당긴 뒤, ㉢애벌레들이 분비하는 명주실을 사용하여 바느질하듯 잎들을 엮어 집을 만든다. 이처럼 未成年者들까지 ㉣동원한 ㉤조직적인 협동 社會를 ㉥유지하는 데 絶對的으로 必要한 것이 바로 高度로 發達한 ㉦화학 ㉧언어이다. 개미들은 터의 ㉨경계, 먹이 장소, 浸入者의 位置 等을 不過 몇 가지의 간단한 화학 낱말들을 가지고 傳達한다. 그리고 그것들을 適切히 조합하여 더 複雜한 내용의 문구를 만들기도 한다. 페로몬을 사용하는 이와 같은 개미의 意思疏通도 우리 인간의 專有物로만 생각했던 언어의 기본적인 구조를 갖춘 하나의 엄연한 意思疏通 手段이다.

116 ㉠의 한자 표기가 바른 것은?

① 烈帶林　　② 熱帶林　　③ 烈對林
④ 熱對林　　⑤ 熱待林

117 ㉡의 뜻을 가진 것은?

① 葉　② 枝　③ 芳　④ 材　⑤ 頃

118 ㉢의 뜻을 가장 잘 나타낸 것은?

① 寸蟲　② 幼蟲　③ 成蟲　④ 羽蟲　⑤ 害蟲

119 ㉣~㉧의 한자 표기가 바른 것은?

① ㉣動院　　② ㉤組職　　③ ㉥維持
④ ㉦和學　　⑤ ㉧言御

120 ㉨의 '경' 자와 같은 한자를 사용하는 것은?

① 景槪　② 經過　③ 傾度　④ 境遇　⑤ 畢竟

모의고사 03 | 지금까지 배운 내용을 문제로 풀어보아요

漢　字

01-02 다음 한자(漢字)의 부수(部首)는 무엇입니까?

01 虎 : ① 虍　② 七　③ 厂　④ 虎　⑤ 儿

02 歷 : ① 厂　② 止　③ 禾　④ 歷　⑤ 一

03-04 다음 한자(漢字)의 획수(劃數)는 모두 몇 획입니까?

03 讀 : ① 20　② 21　③ 22　④ 23　⑤ 24

04 務 : ① 7　② 8　③ 9　④ 10　⑤ 11

05-06 다음 필순(筆順)에 대한 설명에 가장 알맞은 한자(漢字)는 어느 것입니까?

05 가로획과 세로획이 교차할 때는 가로획을 먼저 쓴다.
　　① 去　② 回　③ 谷　④ 念　⑤ 永

06 받침은 나중에 쓴다.
　　① 勝　② 人　③ 起　④ 送　⑤ 飛

07-08 다음 한자(漢字)와 그 조자(造字)의 방식이 같은 한자는 어느 것입니까?

〈보기〉 日 : ① 山　② 休　③ 下　④ 江　⑤ 回
〈보기〉에 제시된 한자 '日(해의 모습을 본떠서 만들었음)' 처럼 구체적인 사물의 모습을 본떠서 만든 상형자(象形字)는 '山(산의 모습을 본떠서 만들었음)' 이다. 따라서 정답 ①을 골라 답란에 표기하면 된다.

07 利 : ① 鳥　② 上　③ 武　④ 村　⑤ 田

08 卵 : ① 林　② 末　③ 河　④ 犬　⑤ 雲

09-14 다음 한자(漢字)의 음(音)은 무엇입니까?

09 勢 : ① 열　② 집　③ 역　④ 숙　⑤ 세

10 增 : ① 증　② 승　③ 토　④ 회　⑤ 성

11 支 : ① 기　② 지　③ 상　④ 절　⑤ 시

12 務 : ① 궁　② 부　③ 무　④ 력　⑤ 순

13 藝 : ① 세　② 운　③ 극　④ 교　⑤ 예

14 施 : ① 타　② 방　③ 야　④ 시　⑤ 치

15-19 다음의 음(音)을 가진 한자는 어느 것입니까?

15 난 : ① 難　② 歌　③ 變　④ 若　⑤ 獨

16 근 : ① 個　② 觀　③ 親　④ 勤　⑤ 接

17 저 : ① 射　② 貯　③ 逆　④ 廣　⑤ 拜

18 혁 : ① 蟲　② 湖　③ 革　④ 追　⑤ 勞

19 욕 : ① 競　② 害　③ 浴　④ 選　⑤ 禁

20-24 다음 한자(漢字)와 음(音)이 같은 한자는 어느 것입니까?

20 製 : ① 醫　② 密　③ 判　④ 題　⑤ 患

21 皇 : ① 省　② 量　③ 章　④ 最　⑤ 黃

22 責 : ① 册　② 宙　③ 賞　④ 敗　⑤ 貨

23 限 : ① 根　② 干　③ 韓　④ 退　⑤ 都

24 兆 : ① 刀　② 造　③ 斗　④ 消　⑤ 紙

25-30 다음 한자(漢字)의 뜻은 무엇입니까?

25 皮 : ① 얼굴　② 가죽　③ 신발
　　　④ 종이　⑤ 나무

26 授 : ① 주다　② 뺏다　③ 돌다
　　　④ 집다　⑤ 치다

27 春 : ① 봄　② 여름　③ 가을
　　　④ 겨울　⑤ 아침

28 禁 : ① 싸우다　② 놀라다　③ 금하다
　　　④ 쪼개다　⑤ 훔치다

29 店 : ① 학교　　② 서당　　③ 창고
　　　　④ 가게　　⑤ 점집

30 舞 : ① 다투다　② 느끼다　③ 말하다
　　　　④ 어질다　⑤ 춤추다

31-35 다음의 뜻을 가진 한자(漢字)는 어느 것입니까?

31 혼인하다 : ①新 ②姓 ③婦 ④好 ⑤婚

32 굳세다 　: ①改 ②讀 ③强 ④賣 ⑤溫

33 수컷 　　: ①屋 ②雄 ③權 ④研 ⑤將

34 쌀 　　　: ①米 ②氷 ③味 ④卵 ⑤貝

35 차다 　　: ①波 ②河 ③洞 ④冷 ⑤洗

36-40 다음 한자(漢字)와 뜻이 비슷한 한자는 어느 것입니까?

36 望 : ①連 ②貴 ③願 ④短 ⑤列

37 路 : ①罪 ②道 ③丹 ④救 ⑤卒

38 起 : ①助 ②易 ③然 ④最 ⑤興

39 協 : ①和 ②識 ③號 ④祝 ⑤唱

40 察 : ①飮 ②榮 ③防 ④省 ⑤爲

제 2영역　　**語　彙**

41-45 다음 한자어(漢字語)와 발음(發音)이 같은 한자어는 어느 것입니까?

41 詩歌 : ①是非 ②短期 ③念頭 ④市街 ⑤變數

42 防禁 : ①方今 ②運送 ③意識 ④宇宙 ⑤敗走

43 新鮮 : ①獨善 ②神仙 ③姓氏 ④期間 ⑤勞使

44 驚異 : ①耕地 ②急速 ③堅持 ④暴露 ⑤輕易

45 霧散 : ①戊辰 ②墓域 ③茂山 ④韻致 ⑤睡眠

46-47 다음 한자어(漢字語)들 중 괄호 안의 한자(漢字)의 발음(發音)이 다른 한자어는 어느 것입니까?

46 ①(殺)傷 ②暗(殺) ③射(殺)
　 ④(殺)到 ⑤(殺)伐

47 ①(衰)顔 ②盛(衰) ③齊(衰)
　 ④(衰)微 ⑤(衰)殘

48-57 다음 단어들의 '□'에 공통으로 들어갈 알맞은 한자(漢字)는 어느 것입니까?

48 前□, □半, 晝□ :
　 ①權 ②骨 ③夜 ④爲 ⑤進

49 □官, 女□, 歷□ :
　 ①變 ②人 ③經 ④可 ⑤史

50 □中, □實, 目□ :
　 ①的 ②命 ③得 ④豆 ⑤市

51 □歲, □業, 兵□ :
　 ①士 ②卒 ③句 ④夜 ⑤丹

52 水□, □蟲, 殺□ :
　 ①虎 ②路 ③軍 ④害 ⑤春

53 □理, 反□, □語 :
　 ①表 ②論 ③處 ④目 ⑤英

54 文□, □骨, 强□ :
　 ①官 ②若 ③弱 ④科 ⑤郡

55 長□, □期, □身 :
　 ①訪 ②研 ③增 ④窓 ⑤短

56 □雨, □氣, 百□ :
　 ①降 ②獸 ③穀 ④熱 ⑤麥

57 勇□, □禽, □將 :
　 ①敢 ②家 ③敗 ④猛 ⑤斷

58-65 다음 한자어(漢字語)와 뜻이 반대(反對)이거나 상대(相對)되는 한자어는 어느 것입니까?

58 改良：① 在來 ② 江河 ③ 存亡 ④ 善意 ⑤ 不幸

59 發達：① 成長 ② 來歷 ③ 協助 ④ 退步 ⑤ 列强

60 獨白：① 漁夫 ② 對話 ③ 美食 ④ 罪目 ⑤ 告白

61 容易：① 視覺 ② 逆順 ③ 難解 ④ 間接 ⑤ 勝戰

62 溫暖：① 講席 ② 鷄鳴 ③ 迎新 ④ 伐採 ⑤ 寒冷

63 實存：① 訓練 ② 熟眠 ③ 立證 ④ 假想 ⑤ 招待

64 靜寂：① 騷亂 ② 緊縮 ③ 警戒 ④ 回顧 ⑤ 戲劇

65 多辯：① 恐懼 ② 沈默 ③ 憐憫 ④ 屢次 ⑤ 倒置

66-70 다음 성어(成語)에서 '□'에 들어갈 알맞은 한자(漢字)는 어느 것입니까?

66 見利思□：① 義 ② 功 ③ 仁 ④ 信 ⑤ 位

67 古□今來：① 前 ② 往 ③ 寺 ④ 久 ⑤ 着

68 九牛一□：① 犬 ② 蟲 ③ 羊 ④ 角 ⑤ 毛

69 多多益□：① 書 ② 線 ③ 善 ④ 設 ⑤ 最

70 □人成虎：① 三 ② 四 ③ 五 ④ 六 ⑤ 七

71-75 다음 성어(成語)의 뜻풀이로 적절한 것은 어느 것입니까?

71 見物生心
① 싼 값에 물건을 삼
② 물건을 싫어하는 마음
③ 사물과 사람의 마음은 다름
④ 물건을 여러 사람들이 사려고 함
⑤ 물건을 보면 가지고 싶은 욕심이 생김

72 敬天勤民
① 하늘은 스스로 돕는 자를 도움
② 하늘이 두려워 백성들에게 잘 대해 줌
③ 하늘을 공경하고 백성을 위해 부지런히 일함
④ 한 하늘 아래 함께 살아갈 수 없는 원수 사이
⑤ 자신의 할 일을 다 해 놓고 하늘의 명을 기다림

73 難兄難弟
① 우열을 가리기 어려움
② 형제끼리 몹시 싸움
③ 형이 동생을 이김
④ 동생이 형을 이김
⑤ 가까운 동족끼리 서로 싸움

74 不立文字
① 글자를 모름
② 글자가 발명되지 않은 시대
③ 마음과 마음으로 서로 통함
④ 말을 가지고 서로 의사소통을 함
⑤ 윗사람이 아랫사람에게 글을 써서 명령함

75 安分知足
① 근심이 많음
② 가난하게 살아감
③ 공평하게 나누어 가짐
④ 자신의 분수를 지키며 만족할 줄을 앎
⑤ 눈은 높으나 재주가 그것에 미치지 못함

76-80 다음의 뜻을 가장 잘 나타낸 성어(成語)는 어느 것입니까?

76 막기 어려울 정도로 여러 사람들이 마구 지껄임
① 永久不變 ② 富貴在天 ③ 月下氷人
④ 身土不二 ⑤ 衆口難防

77 묻지 않아도 알 수 있음
① 一擧兩得 ② 一片丹心 ③ 說往說來
④ 不問可知 ⑤ 自業自得

78 어떤 분야의 일에 대해서 전혀 모름
① 門外漢 ② 無所不知 ③ 進退兩難
④ 一日三省 ⑤ 門前成市

79 아무리 가르쳐 주어도 알아듣지 못함
① 骨肉相爭 ② 樂山樂水 ③ 牛耳讀經
④ 實事求是 ⑤ 敎外別傳

80 은혜를 잊지 않고 반드시 갚음
① 平地風波 ② 結草報恩 ③ 靑天白日
④ 山戰水戰 ⑤ 行雲流水

81-86 다음 문장에서 한자어(漢字語)의 음(音)은 무엇입니까?

81 그는 전란이 발생하자 호국의 <u>干城</u>이 되어 나라를 구했다.
① 간성 ② 주인 ③ 장성 ④ 인물 ⑤ 장군

82 그는 <u>權貴</u>한 집안의 자손답지 않게 겸손하다.
① 존귀 ② 건실 ③ 부귀 ④ 부유 ⑤ 권귀

83 정월 초하룻날, 부모님은 할아버지께 <u>歲拜</u>(을)를 올렸다.
① 인사 ② 현찰 ③ 세배 ④ 문안 ⑤ 음식

84 헬리콥터는 좁은 면적에도 <u>着陸</u>할 수 있다.
① 비행 ② 착륙 ③ 출발 ④ 이륙 ⑤ 도착

85 아버지의 음악적 자질이 자식에게 <u>遺傳</u>되었다.
① 계승 ② 교육 ③ 전수 ④ 유전 ⑤ 전파

86 그의 진심이 무엇인지 <u>判別</u>할 수 없다.
① 구별 ② 판별 ③ 짐작 ④ 판단 ⑤ 추정

87-92 다음 문장에서 밑줄 친 한자어(漢字語)의 뜻풀이로 적절한 것은 어느 것입니까?

87 사치 풍조를 <u>根絕</u>하자.
① 완전히 없애 버림
② 적극적으로 도와 줌
③ 일정기간 동안만 없애 버림
④ 여러 사람들이 힘을 합쳐 막음
⑤ 양자가 합의하여 공평하게 나누어 가짐

88 오랜만에 <u>同窓</u>을 만났다.
① 같은 학교에서 공부한 사람
② 같은 과목을 좋아했던 사람
③ 같은 마을에서 살았던 사람
④ 같은 집에서 하숙했던 사람
⑤ 같은 회사에서 근무했던 사람

89 그는 올림픽에 처음 출전하여 우승하는 <u>快擧</u>를 이루었다.

① 빨리 이룬 행위
② 통쾌하고 장한 행위
③ 운이 좋아 이룬 행위
④ 노력의 대가로 이룬 행위
⑤ 생각지도 않았는데 얻은 행위

90 개인은 각자의 이익을 <u>追求</u>하기 마련이다.
① 기원함
② 남몰래 구함
③ 많이 축적해 둠
④ 남과 힘을 합쳐 구함
⑤ 목적을 이룰 때까지 뒤쫓아 가서 구함

91 그는 현지의 기후 상황을 본사로 <u>打電</u>했다.
① 번개가 내리침
② 사람을 보내 연락함
③ 편지로 연락함
④ 무선이나 전보를 침
⑤ 번개처럼 재빨리 연락함

92 김형사는 사건을 <u>早期</u>에 수습하였다.
① 아침 시간에
② 저녁 시간에
③ 늦은 시기에
④ 이른 시기에
⑤ 적절한 시기에

93-95 다음 문장에서 빈칸에 들어갈 가장 적절한 한자어(漢字語)는 어느 것입니까?

93 철수는 여러 번의 □□ 끝에 마침내 성공을 거두었다.
① 運動 ② 例示 ③ 失敗 ④ 公衆 ⑤ 湖水

94 그 회사는 신문에 일할 사람을 찾는 구인 □□를 냈다.
① 廣告 ② 開放 ③ 商品 ④ 飛行 ⑤ 勝利

95 발사 명령에 □□(은)는 방아쇠를 당겼다.
① 家屋 ② 最近 ③ 送舊 ④ 射手 ⑤ 視線

96 ①科去나 지금이나 ②自然은 ③生活의 ④空間이면서 ⑤同時에 아름다움의 대상이다.

97 광해군 ①末年에 ②東大門 문루가 북서쪽으로 기울어졌다. 사람들은 ③變考의 징조라며 쑥덕거렸는데, ④果然얼마 후 인조 ⑤反正이 일어났다.

98 ①國軍은 국가의 ②安全을 위해 ③存才하며 ④政治的으로는 ⑤中立性을 유지해야 한다.

99 남북 양측 대표들은 <u>구면</u>인 덕분에 비교적 자연스러운 분위기에서 회담을 시작하였다.
① 口面 ② 舊勉 ③ 久面 ④ 舊面 ⑤ 句面

100 건설회사는 아파트 분양가를 <u>산정</u>하였다.
① 算庭 ② 産定 ③ 算正 ④ 産正 ⑤ 算定

101 우리집을 <u>방문</u>한 사람은 뜻밖의 인물이었다.
① 放門 ② 訪問 ③ 放問 ④ 訪聞 ⑤ 放文

102 목이 쉰 그는 <u>높은 가락</u>의 노래를 부를 수 없었다.
① 高調 ② 最高 ③ 古祖 ④ 樂曲 ⑤ 協助

103 그녀는 가벼운 <u>눈인사</u>를 남기고 나를 지나갔다.
① 視力 ② 人事 ③ 目禮 ④ 注目 ⑤ 反目

104 경기장은 관중들의 열기로 <u>가득 차 있다</u>
① 對備 ② 滿期 ③ 善處 ④ 論理 ⑤ 充滿

조선시대 ㉠호구 통계의 기초자료가 되는 호적은 국가 ㉡차원에서 신분제의 동요를 막고 양반층에 의한 지배체계를 확고히 하고자 하는 ㉢의도를 지닌 자료이다. 그러므로 호적에는 ㉣개개인의 직역이 등재되어 있었다. 따로 ㉤신분을 기록하지 않더라도 호적에 등재된 직역을 통해 그 사람의 신분을 확인할 수 있게 하였다. 예컨대, ㉥평민인 경우에는 군역을 기록하였는데, ㉦보병, 기병, 포보 등의 ㉧예가 그것이다.

105 ㉠'호구'의 '구'와 같은 한자를 사용한 한자어는?
① 重九 ② 究理 ③ 救命 ④ 句文 ⑤ 口味

106 ㉡'차원'과 ㉢'의도'의 한자 표기를 바르게 짝 지은 것은?
① 次元 – 意圖   ② 次遠 – 議圖
③ 車元 – 醫圖   ④ 車原 – 意度
⑤ 次願 – 意道

107 ㉣~㉧ 중에서 한자 표기가 바르지 않은 것은?
① ㉣個個人   ② ㉤身分   ③ ㉥平民
④ ㉦保兵   ⑤ ㉧例

㉠백성을 사랑하는 ㉡근본은 씀씀이를 ㉢절약함에 있고, 씀씀이를 절약하는 근본은 ㉣검소함에 달려 있다. 검소한 뒤에야 청렴할 수 있고 청렴한 뒤에야 인자할 수 있으니 검소함은 백성을 다스림에 있어 가장 먼저 힘써야 할 바이다.

108 ㉠'백성'과 ㉡'근본'의 한자 표기를 바르게 짝 지은 것은?
① 白姓 – 近本   ② 百姓 – 根本
③ 百誠 – 觀本   ④ 白成 – 結本
⑤ 白省 – 現本

109 ㉢'절약'의 '약'과 같은 한자를 사용한 것은?
① 藥師 ② 弱孫 ③ 密約 ④ 自若 ⑤ 反逆

110 ㉣'검소'의 '소'와 같은 한자를 사용한 것은?
① 取消 ② 所望 ③ 平素 ④ 老少 ⑤ 小子

111-115 다음 글을 읽고 물음에 답하시오.

의사 박인국 ㉠박사는 일본 ㉡제국 대학을 우수한 성적으로 졸업한 ㉢수재이다. 그는 ㉣개업을 하여 일본 사람처럼 ㉤행세하는 한편, ㉥환자를 받는 데도 선별한다. 형무소에서 병보석으로 나온 환자들, 일본인들이 마땅치 않게 여길 환자나 치료비 부담 능력 등이 없어 보이는 환자는 무슨 ㉦구실을 붙이든 받지 않는다. 대신에 일본인들의 치료에는 발 벗고 나선다. 그 결과 그는 황국신민이란 칭찬을 받은 친일파로 득세한다.

고향인 ㉧이북에서 해방을 맞자 민족 반역자로 몰려 감옥에 갇힌다. 마침 감옥에 이질이 만연되자 그는 형무 소장의 명령으로 응급치료실에서 일하게 되는데, 감옥에서 러시아어를 열심히 공부한 덕으로 스텐코프라는 ㉨軍醫官을 사귀게 된다.

111 ㉠'박사'의 '사'와 같은 한자를 사용한 한자어는?

① 史料   ② 講師   ③ 烈士
④ 事案   ⑤ 奉仕

112 ㉡~㉥ 중에서 한자 표기가 바르지 않은 것은?

① ㉡諸國   ② ㉢秀才   ③ ㉣開業
④ ㉤行世   ⑤ ㉥患者

113 ㉦'구실'의 한자 표기로 바른 것은?

① 舊實   ② 口實   ③ 口失
④ 舊室   ⑤ 口室

114 ㉧'이북'의 한자 표기로 바른 것은?

① 移北   ② 而北   ③ 二北
④ 以北   ⑤ 已北

115 ㉨'軍醫官'에서 '醫'의 부수로 바른 것은?

① 匚   ② 殳   ③ 醫   ④ 矢   ⑤ 酉

116-120 다음 글을 읽고 물음에 답하시오.

연속되는 시간 속에 선택하는 새로운 행동은 또한 끊임없이 새로운 ㉠狀況을 부른다. ㉡결국 ㉢특정한 시간에 ㉣대응되는 특정한 행동의 ㉤조합은 하나의 狀況을 ㉥구성하는 것이다.

그러므로 서로 다른 시간에 처한 동일한 사람과 狀況은 ㉦매순간 다를 수밖에 없다. 우리는 때로 이처럼 변화된 狀況 또는 狀況의 ㉧추이를 다른 사람에게 알려야 할 필요를 느낀다. 狀況의 추이를 ㉨소상하게 아는 사람이 그렇지 못한 사람에게 그 전말을 말이나 글로 표현하는 것을 ㉩ □□라고 부른다.

이를테면 내가 집에서 학교로 이동한 과정, 낙담한 친구가 이윽고 희망을 가지고 살아가게 된 과정, 전혀 모르던 남녀가 결혼을 하게 된 과정, 강성하던 나라가 멸망해 간 과정 등은 모두 ㉪ □□의 좋은 재료가 될 것이다.

고려대 사고와 표현 편찬위원회, [글쓰기의 기초]

116 ㉠'狀況'의 '狀'과 음(音)이 다른 것은?

① 症狀   ② 狀貌   ③ 罪狀
④ 答狀   ⑤ 窮狀

117 ㉡~㉥ 중에서 한자 표기가 바르지 않은 것은?

① ㉡結局   ② ㉢特定   ③ ㉣對應
④ ㉤組合   ⑤ ㉥俱成

118 ㉦'매순간'의 '순'과 같은 한자를 사용한 한자어는?

① 初旬   ② 一瞬   ③ 巡査
④ 脣齒   ⑤ 順航

119 ㉧'추이'와 ㉨'소상'의 한자 표기를 바르게 짝지은 것은?

① 推移 - 昭詳   ② 抽移 - 召詳
③ 推夷 - 昭祥   ④ 推以 - 疏詳
⑤ 抽移 - 掃祥

120 ㉩과 ㉪의 빈칸에 공통으로 들어갈 가장 적절한 한자어는?

① 演劇   ② 說得   ③ 敍事   ④ 誘導   ⑤ 飜譯

p26 연습문제 1

01 ①	02 ⑤	03 ①	04 ⑤	05 ③	06 ③	07 ①	08 ①	09 ①	10 ③
11 ②	12 ④	13 ⑤	14 ③	15 ④	16 ②	17 ②	18 ⑤	19 ③	20 ④
21 ⑤	22 ④	23 ②	24 ⑤	25 ③	26 ①	27 ①	28 ④	29 ④	30 ②
31 ①	32 ③	33 ⑤	34 ③	35 ④	36 ②	37 ③	38 ⑤	39 ①	40 ⑤
41 ①	42 ④	43 ③	44 ①	45 ③	46 ②	47 ⑤	48 ④	49 ③	50 ②

p32 연습문제 2

01 ⑤	02 ③	03 ③	04 ③	05 ④	06 ③	07 ④	08 ③	09 ⑤	10 ③
11 ②	12 ①	13 ①	14 ②	15 ④	16 ③	17 ⑤	18 ④	19 ③	20 ①
21 ④	22 ⑤	23 ①	24 ①	25 ③	26 ④	27 ②	28 ⑤	29 ①	30 ④
31 ⑤	32 ④	33 ④	34 ④	35 ④	36 ②	37 ⑤	38 ③	39 ⑤	40 ①
41 ④	42 ⑤	43 ②	44 ④	45 ②	46 ④	47 ③	48 ②	49 ③	50 ⑤

p38 연습문제 3

01 ②	02 ④	03 ⑤	04 ③	05 ③	06 ③	07 ②	08 ④	09 ③	10 ②
11 ②	12 ⑤	13 ④	14 ⑤	15 ①	16 ②	17 ③	18 ①	19 ⑤	20 ②
21 ①	22 ③	23 ④	24 ①	25 ③	26 ①	27 ④	28 ⑤	29 ①	30 ③
31 ④	32 ③	33 ③	34 ④	35 ①	36 ③	37 ①	38 ②	39 ①	40 ⑤
41 ③	42 ②	43 ④	44 ①	45 ③	46 ⑤	47 ④	48 ③	49 ①	50 ①

p44 연습문제 4

01 ⑤	02 ③	03 ①	04 ⑤	05 ②	06 ①	07 ④	08 ②	09 ④	10 ⑤
11 ②	12 ①	13 ③	14 ①	15 ⑤	16 ②	17 ③	18 ③	19 ②	20 ⑤
21 ④	22 ③	23 ②	24 ④	25 ⑤	26 ①	27 ⑤	28 ⑤	29 ③	30 ②
31 ③	32 ⑤	33 ②	34 ②	35 ①	36 ①	37 ③	38 ④	39 ④	40 ①
41 ⑤	42 ②	43 ①	44 ⑤	45 ①	46 ②	47 ①	48 ③	49 ④	50 ②

p50 연습문제 5

01 ④	02 ①	03 ⑤	04 ①	05 ①	06 ③	07 ④	08 ①	09 ②	10 ③
11 ⑤	12 ③	13 ②	14 ④	15 ①	16 ⑤	17 ③	18 ②	19 ①	20 ③
21 ②	22 ④	23 ⑤	24 ④	25 ①	26 ②	27 ①	28 ③	29 ②	30 ③
31 ②	32 ④	33 ⑤	34 ④	35 ①	36 ②	37 ⑤	38 ②	39 ③	40 ①
41 ③	42 ④	43 ⑤	44 ④	45 ③	46 ③	47 ①	48 ⑤	49 ④	50 ⑤

p56 연습문제 6

01 ①	02 ⑤	03 ③	04 ③	05 ②	06 ④	07 ③	08 ①	09 ⑤	10 ②
11 ④	12 ③	13 ⑤	14 ①	15 ③	16 ④	17 ②	18 ⑤	19 ①	20 ③
21 ⑤	22 ②	23 ③	24 ④	25 ⑤	26 ④	27 ④	28 ③	29 ③	30 ②
31 ④	32 ①	33 ③	34 ⑤	35 ③	36 ①	37 ②	38 ⑤	39 ③	40 ④
41 ①	42 ③	43 ④	44 ②	45 ⑤	46 ③	47 ⑤	48 ②	49 ②	50 ①

p62 연습문제 7

01 ⑤	02 ①	03 ③	04 ②	05 ③	06 ⑤	07 ③	08 ②	09 ③	10 ②
11 ④	12 ⑤	13 ④	14 ④	15 ③	16 ①	17 ⑤	18 ③	19 ④	20 ①
21 ④	22 ⑤	23 ②	24 ③	25 ①	26 ⑤	27 ④	28 ①	29 ③	30 ①
31 ②	32 ⑤	33 ①	34 ①	35 ③	36 ①	37 ③	38 ①	39 ④	40 ①
41 ③	42 ④	43 ②	44 ⑤	45 ④	46 ②	47 ⑤	48 ①	49 ②	50 ①

p68 연습문제 8

01 ②	02 ①	03 ⑤	04 ②	05 ⑤	06 ②	07 ①	08 ②	09 ②	10 ①
11 ④	12 ①	13 ②	14 ⑤	15 ②	16 ②	17 ③	18 ①	19 ⑤	20 ②
21 ③	22 ③	23 ③	24 ④	25 ①	26 ③	27 ①	28 ⑤	29 ①	30 ②
31 ①	32 ②	33 ④	34 ⑤	35 ②	36 ③	37 ③	38 ③	39 ②	40 ③
41 ④	42 ③	43 ⑤	44 ①	45 ②	46 ③	47 ⑤	48 ②	49 ⑤	50 ④

p74 연습문제 9

01 ①	02 ②	03 ①	04 ③	05 ③	06 ④	07 ⑤	08 ②	09 ⑤	10 ③
11 ④	12 ②	13 ④	14 ④	15 ③	16 ③	17 ⑤	18 ②	19 ③	20 ①
21 ③	22 ④	23 ③	24 ⑤	25 ⑤	26 ①	27 ④	28 ④	29 ④	30 ③
31 ⑤	32 ②	33 ③	34 ④	35 ①	36 ⑤	37 ③	38 ②	39 ⑤	40 ②
41 ⑤	42 ①	43 ③	44 ④	45 ①	46 ⑤	47 ①	48 ②	49 ③	50 ②

p80 연습문제 10

01 ①	02 ⑤	03 ②	04 ③	05 ②	06 ①	07 ③	08 ①	09 ④	10 ⑤
11 ①	12 ③	13 ④	14 ②	15 ④	16 ⑤	17 ⑤	18 ②	19 ②	20 ⑤
21 ①	22 ④	23 ③	24 ⑤	25 ④	26 ④	27 ⑤	28 ③	29 ④	30 ②
31 ③	32 ④	33 ④	34 ④	35 ③	36 ①	37 ⑤	38 ④	39 ①	40 ②
41 ③	42 ⑤	43 ④	44 ②	45 ⑤	46 ③	47 ④	48 ③	49 ①	50 ③

p86 연습문제 11

01 ⑤	02 ①	03 ②	04 ③	05 ④	06 ③	07 ③	08 ⑤	09 ④	10 ①
11 ⑤	12 ①	13 ⑤	14 ②	15 ④	16 ①	17 ③	18 ②	19 ④	20 ④
21 ②	22 ④	23 ③	24 ②	25 ③	26 ④	27 ③	28 ⑤	29 ③	30 ⑤
31 ②	32 ②	33 ④	34 ③	35 ②	36 ①	37 ⑤	38 ②	39 ①	40 ⑤
41 ①	42 ①	43 ③	44 ③	45 ①	46 ⑤	47 ④	48 ①	49 ②	50 ③

p92 연습문제 12

01 ②	02 ①	03 ⑤	04 ②	05 ②	06 ③	07 ③	08 ⑤	09 ③	10 ②
11 ①	12 ④	13 ①	14 ⑤	15 ③	16 ②	17 ③	18 ④	19 ⑤	20 ④
21 ④	22 ①	23 ②	24 ②	25 ③	26 ③	27 ②	28 ①	29 ③	30 ⑤
31 ⑤	32 ④	33 ④	34 ④	35 ②	36 ⑤	37 ④	38 ①	39 ②	40 ②
41 ①	42 ④	43 ②	44 ⑤	45 ①	46 ③	47 ④	48 ⑤	49 ④	50 ④

01 ②	02 ⑤	03 ⑤	04 ②	05 ②	06 ②	07 ②	08 ⑤	09 ⑤	10 ③
11 ④	12 ④	13 ⑤	14 ②	15 ④	16 ④	17 ②	18 ⑤	19 ③	20 ②
21 ④	22 ③	23 ②	24 ①	25 ①	26 ②	27 ①	28 ⑤	29 ②	30 ④
31 ③	32 ②	33 ①	34 ⑤	35 ①	36 ③	37 ④	38 ②	39 ②	40 ①
41 ⑤	42 ②	43 ④	44 ④	45 ③	46 ④	47 ⑤	48 ③	49 ②	50 ①

01 ⑤	02 ④	03 ③	04 ②	05 ③	06 ③	07 ①	08 ③	09 ②	10 ③
11 ①	12 ④	13 ③	14 ⑤	15 ③	16 ②	17 ⑤	18 ③	19 ①	20 ③
21 ④	22 ④	23 ⑤	24 ③	25 ⑤	26 ②	27 ③	28 ②	29 ①	30 ③
31 ③	32 ①	33 ③	34 ①	35 ②	36 ⑤	37 ①	38 ③	39 ②	40 ②
41 ②	42 ①	43 ⑤	44 ①	45 ④	46 ④	47 ③	48 ⑤	49 ③	50 ⑤

01 ④	02 ①	03 ⑤	04 ④	05 ③	06 ②	07 ③	08 ①	09 ③	10 ⑤
11 ①	12 ④	13 ①	14 ④	15 ②	16 ④	17 ⑤	18 ③	19 ②	20 ③
21 ⑤	22 ①	23 ②	24 ③	25 ⑤	26 ②	27 ④	28 ③	29 ①	30 ①
31 ⑤	32 ①	33 ③	34 ②	35 ①	36 ③	37 ⑤	38 ④	39 ③	40 ①
41 ③	42 ④	43 ①	44 ⑤	45 ③	46 ②	47 ③	48 ③	49 ②	50 ①

001 ③	002 ⑤	003 ③	004 ③	005 ④	006 ①	007 ⑤	008 ①	009 ⑤	010 ③
011 ⑤	012 ③	013 ④	014 ③	015 ②	016 ①	017 ④	018 ⑤	019 ②	020 ①
021 ⑤	022 ②	023 ①	024 ④	025 ②	026 ③	027 ⑤	028 ④	029 ②	030 ②
031 ②	032 ④	033 ②	034 ⑤	035 ⑤	036 ②	037 ③	038 ②	039 ⑤	040 ④
041 ④	042 ③	043 ④	044 ②	045 ①	046 ②	047 ④	048 ③	049 ⑤	050 ④
051 ③	052 ④	053 ②	054 ①	055 ②	056 ③	057 ⑤	058 ④	059 ②	060 ④
061 ②	062 ④	063 ③	064 ①	065 ②	066 ②	067 ①	068 ⑤	069 ②	070 ③
071 ②	072 ⑤	073 ④	074 ④	075 ⑤	076 ②	077 ④	078 ①	079 ⑤	080 ③
081 ②	082 ④	083 ①	084 ④	085 ③	086 ①	087 ③	088 ⑤	089 ⑤	090 ①
091 ①	092 ⑤	093 ④	094 ①	095 ②	096 ③	097 ①	098 ④	099 ②	100 ②
101 ③	102 ④	103 ①	104 ③	105 ③	106 ②	107 ②	108 ④	109 ③	110 ③
111 ①	112 ⑤	113 ②	114 ①	115 ①	116 ④	117 ③	118 ①	119 ④	120 ①

001 ⑤	002 ④	003 ②	004 ③	005 ④	006 ①	007 ⑤	008 ⑤	009 ②	010 ①
011 ④	012 ①	013 ⑤	014 ②	015 ②	016 ④	017 ①	018 ③	019 ④	020 ⑤
021 ①	022 ②	023 ④	024 ④	025 ⑤	026 ④	027 ①	028 ③	029 ①	030 ①
031 ⑤	032 ④	033 ①	034 ①	035 ④	036 ③	037 ⑤	038 ①	039 ③	040 ④
041 ⑤	042 ②	043 ③	044 ①	045 ②	046 ①	047 ③	048 ③	049 ⑤	050 ②
051 ⑤	052 ④	053 ③	054 ①	055 ③	056 ②	057 ④	058 ②	059 ⑤	060 ③
061 ④	062 ③	063 ①	064 ⑤	065 ②	066 ④	067 ⑤	068 ①	069 ③	070 ②
071 ③	072 ①	073 ⑤	074 ④	075 ③	076 ①	077 ③	078 ②	079 ④	080 ⑤
081 ②	082 ④	083 ⑤	084 ③	085 ④	086 ①	087 ②	088 ⑤	089 ②	090 ③
091 ②	092 ①	093 ④	094 ②	095 ⑤	096 ⑤	097 ②	098 ①	099 ④	100 ①
101 ②	102 ⑬	103 ⑤	104 ②	105 ⑤	106 ①	107 ④	108 ④	109 ①	110 ③
111 ②	112 ①	113 ⑤	114 ③	115 ③	116 ②	117 ①	118 ②	119 ③	120 ④

001 ①	002 ②	003 ③	004 ⑤	005 ①	006 ④	007 ③	008 ④	009 ⑤	010 ①
011 ②	012 ③	013 ⑤	014 ④	015 ①	016 ④	017 ②	018 ③	019 ③	020 ④
021 ⑤	022 ①	023 ③	024 ②	025 ②	026 ①	027 ①	028 ③	029 ④	030 ⑤
031 ⑤	032 ③	033 ②	034 ①	035 ④	036 ③	037 ②	038 ⑤	039 ①	040 ④
041 ④	042 ①	043 ②	044 ⑤	045 ③	046 ④	047 ③	048 ③	049 ⑤	050 ①
051 ②	052 ④	053 ②	054 ③	055 ⑤	056 ③	057 ④	058 ①	059 ④	060 ②
061 ③	062 ⑤	063 ④	064 ①	065 ②	066 ①	067 ②	068 ⑤	069 ③	070 ①
071 ⑤	072 ③	073 ①	074 ③	075 ④	076 ⑤	077 ④	078 ①	079 ③	080 ②
081 ①	082 ⑤	083 ①	084 ②	085 ④	086 ②	087 ①	088 ①	089 ②	090 ⑤
091 ④	092 ④	093 ③	094 ①	095 ④	096 ①	097 ③	098 ③	099 ④	100 ⑤
101 ②	102 ①	103 ③	104 ⑤	105 ⑤	106 ①	107 ④	108 ②	109 ③	110 ③
111 ③	112 ①	113 ②	114 ④	115 ⑤	116 ④	117 ⑤	118 ②	119 ①	120 ③

교육교재팀 저 | 8,500원

일사천리 상공회의소 한자시험 8급 기본서

이 책은 상공회의소 한자시험 8급에 대비하기 위하여 8급 배정한자 150자를 쓰면서 외울 수 있도록 구성하였으며, 각 한자에 대한 훈·음, 부수, 획수, 필순을 명기하고, 한자의 이해를 돕는 뜻풀이를 정리해 두었다. 그리고 해당 한자를 사용한 한자어를 채우며 완성할 수 있도록 하였으며, 24자마다 연습문제를 삽입하여 앞에서 배운 것을 복습할 수 있도록 하였다. 앞에는 기초 이론 학습과 뒤에는 실전모의고사를 실어 이 책 한권으로도 8급 시험에 완벽하게 대비할 수 있도록 하였다.

교육교재팀 저 | 8,500원

일사천리 상공회의소 한자시험 7급 기본서

이 책은 상공회의소 한자시험 7급에 대비하기 위하여 7급 배정한자 300자를 쓰면서 외울 수 있도록 구성하였으며, 각 한자에 대한 훈·음, 부수, 획수, 필순을 명기하고 40자마다 연습문제를 삽입하여 앞에서 배운 것을 복습할 수 있도록 하였다. 그리고 앞에는 기초 이론 학습과 뒤에는 실전모의고사를 실어, 이 책 한권으로도 7급 시험에 완벽하게 대비할 수 있도록 하였다.

교육교재팀 저 | 9,500원

일사천리 상공회의소 한자시험 6급 기본서

이 책은 상공회의소 한자시험 6급에 대비하기 위하여 6급 배정한자 450자를 쓰면서 외울 수 있도록 구성하였으며, 각 한자에 대한 훈·음, 부수, 획수를 명기하고 50자마다 연습문제를 삽입하여 앞에서 배운 것을 복습할 수 있도록 하였다. 그리고 앞에는 기초 이론 학습과 뒤에는 실전모의고사를 실어, 이 책 한권으로도 6급 시험에 완벽하게 대비할 수 있도록 하였다.

교육교재팀 저 | 9,500원

일사천리 상공회의소 한자시험 5급 기본서

이 책은 상공회의소 한자시험 5급에 대비하기 위하여 5급 배정한자 600자를 쓰면서 외울 수 있도록 구성하였으며, 각 한자에 대한 훈·음, 부수, 획수를 명기하고 60자마다 연습문제를 삽입하여 앞에서 배운 것을 복습할 수 있도록 하였다. 그리고 앞에는 기초 이론 학습과 뒤에는 실전모의고사를 실어, 이 책 한권으로도 5급 시험에 완벽하게 대비할 수 있도록 하였다.

교육교재팀 저 | 9,500원

일사천리 상공회의소
한자노트 4급

이 책은 상공회의소 한자시험 4급에 대비하기 위하여 4급 배정한 자 900자를 쓰면서 외울 수 있도록 구성하였으며, 각 한자에 대한 훈, 음, 획수, 육서를 명기하고 90자마다 연습문제를 삽이하여 앞에서 배운 것을 복습할 수 있도록 하였다. 그리고 앞에는 기초이론 학습과 뒤에는 출제유형별 정리와 모의고사문제를 실어, 이 책 한 권으로도 4급 시험에 완벽하게 대비할 수 있도록 하였다.

강유경 저 | 18,000원

일사천리 상공회의소
한자시험 3급 기본서

이 책은 각 급별로 한자를 분류하고, 출제 비중이 높은 영역을 유형 별로 정리하여, 문제 유형에 걸맞은 학습 요소를 집중적으로 학습 하도록 구성하였다. 또한 각 페이지마다 배운 한자를 외워서 써 볼 수 있도록 하였고, 배운 한자어로 문장을 완성하도록 하였으며, 24 자 학습 후에는 실력을 점검할 수 있도록 연습문제를 배치하여 복 습에 만전을 기하였다.
그리고 각 해당 한자의 훈·음은 물론 해당 한자의 학습을 돕기 위 해 제시한 모든 한자어의 한자에도 훈·음을 보여주는 구성으로 사 전 없이 이 책 한권으로 시험에 완벽하게 대비할 수 있도록 하였다.

강유경 저 | 12,000원

일사천리 상공회의소
한자시험 실전모의고사 3급

부록으로 한자의 기초 이론과 성실한 해설을 담은 해설집이 준비되 어 있다.
상공회의소 한자 검정시험의 문제 유형을 그대로 적용하여 실전 연 습이 가능하도록 하였으며, 부록으로 준비된 해설집에는 문제집에 사용된 모든 한자의 훈과 음을 표시하여 일일이 사전을 찾지 않 도 편하게 학습할 수 있도록 구성하였다.